职业教育"轨道交通专业"一体化课程改革创新示范教材

轨道交通信号
微机监测系统

王德铭　陈　冲　编著

西安电子科技大学出版社

内 容 简 介

本书共 26 课，系统讲述了轨道交通信号微机监测系统的基本理论、网络结构，以及各监测单元设备的工作原理、安装方式、电路配线等知识，课后附有问题思考。本书内容全面，所选实例都是目前主流的有代表性的监测系统设备，涉及的监测对象几乎涵盖了所有的信号设备及其相关参数，如轨道电路(如交流连续式轨道电路、相敏轨道电路、移频轨道电路、不对称高压脉冲轨道电路)、外电网、信号电源屏(包括智能电源屏)、电缆绝缘及电源漏流、道岔缺口、转辙机动作电流、信号机点灯电流、传统信号机主灯丝报警装置等，还以两种类型的信号机报警仪为代表详细介绍了其原理。此外，本书还以铁路信号监测设备为主体，对城市轨道交通信号的监测作了特别说明。

本书可作为高职高专、职业学校轨道交通通信信号专业的教材，也可作为各类培训机构或轨道运输企业进行职工培训的参考资料，还可作为铁路信号维护人员和地铁电务工作者的自学用书。

图书在版编目(CIP)数据

轨道交通信号微机监测系统 / 王德铭，陈冲编著. —西安：西安电子科技大学出版社，2023.2
ISBN 978-7-5606-6691-4

Ⅰ. ①轨⋯　Ⅱ. ①王⋯　②陈⋯　Ⅲ. ①轨道交通—交通信号—自动化监测系统　Ⅳ. ①U283.1

中国版本图书馆 CIP 数据核字(2022)第 206271 号

策　　划　秦志峰
责任编辑　秦志峰
出版发行　西安电子科技大学出版社(西安市太白南路 2 号)
电　　话　(029) 88202421　88201467　　　　邮　　编　710071
网　　址　www.xduph.com　　　　　　　　　　电子邮箱　xdupfxb001@163.com
经　　销　新华书店
印刷单位　陕西天意印务有限责任公司
版　　次　2023 年 2 月第 1 版　　2023 年 2 月第 1 次印刷
开　　本　787 毫米×1092 毫米　1/16　印张 21.5
字　　数　511 千字
印　　数　1～2000 册
定　　价　59.00 元
ISBN　978-7-5606-6691-4 / U
XDUP 6993001-1
如有印装问题可调换

前　言

　　用于轨道交通的信号微机监测系统，是利用计算机强大的数字化计算与数据处理能力，采用传感器、现场总线、计算机网络通信、软件工程及数据库等现代技术手段，以主要的信号设备为对象，对它们的运行状态、重要的技术参数包括所处的环境等数据进行实时采样、监测的。计算机系统通过对采集的数据进行统计与分析，将结果科学合理、简洁直观地表达出来，并保存记录，对已达到故障临界点的设备可及时给出告警或报警信号，对出现故障的设备也会给出合理的处理方案等。由此可见，微机监测能为信号维护管理部门掌握设备当前状态、进行故障分析、指导现场作业和管理等各方面提供科学的依据，从而加强对信号设备的维护，大幅提高维护效率和水平。

　　传统的信号设备不能实时自诊断其电气特性是否合乎标准，也不具备对行车信息的长时间记忆、存储和历史回放等能力，所以长期以来，信号工作者一直都希望能借助于计算机技术来弥补传统信号设备的缺陷。如今，信号微机监测的应用使这一愿望得以实现。信号微机监测被认为是轨道交通运输中电务安全的"黑匣子"。相对传统的维护手段而言，信号微机监测使信号维修技术有了新的突破，大大降低了维护质量对维护人员水平的依赖程度，它是保障实现信号设备"状态修"的物质基础，更是信号技术高安全、高可靠、网络化、数字化及智能化发展的重要标志之一。

　　可以说，信号微机监测为轨道运输向综合化、信息化方向发展创造了条件，同时，监测的自动化、智能化也是实现和完善列车安全与高效运行的基础。可见，信号微机监测系统是保证行车安全、加强信号设备结合部管理、监测轨道交通信号设备运用质量的重要设备，其在轨道交通运输系统中得到了广泛使用。

相对而言，信号微机监测在轨道交通运输中的应用是一个新的领域，它对信号维护人员的技术能力提出了新的要求，因此加强对信号维护人员的技术培训是技术发展的必然，更是轨道交通运输行业高效、安全运行所必需的。此外，城市轨道交通运输虽然起步晚，但技术革新相对较快，造成此类高技术专业人才短缺，对设备的维护在很大程度上不得不依赖设备提供商。

目前，可用于信号微机监测教学的专业性教材很少，企业的培训基本使用的是设备厂家所提供的说明书或使用手册。此类资料只讲了本产品的特点或使用方法，缺少对基本理论及专业技术知识的系统介绍，将其作为培训资料或教学教材显然是不合适的，也是不科学的。真正掌握一门技术并不能只会使用一种设备，而应清楚设备的工作原理，并能进行理论分析，以适应设备更新及技术升级。因此，本书在内容上作了合理的统一安排，摆脱了一家产品、一种设备的单一技术应用的局限性，对共性知识强化理论分析，对个性知识作重点强调，在不失对应用能力培养的前提下，更多地从本质上介绍了监测系统的工作原理及其所包括的基本理论知识。

另外，考虑到因技术的发展和更新速度过快，造成当下所用设备新旧混杂的实际情况，本书对不同时期不同型号的监测设备都作了介绍，包括过渡产品及其演变历程等，甚至对设备的具体配线也都作了详细讲解，以适应不同设备维护人员的学习需求。

本书由江苏省徐州技师学院正高级讲师王德铭和宁波市轨道交通集团有限公司(运营分公司)信号技术员陈冲编著。本书的编写得到了徐州地铁公司张耀工程师和周智超同志的大力支持与帮助，在此表示真诚的感谢！

由于编者经验有限，书中难免存在疏漏与不足之处，恳请读者批评指正。

编　者

2022 年 10 月

目　　录

第一课 信号微机监测的概念及意义

所谓监测,简单地说就是监视与测量的合称。

监视是指不让被监视的对象有所觉察的监督行为。比如,在教室里安装摄像头,其目的是监视考试时是否有人作弊;公路上用于抓拍交通违章的摄像头(俗称"电子警察")用于监视车辆是否有违章等行为。依靠摄像监视设备对交通违章行为进行记录,能省大量人力,更主要的是自动监控设备能 24 小时不间断地工作。

监测系统工作时如果发现了车辆的违章行为(如闯红灯),会拍摄照片用于记录违章过程,如果没有违章就不拍照(图 1-1 所示为城市道路交通路口场景)。那么问题来了,它怎么知道何时需要拍照呢?所以,监测系统首先必须具备测量功能,用以测量车辆有没有越过停车线,也就是说有监视就要有测量,两者是相辅相成的。

图 1-1 城市道路交通路口场景

需要注意的是,当信号灯是允许通行灯光(绿色或黄色)时,车越过停车线不算违章,监测系统无需记录;只有在信号灯是禁止通行灯光(红色)时,车越过停车线才需要抓拍。抓拍时监视系统必须要给摄像头发送一个拍照的指令,也就是说,发出拍照指令是要有前提条件的。促使监测系统发出指令的条件,就叫触发条件,而触发条件能否成立要通过测量来检测,即跟踪并测量车辆的位置。

一、信号微机监测的意义

所谓微机监测,是指利用微型计算机对设备状态、运行质量等内容进行实时的监测。那么轨道交通信号微机监测就是指在轨道交通运营系统中利用微机对信号设备的运行状态进行实时监控。

　　轨道交通信号的微机监测系统，主要是借助各类传感器及其采集技术，对信号设备的运行状态、重要工作参数以及工作环境进行数字化处理，通过计算机数据分析，可及时预见设备存在的问题，为信号设备的"状态修"提供保障。同时由于计算机技术的参与，也为轨道运输向综合化、智能化、信息化方向发展创造了条件。

　　同时，监测系统的自动化、智能化，也是实现列车安全、高效运行的基础，是保证行车安全、加强信号设备结合部管理、监测轨道交通信号设备运用质量的重要设备。

　　信号微机监测系统可为信号维护人员提供简单直观的信号设备状态的主要技术数据，或给出电气参数变化的波形图及故障报警信息，包括道岔转辙机等设备的机械特性状况信息等。信号维护人员依据故障报警信息，或将监测系统获得的相关技术参数通过与其标准的数据进行对比，就可以分析出造成设备异常的原因，从而及早发现被监测对象的非正常工作状况，达到"状态修"的目的。现代的监测技术已经趋向智能化，这个智能化不仅体现在对信号的采集、处理上，还包括对数据的综合分析、统计，并依据数据变化情况发现设备工作状况或特性的发展趋势，从而对设备可能出现的故障做出预判，并发出告警信息。

　　图1-2所示为微机监测的轨道电压日曲线图，通过它能直观地查看一日之中轨道电压的变化情况。

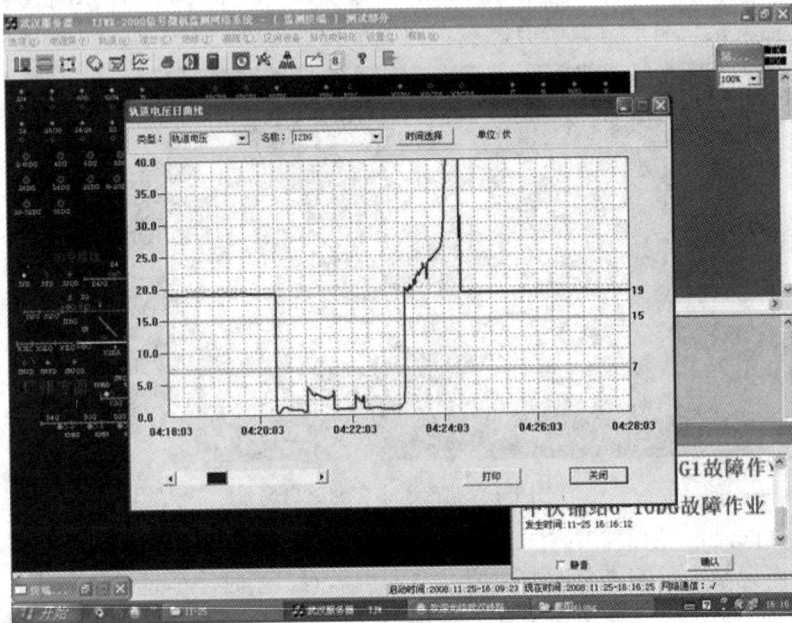

图1-2　微机监测的轨道电压日曲线图

二、信号微机监测的优势、功能及要求

1. 信号微机监测的优势

　　通过前面的表述，可知信号微机监测对信号设备的使用与维护具备一定的优越性，总体表现在以下几点：

(1) 节省人力，减轻设备维修人员的劳动强度，提高对信号设备维护的效率。

(2) 因其能连续不间断地对设备状态进行监视，故可以及时发现信号设备的故障隐患。

(3) 能提前预判设备可能会发生的故障，可确保设备不间断地使用。

(4) 对信号设备的维护达到或实现"状态修"，减少或避免"故障修"。

2. 信号微机监测的功能及要求

信号微机监测在轨道交通运输中的功能及技术要求如下：

(1) 应能保证行车安全，加强信号设备结合部管理，监测信号设备状态，发现信号设备隐患，分析信号设备故障原因，辅助故障处理，指导现场维修，反映设备运用质量等，以提高电务部门维护水平和维护效率。

(2) 信号微机监测的对象包括联锁、闭塞、列控、驼峰、TDCS/CTC 和电源屏等信号设备或系统，信号机械室装备的环境监测也可纳入信号微机监测系统。

(3) 对于 TDCS/CTC、列控中心、计算机联锁等系统，信号微机监测系统通过接口方式获取监测系统所需信息。对于已经具有监测数据的智能电源屏、ZPW2000 等设备，信号微机监测系统可通过统一的接口方式获取监测信息。

(4) 信号微机监测系统应采用成熟可靠的技术手段，实现信号设备运用过程中的动态实时监测、数据记录、统计分析。

(5) 信号微机监测系统应能监测信号设备的主要电气特性和相关设备的机械特性，当参数或特性偏离预定界限或设备不能正常工作时，应及时给出预警或报警。

(6) 信号微机监测系统应能及时记录监测对象的异常状况，并具有一定的故障诊断能力。

(7) 信号微机监测系统应能监督、记录信号设备与电力、车务、工务等结合部的相关状态。

(8) 信号微机监测系统应具备良好的隔离措施，不得影响被监测设备的正常工作。

现阶段我国地铁信号微机监测的采集项目主要有外电网质量采集、三相道岔功率采集、道岔电流采集、电源绝缘漏流采集、电缆绝缘测试等。

三、信号微机监测系统的报警等级及内容

信号微机监测系统最主要的特性之一，是其可以提前发现设备故障的隐患，及时给出报警信息。根据不同的信号设备对行车安全影响程度的不同，信号微机监测系统对各种报警划分了不同的等级。

1. 一级报警

涉及行车安全的信息报警为一级报警。一级报警方式为声光报警，人工确认后停止报警，并通过网络上传到各级终端。一级报警的主要报警内容有：

(1) 道岔挤岔报警;

(2) 列车信号机非正常关闭报警;

(3) 火灾灾情报警;

(4) 故障通知按钮(需要人工确认)报警;

(5) 防灾、异物侵限等报警;

(6) SJ 锁闭封连(仅限于 6502 电气集中站)报警。

2. 二级报警

影响行车或设备正常工作的信息报警为二级报警。二级报警方式为声光报警,报警后延时适当时间自动停报,并通过网络上传到各级终端。二级报警的主要报警内容有:

(1) 外电网输入电源断相/断电报警(输入电压低于额定值 65%,时间超过 1000 ms);

(2) 外电网三相电源错序报警(三相电源之间的相位差超出 120°±3°);

(3) 外电网输入电源瞬间断电报警(输入电压低于额定值的 65%,时间超过 140 ms 但不超过 1000 ms);

(4) 电源屏输出断电报警(电源屏输出电压低于额定值的 65%,时间超过 1 s);

(5) 列车信号机主灯丝断丝报警;

(6) 熔丝熔断报警;

(7) 转辙机表示缺口报警;

(8) 区间自动闭塞设备故障报警(区间信号机故障,发送通道、接收通道及补偿电容故障等);

(9) 微机监测通信故障报警;

(10) 环境监测中明火、烟雾、玻璃破碎、门禁、水浸等报警;

(11) TDCS/CTC 系统中车站分机故障、车务终端故障以及通道故障等报警;

(12) 列控中心系统中的控制主机故障、与计算机联锁通信故障、与 TDCS/CTC 系统通信故障、与 LEU 通信故障等报警;

(13) 计算机联锁系统设备故障报警。

3. 三级报警

电气特性超限或其他报警为三级报警。三级报警方式为"红色"显示报警,电气特性恢复正常后自动停报,可通过网络上传到各级终端。三级报警的主要报警内容有:

(1) 各种模拟量的电气特性超限报警;

(2) 与 TDCS/CTC、计算机联锁、列控中心、智能电源屏等设备或系统通信接口故障报警。

4. 预警

此处的预警是指根据电气特性变化趋势,对设备状态及运用趋势等进行逻辑判断并报警。报警方式为"蓝色"显示预警。预警可通过网络上传到维修终端。预警的主要内容有:

(1) 模拟量变化趋势预警;

(2) 道岔运用次数超限预警;

(3) 补偿电容断线预警;

(4) 提供报警和预警历史。

四、信号微机监测的监测内容总述

信号微机监测系统几乎可以对所有使用的信号设备进行实时监测,主要分为模拟量的监测和开关量的监测。

1. 模拟量的监测

模拟量的监测内容如下:

(1) 对外电网输入电压(相电压及线电压)、电流、频率、相位及功率的监测。

(2) 对电源屏输入电压、电流,输出电压、电流的监测;25 Hz 电源的输出电压、频率、相位的监测。

(3) 对道岔转换过程中转辙机动作功率、电流、动作时间、转换方向的实时监测。

(4) 对道岔表示交流电压、直流电压及道岔位置的实时监测。

(5) 对列车信号机点灯回路中电流的监测。

(6) 对轨道电路继电器线圈端电压的监测。

(7) 对电缆绝缘电阻及电源对地漏泄电流的监测。

(8) 对环境状态的模拟量如温度、湿度,及民用空调电压、电流、功率的监测。

(9) 对防灾系统与列控系统分界口直流电压的监测。

(10) 对站(场)间联系线路直流电压、场间联系电压、自闭方向电路电压、区间监督电压的监测。

2. 开关量的监测

开关量的监测内容如下:

(1) 对按钮状态、控制台表示状态、关键继电器状态等开关量的监测。

(2) 对列车信号机主灯丝状态的监测。

(3) 对环境监控开关量的监测。

请注意,信号微机监测的对象内容和报警的项目,由于铁路与地铁设备的不同而不完全相同,但对于同样的设备,其监测的方式及内容基本相同。

五、信号设备状态修与故障修的意义

对于任何设备来说,即使其运行质量再好,也总避免不了发生故障。一旦某一设备出现故障,必然会影响其所在系统的正常运行。

1. 设备故障修概念

当影响列车运行的信号设备出现故障时，先停止使用(登记停用该设备)，之后维护人员再对设备进行维修，修好后再恢复使用。对在线设备的维护采用这样的一种工作模式，就称为故障修。

实行故障修维护方式的不足是：当设备出现故障后，设备已不能正常工作，通常都会或多或少地影响系统的正常运行。比如当某道岔出现故障不能给出表示或不能转换时，车站就不能建立经过此道岔的进路，如此势必会影响车站的作业效率，甚至不能正常作业，由此必然会对行车造成影响。

例如，在如图 1-3 所示的站场中，假设 5/7 号道岔失去表示，则将影响所有上行方面的接车进路的建立。

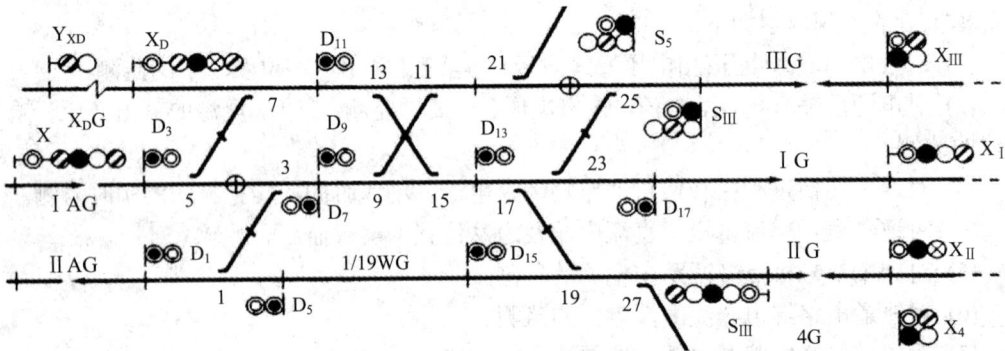

图 1-3　某车站的站场设备平面布置图

如果设备出现故障后不仅无法正常使用，还造成了事故，这就更严重了。所以，人们希望在设备还没有发生故障之前，或将要出现故障时，就能诊断出故障并给出不同等级的报警信号，这样就可以及时对设备进行修理或更换，不至于出现故障时才去处理，这就是"状态修"的概念。

2. 设备状态修概念

综上所述，在设备还能正常使用的情况下，在有可能发生故障之前，就对其进行对症的维修或更换，这种工作方式就称为状态修。

由于这种维修形式是在设备没有达到完全故障的前提下就修复了，所以不会影响使用，从而能保证设备不间断地正常工作，对信号设备来说，就不会影响行车。

3. 实现状态修的保证或前提

人们定期去医院做身体检查时，在检查中如果发现什么情况就可以提前治疗了，不至于在发病后再去医院，可能那时就晚了。因此，类似于人们定期做体检以便及时发现健康问题，信号微机监测系统对信号设备时刻监测，也是为了及时发现隐患。

　　可见，要想对信号设备的维护达到状态修的目的，唯有平时对设备的工作状况进行不间断监测，一旦发现问题便要提前维修。

　　所以，实现状态修的必要前提就是要能做到对信号设备进行可靠的不间断监测。

问 题 思 考

1. 什么叫监测？为什么说监视与测量是不可分割的？
2. 怎样理解信号微机监测？它的含义是什么？
3. 故障修与状态修有哪些不同点？故障修为什么不能保证设备的不间断使用？
4. 在铁路运输中，信号微机监测的内容主要有哪些？
5. 信号微机监测系统的报警分为几个等级？各等级报警的主要内容有哪些？

第二课　　数据类型及其调理与输入控制

监测即监视与测量，测量是为了对信号设备的工作状况进行监视，而对测量结果的数据分析才是监测的实质目的。监测中所获得的测量数据多是模拟量，如果要使微机系统能正确地分析这些数据，就必须将一般模拟量数据转换成计算机系统能认知的数字量。

另外，监测中也需要对一些开关量进行判断，最典型的是对继电器"吸起"和"落下"的状态进行判断。表示灯的"灭"与"亮"，按钮的"按压"与"未按"，道岔的"定位"与"反位"等都属于开关量。

一、微机监测的物理量类型

1. 模拟量

所谓模拟量，是指在时间和数值上都是连续的物理量。表示模拟量的信号称为模拟信号，工作在模拟信号下的电子电路称为模拟电路。

例如，热电偶(热电偶是温度测量仪表中常用的测温元件，它直接测量被测介质温度，并把温度信号转换成热电动势信号，然后通过电气仪表显示出被测介质的温度)在工作时输出的电压信号就属于模拟信号，因为在任何情况下被测温度都不可能发生跳变，所以测得的电压信号无论是在时间上还是在数量上都是连续的，而且这个电压信号在连续变化过程中的任何一个取值都有具体的物理意义，即表示一个相应的温度。

信号微机监测中的原始数据大多是电压、电流信号及电阻、相位、频率等，它们都为模拟量。若要对一些非电的物理量进行监测，首先必须采用相应的变换器件(传感器)，把非电量变换成电量，之后再对该电信号进行处理、采样、量化和编码，以形成数字信号供计算机分析。若不对模拟量进行处理，则微机系统是不能直接处理这些数据的。

2. 数字量

所谓数字量，是指在时间和数量上都是离散的物理量。表示数字量的信号称为数字信号，工作在数字信号下的电子电路称为数字电路。

例如，当采用计轴装置检测轨道区段是否空闲时，首先对计数器进行清零。在车辆经过"入点"时每过一个轮轴，便给计数器发送一个脉冲信号，计数器加"1"，而在"出点"处，每过去一个轮轴计数器就减"1"。在列车通过后，若计数器的值为"0"，表明该区段空闲，否则为占用(或设备故障)状态。很明显，用于记录轮轴数目的这个量是一个自然数，此量无论在时间上还是在数值上都表现出离散型，是不连续的，这个量在数据分析中就称为一个"数字信号"，且其最小的数量单位是 1。

3. 开关量

所谓开关量，是指只存在两种状态下的对象所表现出来的两个相对状态的量。比如继电器的状态有"吸起"和"落下"两种，如果其"吸起"标记为数字"1"，"落下"可标记为数字"0"，那么表达继电器的开关量不是"1"就是"0"，因此继电器的"吸起"和"落下"就是它的最基本、最典型的控制量。

开关量有"1"和"0"两种状态，在数字电路中体现为"开"和"关"，可以指电路的"开"和"关"或"通"和"断"，也可以指触点的"接通"和"断开"。在铁路信号系统中，一般的开关量装置大多是通过内部继电器来实现其开关量的输出的。

开关量最简单的表达方法是，在输出端加装使用相应控制电压的继电器，用其对应的两个状态反映模拟信号的"有"和"无"，实现开关量转化。

由于开关量表现为通、断两种信号，那么对无源信号采用电阻测试法进行判断时，对应电阻即为 0 或无穷大；若是有源信号或阶跃信号，就可以对应 0 或 l 两种量，也可以理解成脉冲量。不过，多个开关量可以组成数字量。

二、信号调理及其电路功能

1. 采集信号调理的目的

简单来说，信号调理是指将敏感元件检测到的各种电信号经过放大、滤波等操作，转换成采集设备能够识别的标准信号，即利用信号采集处理器内部的滤波器、转换器、放大器等电路，改变输入的信号类型并输出。

因为监测系统中各类传感器或采集单元所采集的原始信号，通常是不同类型的数据，如电压、电流、相位及温度、压力、力、流量、运动、位置、光强等，而且大多是很弱的原始信号，很难被系统正确识别，故必须经过调整、清理或变换等操作处理，才能转换为数字数据。因此，在将这些原始信号变换为数字数据之前必须对其进行调理。

调理是指放大、缓冲或定标模拟信号，使其适合于 A/D 转换器(ADC)的输入，实现对模拟信号的数字化转换，并将转换成的数字信号送给微机控制器或其他数字器件，以便用于系统的数据处理和分析。

2. 调理电路的功能

信号调理电路(Signal Conditioning Circuit)是指把模拟信号变换为用于数据采集、控制过程、执行计算、显示读出或其他目的的数字信号的电路。根据需要，信号调理电路在信号微机监测系统中必须能全部实现或部分实现以下功能：

(1) 放大。放大用于提高输入信号电平以更好地匹配"模拟/数字"(A/D)转换器的范围，从而提高测量精度和灵敏度。此外，使用放置在更接近于信号源或转换器的外部信号调理装置，可以通过在信号被环境噪声影响之前提高信号电平来提高测量的信噪比。

(2) 衰减。衰减是与放大相反的过程，通常用于当采集的电压(将被数字化的电信号)超过 A/D 输入范围时。这种形式的信号调理能降低输入信号的幅度，从而使信号大小处于 A/D 转换器的允许范围之内。衰减对于测量高电压或大电流是必需的。

(3) 隔离。达到隔离目的的信号调理设备，通常可使用变压器、光电耦合或电容性的耦合技术，无需物理连接即可将信号从它的信源位置传输至测量设备之中。隔离除了切断了监测对象与监测设备之间的物理连接外，同时也切断了接地回路，还可阻隔高电压浪涌以及较高的共模电压，从而既保护了操作人员也保护了昂贵的监测设备。

(4) 多路复用。通过多路复用技术，一个测量系统可以不间断地将多路信号传输至一个单一的数字化单元电路中，从而能以一种节省成本的方式来最大化地扩充系统通道数量。多路复用对于任何高通道数的应用都是十分必要的。

(5) 过滤。过滤可借助滤波器在一定的频率范围内除去不必要的噪声，提高监测系统的准确性。因为事实上几乎所有的数据采集应用都会一定程度地受到电源 50 Hz 或 60 Hz 的噪声(来自电线或机械设备)的影响，所以大部分信号调理装置都包括了为最大程度上抑制 50 Hz 或 60 Hz 噪声而专门设计的低通滤波器。

(6) 激励。激励对于一些转换器是必需的。例如，应变计、电热调节器和 RTD(电阻温度检测器)需要外部电压或电流激励信号。通常 RTD 和电热调节器的测量都是使用一个电流源来完成的，这个电流源将电阻的变化转换成一个可测量的电压。应变计是一个超低电阻的设备，通常利用一个电压激励源来进行惠斯登(Wheatstone)电桥配置。

(7) 冷端补偿。冷端补偿是一种用于热电偶精确测量的技术。在任意情况下，当一个热电偶连接至一个数据采集系统时，必须知道连接点的温度(因为这个连接点代表测量路径上的另一个"热电偶"，它通常会在测量中引入一个偏移)，这样才能计算热电偶正在测量的真实温度。

三、采集数据的电压信号转换

在现行的信号微机监测系统中，无论监测的对象是什么类型(如道岔的工作电流、道岔的位置、轨道电压等)，即所采集到的数据是什么性质的量，最后都要转换为计算机能够处理的数字量，因此要通过调理电路将原始数据量转换成与其大小对应的直流电压(通常为 0~5 V)信号或电流信号，以适应后级 A/D 转换器的需要。

1. "电流—电压"信号的转换

"电流—电压"信号转换电路是实现将电流信号转换为 0~5 V 的直流电压信号的电路。图 2-1 所示为一种实现"电流—电压"信号转换的电路，它将 4~20 mA 的电流信号通过串接的 250 Ω 电阻，转换成了 0~5 V 的直流电压信号供出。这个电路在监测中常被应用于采集电流的传感器模块中。图中的 R_1、R_2 及 C_1 可对输入信号进行滤波。

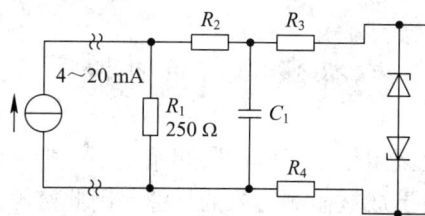

图 2-1　"电流—电压"信号转换电路

2. "电阻—电压"信号的转换

"电阻—电压"信号转换主要用于标准热电阻，即将热电阻受温度影响而引起的电阻变化，转换为电压信号，其转换原理是电流流过电阻会产生电压。常见的"电阻—电压"信号转换的方法有两种：电桥法和恒电流法。

电桥法的特点是电路简单，能有效地抑制电源电压波动的影响，并且可用三线连接方法减弱长距离连接导线引入的误差。恒电流法的特点是精度高，可使用四线连接方法来减弱长距离连接导线所引入的误差。这种转换通常应用在监测系统中的环境监测设备电路中。

3. "开关量—电压"信号的转换

将"开关量"转换成电压信号比较方便，实现方法也比较多，只要能通过开关量的"开"或"关"两个状态，或"高"与"低"形式的电平，去控制一个标准的 5 V 电源的通断即可，通常多采用光电耦合技术来实现。

进行开关量传输的通道，应具备隔离、整形和消除因接点抖动而产生的错误信号的能力。图 2-2 所示是用光电耦合器构成的信号形成原理图。

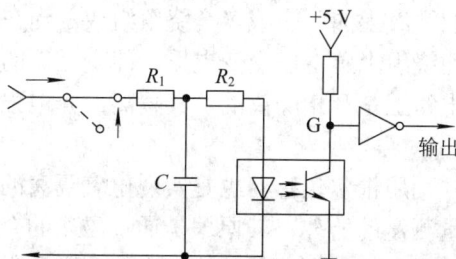

图 2-2　光电耦合器构成的信号形成原理图

当输入高电平时，光耦导通并发光，三极管导通，G 点被接地变为低电平，再经过反向器输出标准的 +5 V 高电平；同理，当输入低电平时，输出 0 V 低电平。如果将本电路用于接点的通断判断(输出加入固定的高电平)，当继电器接点接通时，光耦输入高电平 +5 V；当接点断开时，输出为低电平 0 V。这就是信号微机监测系统中，对开关量进行信息采集的基本原理。

四、微机监测的电气隔离技术

前面已经强调过，无论采用什么手段，监测系统不能影响被监测对象的正常工作，更不能因监测系统自身的故障造成被监测对象的损坏，因此监测系统与被监测对象之间通常不允许存在物理上的连接，即必须满足电气隔离技术要求。

另一方面，由于实际的信号集中监测电路会不可避免地受到各种干扰，导致电路产生不同程度的电压变化，这种干扰称作共模干扰，其干扰程度取决于现场产生干扰的环境条件和计算机的接地情况。若电路的抗干扰能力差，将导致整个监测系统精度的降低，从而带来不可预见的后果。因此，有必要在电路中采取一些手段来抑制共模干扰的传播，从而提高监测系统的抗干扰能力。

1. 单向性隔离采集技术

单向性隔离采集技术的根本目标是提高采集的安全性。比如，对于毫安级的灯丝电流以及 ZPW-2000A(K) 移频设备的毫伏级"轨出 2"电压等特殊信号的采集，要确保信号作用的方向为从被测设备端至测试设备端，并且确保其不可逆。即当监测系统的采集设备发生短路、断路，或混入干扰信号等时，都不会影响被监测设备的正常工作。

如何保证在完成信息采集的电路中经过后级转换，整流电路的信号不会反向影响前级回路(被采样回路)，是应用单向性隔离采集技术时要解决的一个问题。另外，在信号监测系统中对于被监测设备来说，单向性隔离采集技术电路呈现的高阻性，可近似认为开路，但同时还要对信号进行采样，这是应用单向性隔离采集技术时的另一个需要解决的难点问题。

2. 电磁隔离技术

电磁隔离技术是指采用电磁感应技术实现电气隔离的一种技术，常利用变压器来实现。变压器主要由绕在共同铁芯上的两个或多个绕组组成。当在一个绕组上加上交变电压时，由于电磁感应而在其他绕组上感生出交变电压，即变压器的几个绕组之间是通过交变磁场建立联系的，它们在电路上是互相隔离的，其隔离的介电强度取决于几个绕组之间以及它们对地的绝缘强度。

在对电流的采集方面，利用霍尔传感器也是实现电气隔离的最便利的手段。霍尔传感器是利用霍尔效应进行电量测量的器件，其原理是通过磁场的介入从而实现电的隔离。霍尔传感器具有精度高、线性度好、动态性能好、频率响应宽和寿命长等优点，在信号微机监测中有广泛应用。

3. 光电隔离技术

光电隔离技术是一种既简单又高效的解决电隔离的技术，它先将电信号转化为光信号，再将光信号转化为电信号，在此过程中可将干扰信号进行完全隔离。硬件上常用光电耦合器实现"电→光→电"的隔离，能有效地阻止干扰源的进入。光电隔离回路通常要采用补偿技术，保证光电隔离回路两端信号的线性度在 0.05% 以下，如此，既实现了信号的有效隔离，又保证了测量的准确度。

对于不能采用电磁隔离技术的信号，可以采用光电隔离技术。图 2-3 为采用光电隔离技术时的单向性隔离采集技术示意图。

图 2-3　单向性隔离(采用光电隔离时)采集技术示意图

五、数据输入通道技术简述

在信号微机监测中，需要检测的对象及数据很多，不可能为每个信息的输入设置专门的接口。为节省接口电路，通常都要采用通道共用技术(即接口的复用技术)。要实现接口复用必须具备两个最基本的前提：一是采集数据的设备具有数据暂存能力；二是其上位机能准确地选择传送数据的对象，即具备接口的选择控制能力，可规定谁占用输入接口通道，及占用多长时间等。

1. 开关量输入通道控制

比如，信号微机监测中存在灯丝状态、继电器状态、按钮状态及其他数字量等四类开关量，而且每一类都有多路数据需要占用一个接口输入到主机，即需要分时地送到接口电路，那么其输入通道的控制方式可以是如图 2-4 所示的形式。图中各路开关信息在经过各自的信号形成电路之后，转换成了数字信号，并保存到寄存器中。之后，每个寄存器中的数据在多路开关的控制下分时地送到接口电路中。

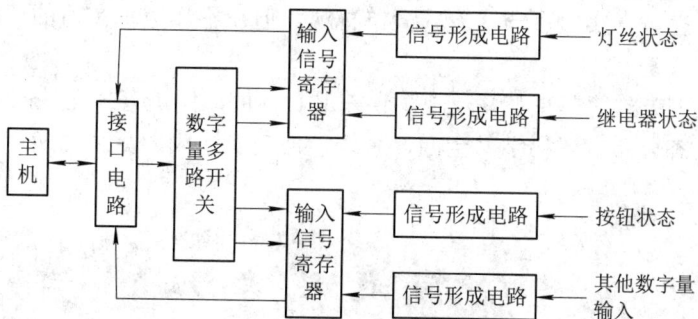

图 2-4　开关量输入通道控制电路框图

2. 模拟量输入通道控制

假设多路模拟信号通过各自的信号处理电路已形成待传送的数据,需要进行 A/D 转换,但在 A/D 转换时只能针对一项数据,不可能同时处理多个数据。为此, 首先要通过模拟量多路转换器选择出一组数据,对其进行放大、采样、转换,然后输出。模拟量输入通道控制原理框图如图 2-5 所示。

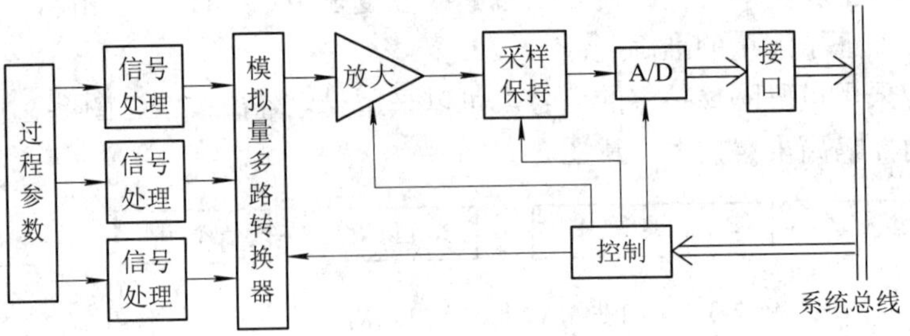

图 2-5　模拟量输入通道控制原理框图

六、监测精度的概念

监测精度用于描述监测值与真值接近的程度，它包含精密度和准确度两个方面。对于每一种物理量，当需要用数值来表示时，必须先要制定一种标准，并选定一种单位(unit)。标准及单位的制定，是为了沟通人与人之间对于物理现象的认识。这种标准的制定，通常要以人们对于所要测量的物理量的认识与了解程度为依据，并且还要考虑该标准是否容易复制，或测量的过程是否容易操作等实际问题。

监测精度常使用三种方式来表征：

(1) 最大误差占真实值的百分比，如测量误差为 3%；

(2) 最大误差，如测量精度为 ±0.02 mm；

(3) 误差正态分布，如误差为 0%～10% 占比例 65%，误差为 10%～20% 占比例 20%，误差为 20%～30% 占比例 10%，误差为 30% 以上占比例 5%。

比较以上三种表征方式，可以看出：

(1) 最大误差占真实值百分比方式简单直观，但在不知道真实值的情况下，无法判断误差的具体大小；

(2) 最大误差方式简单直观，反映了误差的具体值，但是有片面性；

(3) 误差正态分布方式科学、全面、系统，但是表述较为复杂，所以反而不如前两种应用广泛。

问 题 思 考

1. 微机监测的物理量类型有哪些？请简单举例说明。

2. 采集信号调理的目的和功能有哪些？

3. 为满足监测系统与被监测对象之间的电气隔离，在信号微机监测中主要采用了哪些技术？

4. 监测精度有哪几种表征方式？

第三课　监测数据的 A/D 转换技术

监测中所获得的测量数据大多数是模拟量，如果要使微机系统能正确地分析数据，则必须将其转换成微机系统所能认知的数字量。因此，信号监测系统在进行数据分析时，必须将测试量进行 A/D(模/数)转换。尽管 A/D 转换器(也写为 ADC)的种类很多，但目前广泛应用的主要有三种：逐次逼近法 A/D 转换器、双积分法 A/D 转换器、电压频率转换法 A/D 转换器。

另外，近年来有一种新型的 Σ-△型 A/D 转换器异军突起，得到了广泛的应用。

一、A/D 转换及性能指标

1. A/D 转换概述

A/D 转换就是将模拟信号转换为数字信号的过程。模拟量可以是电压、电流等电气信号，也可以是压力、温度、湿度、位移、声音等非电气信号，但在 A/D 转换前，输入到 A/D 转换器的输入信号，必须是各种物理量经过传感器后转换成的电压形式的信号。也就是说，无论信号微机监测系统监测的对象是什么，所采集到的物理量是什么类型，在进行 A/D 转换之前，都要将其转换成对应于 0～5 V 的直流电压信号。

A/D 转换后，输出的数字信号可以有 8 位、10 位、12 位、14 位和 16 位等。A/D 转换的方法主要有逐次逼近法、双积分法、电压频率转换法等。

2. A/D 转换性能指标

A/D 转换的性能指标是信号微机监测系统选用 ADC 芯片型号的依据，也是衡量芯片质量的重要参数，A/D 转换的性能指标主要有以下几项：

(1) 分辨率。分辨率表示输出数字量变化一个相邻数码所需输入模拟电压的变化量，定义为满刻度电压与 2^n 之比值，其中 n 为 ADC 的位数。

例如，ADC 的分辨率为 12 位，即该转换器的输出数据可以用 2^{12} 个二进制数进行量化，其分辨率为 1 LSB，用百分数表示为

$$\frac{1}{2^{12}} \times 100\% = \frac{1}{4096} \times 100\% \approx 0.024\,414\% \approx 0.0244\%$$

当转换位数相同，而输入电压的满量程值 V_{FS} 不同时，可分辨的最小电压值不同。例如，当分辨率为 12 位，$V_{FS} = 5$ V 时，可分辨的最小电压是 1.22 mV；而当 $V_{FS} = 10$ V 时，

可分辨的最小电压是 2.44 mV。当输入电压的变化低于可分辨的最小电压时，转换器不能分辨。例如 4.999～5 V 所转换的数字量均为 4095。

(2) 量化误差。在不计其他误差的情况下，一个分辨率有限的 ADC 的阶梯状转移特性曲线与具有无限分辨率的 ADC 转移特性曲线之间的最大偏差，称为量化误差。

(3) 偏移误差。偏移误差是指输入信号为零时，输出信号不为零的值。

(4) 满刻度误差。满刻度误差是指满刻度输出数码所对应的实际输入电压与理想输入电压之差。

(5) 线性度。线性度有时又称为非线性度，是指转换器实际的转移函数与理想直线的最大偏移。

(6) 绝对精度。在一个转换器中，任何数码所对应的实际模拟电压与其理想的电压值之差并非是一个常数，把这个差的最大值定义为绝对精度。

(7) 相对精度。把绝对精度中的最大偏差表示为满刻度模拟电压的百分数，即为相对精度。

(8) 转换速率。转换速率是指能够重复进行数据转换的速度，即每秒转换的次数。完成一次 A/D 转换所需的时间，是转换速率的倒数。

由于模拟量在时间和数值上是连续的，而数字量在时间和数值上都是离散的，所以转换时要在时间上对模拟信号离散化(采样)，还要在数值上离散化(量化)，一般要经过采样、保持、量化和编码四个过程。下面介绍三种方法下的 A/D 转换器工作原理。

二、逐次逼近法 A/D 转换

逐次逼近式 A/D 转换器采用的是一种比较常见的 A/D 转换电路，转换的时间为微秒级。下面以 ADC0808/ADC0809 芯片为例重点讲述其工作原理。

1. 逐次逼近法 A/D 转换原理总述

采用逐次逼近法的 A/D 转换器由一个比较器、D/A 转换器、缓冲寄存器、控制逻辑电路和逐次逼近寄存器组成，图 3-1 所示为其工作原理图。

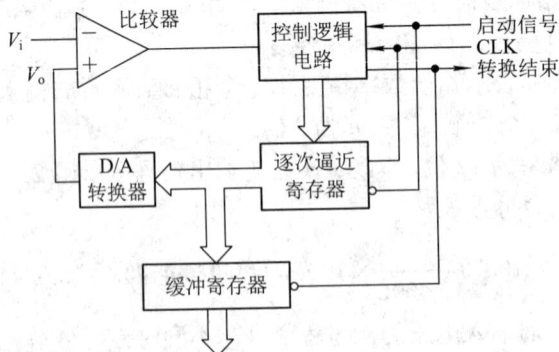

图 3-1 逐次逼近式 A/D 转换器工作原理图

其基本工作原理是从高位到低位逐位试探比较，正如用天平称物体质量，从重到轻逐级增减砝码进行试探，直到平衡时的砝码重量就等于物体重量的道理一样。逐次逼近式 A/D 转换器初始化时，将逐次逼近寄存器各位清零，转换开始后，先将逐次逼近寄存器最高位置 1，送入 D/A 转换器，再将经 D/A 转换后生成的模拟量送入比较器，称为 V_o，与送入比较器的待转换的模拟量 V_i 进行比较，若 $V_o < V_i$，则该位 1 被保留，否则被清除。

然后再置逐次逼近寄存器次高位为 1，将寄存器中新的数字量送入 D/A 转换器，输出的 V_o 再与 V_i 比较，若 $V_o < V_i$，则该位 1 被保留，否则被清除。重复此过程，直至逼近寄存器最低位。逐次逼近的操作过程是在一个控制电路的控制下进行的。

转换结束后，将逐次逼近寄存器中的数字量送入缓冲寄存器，得到数字量的输出。

2. ADC0808 外部引脚及其功能

图 3-2 所示为 ADC0808/0809 芯片内部结构框图，图 3-3 为其外部引脚图。其芯片部分引脚的定义如下：

(1) $IN_0 \sim IN_7$——8 路模拟量输入(模拟量输入范围：0～5 V)，通过 3 根地址译码线 ADD_A、ADD_B、ADD_C 来选通一路作为输入。

(2) $D_0 \sim D_7$——转换后的数据输出端，为三态可控输出，故可直接和微处理器数据线连接。8 位的排列顺序是 D_0 为最低位，D_7 为最高位。

(3) ADD_A、ADD_B、ADD_C——模拟通道选择地址信号，ADD_A 为低位，ADD_C 为高位。

(4) $V_R(+)$、$V_R(-)$——正、负参考电压输入端，用于提供片内 DAC 电阻网络的基准电压。单极性输入时，$V_R(+) = 5\,V$，$V_R(-) = 0\,V$；双极性输入时，$V_R(+)$ 和 $V_R(-)$ 分别接正、负极性的参考电压。

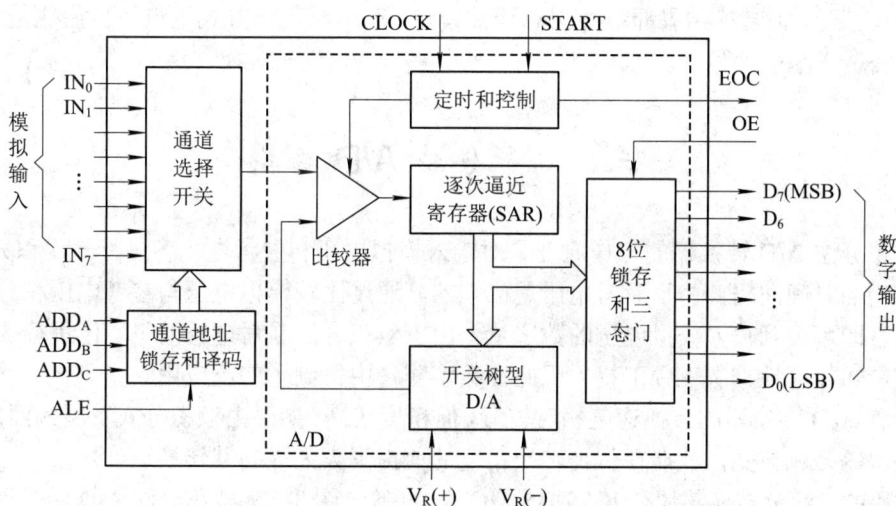

图 3-2　ADC0808/0809 芯片内部结构框图

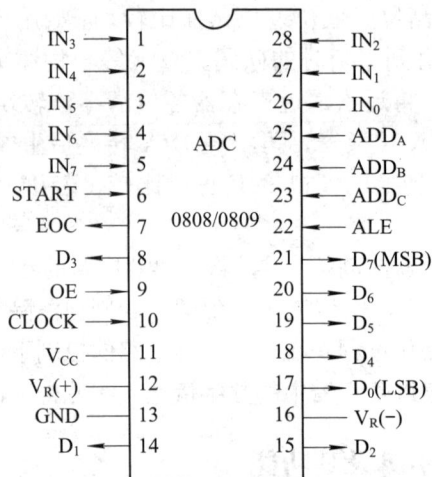

图 3-3　ADC0808/0809 外部引脚图

（5）ALE——地址锁存允许信号，高电平有效。当此信号有效时，A、B、C 三位地址信号被锁存，译码选通对应模拟通道。在使用时，该信号常和 START 信号连在一起，以便同时锁存地址和启动 A/D 转换。

（6）START——A/D 转换启动信号，正脉冲有效，加于该端的脉冲上升沿，使逐次逼近寄存器清零，则下降沿开始 A/D 转换。如正在进行转换时又接到新的启动脉冲，则原来的转换进程将被中止，重新从头开始转换。

（7）EOC——转换结束信号，高电平有效。该信号在 A/D 转换过程中为低电平，其余时间为高电平。该信号可作为被 CPU 查询的状态信号，也可作为对 CPU 的中断请求信号。在需要对某模拟量不断采样、转换的情况下，EOC 也可作为启动信号反馈到 START 端，但在刚通电时需由外电路第一次启动。

（8）OE——输出允许信号，高电平有效。当微处理器送出该信号时，ADC0808 的输出三态门被打开，使转换结果通过数据总线被读走。在中断工作方式下该信号往往是 CPU 发出的中断请求响应信号。

三、双积分法 A/D 转换

双积分法 A/D 转换器的工作原理是对输入模拟电压和参考电压各进行一次积分，分别得到它们的时间间隔，由于参考电压是已知的，通过比较模拟电压与参考电压积分后的时间间隔，即可得到输入模拟电压的数字量。由于双积分法是对电压的平均值进行变换的，利用它能够很好地抑制工频干扰，因此在数字测量中得到了广泛应用。

这种 A/D 转换器的转换速度相对较慢，但精度较高，如果由双积分式发展为四重积分、五重积分等多种方式，就能在保证转换精度的前提下大大提高其转换速度。

常用的双积分转换芯片有 ICL7135、ICL7109 等。图 3-4 为双积分法 A/D 转换器结构框图，它主要由积分器(A，由集成运放构成)、过零比较器(C)、时钟控制(G)和计数器($FF_0 \sim FF_n$)及电子开关等几部分组成。

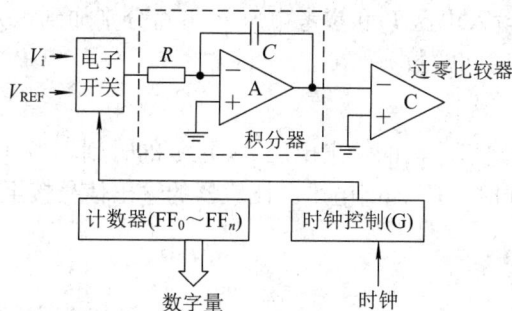

图 3-4　双积分法 A/D 转换器原理框图

1. 双积分法 A/D 转换原理总述

双积分法 A/D 转换器属于间接型 A/D 转换器,它把待转换的输入模拟电压先转换为一个中间变量,例如时间 T,然后再对中间变量量化编码得出转换结果。这种 A/D 转换器多称为"电压—时间"变换型(简称 VT 型)转换器。

VT 型转换器的转换过程是:先将开关接通待转换的模拟量 V_i,V_i 采样后输入到积分器,积分器从零开始进行固定时间 T 的正向积分;到时间后,开关再接通与 V_i 极性相反的基准电压 V_{REF},将 V_{REF} 输入到积分器进行反向积分,直到输出为 0 V 时停止积分。

V_i 越大,积分器输出电压越大,反向积分时间也越长。计数器在反向积分时间内所计的数值,就是输入模拟电压 V_i 所对应的数字量,从而实现了 A/D 转换。图 3-5 为双积分法 A/D 转换器原理图。

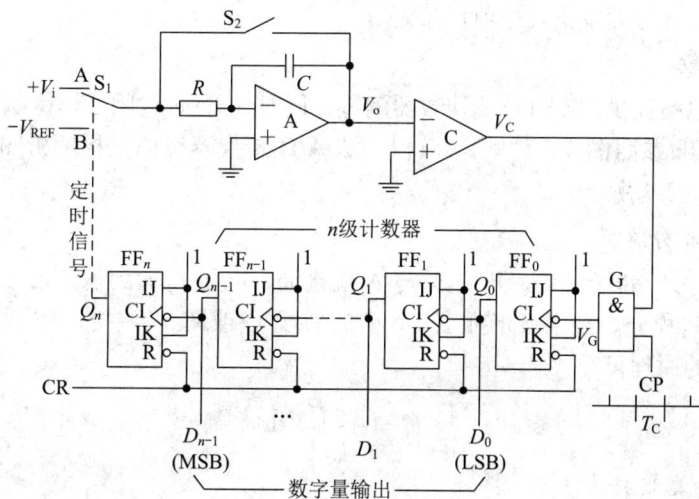

图 3-5　双积分法 A/D 转换器原理图

2. 双积分法 A/D 转换器各部分功能

1) 积分器

积分器是转换器的核心部分,它的输入端所接开关 S_1 由定时信号 Q_n 控制。当 Q_n 为不同电平时，极性相反的输入电压 V_i 和参考电压 V_{REF} 将分别加到积分器的输入端，进行两次方向相反的积分，积分时间常数 $\tau = RC$。

2) 过零比较器

过零比较器用来确定积分器的输出电压 V_o 过零的时刻。当 $V_o \geq 0$ 时，比较器输出的 V_C 为低电平；当 $V_o < 0$ 时，V_C 为高电平。比较器的输出信号接至时钟控制门(G)作为关门和开门信号。

3) 计数器和定时器

计数器和定时器由 $n+1$ 个接成计数器的触发器 $FF_0 \sim FF_{n-1}$ 串联组成。触发器 $FF_0 \sim FF_{n-1}$ 组成 n 级计数器，对输入时钟脉冲 CP 计数，以便把与输入电压平均值成正比的时间间隔转变成数字信号输出。当计数到 2^n 个时钟脉冲时，$FF_0 \sim FF_{n-1}$ 均回到 0 态，而当 FF_n 翻转到 1 态时 $Q_n = 1$，之后开关 S_1 从位置 A 转接到 B。

4) 时钟控制门

时钟源的标准周期为 T_C，作为测量时间间隔的标准时间。当 $V_C = 1$ 时，门打开，使时钟脉冲通过门加到触发器 FF_0 的输入端。

3. 工作原理解析

双积分法 A/D 转换器工作时，先对输入模拟电压进行固定时间的积分，然后转为对标准电压的反向积分，直至积分输入返回初始值，这两个积分时间的长短正比于二者的大小，进而可以得出对应模拟电压的数字量。

下面以输入正极性的直流电压 V_i 为例，说明电路将模拟电压转换为数字量的基本原理。电路工作过程分为以下几个阶段描述。

1) 准备阶段

首先控制电路提供 CR 信号使计数器清零，同时使开关 S_2 闭合，待积分电容放电完毕后，再使 S_2 断开(参照图 3-5 理解)。双积分法 A/D 转换器工作过程解析图如图 3-6 所示，其输出波形如图 3-7 所示。

2) 第一次积分阶段

在转换过程开始时($t = 0$)，开关 S_1 与 A 端接通，电压 V_i 加到积分器的输入端。积分器从 0 V 开始对 V_i 积分。结果波形如图 3-6 中的斜线①(或图 3-7 中的 OP 段)所示。

由积分器的原理可得

$$V_o = -\frac{1}{\tau} \int_0^\tau V_i \mathrm{d}t$$

式中，$\tau = RC$，是常数。

由于 $V_o < 0$，过零比较器输出为高电平，时钟控制门 G 被打开。于是，计数器在 CP 的作用下从 0 开始计数。经 2^n 个时钟脉冲后，触发器 $FF_0 \sim FF_{n-1}$ 都翻转到 0 态，$Q_n = 1$，使开关 S_1 由 A 点转接到 B 点，第一次积分结束。第一次的积分时间 $t = T_1 = 2^n T_C$，令 V_i 为输入电压在 T_1 时间间隔内的平均值，则可得第一次积分结束时积分器的输出电压 V_P 为：

$$V_P = -\frac{T_1}{\tau} V_i = -\frac{2^n T_C}{\tau} V_i$$

3) 第二积分阶段

当 $t = t_1$ 时，S_1 转接到 B 点，与 V_i 成相反极性的基准电压 $-V_{REF}$ 加到积分器的输入端；积分器开始向相反方向进行第二次积分。当 $t = t_2$ 时，积分器输出电压 $V_o \geq 0$，比较器输出的 $V_C = 0$，时钟控制门 G 被关闭，计数停止。在此阶段结束时 V_o 的表达式可写为

$$V_o = V_P - \frac{1}{\tau} \int_{t_1}^{t_2} (-V_{REF}) \mathrm{d}t$$

其结果的波形如图 3-6 中的斜线②(或图 3-7 中的 PQ 段)所示。

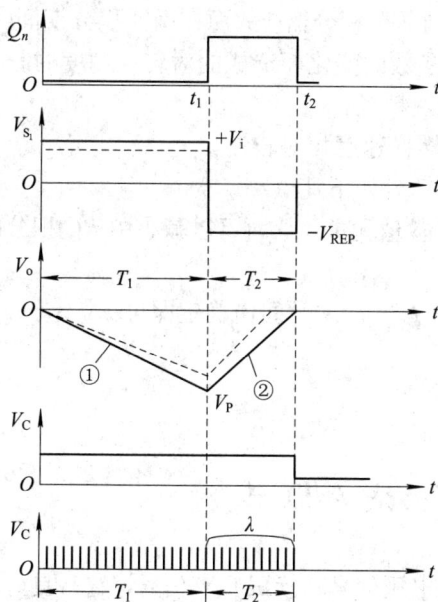

图 3-6　双积分法 A/D 转换器工作过程解析图　　　图 3-7　双积分法 A/D 转换输出波形图

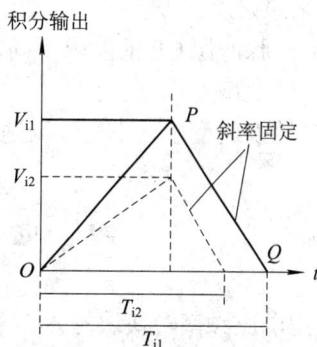

设 $T_2 = t_2 - t_1$，于是有 $V_{REF}T_2/\tau = (2^n T_C/\tau)V_i$，即

$$T_2 = \frac{2^n T_C}{V_{REF}} V_i \tag{3-1}$$

由(3-1)式可见，T_2 与 V_i 成正比。此 T_2 就是双积分 A/D 转换过程中的中间变量。

假设在此期间，计数器所累计的时钟脉冲个数为 λ，则 $T_2 = \lambda T_C$，将其代入式(3-1)，则可得

$$\lambda = \frac{2^n}{V_{REF}} V_i \tag{3-2}$$

式(3-2)表明，在计数器中所得的数 $\lambda(\lambda = Q_{n-1} \cdots Q_1 Q_0)$，与在取样时间 T_2 内输入电压的平均值 V_i 成正比。只要 $V_i < V_{REF}$，转换器就能正常地将输入模拟电压转换为数字量，并能从计数器读取转换的结果。

如果选取 $V_{REF} = 2^n$V，则由式(3-2)可得 $\lambda = V_i$，即计数器所计的数在数值上就等于被测电压。

4. 双积分法 A/D 转换器的特点

由于双积分法 A/D 转换器在取样时间内采集的是输入电压的平均值,因此具有很强的抗工频干扰的能力,尤其对周期等于 t_1 或几分之一的对称干扰(所谓对称干扰,是指整个周期内平均值为零的干扰),从理论上说,有无穷大的抑制能力。即便是当工频干扰幅度大于被测直流信号,使得输入信号正负变化时,其对干扰仍有良好的抑制能力。

在工业系统中经常碰到的是工频(50 Hz)或工频的倍频干扰,因此通常选定采样时间 T_1 总是等于工频周期的倍数,如 20 ms 或 40 ms 等,以更好地抑制工频的干扰。另一方面,由于在转换过程中,前后两次积分所采用的是同一个积分器,故而在两次积分期间(一般在几十到数百毫秒之间),由于 R、C 和脉冲源等参数的变化而造成的对转换精度的影响均可忽略。因此,双积分法 A/D 转换具有较高的转换精度。

但由于转换期间要经历两次积分,所以其转换速度相对较慢。

双积分法 A/D 转换器的主要特点可简单概括为如下几点:

(1) 由于计数脉冲的个数 λ 与积分器的 RC 数值无关,从而可以减小由 RC 积分的非线性所带来的误差;

(2) 对脉冲源 CP 的要求不高,只要保证在 $T_1 + T_2$ 的时间内稳定即可;

(3) 转换精度高;

(4) 转换速度慢,不适合高速应用的场合。

四、电压频率转换法 A/D 转换

采用电压频率转换法的 A/D 转换器,可把电压信号转换成频率信号,它有良好的精度和线性,而且电路简单,对环境适应能力强,价格低廉,故适用于非快速的远距离信号的 A/D 转换过程。常用的此类转换器有 LM331、AD650 等类型。

电压频率 A/D 转换器的工作原理是:V/F 转换电路(如 LM331 芯片)把输入的模拟电压转换成与模拟电压成正比的脉冲信号,即输出信号的频率与输入信号的电压成一定比例的相关性,故这一类型的转换器又可称为电压控制(压控)振荡器。其振荡类型大致有三种:施密特触发器型、电容交叉充放电型和定时器型。

1. 定时器型电压频率 A/D 转换原理概述

图 3-8 所示为利用 LM331 实现 V/F 转换的原理框图,LM 33I 主要由计数器、定时器(定时控制门电路)及一个可形成时钟门控制信号的基准频率发生电路组成。

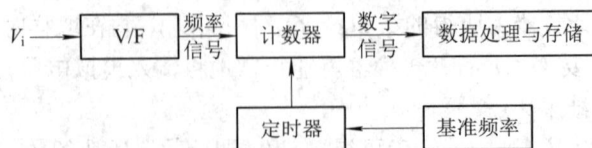

图 3-8　电压频率 A/D 转换原理框图

当模拟电压 V_i 加到 V/F 的输入端时，便产生频率 F 与 V_i 成正比的脉冲，在一定的时间内对该脉冲信号计数，经过一定的处理时间之后，统计到计数器的计数值正比于输入电压 V_i，从而完成 A/D 转换。

2. 定时器型电压频率 A/D 转换原理解析

图 3-9 所示为 LM331 的电路原理图。该电路由两部分组成，一部分是用触发器、电压比较器(C_1 和 C_2)和放电管 V_3 构成的定时电路；另一部分是用基准电压源、电压跟随器 A 和镜像电流源构成的电流源及开关控制电路。

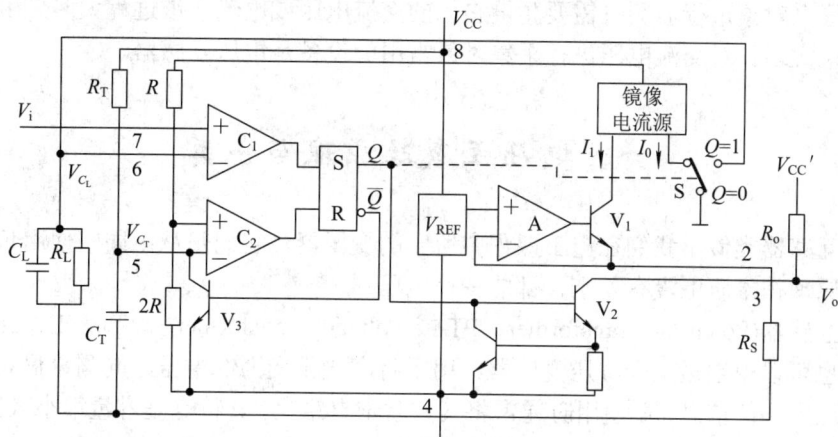

图 3-9　LM331 的电路原理图

电路刚接通电源时，C_L 和 C_T 两个电容上无电压，若输入控制电压 V_i 大于 0，则比较器 C_1 的输出为 1 而比较器 C_2 的输出为 0，触发器被置成 $Q=1$ 状态。Q 端的高电平使 V_2 导通，$V_o=0$。同时镜像电流源输出端开关 S 接到引脚 1 一边，电流 I_0 开始向 C_L 充电。而 $\bar{Q}$ 的低电平使 V_3 截止，所以 C_T 也同时开始被 V_{CC} 充电。

当 C_T 上的电压 V_{C_T} 上升到 $(2/3)V_{CC}$ 时，触发器被置成 $Q=0$ 状态，V_2 截止，$V_o=1$。

同时镜像电流源输出端开关 S 转接到地，C_L 开始向 R_L 放电。而 $\bar{Q}$ 变为高电平后使 V_3 导通，C_T 通过 V_3 迅速放电至 $V_{C_T}\approx 0$，并使比较器 C_2 的输出为 0。当 C_L 放电到 $V_{C_L}\leqslant V_i$ 时，比较器 C_1 的输出为 1，重新将触发器置成 $Q=1$ 状态，于是 V_o 又跳变成低电平，C_L 和 C_T 开始充电，又重复上面的过程。如此反复，便在 V_o 端得到矩形输出脉冲。

问 题 思 考

1. 在信号微机监测中为什么要进行数据的 A/D 转换？
2. A/D 转换的性能指标主要有哪些？
3. A/D 转换主要有哪些方法？试举例一种并概述其原理。

第四课　电压采集技术及电压传感器

在对很多对象进行监测时需要测量它们的交流电压或电流，该过程大多采用电压或电流传感器来实现。对交流电压进行采集时最常用的设备是电压互感器。

一、电压互感器原理与分类

电压互感器类似于我们在电工课程中所学的变压器，它们是从不同的使用角度上来命名的，其原理在本质上没有差别，都能变换电压。

电压互感器(Potential Transformer，PT 或 Voltage Transformer，VT)的工作原理与变压器相同，也可以说它是一个降压变压器，用于将高电压变为低电压，向测量仪表或控制元件提供电压大小的信息，在使用时通常将其并联于电路上。其特点是容量很小且比较恒定，正常运行时接近于空载状态。

1. 电压互感器的结构及工作原理

电压互感器的基本结构与变压器类似，由铁芯和原、副绕组组成。其工作原理如图 4-1 所示(图中 W_1、W_2 分别为初次级线圈的匝数，E_1、E_2 为感应电动势)。

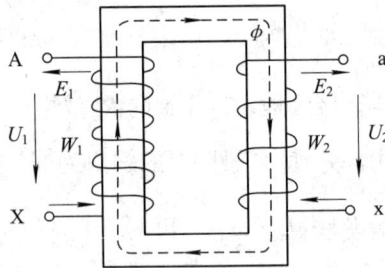

图 4-1　电压互感器工作原理图

当初级线圈中通有交流电流时，铁芯(或磁芯)中便产生交变磁通，使次级线圈中感应出电压(或电流)。其工作原理与电工学中的变压器相同，这里就不详细介绍了。

设电压互感器一次侧电压为 U_1，则其与二次侧电压 U_2 间存在着下列关系：

$$U_2 = \frac{U_1 N_2}{N_1} = K_U U_1$$

式中，$K_U = N_2/N_1$，表示变压比。

电压互感器的一次线圈匝数很多，而二次线圈匝数很少，故 K_U 很小，故其可将高电压变换为低电压。工作时，一次线圈并联在供电系统的电路中，而二次线圈并联仪表或继电器的电压线圈等，由于它的二次阻抗很大，所以电压互感器工作时二次线圈接近于空载状态，即 I_2 很小。

依据电磁理论 $I_1 N_1 = I_2 N_2$ 可知，只要 I_2 很小，则原边中的电流 I_1 也非常小，也就是说利用电压互感器进行辅助测量时，应尽量增大二次侧电阻，以减小对被测电路的影响。

电压互感器在信号监测系统中用于对被测电压数据进行采集取样，尤其是在测量高电压时，为了安全与方便，使高电压经过电压互感器后变为低电压，然后向测量仪表或控制元件提供电压大小的信息。

2. 电压互感器的分类

电压互感器的种类很多，依据不同属性，可将其作出以下分类：

(1) 按安装地点的不同可分为户内式电压互感器和户外式电压互感器。35 kV 及以下多制成户内式；35 kV 以上则制成户外式。

(2) 按相数的不同可分为单相式电压互感器和三相式(35 kV 及以上不能制成三相式)电压互感器。

(3) 按绕组数目的不同可分为双绕组电压互感器和三绕组电压互感器(三绕组电压互感器除一次侧和基本二次侧外，还有一组辅助二次侧，供接地保护用)。

(4) 按绝缘方式的不同可分为干式电压互感器、浇注式电压互感器、油浸式电压互感器和充气式电压互感器。干式电压互感器结构简单，无着火和爆炸危险，但绝缘强度较低，只适用于 6 kV 以下的户内式装置；浇注式电压互感器结构紧凑、维护方便，适用于 3～35 kV 户内式配电装置；油浸式电压互感器绝缘性能较好，可用于 10 kV 以上的户外式配电装置；充气式电压互感器用于 SF6(SF6 气体是法国两位化学家 Moissan 和 Lebeau 于 1900 年合成的人造惰性气体)全封闭电器中。

(5) 按工作原理不同，还可分为电磁式电压互感器、电容式电压互感器和电子式电压互感器。

电磁式电压互感器是利用电磁感应原理按比例变换电压或电流的设备。电容式电压互感器(CVT)是由串联电容器分压，再经电磁式互感器降压和隔离，作为仪表计、继电保护等的一种电压互感器。电容式电压互感器还可以将载波频率耦合到输电线，用于长途通信、远方测量、选择性的线路高频保护、遥控、电传打字等。

3. 电压互感器与变压器的区别

变压器变换电压的目的是为了输送电能，因此容量很大，体积大，对精度的要求没有互感器高，容量一般都是以千伏安或兆伏安为计算单位的。而电压互感器变换电压的目的，主要是用来给测量仪表和继电保护装置供电，用来测量线路的电压、功率和电能，或者用来在线路发生故障时保护线路中的贵重设备，因此电压互感器的容量很小，一般都只有几伏安或几十伏安，最大也不超过一千伏安。同时，使用电压互感器可以将高电压与电气工作人员隔离。

与普通变压器相比，电压互感器二次侧作用于恒压源，且二次绕组阻抗小，而接入负载本身阻抗大，其工作状态相当于变压器的空载运行，所以电压互感器本身消耗的电源功率很小，这样也保证了测量的精度。

电压互感器虽然也是按照电磁感应原理工作的设备，但它的工作条件与变压器相比正好相反。电压互感器的接入侧与被测电路并联，但由于二次侧回路是高阻抗的回路，故电压互感器的工作电流很小，且基本稳定不变。而变压器的作用主要是为了传递电能，且其输出电流的大小是随负载的变化而改变的，当二次负载阻抗减小时，输出电流增大，同时，也使一次电流随之增大，以便满足一、二次侧之间的电磁平衡关系。

可以说，电压互感器是一个被限定了结构和使用形式的特殊降压变压器。

二、电压互感器的应用

在对交流电压进行监测时为什么需要变换电压呢？这是因为根据发电、输电和用电的不同情况，线路上的电压大小不一，而且相差悬殊，有的是低压 220 V 和 380 V，有的是高压几万伏甚至几十万伏。要直接测量这些低电压或高电压，就需要根据线路电压的大小，制作相应的电压表等仪表及继电器，这样不仅制作起来十分困难，而且要直接利用高压仪表在高压线路上测量电压是绝对不允许的，这时就要用到电压互感器了。图 4-2 所示为电压互感器用于电气测量的结构图。

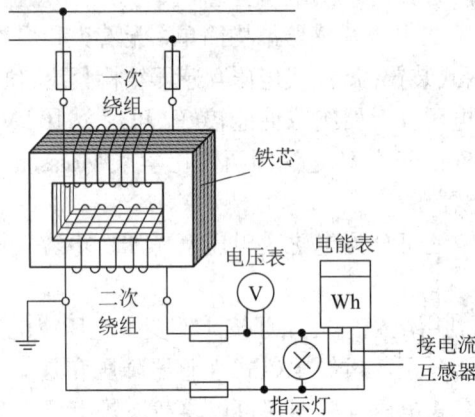

图 4-2　电压互感器用于电气测量的结构图

1. 监测中使用电压互感器的优缺点

(1) 采用电压互感器测量设备的交流电压(如轨道交流电压)时，其电路简单，稳定性和可靠性高(受温度等外界影响小)，能保证年变化率(稳定性)不超过 0.5%。

(2) 使用电压互感器时可在被监测设备之间实现电气隔离，安全性高，其过载性也好，可长期过载 2 至 3 倍，短时过载可达 10 倍以上，即使超出极限范围，也只是烧断线圈，不会扩大故障，更不会影响被测设备。

(3) 使用电压互感器的传感器中的测量转换(AC/DC)电路和器件，也会对电压的测量准确度和稳定度有较大的影响。简单的转换电路(如单运放单电源)和非低漂移的器件(如运放的零漂)受环境影响大，这将降低传感器的测量稳定性。

当然，如果用电压互感器加上高精度的转换电路和低漂移的器件，同时，将传感器输出至站机的信号采用电流或总线方式输出，可以避免传输过程中的干扰。这些措施将大大提高传感器整体测量的稳定性，使传感器测量能保证年变化率(稳定性)不超过1%，使得微机监测系统模拟量的稳定性及精度大大提高，从而达到可靠、可信、可用的水平。

2. 使用电压互感器时的注意事项

在监测系统中使用电压互感器时，需要注意如下几方面的问题：

(1) 电压互感器在投入运行前，要按照规程规定的项目进行试验检查，例如测极性、连接组别、摇绝缘、核相序等。

(2) 电压互感器的接线应保证其正确性，一次绕组和被测电路并联，二次绕组应和所接的测量仪表、继电保护装置或自动装置的电压线圈并联，同时要注意极性的正确。启用电压互感器时应先一次后二次，停用则相反。

(3) 接在电压互感器二次侧负荷的容量应合适，不应超过其额定容量，否则，会使互感器的误差增大，难以保证测量的准确性。

(4) 电压互感器二次侧绝不允许短路，经耐压实验合格后方能投入运行。

由于电压互感器内阻抗很小，且一次侧电压大小不变，二次侧电压也不变，若二次回路发生短路，线圈中的电流将急剧增大，从而烧毁线圈，也将会损坏二次侧设备，甚至危及人身安全。所以，使用电压互感器时需要在二次侧装设熔断器，以保护其自身不因二次侧短路而损坏。在条件允许的情况下，一次侧也应装设熔断器，以保护高压电网不因互感器高压绕组或引线故障危及一次系统的安全。电压互感器用于电气测量的连接方式如图4-3所示。

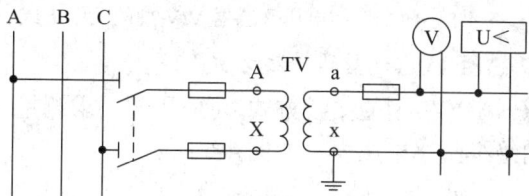

图4-3　电压互感器用于电气测量的连接方式

(5) 为了确保维护人员在接触测量仪表和继电器时的安全，电压互感器二次绕组必须有一点接地，因为当一次和二次绕组间的绝缘损坏时，接地可以防止仪表和继电器出现高电压而危及人身安全。

(6) 停用电压互感器时应考虑该电压互感器所带的保护及自动装置，为防止误动，应将相关保护及自动装置停用。

(7) 停用或检修电压互感器时，其二次空气开关应分开，二次熔断器应取下，防止反送电。

总之，只有经常检查电压互感器是否有缺油、漏油、油瓷套管存在裂纹、损坏等不安全因素，才能够有效地防止因这些不安全因素而导致的故障，以保证电压互感器的正常运行。

3. 电压互感器的四种接线方式

电压互感器在监测系统中通常有四种接线方式。

1) 一个单相电压互感器的接线方式

一个单相电压互感器的接线方式，用于对称的三相电路，二次侧可接仪表或继电器，如图 4-4 所示。

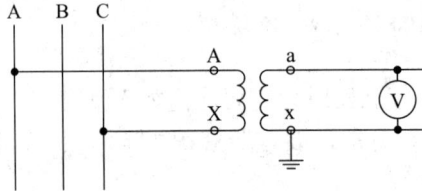

图 4-4　一个单相电压互感器的接线方式

2) 两个单相电压互感器 V/V 型的接线方式

两个单相电压互感器 V/V 型的接线方式，可测量线电压，但不能测量相电压，它广泛应用在 20 kV 以下中性点不接地或经消弧线接地的电网中，如图 4-5 所示。

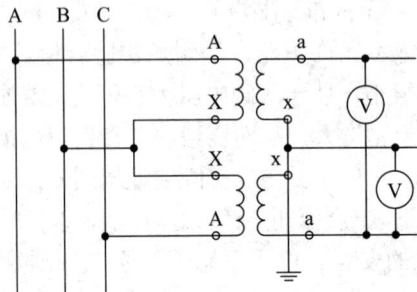

图 4-5　两个单相电压互感器 V/V 型的接线方式

3) 三个单相电压互感器 Y0/Y0 型的接线方式

三个单相电压互感器 Y0/Y0 型的接线方式，可应用于要求测量线电压的仪表和继电器，以及要求供给相电压的绝缘监察电压表，如图 4-6 所示。

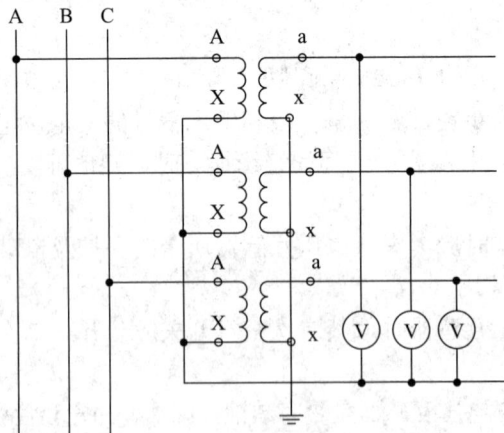

图 4-6 三个单相电压互感器 Y0/Y0 型的接线方式

4) 电压互感器接成 Y0/Y0/△型的接线方式

接成 Y0/Y0/△型的接线方式通常由三个单相三绕组电压互感器或一个三相五柱式三绕组电压互感器组成，接成 Y0 形的二次线圈用于给仪表、继电器及绝缘监察电压表等供电，辅助二次线圈接成开口三角形，可给起绝缘监察作用的电压型继电器供电。当三相系统正常工作时，三相电压平衡，开口三角形两端电压为零。当某一相接地时，开口三角形两端出现零序电压，使绝缘监察电压继电器动作，发出信号。这种接线方式通常用于 3～220 kV 系统(110 kV 及以上无高压熔断器)，供接入交流电网绝缘监视仪表和继电器用，如图 4-7 所示。

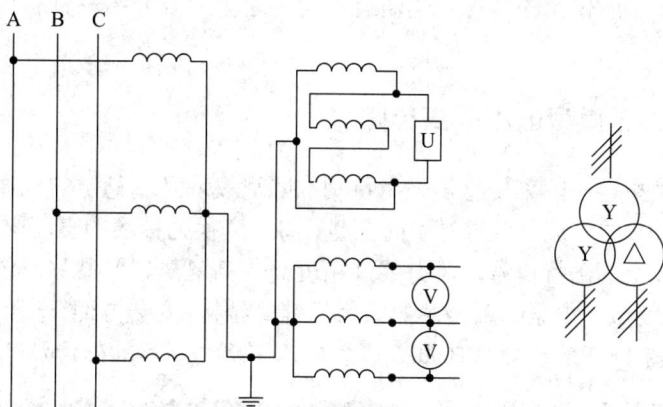

图 4-7　电压互感器接成 Y0/Y0/△型的接线方式

三、直流电压传感器

在监测系统中，对直流电压的采集可采用直流电压传感器。

直流电压传感器的工作原理如图 4-8 所示。电压/频率转换器将输入的直流电压转换成脉冲串，脉冲的频率与输入电压呈线性关系。其脉冲经光电隔离后以相同频率的脉冲输入给频率/电压转换器，频率/电压转换器将脉冲还原成电压输出，再经过滤波放大后输出到采集机采样。

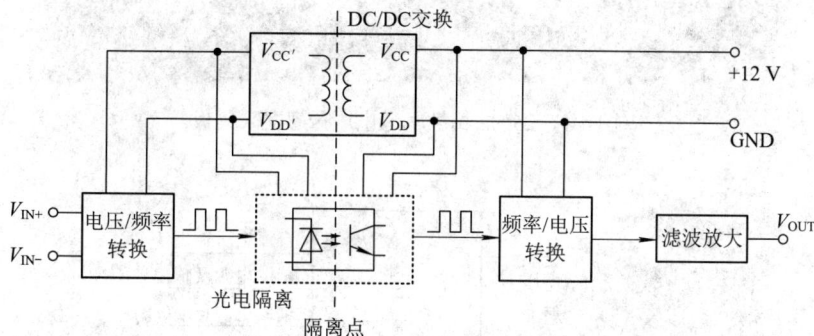

图 4-8　直流电压传感器的工作原理

直流电压传感器的隔离措施比交流电压传感器的要复杂，包括电源隔离和信号隔离。

电源隔离采用 DC/DC 变换技术，将输入的直流电源变换成另外一路直流电源，供传感器输入级和光电隔离原边使用，DC/DC 变换隔离的原理是电磁感应。信号隔离应用的是光电隔离方法。一种隔离措施的应用保证了被测对象与测试回路之间没有直接的电气连接。

四、信号监测中的微型电压隔离传感器

在铁路信号微机监测的相关交流电压采集板中，都采用了微型电压隔离传感器，对于不同的电压采集，所使用的传感器也略有不同。这里简要介绍三种有代表性的微型电压隔离传感器。

1. WBT025 微型电压隔离传感器

WBT025 微型电压隔离传感器采用特制的隔离模块及高稳定的低通滤波器技术，可对轨道电路中 25 Hz 的交流电压进行实时测量，将其变换为标准的直流电压(V_z)输出，能大幅度衰减 50 Hz 以上的干扰信号，具有线性精度高、高隔离、低漂移、低功耗、温度范围宽等特点。WBT025 微型电压隔离传感器采用插针式结构，安装方便，适用于轨道互感器板(如图 4-9 所示)。图 4-10 所示为 WBT025 微型电压隔离传感器的外形及其引脚定义。

图 4-9　25 Hz 相敏轨道电压传感器采集板

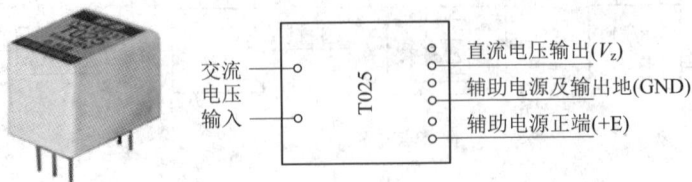

图 4-10　WBT025 微型电压隔离传感器的外形及其引脚定义

2. WBT400F 微型电压隔离传感器

WBT400F 微型电压隔离传感器采用特制的隔离模块及高稳定的带通滤波器技术，可对电路中 400 Hz～3 kHz 的交流电压进行实时测量，将其变换为标准的直流电压(V_2)输出，能大幅度衰减 400 Hz 以下的干扰信号，具有高精度、高隔离、低漂移、功耗低、温度范围宽等特点，适用于移频电压互感器板。图 4-11 所示为用于移频电压互感器板的 WBT400F 微型电压隔离传感器。

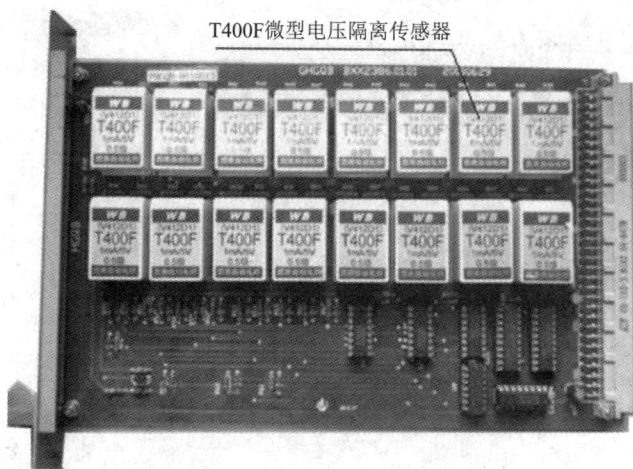

图 4-11　用于移频电压互感器板的 WBT400F 微型电压隔离传感器

3. WBT400S 微型电压隔离传感器

WBT400S 微型电压隔离传感器的技术手段、功能特点等与 WBT400F 微型电压隔离传感器相同，但它能大幅度衰减 200 Hz 以下的干扰信号，适合接收互感器板上使用。图 4-12 为用于移频电压采集的互感器板实物图。

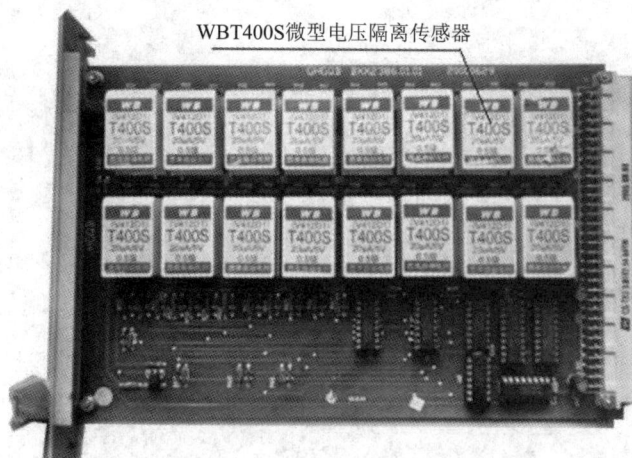

图 4-12　用于移频电压采集的互感器板

问 题 思 考

1. 电压互感器与变压器有哪些异同点？
2. 电压互感器的主要作用是什么？使用时要注意哪些问题？
3. 为什么使用电压互感器时其二次侧不能短路？

第五课　电流采集技术及电流互感器

在信号微机监测系统中，对于很多的被监测对象，都需要采集其电流数据，而且采样的电流数据类型有交流也有直流，所以采集时所采用的手段或方法及传感器的类型也比较多样。下面介绍几种电流采样的设备及它们的基本工作原理。

一、电流互感器结构原理及使用

电流互感器的工作原理与变压器的工作原理有异曲同工之处，它们都是按"电—磁—电"的转换过程来进行工作的，这在一定程度上可以认为电流互感器是一种特殊的升压变压器。所不同的是，电流互感器是与测试对象的电流电路相串联，不同于电压互感器的并联。即电流互感器使用时接入其原边线圈中的是电流，且原边线圈数少于副边，另外，电流互感器二次侧几乎工作在短路状态。

使用电流互感器的目的主要是为了能测量主回路中的大电流，因为它可以把主回路的大电流按照比例的关系变成小电流，然后送给计量表，这样就能完成对电流或者功率的测量。

1. 工作原理

电流互感器的工作原理图如图 5-1 所示。

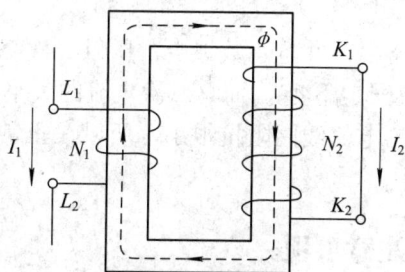

图 5-1　电流互感器的工作原理图

同变压器的工作原理一样，初级线圈的电流 I_1 在铁芯中产生交变的磁通 Φ，交变的磁通通过电磁感应在次级线圈中产生感应电流 I_2。

由电磁理论 $I_1 N_1 = I_2 N_2$，可得

$$I_1 = \frac{I_2 N_2}{N_1} = K_i I_2$$

式中，I_1、I_2 为电流互感器一、二次侧电流；N_1、N_2 为一、二次侧绕组匝数；K_i 是电流互感器的变流比。

从上式中可看出，只要二次侧线圈的匝数比一次线圈的匝数多，即可将一次侧的大电流变为二次侧的小电流，将此小电流乘上变流比即可得到一次侧电流的大小。例如，当 K_i 为 30/5 时，就表示当从初级边流过的电流是 30 A 的时候，次级边所感应的电流就是 5 A，也就是说通过电流互感器后主电路的电流变成了原来的 1/6，这样既可以扩大仪表的测量量程，又可以使人身和设备得到安全的保证。

2. 结构组成及其使用

电流互感器的结构与变压器结构相似，由相互绝缘的一次绕组、二次绕组、铁芯以及构架、壳体、接线端子等部分组成。

与变压器不同的是，电流互感器的初级绕组绕在铁芯上的圈数非常少，一般只绕一圈到两圈，并且所用的漆包线都很粗(主要是由于初级绕组要接在大电流中的缘故)，连接时都是串联在被测量的电路中的。使用电流互感器的接线方式如图 5-2 所示。

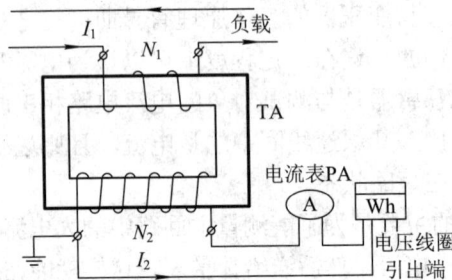

图 5-2　使用电流互感器的接线方式

3. 电流互感器的特点

(1) 一次绕组串联在电路中，并且匝数很少，所以一次绕组中的电流完全取决于被测电路的负荷电流(输入的电流固定不变)，而与二次电流的大小无关。

(2) 二次绕组所接仪表的电流线圈阻抗很小，所以在正常的情况下，电流互感器是在近乎短路的状态下运行的。

4. 电流互感器使用注意事项

使用电流互感器时应主要注意以下事项：

(1) 根据被测电流的大小选择电流互感器的变流比，即一次额定电流要大于被测电流。

(2) 电流互感器的一、二次绕组有 "+" "-" 或 "*" 标记，以示同名端；二次绕组串接功率表、电度表或电流表的电流线圈时，要注意极性。

(3) 二次侧所接仪表的总阻抗不能大于互感器规定的负载阻抗，否则会影响测量的精度。

(4) 二次绕组绝不允许开路，否则因二次绕组中没有电流流过，一次绕组中的电流，即被测电流产生的磁动势 I_1N_1 将全部用于激磁，使铁芯中磁通猛增，加之二次绕组匝数较多，会在二次绕组中感应出尖峰电动势，峰值可达数千伏，使绝缘被击穿，危及人身安全。另外，因磁通猛增，会使铁损加大，铁芯过热，也会损坏绝缘。故二次侧不允许安装熔断器。

(5) 外壳、铁芯及二次绕组的一端必须可靠接地，以在高压绝缘击穿时保障设备及操作人员的安全。

5. 电流互感器的分类

电流互感器按不同用途、结构及安装方式等可划分为很多类型，具体分类方式如下。

1) 按用途分

按用途的不同，电流互感器可分为以下两种：

(1) 测量用电流互感器或电流互感器的测量绕组，用于在正常工作电流范围内，向测量、计量等装置提供电网的电流信息。

(2) 保护用电流互感器或电流互感器的保护绕组，用于在电网故障状态下，向继电保护等装置提供电网故障电流信息。

2) 按绝缘介质分

按绝缘介质的不同，电流互感器可分为以下几种：

(1) 干式电流互感器。干式电流互感器由普通绝缘材料包扎，经浸渍漆处理，分为有塑料外壳和无塑料外壳的电流互感器，多数为低压电流互感器。

(2) 浇注式电流互感器。浇筑式电流互感器是指用环氧树脂或其他树脂混合材料浇注成型的电流互感器。

(3) 油浸式电流互感器。油浸式电流互感器由绝缘纸和绝缘油作为绝缘，一般为户外型，目前常用于我国各种电压等级下。

(4) 气体绝缘电流互感器。这类电流互感器主要通过气体来实现绝缘。

(5) 瓷绝缘电流互感器。这类电流互感器主要通过瓷性材质实现绝缘，但如今多数已被浇注绝缘方式所取代。

3) 按电流变换原理分

按电流变换原理的不同，电流互感器可分为以下两种：

(1) 电磁式电流互感器。电磁式电流互感器是指根据电磁感应原理实现电流变换的电流互感器。

(2) 光电式电流互感器。光电式电流互感器是指通过光电变换原理实现电流变换的电流互感器，目前还在研制中。

4) 按安装方式分

按安装方式的不同，电流互感器可分为以下几种：

(1) 贯穿式电流互感器。贯穿式电流互感器是指用来穿过屏板或墙壁的电流互感器。

(2) 支柱式电流互感器。支柱式电流互感器是指安装在平面或支柱上，兼作一次电路导体支柱用的电流互感器。

(3) 套管式电流互感器。套管式电流互感器是指没有一次导体和一次绝缘，直接套装在绝缘的套管上的一种电流互感器。

(4) 母线式电流互感器。母线式电流互感器是指没有一次导体但有一次绝缘，直接套装在母线上使用的一种电流互感器。

二、穿心式电流互感器

1. 结构与原理

穿心式电流互感器在其本身结构中不设一次绕组，载流(负荷电流)导线由 L_1 至 L_2 穿过由硅钢片压卷制成的圆形(或其他形状)铁芯，起一次绕组作用。二次绕组直接均匀地缠绕在圆形铁芯上，与仪表、继电器、变压器等电流线圈的二次负荷串联形成闭合回路。其工作原理如图 5-3 所示。

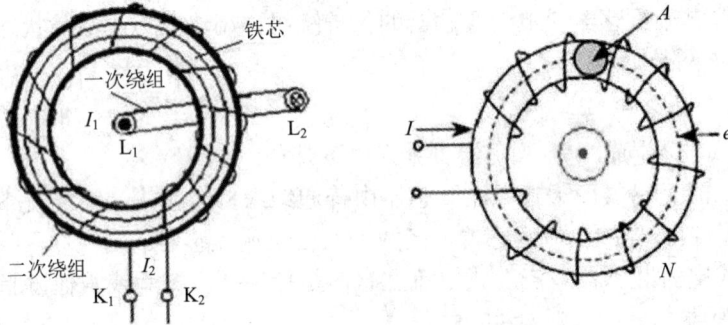

图 5-3　穿心式电流互感器原理结构图

电流的变比根据一次绕组穿过互感器铁芯中的匝数确定，穿过铁芯的匝数越多，变比越小，反之，穿过铁芯的匝数越少，变比越大。I_1 与 I_2 的关系如下：

$$I_1 = nI_2$$

式中，I_1 表示穿过铁芯一匝时一次侧的额定电流；I_2 表示二次侧感生电流；n 表示线圈的匝数。

穿心式电流互感器的接线与普通电流互感器类似，一次侧从互感器的一面穿入，从另一面穿出，二次侧接线与普通互感器相同。穿心式电流互感器实物接线示意图如图 5-4 所示。

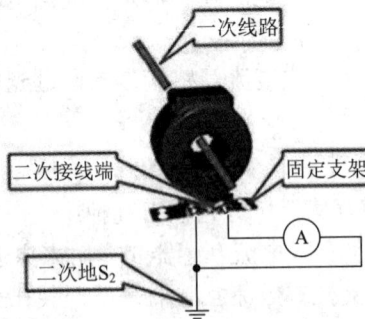

图 5-4　穿心式电流互感器实物接线示意图

在测量中，电流互感器二次回路线圈阻抗非常小，因而二次回路接近于短路状态，应用时为了安全考虑，二次侧 S_2 一般需要接地。

2. 信号监测中常用电流传感器模块简介

1) 信号机点灯电流传感器模块

图 5-5 是信号微机监测中用来测量信号机点灯电流的传感器模块实物图，它是一种穿心式电流互感型传感器，有单孔和双孔两种，选用时视信号机类型或其点灯电路中灯丝继电器(DJ)的数量而定，若点灯电路中有两个灯丝继电器，就选双孔的模块，否则选单孔的。此类传感器模块的输出电流较小，通常只有几毫安。

图 5-5　用于信号机点灯电流采集的穿心式电流传感器模块实物图

一个双孔传感器模块共有 5 个对外接线端子，其中标注 "+12 V、-12 V" 的两个端子为传感器的工作电源接入端；标注 "a、b" 的两端子分别对应 A、B 两路被测电流的输出端；标注 "GND" 的为接地端。

2) 道岔电流传感器模块

(1) 普通道岔电流传感器模块。

图 5-6 所示是信号微机监测中用来采集普通道岔转辙机动作电流的传感器模块，此模块属于直流传感器，可以对 0～30 A 的直流电流进行采集，输出为 0～100 mA(或 0～5 VDC，可选)，常用的工作电源为 +/-12 VDC。

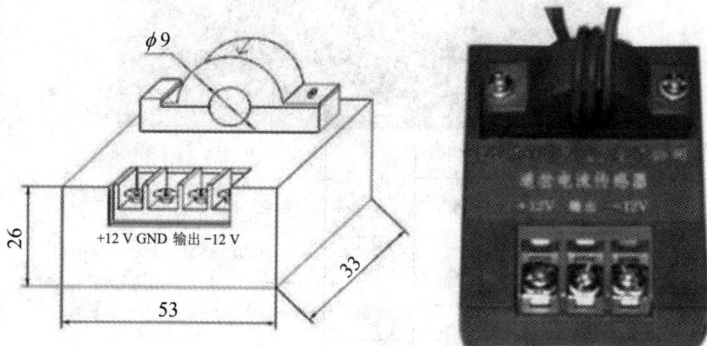

图 5-6　直流道岔转辙机线圈电流采集传感器模块

　　模块有 3 或 4 个对外接线端子，其中标注"+12 V、-12 V"的两端子为传感器的工作电源接入端；标注"输出"的端子为被测电流的输出端；4 端子的模块多一个"GND"接地端，使用时接地还是不接地，要根据采集板电路要求确定，当 GND 端接地时，输出电压信号，否则输出电流信号。

　　(2) 提速道岔电流传感器模块。

　　提速道岔的转辙机采用的是三相交流电机，对其工作电流的采集可选用 3X 型(可供 3 个被测电流的导线分别穿过，即同时可采集三相电流)电流传感器模块，其实物如图 5-7 所示。输入 0~5 A 交流电流，输出 0~5 VDC，常用的工作电源为 +/-12 VDC。

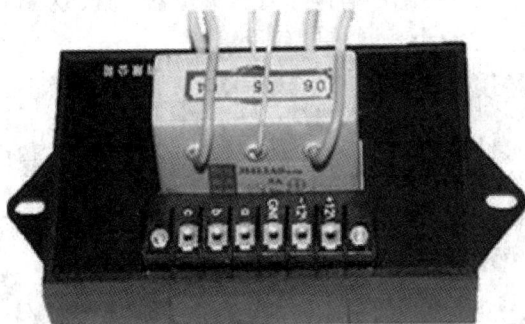

图 5-7　提速道岔转辙机电流传感器模块

　　模块共有 6 个对外接线端子，标注"+12 V、-12 V"和"GND"的端子使用方法同前；另外 3 个端子分别对应 3 个被采样电流的输出端。

　　3) 电码化电流/点灯电流传感器模块

　　图 5-8 所示是信号微机监测中，用于采集电码化电流或点灯电流的电流传感器采集模块实物图和其引线方式示意图。其传感器模块可以对电码化中移频发送电流和信号机点灯电流进行采集，它允许的输入电流为 0~1000 mA 或 0~500 mA，可输出标准的 0~5 VDC 电压信号，工作电源为 +/-12 VDC。

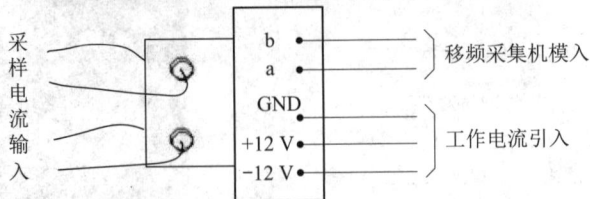

图 5-8　电码化电流/点灯电流传感器模块及接线示意图

4) 电源屏电流传感器模块

对于电源屏中交流电源电流的采集，所采用的也是一种穿心式电流传感器模块，其实物如图 5-9 所示。图示的电流传感器模块又称为无源隔离互感器，常用于采集较大的交流电流。它变流比为 2000∶1，类型有 5 A、10 A、20 A、30 A 及 50 A 等，选用时应根据电源屏输出电流的大小选择。模块对外接线有两个端子，其中标注"Ig"的为采集输出端，接至采集板；标注"G"的端子为采集机电源的地线接入端。此模块对被测电流方向有要求，引入线穿心时要与模块上所标注的箭头方向一致。

图 5-9 用于电源屏电流采集的传感器模块实物图

三、特殊电流互感器

1. 多抽头电流互感器

多抽头电流互感器的一次绕组不变，在绕制二次绕组时增加几个抽头，以获得多个不同变比。它具有一个铁芯和一个匝数固定的一次绕组，其二次绕组用绝缘铜线绕在套装于铁芯上的绝缘筒上，将不同变比的二次绕组抽头引出，接在接线端子座上，每个抽头设置各自的接线端子，这样就形成了多个变比，如图 5-10 所示。

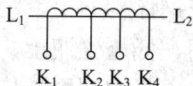

图 5-10 多抽头电流互感器原理图

此种电流互感器的优点是可以根据负荷的电流情况，通过调换二次接线端子的接线方式来改变变比，而不需要更换电流互感器。

2. 不同变比电流互感器

不同变比电流互感器具有同一个铁芯和一次绕组，而二次绕组则分为两个匝数不同、各自独立的绕组,以满足同一负荷电流情况下不同变比、不同准确度等级的需要,如图 5-11 所示。

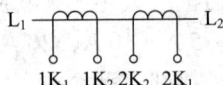

图 5-11　不同变比电流互感器原理图

3. 一次绕组可调,二次多绕组电流互感器

这种电流互感器的特点是变比量程多,而且可以变更,多见于高压电流互感器。其一次绕组分为两段,分别穿过互感器的铁芯,二次绕组分为两个带抽头的、不同准确度等级的独立绕组。一次绕组与装置在互感器外侧的连接片连绕,通过变更连接片的位置,使一次绕组形成串联或并联接线,从而改变一次绕组的匝数,以获得不同的变比。带抽头的二次绕组自身分为两个不同变比和不同准确度等级的绕组,随着一相绕组连接片位置的变更,一次绕组匝数相应改变,其变比也随之改变,这样就形成了多量程的变比,如图 5-12 所示,图中虚线为电流互感器一次绕组外侧的连接片。

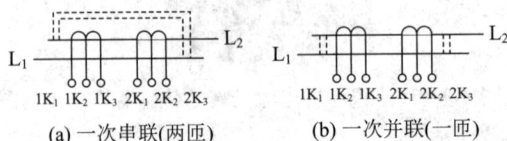

图 5-12　一次绕组可调,二次多绕组电流互感器原理图

带抽头的二次独立绕组可根据不同变比和不同准确度等级,分别应用于电能计量、指示仪表、变送器、继电保护等,以满足不同的使用要求。

4. 组合式电流电压互感器

组合式电流电压互感器实际上是由电流互感器和电压互感器组合而成的,多安装于高压计量箱、柜内,可用于计量电能,或为用电设备的继电保护装置提供采样电源。

组合式电流电压互感器是将两台或三台电流互感器的一次、二次绕组及铁芯和电压互感器的一、二次绕组及铁芯,固定在钢体构架上,浸入装有变压器油的箱体内,其一、二次绕组出线均引出,接在箱体外的高、低压瓷瓶上,形成绝缘、封闭的整体。一次侧与供电线路连接,二次侧与计量装置或继电保护装置连接。

四、电流互感器的应用举例

电流互感器不仅可以用来变流,还可利用其原理制作各类仪表,用于电气测量或很多的电气电路控制设备之中。这里通过电流互感器的应用介绍,加深读者对电流互感器的认知。

1. 钳形电流表

　　钳形电流表是用来测量交流电的常用仪表，在信号设备的日常维护中，常用来检查设备的短路故障。钳形电流表的前方是可以开合的铁芯，靠近手柄处有一电流表，在测量时使测量导线从钳形铁芯中穿过，通过电磁感应，在副边线圈里感生出电流，然后通过表盘读取数值。钳形电流表的原理和穿心式电流互感器相似，其结构示意图如图 5-13 所示。

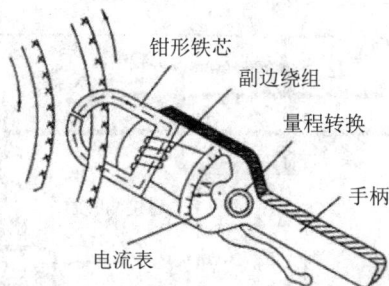

图 5-13　钳形电流表的结构示意图

2. 电流型漏电保护器

　　所谓漏电，是指流入的电流和流出的电流不等，这就意味着电路回路中还有其他分支，如人触电时，电流通过人体进入了大地。当电气设备发生漏电时，将呈现异常的电流或电压信号，漏电保护器通过检测此异常信号，使执行机构动作。漏电保护器就是为避免因漏电造成的安全事故而设计的一种电子装置。

　　漏电保护器根据原理的不同可分为三类：电流型漏电保护器、电压型漏电保护器和脉冲型漏电保护器。根据故障电流动作的漏电保护器叫电流型漏电保护器，根据故障电压动作的漏电保护器叫电压型漏电保护器。由于电压型漏电保护器结构复杂，受外界干扰时的动作稳定性差，且制造成本高，现已基本淘汰。目前电流型漏电保护器的应用较为广泛。

　　图 5-14 所示为电流式漏电保护开关的实物图。漏电保护开关由脱扣电路、过载保护器装置和漏电触发电路三部分组成。家用的漏电保护开关接入端有"火""零"两根线，如果"火"线和"零"线流过的电流不相等，那么感应线圈就会识别微小差别，并通过控制部分，迅速切断开关(跳闸)。通常家用的漏电保护开关的电流阈值在 20 mA 左右，即当流入的电流与输出的电流大小在 20 mA 时即可跳闸。

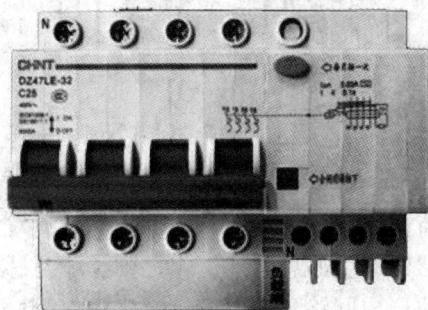

图 5-14　电流式漏电保护开关实物图

下面简要介绍单相漏电保护器和三相漏电保护器的工作原理。

1) 单相漏电保护器的工作原理

单相漏电保护器的工作原理图如图 5-15 所示,它由感应线圈、电磁检测线圈、放大电路及作为动作开关的电磁铁构成。使用时将漏电保护器安装在低压电路中,让使用的两线路都从感应线圈中通过,电磁检测线圈后接电流放大电路,电路的输出接入电磁铁铁芯的励磁线圈上。

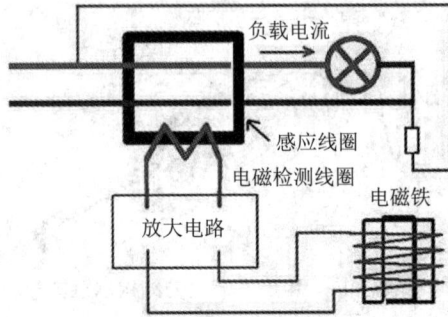

图 5-15　单相漏电保护器的工作原理图

在正常的情况下,零序电流和火线电流大小相同,方向相反,所以当它们同时穿过感应线圈时,感应铁芯中的磁通相互抵消,使总磁通为零,如此在二次绕组端(电磁检测线圈)就没有电流输出。由于没有电流输出,电磁铁的线圈中也就没有励磁电流,故铁芯无磁性,使其开关保持在闭合状态。

当发生漏电或触电时,则必在故障(或触电)点处产生分流,此漏电流经"人体→大地→工作接地",返回变压器中性点(并未经过电流互感器),致使经过互感器的两线中的电流(流入、流出的电流)出现了不平衡,即两者电流矢量之和不为零,于是感应铁芯中产生磁通,在电磁检测线圈中感生出电流,此感生电流经放大电路放大后被送入电磁铁,当电流达到保护器所限定的动作电流值时,电磁铁形成的磁场力便推开开关,从而自动切断电源以达到保护目的。漏电保护开关动作原理示意图如图 5-16 所示。

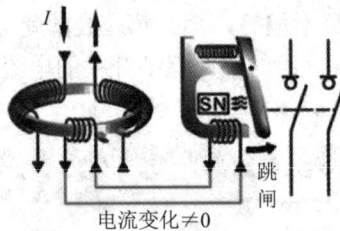

图 5-16　漏电保护开关动作原理示意图

2) 三相漏电保护器的工作原理

正常情况下,三相负荷电流和对地漏电流基本平衡,流过互感器一次线圈电流的向量和约为零,即由它们在铁芯中产生的总磁通为零,则零序互感器二次线圈无输出。当发生触电时,触电电流通过大地形成回路,亦即产生了零序电流。这个电流不经过互感器一次线圈流回,破坏了平衡,于是铁芯中便有零序磁通,使二次线圈输出信号。这个信号经过放大后由比较元件进行判断，如果达到预定动作值，则立即发送执行信号给执行元件，执行元件动作后掉闸，切断电源。

图 5-17 所示为其工作原理示意图。相线 L_1、L_2、L_3 和零线 N 均通过零序电流互感器 TAN，作为 TAN 的一次线圈。根据基尔霍夫第一定律：$\sum I = 0$。

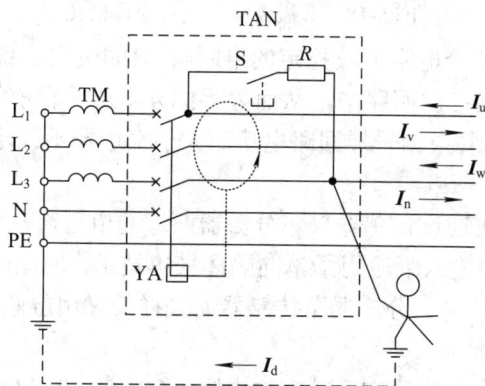

图 5-17　三相漏电保护器工作原理示意图

如果用电设备是三相平衡负荷，则一次电流的矢量和为零，即 $I_u + I_v + I_w = 0$；如果用电设备是单相负荷，则一次电流的矢量和亦为零，即 $I_u + I_n = 0$，$I_v + I_n = 0$，$I_w + I_n = 0$，在零序电流互感器中矢量电流 TAN 的铁芯中的磁通矢量和也为零。TAN 二次线圈无电流输出，脱扣器 YA 不动作，RCD(Residual Current Device，剩余电流装置)正常合闸运行。

当发生设备漏电或人身触电时，则故障电流 I_d 经过大地回到电源变压器 TM 的中性点，构成回路。由于漏电电流 I_d 的存在，则流经 TAN 的电流矢量和不等于零，即 TAN 的二次侧有剩余电流流过，也即电磁脱扣器 YA 中有电流流过，当电流达到额定值时，脱扣器 YA 动作，RCD 掉闸，切断故障电路，从而起到保护作用。

值得注意的是，漏电保护器是通过控制某个开关的断开来实现保护的，它不能保证在整个供电回路出现短路时，开关还能可靠断开。这时就需要附加空气开关，它起过载或短路保护的作用，即当回路电流超过规定负载，空气开关便自动短路(跳闸)。空气开关一般有单独的"火"线接入保护，也有"火"线、"零"线同时接入保护。因此，漏电保护器和空气开关各自实现的功能不同，不能互相代替。

五、分流器电流采集技术

分流器应用非常广泛(特别是对微小交直流电流的测量)，国家也制定了相关行业标准，在信号微机监测中用于采集半自动闭塞线路中的电流。由于半自动闭塞线路中传送的电流是直流电流，但电流的方向会在不同的办理情形下发生改变，因此普通的电流传感器已无法满足采集需求，需要使用分流器。

分流器对交直流电流测量的原理依据的是欧姆定律，流经电阻的电流为该电阻上的电压除以该电阻的阻值而得，若能测量出分流器所分电压大小，就可知道主回路中的电流大小。其原理框图如图 5-18 所示。

图 5-18　分流器测量电流原理框图

　　分流器实际上是由一个电阻值较稳定的电阻材料(如康铜、锰铜)制成的一段特定阻值的导线，使用时把它串接在主回路中，从而分得部分电压。目前常用的精密分流器的固定压降一般为 75 mV，具体要根据采样回路电流的大小来选择不同阻值的精密分流(必须考虑 10 倍的过载量)。

　　利用分流器之后，再通过传感器采集分流器两端的电压，从而达到对主回路中电流的测量的目的。在传感器的输入端应用了单向隔离采集技术，以保证传感器发生故障(开路或短路)时对主回路无任何影响。分流器至传感器的采样线采用屏蔽线，保证不会有任何干扰成分叠加至主回路中去。

　　精密分流器内有五个非常稳定、精密的电阻(0.001 Ω、0.01 Ω、0.10 Ω、1 Ω 及 10 Ω)，可用于测量 0.02～220 A 的交直流电流。以精密分流器为基础制成的传感器(具有单向隔离采集技术)基本上与高精度数字万用表的交直流电流挡具备相同的测量功能，它可提供的精确度小于 0.5%，温度系数小于 $10 \times 10^{-6}/℃$，并具有更宽的测量范围(0.02～220 A)。

问 题 思 考

1. 电流互感器有哪些特点？简述其基本原理。
2. 使用电流互感器时应注意哪些事项？
3. 使用电流互感器时为什么二次侧不能开路？
4. 穿心式电流互感器在信号监测中主要应用在哪些地方？
5. 试简述单相漏电保护器的工作原理。

第六课　霍尔传感器及其电量采集原理

霍尔传感器是根据霍尔效应制做的一种磁场传感器。霍尔效应是磁电效应的一种，这一现象是霍尔(A.H.Hall，1855—1938)于 1879 年在研究金属的导电机制时发现的。人们后来发现半导体、导电流体等也具有这种效应，且半导体的霍尔效应比金属强得多。利用霍尔效应制成的各种霍尔元件，广泛地应用于工业自动化技术、检测技术及信息处理等方面。研究半导体材料性能的基本方法也要利用霍尔效应，通过霍尔效应实验测定的霍尔系数，能够确定半导体材料的导电类型、载流子浓度及载流子迁移率等重要参数。

一、霍尔效应

大量的研究表明，参与材料导电过程的不仅有带负电的电子，还有带正电的空穴。固体材料中定向移动的载流子(带负电的电子和带正电的空穴)，在外加磁场的作用下，因为受到洛仑兹力的作用而使轨迹发生偏移，分别向导体材料的两侧积累，积累的电荷又会形成垂直于电流方向的电场，最终使载流子受到的洛仑兹力与电场斥力相平衡，从而在两侧建立起一个稳定的电势差，这种电势差即为霍尔电压。这种现象就称霍尔效应。

1. 霍尔原理

在磁场 B 中有一个霍尔半导体片(假设霍尔半导体片中的电粒子带负电)，让一恒定电流 I 从左向右通过该片(电子移动方向由右至左)，并使电流方向与磁场方向垂直，如图 6-1(a)所示。此时电子在洛仑兹力的作用下，就会向半导体的下侧偏移；同理，若霍尔半导体片中的电粒子为空穴(正电)时，那么在洛仑兹力的作用下，就向半导体的上侧偏移，如图 6-1(b)所示。

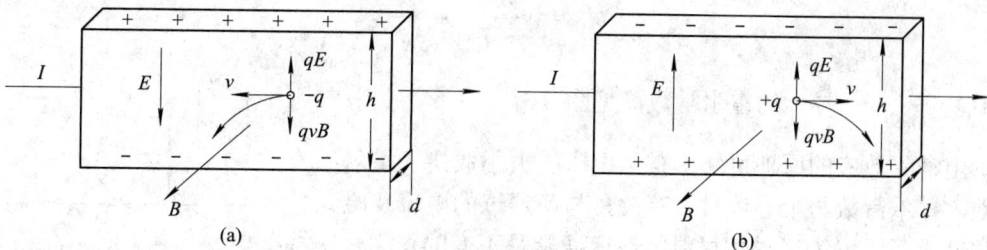

图 6-1　霍尔现象示意图

由于电粒子被约束在了固体材料中，又分别向两侧聚积，结果使半导体片在上下方向上产生电位差，这就是所谓的霍尔电压。

上下两侧聚积的异号电荷同时又会形成相应的附加电场，当该电场达到一定的强度后，又阻止了载流子继续向侧面的偏移，达到平衡。即霍尔电压会依据电流 I 的大小稳定在一定范围内。

2. 霍尔电压的大小

图 6-2 为霍尔元原理结构示意图。设霍尔电压形成的电场为 E_H，则电流粒子所受的电场力为 $F_d=eE_H$；粒子所受的洛仑兹力为 $F_e=eVB$。由上面的讨论可知，当粒子受的电场力与洛仑兹力相等(即 $F_d=F_e$)时，霍尔半导体片上下侧电荷的积累就达到平衡，故有

$$eE_H = eVB \tag{6-1}$$

其中，V 是载流子在电流方向上的平均漂移速度。设霍尔半导体片的宽为 h，厚度为 d，载流子浓度为 n，霍尔电压为 U_H，则

$$E_H = \frac{U_H}{h} \tag{6-2}$$

由式(6-1)和式(6-2)可得

$$U_H = BhV \tag{6-3}$$

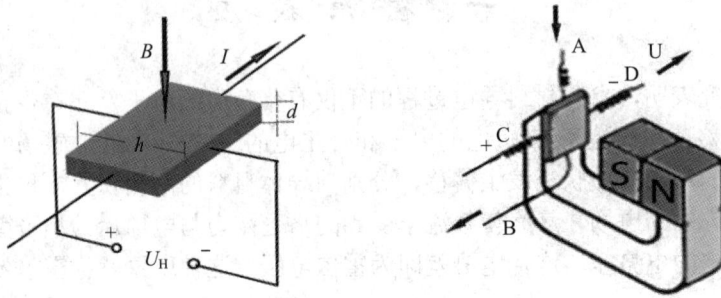

图 6-2　霍尔元原理结构示意图

又由于 $I=neSV$，其中 $S=hd$ (S 为导电体的横截面积)，可得

$$V = \frac{I}{nehd}$$

代入式(6-3)，可得

$$U_H = \frac{BI}{ned} = k \cdot \frac{BI}{d}$$

其中 $k=\frac{1}{ne}$，是导体的霍尔常数，见图 6-3。

由霍尔效应的原理可知，霍尔电压的大小取决于霍尔常数，霍尔常数与半导体材质有关，与所通过的电流及磁场强度成正比(d 为半导体材料的厚度通常是不变的)。

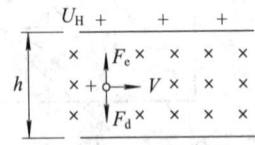

图 6-3　霍尔元电压形成示意图

对于一个给定的霍尔器件，当偏置电流 I 固定时，U_H 将完全取决于被测的磁场强度 B，如此通过霍尔电压值便可知道磁场强度；同样，当磁场强度固定时，则由霍尔电压便可得出电流的大小。

二、霍尔电流传感器

1. 开环式霍尔电流传感器

开环式霍尔电流传感器(也称直接式电流传感器)由磁芯、霍尔元件(也有双霍尔元件的)和放大电路构成。磁芯上有一开口气隙,可将霍尔元件放置其中,其结构示意图如图 6-4所示。当原边导体内流过电流时,气隙处产生磁场,由此,霍尔元件就会输出与磁场强度成正比的电压信号,放大电路将该电压信号放大输出(有时也可变换成电流信号输出)。

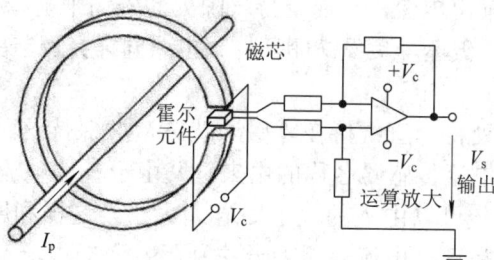

图 6-4 开环式霍尔电流传感器结构示意图

这类直接将霍尔电压由运放电路进行放大处理后提供给检测仪器或控制设备的传感器,就是所谓的直接检测式霍尔电流传感器。这类传感器耐压等级高,设备简单,成本低,性能稳定,但是其精度受环境变化的影响较大,动态响应很不理想,所以在要求精度高的测量系统中很少使用,通常采用电流补偿式或平衡式原理构成的霍尔传感器来代替。

2. 闭环式霍尔电流传感器

闭环式霍尔电流传感器由磁芯、霍尔元件、放大电路和副边补偿绕组等组成,又称零磁通霍尔电流互感器、零磁通互感器、磁平衡式霍尔电流传感器等。其结构示意图如图 6-5所示。与开环式霍尔电流传感器相比,闭环式霍尔电流传感器多了副边补偿绕组,这使得其性能得到了大幅度提升。

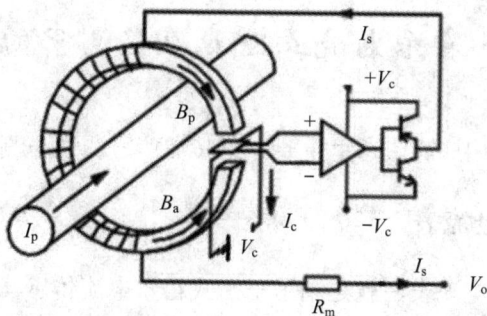

图 6-5 闭环式霍尔电流传感器结构示意图

　　电流补偿式霍尔电流传感器的原理是基于磁平衡式霍尔原理的，即闭环原理。原边电流 I_p 产生的磁通 B_p 被高品质磁芯集中在磁路中，再由固定在气隙中的霍尔元件的电压感知，反馈至控制电路中，控制电路通过绕在磁芯上的多匝线圈输出反向的补偿电流 I_s，形成相反的磁通 B_a 用于抵消磁通 B_p，使得磁路中的磁通在气隙处始终保持为零。因为 I_s 的大小是跟随 I_p 的变化而改变的，经过特殊电路的处理后，传感器的输出端能够输出精确的能反映原边电流变化的电流，从而达到测量电流的目的。

　　这里的放大电路接收霍尔元件的输出电压，将其放大为电流信号后，再由电路将其电流提供给副边补偿绕组，使其在气隙处所形成的磁场与原边电流所产生的磁场大小相等，且方向相反，故而形成了负反馈闭环控制电路。

　　当副边电流过小，其产生的磁场不足以抵消原边磁场时，放大电路将输出更大的电流；反之，放大电路就减小输出电流，从而维持气隙处的磁场平衡。若原边电流(被测电流)发生变化，气隙处磁场平衡破坏，负反馈闭环控制电路同样会调节副边输出的电流，使磁场重新达到平衡。

　　宏观上来说，气隙处将一直维持在零磁通状态，并保持这种平衡，这也是其零磁通互感器及磁平衡式霍尔电流传感器名称的由来。又由于补偿电流 I_s 的大小总是跟随原边电流 I_p 的变化而变化，故可以由 I_s 的大小知道 I_p 大小，这样利用霍尔电流互感器，就可测量电流的大小，特别是直流电流，因为无法利用普通的电流互感器来对直流电流完成取样测量。

　　总之，闭环式霍尔电流传感器采用了单或双霍尔元件，并工作在零磁通的状态，利用平衡的手段实现对未知电流测量的目的，所以精度高，应用广泛。闭环式霍尔电流具有如下特点：

(1) 测量范围宽，可测量各种电流，如直流电流、交流电流、脉冲电流等。

(2) 电气隔离性能好。

(3) 测量精度高，线性度好。

(4) 抗外界电磁和温度等因素的干扰能力强。

(5) 电流上升率大，响应速度快。

(6) 过载能力强。

(7) 体积小，重量轻，安装简单、方便。

三、霍尔电流互感器在监测中的应用

　　霍尔电流互感器应用广泛，这里主要介绍其在信号测试与测量方面的应用情况。

1. 数字式钳形电流表

　　很多较精确的钳形电流表，就是利用平衡式霍尔电流传感器的原理制作的，通过数模转换后直接显示出被测电流的大小，其原理结构图如图 6-6 所示。

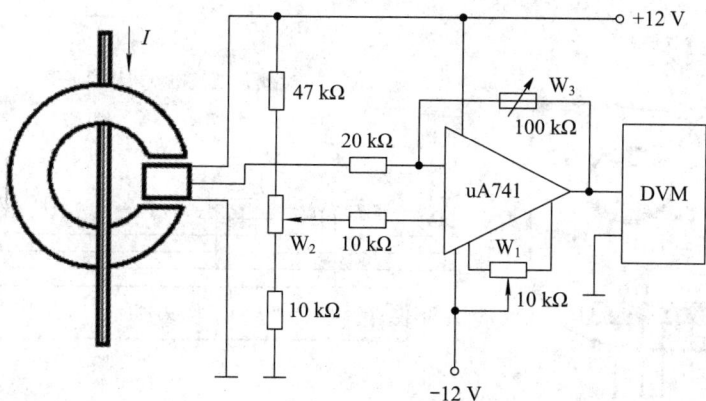

图 6-6　数字式钳形电流表原理结构图

2. 霍尔电流互感器在信号监测中的应用

在信号设备的微机监测中对直流电流的监测，通常都采用闭环式霍尔电流传感器，如对 ZD6 道岔在启动时的电机线圈中的电流监测。图 6-7 为利用霍尔电流传感器采集直流电流原理图。这种霍尔电流传感器为开口式穿心传感器，它是根据霍尔原理制成的，是一种先进的、能隔离主回路和测试电路的检测元件，克服了传统的检测元件互感器(一般只适用于交流测量)和分流器(无法进行隔离测量)的不足，既可以检测交流电流也可以检测直流电流，甚至可以检测瞬态峰值，因而是替代互感器和分流器的新一代产品。

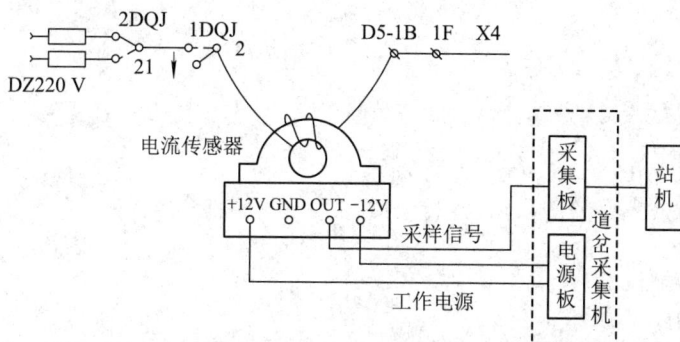

图 6-7　利用霍尔电流传感器采集直流电流原理图

3. 直流电源屏用传感器

信号监测系统在对电源屏中的各直流输出电流大小的测量中，也都采用了霍尔电流传感器。霍尔电流传感器对电源屏电流监测原理图如图 6-8 所示。对于直流电源电流采集模块，"+"接该采集机电源的 12 V+，"-"接该采集机电源的 12 V-，G 接该采集机电源的 AGND，O 为输出，接至采集板端子。

模块采集线的穿线都有方向性要求，应用时要使电流方向与模块上标注的箭头方向一致。

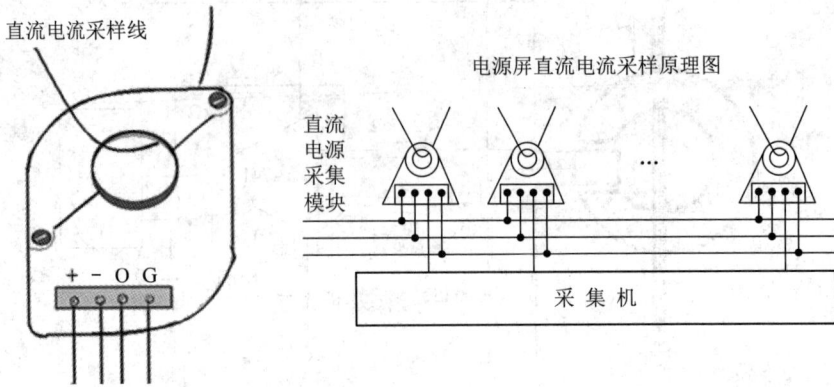

直流电流采样线

电源屏直流电流采样原理图

直流电源采集模块

采集机

图 6-8　霍尔电流传感器对电源屏电流监测原理图

问 题 思 考

1. 什么是霍尔效应？
2. 简述闭环式霍尔电流传感器的工作原理。
3. 请介绍一下霍尔原理的应用，并具体描述一种应用的工作原理。

第七课　开关量采集技术

　　开关量信息是信号微机监测系统中的重要数据，比如继电器的状态、熔断器的完好情况、控制台表示灯是否正常点亮、道岔的位置情况、关键按钮的按压次数、主副熔丝断丝状态和防雷状态等，都属于开关量信息。所以，对开关量信息的采集与处理技术是信号微机监测所需要的技术之一。

　　监测系统在对一些关键性设备状态进行采集时，总的要求是不能影响被采样对象的正常工作，为此必须做到隔离，即监测与被监测对象不能有物理上的连接，保证监测设备即使出现任何故障情况，都不会影响被监测对象。

　　在信号微机监测中对开关量进行监测时可以实现的功能(或监测的对象种类)有以下几点：

　　(1) 实时监测控制台，人工解锁按钮盘全部按钮的操作(包括进路操作按钮、铅封按钮和单操按钮)，记录按钮按下时间、闭合时间和按下次数。

　　(2) 记录控制台盘面上进路、闭塞主要设备以及行车运行等表示信息。

　　(3) 采集关键继电器及相关继电器(1DQJ、FMJ、CJ、DGJ 等)的状态，记录值班人员的操作，为实现进路跟踪和故障诊断提供原始状态数据。

　　(4) 微机联锁维修机提供的其他开关量信息。

一、光电隔离采集技术原理及其应用

1. 光电隔离采集原理

　　光电模块的采集原理比较简单，它是利用光电耦合作用实现的，同时具有很好的隔离作用。图 7-1 为光电隔离原理图，S 的状态决定 OUT 是否有输出，当被监测对象 S 处于断开位时，光耦截止则无输出，当被监测对象 S 处于接通位时，则光耦有输出。图 7-1(a)样式的光耦以电压信息方式输出，图 7-1(b)式的光耦以电流信息方式输出。具体应用中可以根据情况选择不同的结构形式。

　　如果将光耦的输出送到采集电路设备，采集设备就会以能否收到输入信号为依据，从而得到被监测对象 S 的状态信息。从原理图可以看到，信息采集电路与被监测电路没有物理连接，而是通过光电耦合实现信息传递的，无论是被监测电路还是采集电路，它们的自身故障都不会影响对方的正常工作，所以有很强的隔离作用，满足监测的要求。

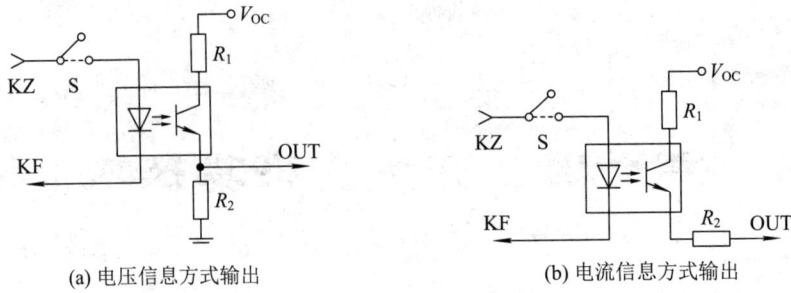

(a) 电压信息方式输出　　　　　　　(b) 电流信息方式输出

图 7-1　光电隔离原理图

2. 光电隔离器采集模块

将光电隔离器电路集成为一个单元器件就是光电模块开关量采集器或固态光电隔离器。图 7-2 所示为固态光电隔离器的原理与实物图，在光耦的输入侧还增加了大电阻 R_1，起高阻隔离作用。

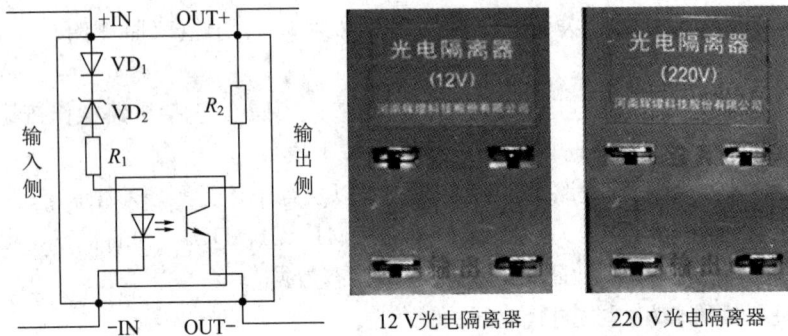

12 V光电隔离器　　　　220 V光电隔离器

图 7-2　固态光电隔离器的原理与实物图

由于采样电路的对象不同，输入侧的采样电压可能有不同需求，于是根据需要可做成各种型号的固态光电隔离模块，用于 5 V、12 V、24 V、220 V 等多种采样电源。在输出侧的 OUT+ 端也可以选用不同的工作电源，如 +12 V、+24 V 等，这样就可以加工出不同产品型号的固态光电隔离模块，供实际选用。

光电模块的采样方式如图 7-3 所示。取样对象也可以接在输入侧的正电源端。如果将多个光电模块集成在一个电路板上，就组成了开关量输入板(简称开入板)，可以实现多路开关量的采集。

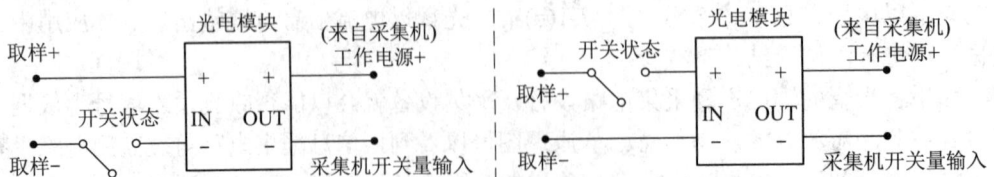

图 7-3　光电模块采样方式

3. 开关量输入采集板基本原理

将多个光电隔离单元做在一块电路板上，就形成了专用于对开关量采集的"开入板"，其原理如图 7-4 所示。如果一块板中集成 16 个隔离单元就是 16 路采集板，采集板按可采集的路数分为 8 路、16 路、24 路和 48 路等几种。

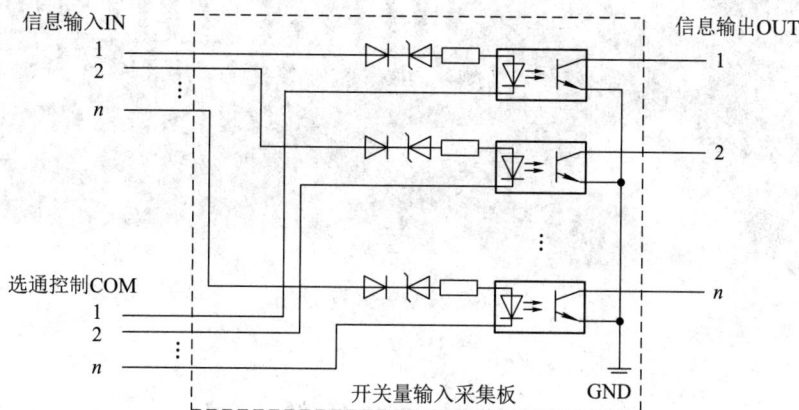

图 7-4　开入板原理图

将需要采集的开关量由输入端接入，但能否有采样信息输出，则由 CPU 输出选通条件控制。比如，需要采样第一路信息时，则 CPU 向选通控制 1 线给出一个低电平，那么信息输出 1 端便输出第一路的采样信息，其他采样信息的输出方式相同。也就是说，监测系统需要哪一路的信息，由选通控制。

如果选通控制条件按分时顺序给出，则采集信息也分时送出，这种读取采集信息的方式就是周期扫描模式。如果将选通线并联，接入一固定的低电位，那么所有各路采样信息就不间断地连续送出，只是当接收到的信息发生变化时，系统再作反应。所以，采用什么样的控制方式，要视采集的开关量属性或系统对信息处理方式的需要决定。

一块开关量输入板通常有 12 个光电集成单元，每个集成单元有 4 个光电元件，如图 7-5 所示。这样一块开入板可以采集 48 路开关量信息。图 7-6 为 24 V 开入板实物图。

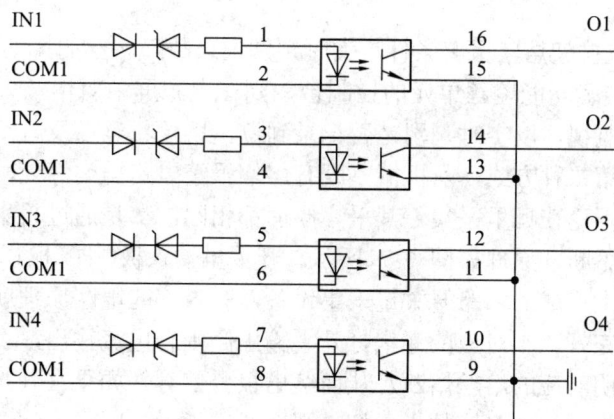

图 7-5　光电集成单元原理图

图 7-6　24 V 开入板实物图

二、熔丝断丝报警监测

在微机监测中对许多开关量的采样，都用到了具有隔离功能的光电模块。当然对开关量的采样，利用光电隔离模块并非唯一的办法，还有多种实现手段，具体使用什么方法需要根据实际情况加以选择。

1. 熔丝断丝监测电路

使用电气集中的车站机械室，绝大部分都安装了多功能熔丝单元，而且大多也配套加装了报警设备，所以，微机监测系统没有必要对每个熔丝的状态进行监测，可根据具体情况采用下列三种方式。

(1) 只监督控制台熔丝报警状态，实时记录总熔丝报警和恢复时间，并通过主机屏幕显示和报警。

(2) 采集机械室排架熔丝报警条件，实时判别记录故障熔丝的排架位置。

(3) 对没有安装多功能熔丝单元的控制台，则在电源屏中对熔丝采用固态光电模块逐个采样报警电源来监视，以实时判别是否记录到位，熔丝断丝后及时给出警示。

通常采用的是第二种方式，从机械室既有熔丝报警电路排架灯处，获取表示灯条件，并进行实时判别。不论在哪里采集，其采集原理都相同，都是通过采集有无报警电源的方式来判断熔丝是否熔断，原理如图 7-7 所示。开关量输入板(开入板)是由多组光耦隔离器集成在一块电路板上形成的多路开关量采集设备，其内部的电路原理就是光耦原理。

若监测的熔丝完好，则对应的光耦打开，输出侧则有电流输出，否则，当开入板不能接收到信息时，表明对应的熔丝熔断，从而给出报警信号。如果在开入板的面板上，对应每一路的信息输入设置一个对应的指示灯，那么通过指示灯的显示情况就可以对熔丝情况作出直观判断。

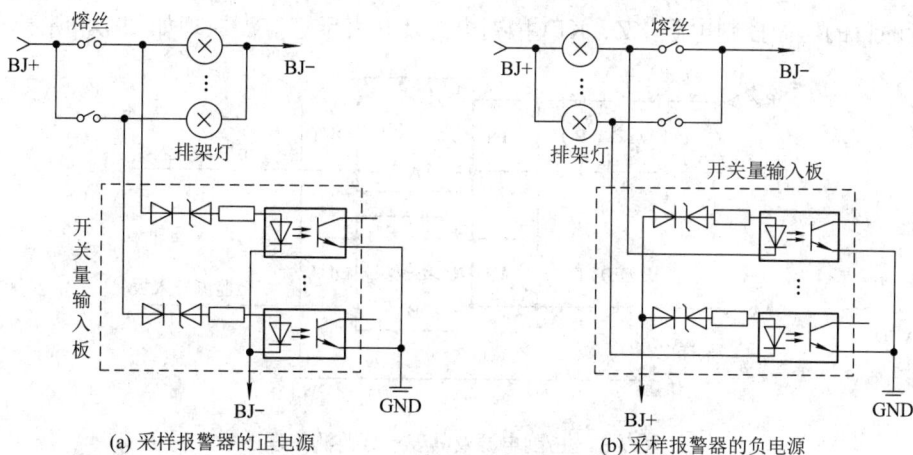

(a) 采样报警器的正电源　　　　(b) 采样报警器的负电源

图 7-7　熔丝断丝监测原理图

2. 监测电路接入方式及其选择

在图 7-7 所示的熔丝断丝监测原理图中，有两种接入方式，一种是采样报警器的正电源，如图 7-7(a)所示，那么公共电源采用负电；另一种是采样报警器的负电源，如图 7-7(b)所示，那么公共电源采用正电。如此，对应的开入板就有"正开入板"(输入为高电位)和"负开入板"(输入为负电位)之说了。

正由于各站的熔丝报警器使用的电源不同，所以采集电路也会不同。熔丝报警电路根据所采集对象使用的电源不同，可分为 3 种：电路电源为直流 12 V，电路电源为直流 24 V，电路电源为直流 50 V；根据所采集对象使用的电源不同，分为 2 种：公共电源线为正，公共电源线为负。这样组合就有 6 种不同的使用情况。比如，报警电路使用的是 24 V 电源，那么就有采用公共电源线为正和公共电源线为负 2 种使用方式，在使用时要根据报警电路的不同电源和采集接入方式，选择电路组件的参数。

例如稳压管和限流电阻，根据报警电源的电压值，其对应采集电路中稳压管电阻元件(图 7-2 原理图中的 VD_2 和 R_1)的参数确定如下：

(1) 报警电源为 24 V，则稳压管为 12 V，电阻为 6.8 kΩ；

(2) 报警电源为 12 V，则稳压管为 6.2 V，电阻为 3.3 kΩ；

(3) 报警电源为 50 V，则稳压管为 12 V，电阻为 36 kΩ。

最常用的组合架排架报警所使用的是 24 V 直流电源，那么就需要选用可采集 24 V 的开入板。

根据同样的原理，在 6502 电气集中的信号监测中，很多开关量也可以利用采样其对应的表示灯电源的方法，间接地实现其状态的监测。例如，列车按钮、调车按钮的动作监测，甚至对道岔位置的监督，即对 DBJ 或 FBJ 的状态监测时，也可以通过采样道岔定位表示灯或反位表示灯的手段实现。

3. 主/副电源及其表示灯监测

对主/副电源的供电的情况，通常也是在控制台上对主/副电源表示灯进行采样从而达到监测的目的。如控制电源(KZ、KF)主/副电源及其表示灯监测原理如图7-8所示。

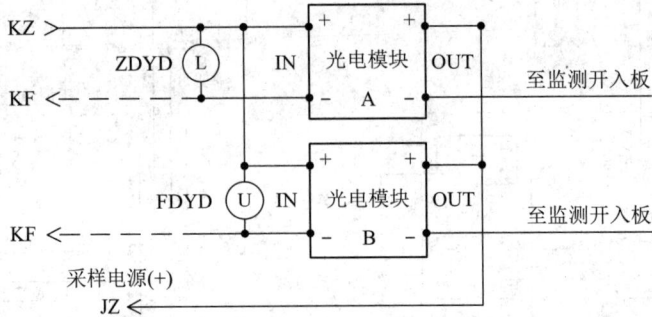

图 7-8　主/副电源及其表示灯监测原理图

其采样原理是通过采集主副电源表示点亮电压的有无来间接判断电源供电情况的。正常情况下主电源供电,即 ZDYD(主电源表示灯)点亮,而 FDYD(副电源表示灯)因无电熄灭,则 A 导通,B 截止。此时只有 A 能输出电流信息,否则,只有 B 能输出电流信息。

三、对继电器状态的监测方法

监测系统如果要采集某个继电器的状态(吸起还是落下)信息时,要求尽量选用继电器的空接点作为采集对象。

1. 空接点下的继电器状态采集

被监测的继电器有空余接点时,可以采用电路接入的方式实现采集,即直接使用光电模块式的开关量输入板集中采集。比如,对轨道继电器(DGJ)状态的监测,通常优先采用这种方案,因为这种方案安全可靠又对被监测的对象毫无干扰。通过空接点采集继电器状态示意图如图7-9所示。

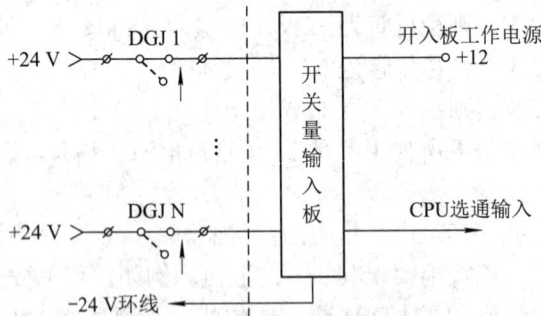

图 7-9　通过空接点采集继电器状态示意图

将所有要采样的继电器的中接点接入取样电源的正极,前接点与开关量输入采集板的输入端相连,将取样负端电源环接。开入板先将采集的开关量信息暂存,经采集机 CPU 选通送入数据处理单元进行 A/D 转换,变成数字信号被采用。

在信号微机监测中，类似这种手段可以用于对部分关键继电器状态的监测，如 FMJ、CJ 及 DBJ、FBJ 的状态监测等。

图 7-10 所示是利用空接点对 BJ 状态监测原理图。将 BJ 的中接点并接后接入监测机柜电源层 +24 V 采样电源，将前接点用专线接入道岔采集机，完成其状态的监测。

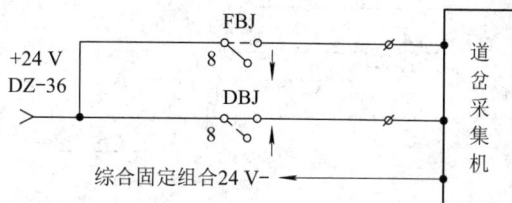

图 7-10　利用空接点对 BJ 状态监测原理图

2. 无空接点时的采集方法

对继电器开关量的采样，原则上首先采样空接点，但如果无空接点(即所有接点在电路中都被使用)，则可采用专门设计的固态光电隔离器，通过在继电器线包上采样励磁电压的方法实现监测其状态的目的，它的原理类似采集表示灯电源的方法，如图 7-11 所示。

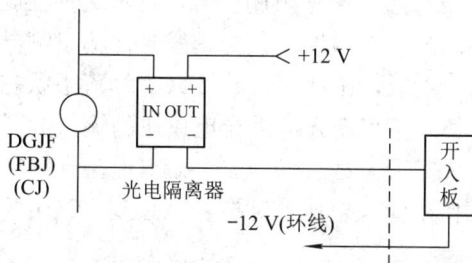

图 7-11　通过对线圈电压的采集方式判断继电器状态的示意图

在继电器不需要励磁时，其线圈两端不会有控制电压，这时光电隔离器在输出端呈现高阻抗，于是负责采样的"开入板"将不能接收到输入信号，故而判断出其继电器的状态为落下。反之，当被监测的继电器需要励磁时，其线圈两端就会有电压，于是光电隔离器在输出端呈现低阻抗，从而在"开入板"中将检测到电流，故判定其继电器为吸起状态。

比如，在铁路信号中对区间信号机点灯状态的监测，通常就是采集灯泡的点灯电压，采样原理与此相同。将图 7-7 中的继电器线圈改为灯泡，即是其采集原理图。由于点灯电路各自独立、无公共回线，且为高电压，故选用了 220 V 的开关量采集模块(光电隔离器)。

再比如，在 6502 电气集中联锁中，在对按钮监测时，原则上优先采样按钮的空接点，但在没有空接点的情况下，就通过从按钮表示灯两端采样其电压来监测，其原理也与之相同。人工解锁按钮的监测则直接采样按钮的空接点，与监测 DGJ 空接点时的方法一样。

3. 1DQJ 状态监测

信号微机监测系统在对道岔的监测中，必须对 1DQJ 状态跟踪监测，以便在道岔转换时能及时启动计时器，开始对道岔动作电流及功率连续采样，以得到电流曲线或功率曲线数据。在 6502 电气集中车站中，监测系统对 1DQJ 状态的监测，通常采用 1DQJ 第 4 组后接点采样(半空接点，即此后接点在电路没有被使用，而它的前接点被使用了)。利用光电模块采集继电器状态原理图如图 7-12 所示，将光电模块的输入侧的正端子接入 1DQJ 的 142 接点，负端接入 KF 电源。

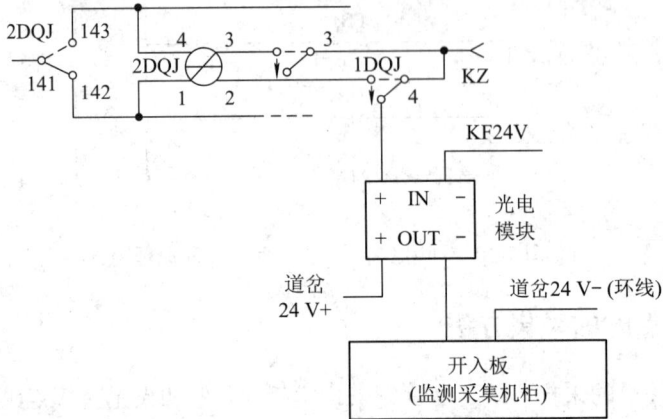

图 7-12　利用光电模块采集继电器状态原理图

当监测的 1DQJ 第 4 组后接点常态下闭合时，便将道岔控制电路中的 KZ 电源接入光电模块，与采集机提供的 KF 电源接通，使光耦发光，输出侧导通，于是光耦模块将采集 +24 V 电源送入采集机的开入板，由此可判断 1DQJ 为落下状态，即道岔未被启动。当道岔启动，1DQJ 吸起后，其后接点断开，因光电模块的输入侧开路，故光耦截止，输送到采集机的信息中断，监测系统就认为 1DQJ 已经吸起(道岔开始转换)，于是开始对道岔的转换计时，并同时对道岔工作电流及电压连续取样，直到 1DQJ 还原落下后停止计时，完成监测。

四、SJ 第 8 组接点封连的监测

在 6502 道岔控制电路中，当进路锁闭时，进路上相关的锁闭继电器(SJ)落下，即道岔被锁闭，正常情况下由于 SJ 第 8 组前接点的断开，切断了 1DQJ 的 3-4 线圈励磁电路，故 1DQJ 不可能再动作，从而确保了道岔不能再转换。但在某些特殊情况下，如人为违规封连了 SJ 第 8 组接点，或出现混线故障，此时道岔就会失去锁闭功能，如不及时查出就会危及行车安全。

为了避免上述情况，在微机监测系统中，通常要对道岔控制电路中的 SJ 第 8 组接点进行监测，以确认道岔实际锁闭的情况。

1. SJ 第 7 组接点空闲时的监测电路

在 SJ 第 7 组接点空闲时(如此接点不空闲，可增设一个复示继电器)，利用光电模块监测 SJ 第 8 组接点的原理图如图 7-13 所示。

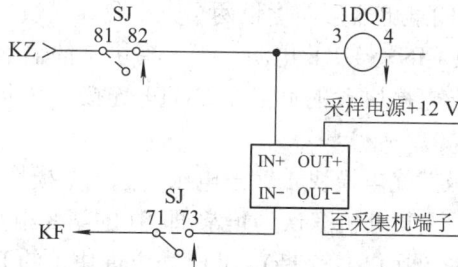

图 7-13　利用光电模块监测 SJ 第 8 组接点的原理图

在光电隔离器的输入侧，一根线接在 SJ 接点 82 与 1DQJ 线圈 3 端子之间，另一根线接 SJ 接点 73，并在 SJ 接点 71 处接一个电源 KF。而光电隔离器的输出端，一根线接至道岔采集，作为信息输出线，一根线接 +12 V 正电源(由同一个道岔采集机供出)，每组道岔(双动道岔算一组)单独设一个光电隔离器。

平时，SJ 吸起，道岔处于解锁状态，IN+ 有 KZ 电源，但 IN- 无 KF 电源，光电隔离器的输入端是断开的，因此光电隔离器无输出，不影响道岔的正常动作。而当道岔处在被锁闭状态时，由于 SJ 的第 8 组前接点断开，IN+ 无 KZ 电源，IN- 有 KF 电源，光电隔离器的输入端仍然是断开的，输出端仍然没有输出，所以也不影响道岔的锁闭状态。

但在出现特殊情况时，与该道岔有关的 SJ 已经落下，但该道岔控制电路 IN+ 有 KZ 电源(无论什么原因)，而 IN- 由于 SJ 落下有 KF 电源存在，此时对光电隔离器的输入端构成回路，因此光电隔离器输出端有信息输出送至道岔采集机。道岔采集机检测到这个信息后，判定道岔应被锁闭，但实际未锁闭，系统立即报警。

2. SJ 第 7 组接点占用时的监测电路

此方案用 SJ 第 7 组后接点，来证明该道岔是在锁闭状态还是在解锁状态，用 SJ 第 8 组前接点检测道岔的实际锁闭状态。

根据锁闭继电器的定型分配，第 7 组接点是专门作为 6502 道岔控制电路的联系电路用的(如非进路调车，6‰ 下坡道的延续进路等)。如果该站无联系电路或有的联系电路不用 SJ 接点，则该组接点就是空接点，完全可以利用。当 SJ 第 7 组接点被 6502 的联系电路占用时，需增设锁闭复示继电器，用其第 7 组接点代替原 SJ。

增设锁闭复示继电器虽然可行，但操作复杂，另一种方法就是采用两个光电模块对 SJ 的 82/83 接点分别采集，其原理如图 7-14 所示。

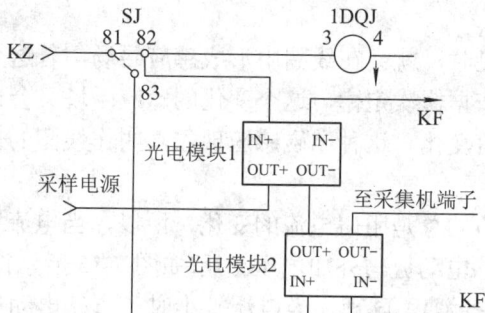

图 7-14　双光电模块监测 SJ 封连报警电路原理图

　　在每组道岔组合的锁闭继电器后面增设两个光电隔离模块,将输入端 IN+ 分别接在 SJ 的前、后接点 82 和 83 上,IN- 接 KF 电源。光电模块 1 的输出端 OUT+ 接采集分机的采集正电源(JZ),OUT- 与光电模块 2 的输出端 OUT+ 连接。光电模块 2 的输出端 OUT- 作为采集分机的输入信号端。

　　在常态下 SJ 吸起,虽然光电模块 1 输出电压,但光电模块 2 因 SJ83 处无电压送入而截止,故无采集电压送出,采集分机默认为正常(即 SJ 的第 8 组接点无混电或无人为封连);同样,在道岔锁闭后(81-83 通而 81-82 断),此时光电模块 1 的 IN+ 端无电压而截止,故无电压送给模块,即便光电模块 2 可从 SJ83 处得到 KZ 导通,其输出端 OUT- 乃无电压输出,采集分机不能收到电压信号,认为其工作正常。但如果道岔锁闭后,SJ81-82 被人为封连,那么两个模块同时打开,于是向采集分机开入板送出电压,从而使采集分机给上位机送出报警信号。

　　上位机得到报警信号后,根据与该锁闭相关联的道岔(1DQJ)在此前 5 秒内没有动作的条件,加上 SJ 报警开关量持续时间超过所设定的时间后,开始报警。通常持续时间默认为 10 秒,不过该时间可以根据现场情况在静态数据文件中进行调整设置。如果配置有非进路按钮的话,取当前的非进路按钮状态,如果该按钮属于按下状态,则不报警。

五、接点状态采集器原理及其应用

　　在微机监测系统中,对很多继电器状态开关量的采集大多使用了接点状态采集器。这种采集器只使用继电器的半组空接点,是利用电磁感应原理实现信息采样的,其隔离性能好,与被监测的信号设备之间只有一个点接触,既不是并接也不是串接在设备之中的,因此,它不获取被监测设备的任何电流或电压量,即不取设备能源,故对设备无任何影响,所以应用比较广泛。

1. 电感互感的认知

　　接点状态采集器是利用线圈电感/互感的原理制成的,为便于理解,此处先介绍其相关知识。

1) 自感现象

　　当线圈中有电流通过时,就会在线圈中形成感应磁场,若这个电流是变化的,则感应磁场也是变化的,那么依据楞次定律,这个变化的感应磁场又会在线圈中产生感应电动势以抵制通过线圈中的电流变化。这种电磁感应现象,叫作线圈的自感现象,因自感而形成的电动势称为自感电动势。

　　由于自感电动势的方向总是阻碍电流的变化,所以,当电流增大时,线圈中的磁通增加,由此线圈产生的自感电动势与外加电压相反(如图 7-15 所示),于是就阻碍了电流的增大(是阻碍变化,而不是抵消)。同理,当电流减小时,自感电动势与外加电压一致,于是就阻碍了电流的减小。

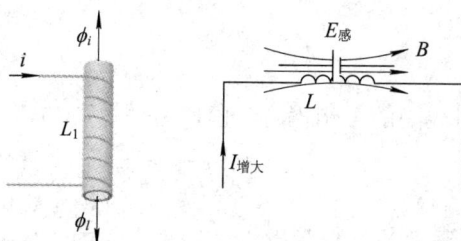

图 7-15　电感线圈自感现象示意图

自感电动势的大小为

$$E = L\frac{\Delta I}{\Delta t}$$

即其大小与电流的变化率成正比，式中 L 为该线圈的自感系数，简称自感或电感，其大小取决于线圈的结构及其周围的介质。

2) 电感的感抗

由于自感的存在，就有了电感对电流的阻碍，我们把电感线圈对电流的这种阻碍行为简称为感抗。

电感感抗的计算公式如下：

$$X_L = 2\pi f L = \omega L$$

其中，X_L 为感抗；L(H) 为线圈的电感量，也叫自感量，简称电感；f(Hz) 为电源的频率；ω 为电源的角频率。可见，电感线圈对电流的阻碍作用的大小，除了与自身的电感量有关外，还与加入其上的电源频率成正比。

电感是表示电感器产生自感应能力的一个物理量，主要取决于线圈的圈数(匝数)、绕制方式、有无磁芯及磁芯的材料类型等等。通常，线圈圈数越多、绕制的线圈越密集，电感量就越大；有磁芯的线圈比无磁芯的线圈电感量大；磁芯磁导率越大的线圈，电感量也越大。

3) 互感现象

当有两组线圈存在一定的空间关系时，如 L_1 与 L_2(如图 7-16 所示)。当 L_1 中的电流变化时所激发的变化磁场，会在它相邻的另一线圈 L_2 中产生感应电动势；同样，L_2 上的电流变化时，也会在 L_1 中产生感应电动势。这种现象称为互感现象，简称互感，这种电磁感应现象遵循法拉第电磁感应定律(简称电磁感应定律)。互感所产生的感应电动势称为互感电动势，这也是变压器所依据的工作原理。

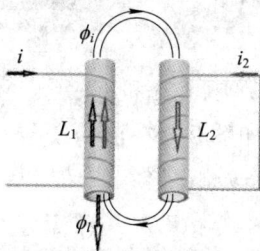

图 7-16　电感线圈互感现象示意图

4) 互感的大小

(1) 互感系数。

互感系数反映了两组线圈的影响程度。由电磁理论可知，互感系数(M)的计算公式为：

$$M = k\sqrt{L_1 \cdot L_2}$$

其中，k 为两线圈的耦合系数或耦合常数，它与两线圈的位置及周围的介质有关，通常小于 1。

(2) 互感的大小。

对照图 7-16，根据电磁理论，于左侧线圈的输入等效电感为

$$L = L_1(1 - k^2) < L_1$$

由此可以看出，当两组线圈中的二次线圈短路时，由于互感的存在，使得输入侧的电感量对外电路而言是减小的，若两者的耦合程度越高(k 越接近于 1)，则输入的电感量越小。由于电感量减小，则输入的感抗也变小，感抗越小则输入的能耗越高。若二次线圈开路，虽然有互感的存在，但因其不能形成电流从而不能产生磁场，故对一次侧的线圈不会产生影响，此时的输入等效电感只是 L_1，即它的自感。这就是开关量状态采集器的原理，也是变压器二次侧不允许短路的原因。

其原理可以结合楞次定律来分析，请读者结合电磁理论知识自行完成。

2. 接点状态采集器工作原理

图 7-17 所示为几种接点状态和开关量采集器实物图。

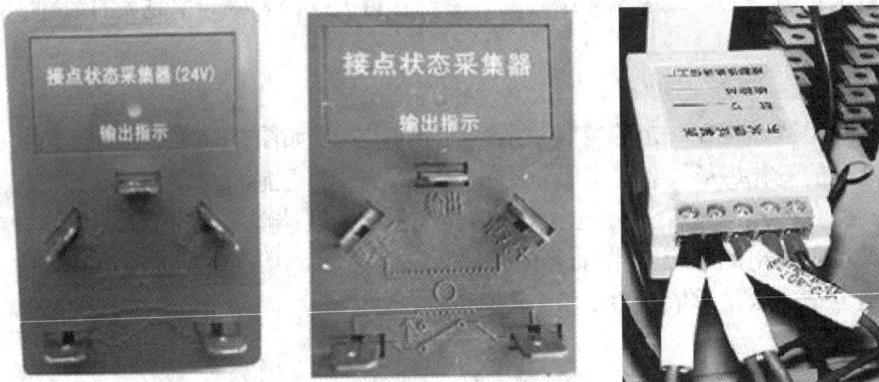

图 7-17 接点状态和开关量采集器实物图

接点状态采集器的工作原理如图 7-18(a)所示。传感器的一组感应线圈 L_2 接在被监测的接点间，另一组线圈 L_1 接感抗检测电路。因 L_1 和 L_2 之间存在磁场耦合的作用，当监测接点接通或断开时，L_2 也会随之短路或开路，于是 L_1 的电感量及其损耗就会相应地发生改变。感抗检测电路通过检测线圈 L_1 的电感量及其损耗的变化，就可判断接点的通断情况。

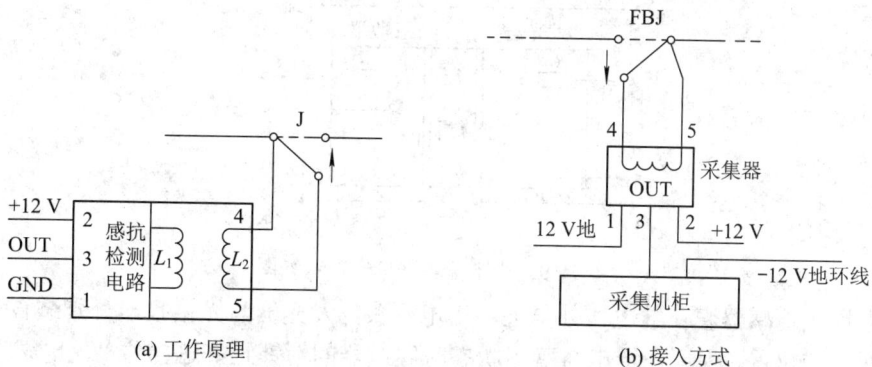

图 7-18　接点状态采集器原理及接入方式

当被监测的接点处于断开位置时，L_2上无电流，L_1仅为自身的电感和损耗(此时 L_1 电感量大，但损耗小)(采集器输出低电平 0 V 或高电平 5 V)；当被监测的接点处于闭合时，L_2上便会产生感应电流，因此 L_1 的损耗增大，同时 L_1 的电感量减小(采集器输出高电平 5 V 或低电平 0 V)。如此，继电器的接点状态在电感线圈 L_1 上得到了反映。通过检测电路检测 L_1 电感量和损耗的变化情况，就可得知继电器的状态。

监测系统的采集分机通过接收接点状态采集器送来的高、低电平信息，就可判断被监测的继电器的状态。

3. 接点状态采集器的使用

在使用接点状态采集器时，将采集器的 4、5 端子分别接入需要采集的继电器的中接点和一个空接点上，1 端子接地，3 端子与采集机的输入端相连，2 端子接工作电压的输入端，如图 7-18(b)所示。当监测的接点闭合(4 和 5 端子间闭合)时，3 端子上将输出 5 V 电压到机柜；否则，当 4 和 5 端子间断开时，3 端子电压变为零。使用时可通过封连和断开 4、5 端子，同时测量 3 和 1 端子之间有无电压的方法来判断其好坏。

使用接点状态采集器时要注意，接点状态采集器适用于低电压的开关量采集，只能选取一组低压的半空接点，不能采集高压的接点，否则容易损坏采集模块。

接点状态开关量采集器按其工作电压的不同，有直流 24 V、12 V 和 5 V 三种型号，选择时要注意与其对应的采集机型号相匹配。

六、光电探头采集继电器的状态

在信号微机监测中对继电器状态进行监测时，如果被监测的继电器接点没有空余，就无法利用接点状态采集器等设备来采样了，这时可以采用光电探头，通过对继电器衔铁所处的位置情况进行判断。比如，在对道岔的监测中，关于 2DQJ 继电器状态的采样，就采用了这种方法，因为 2DQJ 继电器的接点是加强型的接点，数量少，其在道岔控制电路中都被使用了，没有空接点。图 7-19 所示为光电探头采集原理示意图。

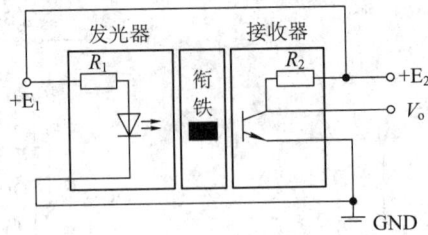

图 7-19　光电探头采集原理示意图

　　光电探头传感器套在继电器外罩上，光电探头的发光器与光接收器分别装置在两侧，调整好两者的位置，保证在继电器落下状态时继电器的衔铁正好遮挡住"光电眼"(即发光器发出的光)，当继电器吸起后，衔铁离开遮挡位，使接收器端能接收到发光器的光信号。其工作原理如同光电耦合器，当接收器接收不到光信号时，截止，于是输出高电平；当接收到光信号时，导通，便输出低电平。采集机通过接收到的高、低电平信息来判断继电器的状态。利用光电探头传感器的方法既不会影响继电器电路的正常工作，又能达到采集继电器位置状态的目的。

　　2DQJ 继电器是极性保持继电器，有两个极性位置，只有在操纵道岔时才会变位。监测系统通过监测 2DQJ 继电器的衔铁的位置状态，采集其在前接点接通位还是在后接点接通位，以确定道岔在操作转换时的目标位置。光电探头传感器的结构及安装方式如图 7-20所示。

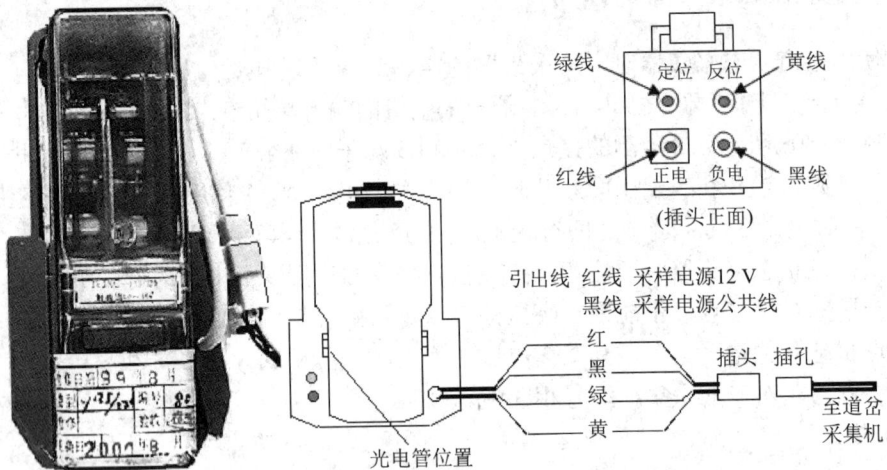

图 7-20　光电探头传感器的结构及安装方式示意图

　　为保证采集的可靠性，在实际应用时通常采用双光电探头传感器，即双输出方式。正常工作时左边两个光电器件都处于导通发光状态，且一个在上位(电眼 1)一个在下位(电眼2)。当衔铁在定位位置时(前接点闭合)衔铁吸起，即处于上位，此时衔铁挡住了定位位置光的通路(即上位的电眼 1 不能被探头 1 接收到)，使得绿线输出"1"，黄线输出"0"。反之，当衔铁在反位位置时(后接点闭合)，即衔铁在落下位，此时衔铁挡住了反位位置光的通路(即下位的电眼 2 不能被探头 2 接收到)，就使得绿线输出"0"，黄线输出"1"。

在安装光电探头时要调整好位置，以确保 2DQJ 继电器在吸起位时，衔铁能可靠遮挡住电眼 1，2DQJ 继电器在落下位时，衔铁能可靠遮挡住电眼 2。

在信号微机监测系统中，对 2DQJ 状态监测的采集器采用了高频调制技术，既解决了外界光线对信号采集的影响，同时对 2DQJ 继电器的透明程度不再有特殊要求；另外，由于采用冗余编码技术，使之具有一定的检错能力，并满足"故障—安全"技术要求。2DQJ 状态编码逻辑方式见表 7-1，具体输出有以下 4 种：

(1) 当采集器故障或采集器安装位置不正确时，输出"11"信号，即绿、黄线均有输出。

(2) 当道岔在定位时，输出"10"信号，即只有绿线有输出。

(3) 当道岔在反位时，输出"01"信号，即只有黄线有输出。

(4) 采集器供电电源故障或断电时，输出"00"信号，即绿、黄线均没有输出。

表 7-1　2DQJ 状态编码逻辑方式

输出状态		2DQJ 状态
绿线	黄线	
12 V	0 V	"10" 定位(吸起)
0 V	12 V	"01" 反位(落下)
0 V	0 V	"00" 故障
12 V	12 V	"11" 故障

光电探头传感器的使用特点可归纳为如下几点：

(1) 采用设计新颖、实用的外形结构。根据 2DQJ 继电器的特点，考虑到安装方便、调节简单的需要，采用了特殊的固定方式，为准确采集 2DQJ 继电器的位置提供了保证。

(2) 采用双指示灯显示，为安装、调试、维修提供正确指示。安装、调试时不需要任何调试仪器。

(3) 采用 12～15 V 直流供电电源，不会造成与继电器使用的电源 KZ(KF)24 V 出现混电问题。

(4) 采用接插方式连接，使现场施工和更换 2DQJ 继电器时更加方便。

问 题 思 考

1. 在信号微机监测中所监测的开关量对象有哪几类？

2. 试简要叙述光电隔离采集的基本原理。

3. 对继电器状态的监测方法有哪几种？

4. 对 SJ 第 8 组接点封连的监测目的是什么？画出在 SJ 第 7 组接点占用情况下的监测电路，并简述其监测原理。

5. 在信号微机监测中对 2QDJ 状态的采集采用的是光电探头法，请简述其监测原理。

第八课　铁路信号微机监测系统结构

　　本课将先对监测系统的构成作简要概述，以帮助读者了解监测系统的管理层次及信息流向，这对学习后面的内容有一定的启发作用，也利于对相关知识的正确理解。

　　微机监测系统虽然不是直接参与列车运行的设备，但它对保证信号系统的不间断地正常工作提供了保障，所以它也应具备形式严格的系统结构，其地位也是十分重要，对该系统的管理也有严格规范。

　　本课以铁路信号微机监测系统为主线，分别介绍监测系统的结构、功能，系统数据管理策略，数据调阅管理制度等知识。

一、铁路信号监测系统构成

　　我国铁路信号微机监测系统以信号设备维护为核心，以站、段为基础，实行铁道部、铁路局、电务段三级体系结构。在系统的体系框架下，考虑到电务部门的维护管理的需要，依托于系统配置的层次结构和数据通信的网络结构，将系统划分为铁道部监测子系统、铁路局监测子系统、电务段监测子系统和车站子系统四层。

1. 监测网络的层次结构

　　铁路监测系统网络"三级四层"结构示意图如图 8-1 所示。

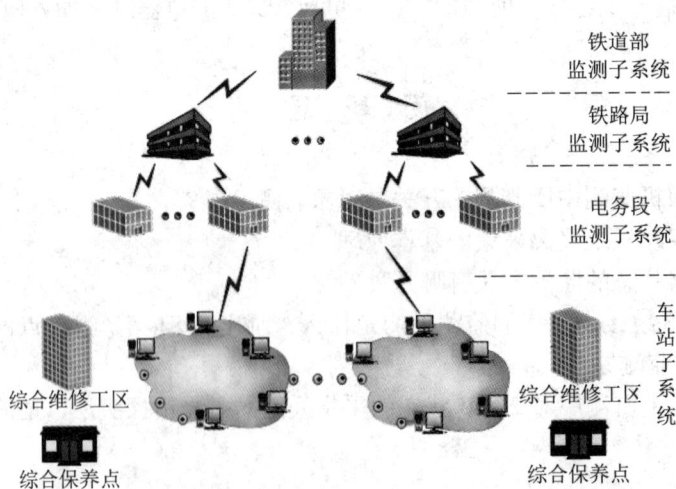

图 8-1　铁路监测系统网络"三级四层"结构示意图

监测系统从网络数据管理与处理的角度上来看，是三级结构，铁道部网络层只是从其下层接收数据或传发数据，其本质相当于铁路局监测子系统下的终端。图 8-2 所示为铁路监测系统网的三级结构示意图，即在车站终端与部(局)服务器之间设段服务器层，其三级也可总分为上层网与下层网。

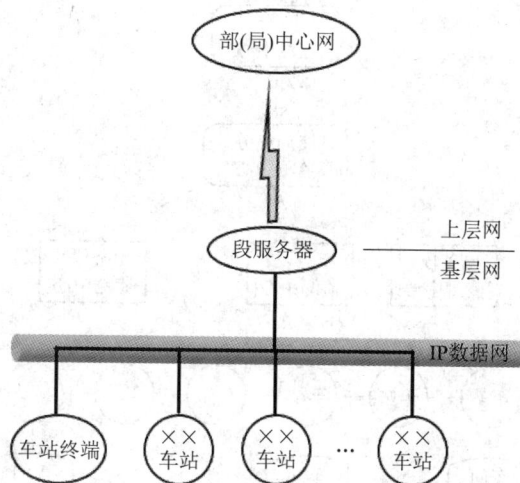

图 8-2　铁路监测系统网的三级结构示意图

各级各层根据需要设置通信管理机、应用服务器、数据库服务器、监测终端、维护工作站、网络设备、电源设备、防雷设备等，具有系统设置、系统诊断报警、系统调试、网络管理、远程维护与技术支持等功能。

车站基层网由沿线各站主机(又称站机)和车间维护机构成，它是监测信息的发源地；电务段管理网由服务器和若干台终端构成局域网，是整个系统的控制与管理的中心。

车站、段服务器之间的传输通道采用铁通 IP 数据网，为保证网络的安全，要求网络节点定期升级杀毒软件。此数据网由铁通直接提供 RJ45 接口，组网采用 TCP/IP 标准协议，站机、终端、服务器需要的联网设备为网卡。

车站监测子系统是具体收集和处理监测信息的最基本的组成部分，电务段的监测系统是监测网络系统的管理中心，主要用于对站机的管理以及负责信息分配与传输。其他如铁路局(分公司)监测子系统只是收集信息用来监督，没有操控权。

2. 监测网络系统组织管理

信号监测管理网由一台中心服务器和若干台终端构成局域网，中心服务器中的数据库服务器兼作通信服务器和远程访问服务器，负责监测信息的管理并接收终端用户的访问；远程用户终端可通过拨号网络与中心服务器或各站工控机连接，索取需要的信息。

信号微机监测系统的网络结构是采用串联加环路的方式实现的，即一条线路上的各站仅需要一条通道，通过该通道站接口，将沿线各站串联在一起，线路末端站再增加一条通道至信号管理中心，使网络成环。网络上传输的数据到达某个站后，由该站路由器对数据的传输进行路由选择，以确定最佳传输路径并将数据传递给下一站，站站接力，直到到达目的地。

系统采用先进的 CAN(控制器局域网)技术、传感技术和计算机网络通信技术、数据库及软件工程技术，监测并记录信号设备的主要运行状态，为信号维护人员掌握设备运用质量和故障分析提供科学依据。

监测网络系统是一个面向用户的开放性和模块化设计的系统。图 8-3 为铁路监测网络组织管理系统结构示意图。

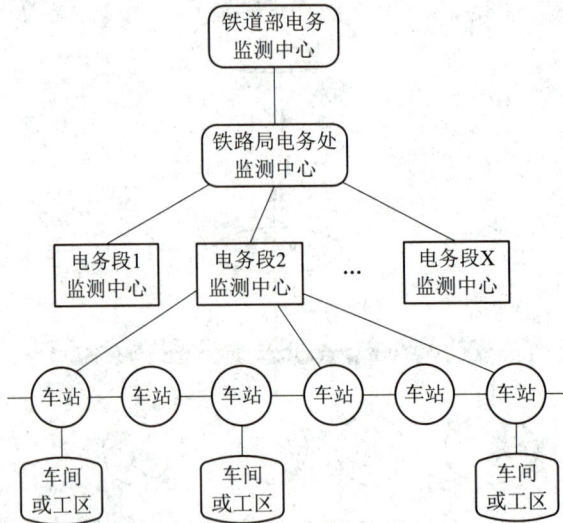

图 8-3　铁路监测网络组织管理系统结构示意图

3. 段内三级调阅管理制度

图 8-4 为某铁路监测信息实行段内三级调阅管理制度示意图。中间的信息管理者是车间微机监测信息员，可查看所管理各站的所有信号设备监测信息，并对各工区信息进行统一管理。信号工区只具体负责本区域内监测设备的日常维护及本站监测信息的调阅。

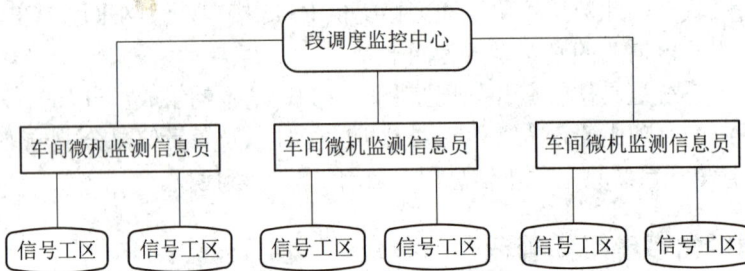

图 8-4　某铁路监测信息实行段内三级调阅管理制度示意图

二、铁路监测网络系统构成

我国铁路监测系统的设备、结构组成示意图如图 8-5 所示，从图中可以看出各个层次的主要设备，以及其上下层级间的接口与信息通信的关系。系统部分采用基于 TCP/IP 协议的广域网模式，由原铁道部电务监测中心、铁路局电务监测中心、电务段监测中心、车站监测系统以及广域网数据传输系统组成。

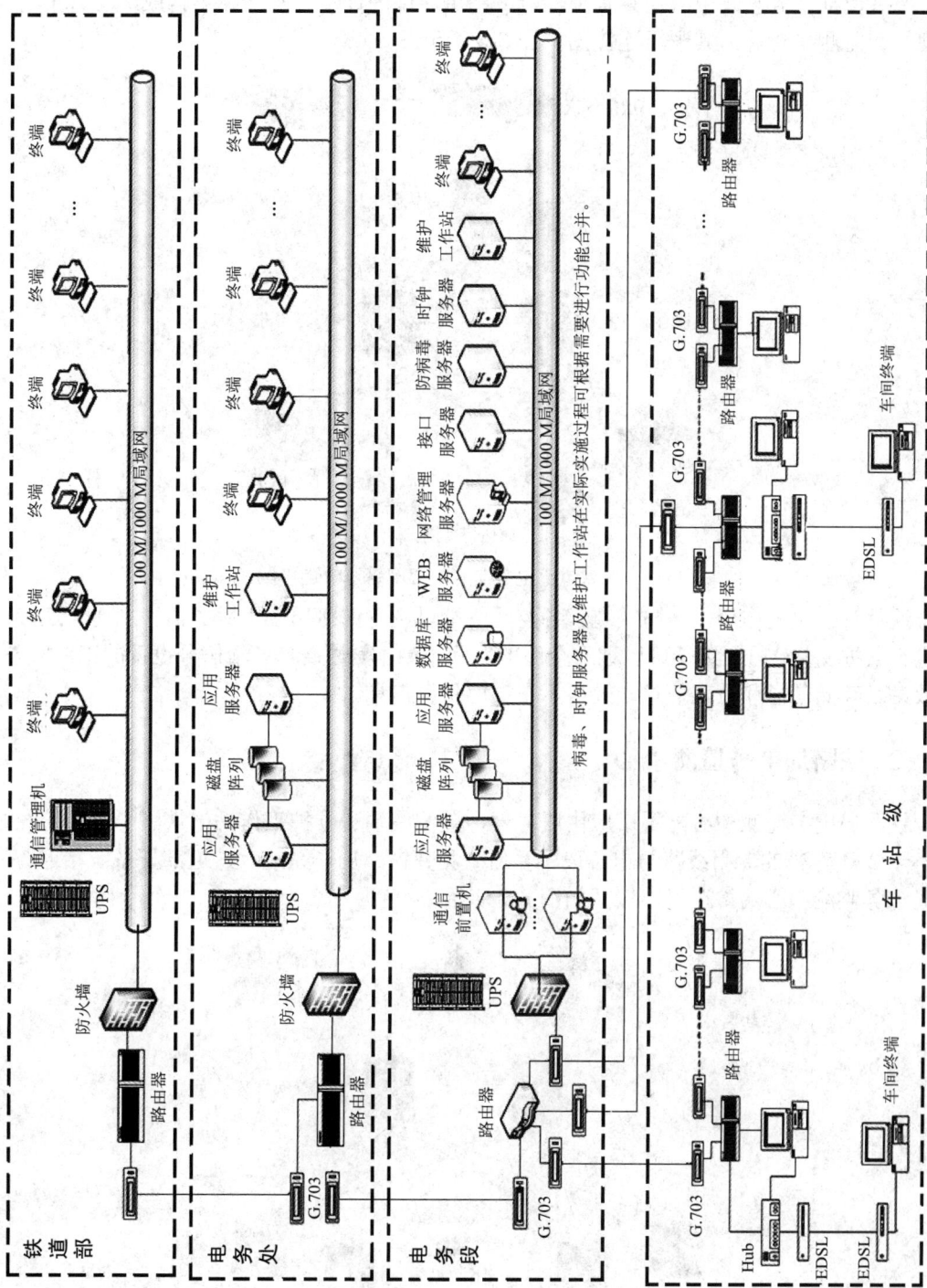

图8-5　我国铁路监测系统的设备、结构组成示意图

1. 原铁道部电务监测中心

原铁道部电务监测中心由具有高性能、高可靠性的计算机网络体系构成，配置了通信管理机和监测终端等，其逻辑连接图如图 8-6 所示。

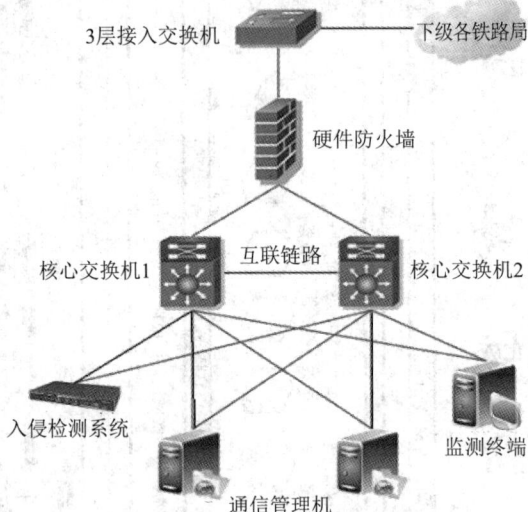

图 8-6　原铁道部电务监测中心网络逻辑连接图

通信管理机的作用，是与铁道部各监测终端以及各铁路局应用服务器建立通信连接，并进行数据交换。监测终端可以调看全路的联网车站，实时查看车站信号设备的工作状态，回放站场存储信息和报表信息，及显示车站的报警信息。

2. 铁路局电务监测中心

铁路局电务监测中心配置了应用服务器、监测终端和维护工作站。铁路局子系统经过不小于 2 M 宽带的专用线路与电务段子系统、相邻铁路局子系统、铁道部子系统相连。铁路局电务监测中心网络逻辑连接图如图 8-7 所示。

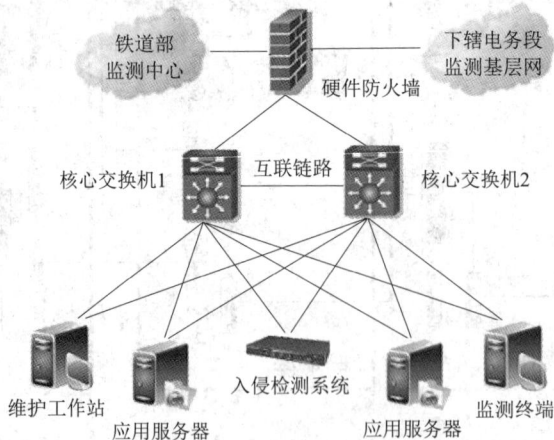

图 8-7　铁路局电务监测中心网络逻辑连接图

应用服务器采用双机冗余备份技术，作为整个铁路局微机监测系统的监控中心，以星型方式与各个电务段连接，管理全局内所辖所有的电务段及其车站的节点，负责与所辖电务段应用服务器、铁路局监测终端以及铁道部通信管理机等节点建立通信连接，进行网络通信和数据交互，并实现数据流调度和信息路由等功能。

铁路局监测终端可以调看全局的联网车站，实时查看车站信号设备的工作状态，回放站场存储信息和报表信息，显示车站的报警信息。

维护工作站具有监测终端的所有功能，并具备网络拓扑图状态管理，可实时显示网络节点、通道和车站采集设备的工作状态，通过声音、拓扑图颜色变化来反映当前网络的告警信息。维护工作站还可以实现对网络流量和网络传输出错率的在线分析。

3. 电务段监测中心

电务段监测中心(标准版)由服务器组、网络设备、安全设备、电源设备以及终端工作站组成。电务段子系统经过不低于 2 M 带宽的专用线路与铁路局子系统、监测基层网相连。整个监测系统网以电务段监测中心进行集中管理、监控，它包括采用双机冗余备份技术应用服务器、监测终端和维护工作站。电务段监测中心网络逻辑连接图如图8-8 所示。

依托于标准版的电务段监测中心，其涵盖的子设备与子功能如下：

1) 通信前置机

通信前置机负责与管内各监测终端以及各监测站机建立通信连接并交换数据；负责电务段其他服务器与车站站机之间的操作命令和响应数据的转发；当电务段与车站数据流失衡时，进行自动调整，并且在电务段终端调阅车站数据时进行自动切换连接；考虑到业务数据流的容量，每接入 200 个车站需增设一套通信前置机；通信前置机还负责其管辖车站的时钟校核，进行时钟信息的广播。

2) 数据库服务器

数据库服务器负责存储车站开关量、报警等相关数据；负责存储终端、通信前置机、应用服务器、网管服务器等操作记录；负责存储应用服务器传输过来的相关数据，并且响应应用服务器传输的读取历史数据的命令，将响应的历史数据传回应用服务器。

3) 应用服务器

应用服务器采用双机冗余备份技术，作为整个电务段微机监测系统的监控中心，负责所辖终端、数据库服务器、通信前置机及局服务器间数据处理及转发，以及跨站逻辑的处理；负责车站实时数据分发处理，监测终端与站机之间有关命令和响应数据的转发，终端与数据库服务器之间的数据传输，终端与网管服务器之间的数据传输，局服务器与车站间通信数据转发，网络通信时数据的压缩/解压缩以及数据的分等级传输，数据处理及控制，向所辖车站站机或终端机发送控制命令。

应用服务器以环型方式与各个车站连接，每隔 8~15 个车站形成一个环，环内具体车站数量可以根据通信传输系统节点情况确定。站机数据经广域网数据传输系统到达应用服务器，服务器对数据进行分类、存储和处理，根据终端要求分发给各联网终端。

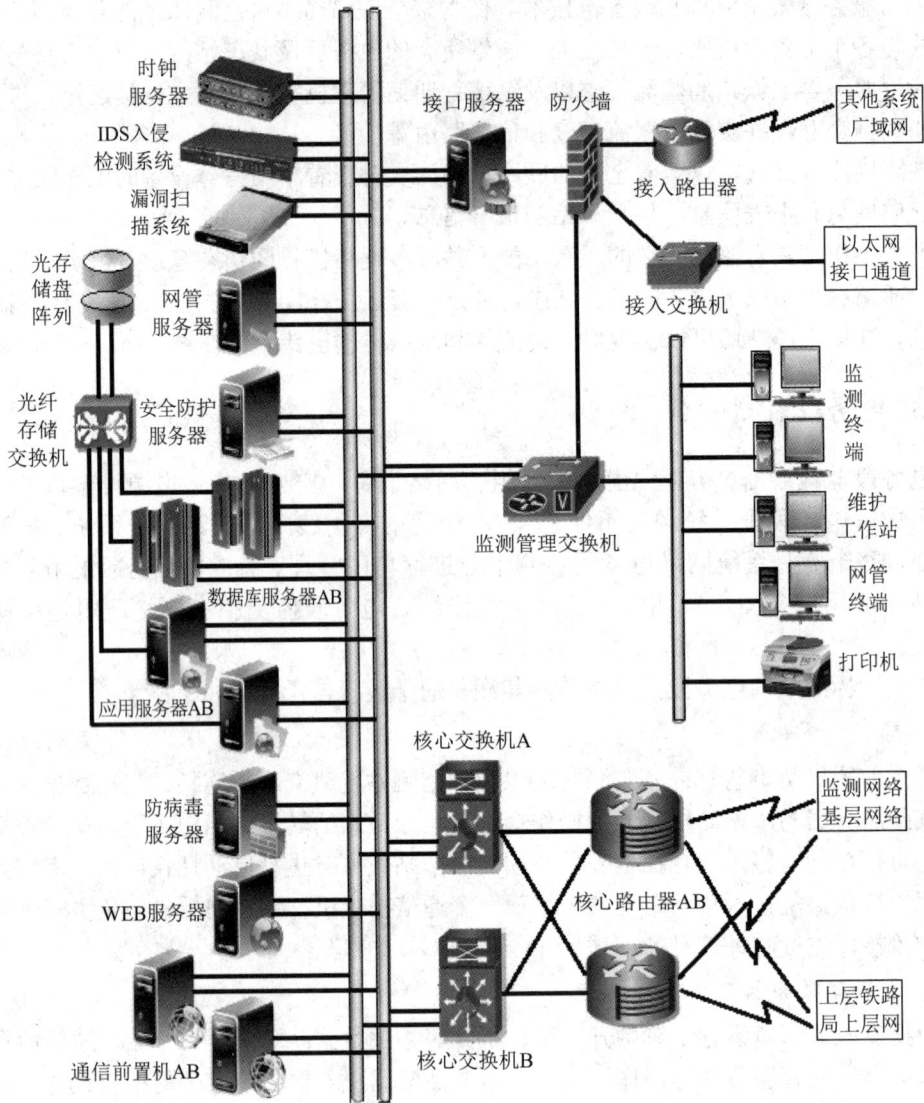

图 8-8　电务段监测中心网络逻辑连接图

车间终端、段终端用于人机操作，管理和查看权限范围内车站的站场及有关数据，并作报表的汇总显示，数据报表和数据图形可由打印机打印输出。同时，各级终端能显示相应的通信网络结构拓扑图及通信状态，具备一定的网络管理功能。

应用服务器在系统的管理功能上体现在：系统在线自检，记录系统运行日志；系统软件的自动升级；可提供微机监测系统软件的自动升级配置、管理。

应用服务器在通信的管理功能上具体体现在：负责监测终端与站机之间有关命令和响应数据的转发；网络通信时数据的压缩/解压缩以及数据的分等级传输；实时显示系统网络的通信状态，实现广域网络管理。

4) 网管服务器

网管服务器负责管辖范围内所有终端、服务器、通信前置机、采集设备状态，负责接收应用服务器传输过来的各个节点的状态，并且响应应用服务器传输过来的读取各个节点状态的命令。

5) WEB 服务器

WEB 服务器负责提供 WEB 浏览服务功能，主要包括实时报警及历史报警查询，报警信息处理情况录入，报警信息分析统计；作为全线系统自动升级服务器；负责接收应用服务器转发过来的实时报警信息，并响应终端 IE 等浏览器查询命令响应，与数据库服务器间建立通信。

6) 防病毒服务器

防病毒服务器负责向系统所隶属的站机和终端(包括 ZPW2000 维修终端)发放杀毒软件与防病毒库更新。从网络安全考虑，防病毒服务器无法实现与外网的直接沟通，所以防病毒服务器中最新的病毒库由维护人员定期更新。

7) 时钟服务器

时钟服务器负责向所辖电务段管辖范围内的站机和终端、服务器提供标准时钟源，并对所辖各个节点定时校核时间。时钟服务器从 TDCS/CTC 中心获取时钟。

8) 接口服务器

接口服务器负责跨系统间连接、跨网络间连接的数据通信、转发及处理。接口服务器通过网络连接或 RS-422 的方式完成监测系统与其他系统间的数据交互。当使用网络连接时，接口服务器和其他系统间需要增加网络防护，原则上各个系统要做自身防护，保证不影响对方系统或受对方系统影响。监测系统与其他系统间建立连接后，接口服务器负责将监测系统内开关量、模拟量、报警信息传输给其他系统，同时将其他服务器的信息传输给本系统应用服务器。接口服务器作为两个独立网络的交接点，负责两个独立网络间数据的互相传输，通过双网卡，每个网卡连接独立网络，进行实时数据和命令的传输。

9) 维护工作站

维护工作站作为网络管理终端，主要功能有网络管理和车站设备管理。

(1) 网络管理。网络管理的具体任务体现在以下几方面：

① 在网络拓扑图上动态、实时地监视网络节点的工作状态。网络节点包括：计算机、路由器、交换机等，能在拓扑图上动态、实时地监视网络通道状态。

② 在网络拓扑图上动态反映网络节点单元的告警，通过声音、拓扑图颜色变化来反映当前网络的告警信息。在网络拓扑图上可动态反映网络节点设备的配置情况。

③ 用户可以使用专用的网络拓扑图绘制工具定制、修改网络拓扑图。

④ 可以在线分析网络流量。

⑤ 可以在线分析网络传输的出错率。

(2) 车站设备管理。车站设备管理的具体任务体现在以下两方面：

① 可以实时显示车站 UPS、采集分机及板卡，以及其他接口单元的状态。

② 支持对系统中主要设备的软硬件配置管理，包括机器名、设备类型(主机、工作站、路由器、交换机、网络打印机等)、IP 地址、硬件配置描述、操作系统类型及版本、软件模块配置及版本情况等信息。

10) 监测终端、网管终端

电务段监测终端主要包括调度终端、试验室终端、车间终端、工区终端，功能如下：

(1) 数据显示。数据显示功能主要体现在以下方面：

① 场运行状态图的实时显示与回放，站场图可以放大、缩小和全屏显示，可以通过鼠标进行任意拖动。

② 开关量的实时状态显示以及历史记录查询，可以查看开关量的实时和历史状态。

③ 所有采集的实时模拟量数据都可以通过实时测试表格、历史数据表格、日报表、实时曲线、日曲线、月曲线、年趋势线进行全方位的表现。

④ 显示转辙机动作电流曲线，分析转辙机动作参数。

⑤ 提供控制台按钮操作记录(列调车按钮、破封按钮、故障通知按钮等)历史查询。

⑥ 关键设备动作次数及时间表，包括转辙机动作次数，破封按钮运用次数，区段占用次数，列车、调车按钮使用次数，故障通知按钮运用次数，列车、调车信号开放次数等，提供记录查询。

⑦ 调看电缆绝缘和电源对地漏泄电流的测试表格和变化曲线。

⑧ 环境监控信息采用图形化的方式进行直观的显示，并提供历史查询、回放功能。

⑨ 提供轨道电路分路残压报表查询。

(2) 报警及事件管理。报警及事件管理提供车站分机报警实时显示，可进行声光报警，提供报警历史信息的查询。

(3) 系统管理。系统管理提供系统运行日志、车站机运行日志查询。

(4) 数据处理及控制。数据处理及控制功能主要体现在以下方面：

① 提供多种登录方式。

② 对服务器下辖所有车站的报警、报表的分类汇总、显示。

③ 曲线和各类报表可进行打印。曲线可以导出为 bmp、jpg 等标准格式的图形文件，报表可以导出为 Excel 等通用的文件，方便用户资料的采集及调阅。

④ 回放文件可以方便地导出到可移动存储设备，并提供回放工具，方便用户回放、分析、处理，可以对已存储的再现文件进行管理。

⑤ 受权终端根据需要向所辖站机发送控制命令，如校核站机时钟命令、远程控制命令等。

4. 车站监测系统

车站监测系统是信号微机监测网络系统的基础部分，负责数据的采集、分类、处理和存储，实现车站信号设备、区间信号设备的实时监测、故障分析、诊断和人机对话、显示与查看，它包括站机、采集机、机柜、隔离转换单元等设备。

车站监测系统具体要满足下列要求：

(1) 车站设置主机(又称站机)、采集机柜、采集及控制单元、网络设备、电源设备、防雷设备及其他接口设备。

(2) 站机具有监测系统所需开关量、模拟量、报警信息、环境数据的采集、数据分类、逻辑分析处理、报警输出、数据统计汇总和储存回放等功能，形成实时测试表格、历史数据表格、日报表、实时曲线、日曲线、月曲线、年曲线等。站机应将车站实时的数据和报警信息传送到上层，并接受上级(车间、电务段、路局)的控制命令。

(3) 开关量和模拟量滚动数据储存，储存时间不得小于 15 天。

车站级(车间)站机网接入监测网络可采用两种方式：一种是点对点地通过 2 M 广域网连接到电务段局域网中；另一种是通过局域网接入到车站局域网中，再由车站局域网上传。

5. 广域网数据传输系统

TJWX-2006 版信号微机监测系统通过广域网数据传输系统把车站系统、电务段系统及上层网络连接起来。广域网数据传输系统可完成 IP 数据包在各计算机间的传输。常用的网络传输设备介绍如下：

(1) 集线器(Hub)。集线器是局域网广为使用的组网设备，通过一个中心控制点将需要联网的若干台计算机通过网卡、电缆线与集线器相连，再经集线器与服务器相连组成局域网，通过级连方式还可以延伸局域网的作用范围。

(2) 路由器(Router)。路由器是用来连接两个以上的同类网络的通信设备，它具有在复杂的网络中自动选择路径并对信息进行存储、转发的功能。

(3) 网关(Gate)。网关是用来连接不同局域网，或局域网与广域网的设备，可实现不同网络之间的协议转换，并具有路由器选择路径的功能。

(4) 局域网(LAN)。局域网采用专用线路连接，覆盖范围在 1 km 以内，通信速度在数兆以上。

(5) 广域网(WAN)。广域网通常指覆盖距离在几十千米到几千千米的计算机网络。广域网是局域网的简单结合，或通过某些通信设备进行连接，采用的传输技术有模拟技术、数字技术和分组交换技术，线路通常采用公共交换线路(如电话网、DDN、X.25、IS-DN 等)。

(6) TCP/IP 协议。TCP/IP 协议本质上是一种约定，规定了计算机在网上互通信息的规则，又称传输控制协议 TCP、网间协议 IP，是目前应用最广泛、最开放的计算机网络互联协议。

三、车站监测系统设备及结构

1. 车站监测子系统设备组成

车站监测系统是整个铁路信号监测系统的基础，是所有信息来源的起点，所以它的状态直接关系到整个系统能否正常工作。车站监测系统通常由站机(又称上位机)、采集机(又称下位机)、机柜及各隔离转换采集单元设备，以及计算机通信网络通信设备等组成。该系统是由站机与采集分机构成的网络结构，是一个集散系统。两级计算机之间通过现场 CAN 总线构成网络，进行数据交换。一台站机可以连接多台采集机，实现不同类型的设备监测。这种网络系统结构宜按不同站场规模配置各种类型的采集机数量，可集中也可分散安装。车站监测子系统的逻辑结构组成示意图如图 8-9 所示。

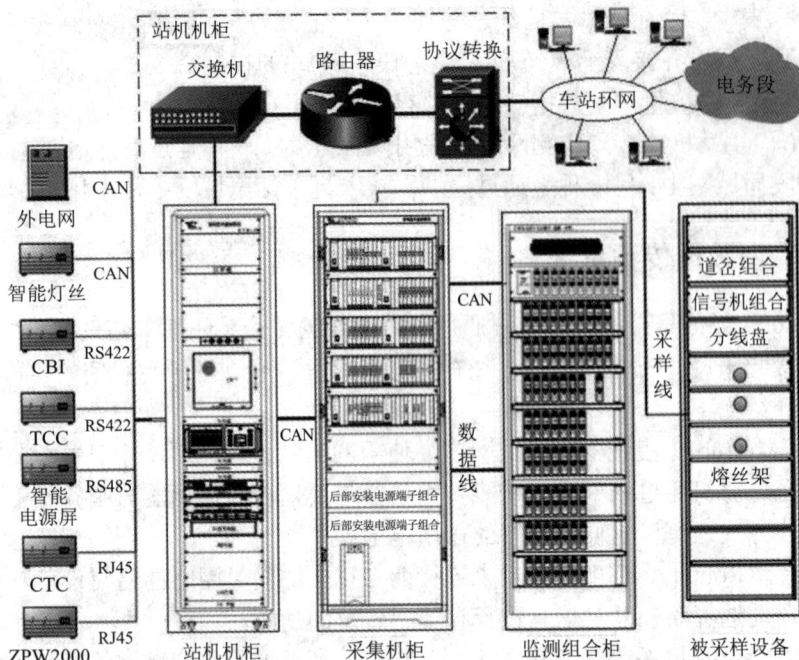

图 8-9　车站监测子系统逻辑结构组成示意图

车站监测子系统的站机与各采集分机的结构关系示意图如图 8-10 所示,从中可清楚地看到车站监测系统所监测的对象及其监测信息的来源途径。当然系统所能采集的对象或可以采集的对象要视信号系统中所使用的设备决定,比如,若区间信号中没有半自动闭塞设备,当然就没有其对应的采集分机。同样当该系统用于地铁时,由于部分信号设备不同,所采集的对象或数据类型也不相同,但系统的架构方式基本相同。

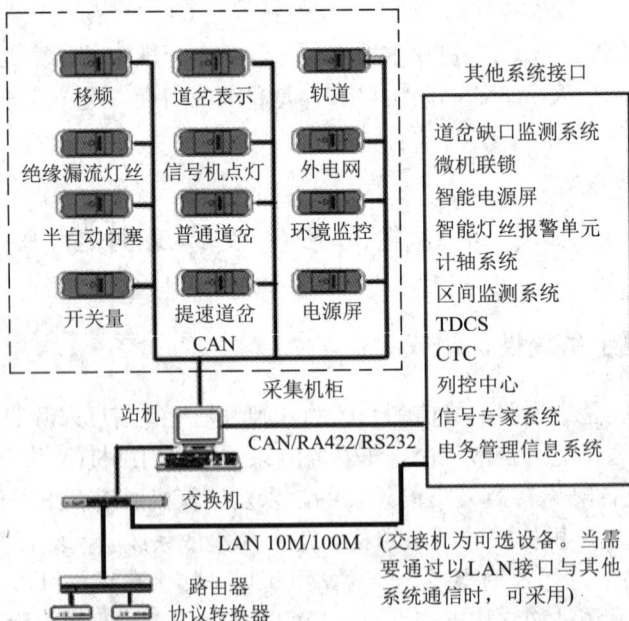

图 8-10　站机与各采集分机的结构关系示意图

2. 车站监测设备的连接

信号集中监测机柜(综合柜)安装于信号机械室机房(符合防静电、防尘、防雷要求),采用下出线方式。监测绝缘测试柜、监测接口柜和监测采集柜安装在信号机械室内,走线方式和现场组合柜走线方式一致。设计时可根据站场大小把监测绝缘测试柜、监测接口柜和监测采集柜合并使用。监测采集柜需要就近安装在分线盘附近。

车站监测设备间的连接示意图如图 8-11 所示。

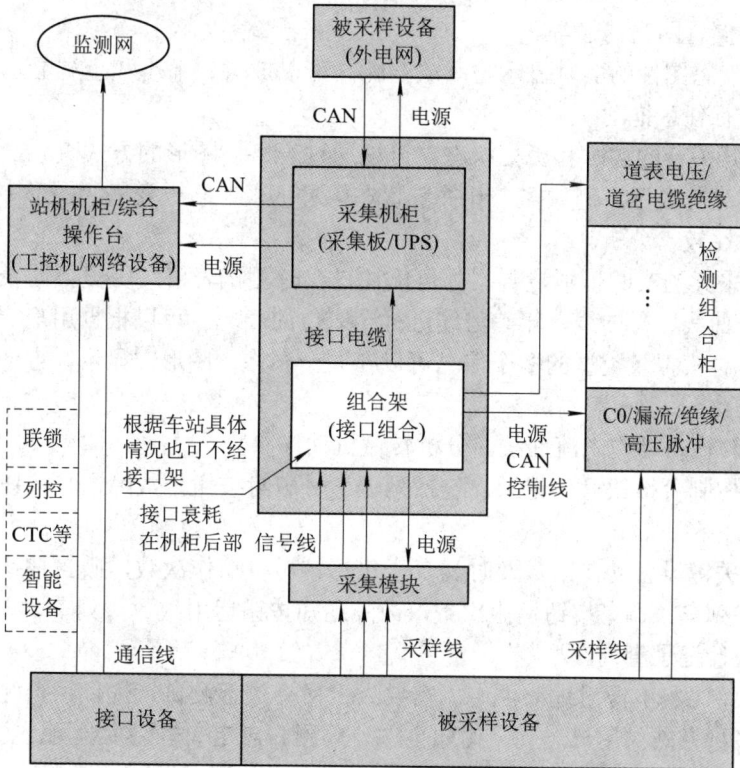

图 8-11 车站监测设备间的连接示意图

3. 站机的结构组成

站机的主要设备包含显示器、工控机及网络设备(如交换机、路由器、协议转换器等)等,其设备结构(机柜)图如图 8-12 所示。对于使用不同类型系统的厂家,其设备的安放位置可能有所不同,根据需要可以配置独立的机柜,也可以依据信号设备或车站的规模配置一个或多个监测机柜,将主机和监测分机进行整合,并非一定要设置独立的机柜,比如与综合柜合用。

站机集中完成采集机(下位机)原始数据的收集、处理、分类(形成图表)及存储,具有从其他系统(微机联锁、智能电

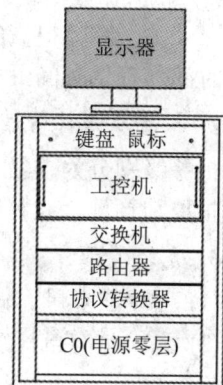

图 8-12 站机(机柜)结构图

源屏、智能灯丝监测系统等)接收信息,对在线信号设备提供实时监测、故障分析、诊断和人机对话等服务内容,随时为维护人员提供数据查寻,为监测网络传递数据等功能。

4. 站机的主要功能

站机的主要功能有以下几方面。

1) 显示及存储

站机可接收所有管辖对象的数据,从其他系统接收信息,完成人机对话,对监测数据进行显示、存储、网络传输等。

(1) 运用状态图像的实时显示与回放功能,可以放大、缩小和全屏显示站场图,还可以通过鼠标进行任意拖动。

(2) 查看开关量的实时和历史状态。可以通过表格、图形的方式查看,也可以根据用户定制的内容进行显示,例如多个开关量状态信息可以在同一表格、图形中显示,方便用户对数据进行比较、分析。

(3) 所有采集的实时模拟量数据都可以通过实时测试表格、历史数据表格、日报表、实时曲线、日曲线、月曲线、年趋势线进行全方位的表现。可以根据用户定制的内容进行显示,例如多种模拟量类型的多个信息可以在同一表格、图形中显示,方便用户对数据进行比较、分析。

(4) 显示转辙机动作电流曲线,分析转辙机动作参数。

(5) 显示控制台按钮操作记录,包括列调车、破封按钮、故障通知按钮,并提供历史记录查询。

(6) 显示关键设备动作次数及时间表,包括转辙机动作次数,破封按钮运用次数,区段占用次数,列车、调车按钮运用次数,故障通知按钮运用次数,列车、调车信号开放次数等,提供统计记录查询。

(7) 电缆绝缘和电源对地漏泄电流需要人工命令进行测试,提供用户测试入口。电缆绝缘测试用多种方式供用户选择,例如全测、单测、自定义多路组合测,方便用户使用。可以查看测试报表记录和变化曲线。

(8) 环境监控信息采用图形化的方式进行直观的显示,并提供历史查询、回放功能。

(9) 提供轨道电路分路残压测试报表记录、查询。

对开关量和模拟量实行的是滚动存储,可以根据硬盘的剩余空间大小,自动调整数据存储时间。存储时间最少不低于 10 天。

2) 报警及事件管理

报警级别分为一级、二级、三级,针对不同的告警信息等级,站机会实时给出不同形式的报警和预警,并智能地将报警内容归纳、分类、保存,并可提供维修计划等。

3) 系统管理

(1) 对用户登录、修改配置、标调等权限进行管理。

(2) 系统具有自检功能。

(3) 实时显示 CAN 状态图、采集板状态图、各种接口通信状态图等,方便用户对系统进行维护。

(4) 在不涉及数据配置修改的情况下，可以自动监测最新版本的程序，自动进行软件升级。

(5) 自动进行时钟校核，保证系统时间的一致性。

4) 数据处理及控制

(1) 配置文件、历史数据可以方便地进行导入/导出。

(2) 空调可以进行自动控制和人工控制。

(3) 回放文件可以方便地导出到可移动存储设备，并提供回放工具，方便用户回放、分析、处理；可以对存储的再现文件进行管理。

(4) 曲线和各类报表都可以进行打印。曲线可以导出为 bmp、jpg 等标准格式的图形文件。报表可以导出为 Excel 等通用的文件，方便用户资料的采集及调阅。

(5) 通过对用户、密码等权限的管理，具有一定权限的用户可以对电气特性参数和报警上下限进行调整。

(6) 向上层网络(服务器、终端)传送各种实时数据，包括开关量、模拟量、报警、预警及各种状态和系统信息；接收并执行上层的命令，根据需要向上层网络传送响应数据。

5) 辅助功能

(1) 可以对天窗修作业进行登记、查询。对天窗修作业期间发生的报警进行提示、记录，但不进行声光报警及网络上送。

(2) 可以实时显示相邻车站的站场信息。

(3) 电务维修智能分析及辅助决策。

信号微机监测系统记录了信号设备运行中的大量数据，可以进一步加强对信号设备的故障分析、故障定位功能，充分发挥计算机强大的数据运算分析能力，以提高判断故障原因的准确性、故障处理方法的有效性、对现场故障处理的指导性，有利于调度指挥。

利用实时采集的控制台状态数据、开关量和模拟量测试数据进行分析，可以判断出信号设备的故障情况，并给出其可能的故障原因提示，提高信号工处理故障的速度，压缩故障延时。

6) 与其他系统的接口

站机可以按照标准的协议从计算机联锁、TDCS、列控、智能电源屏、智能灯丝等系统获取信息，还可以按照标准的协议向其他系统提供信息。

5. 其他设备的主要功能

(1) 采集分机。采集分机主要指采集板、采集器、采集模块、采集单元等，负责在线采集各种信号设备的质量数据(模拟量)和状态数据(开关量)，并对采集数据进行预处理和暂存储，之后再传送给站机；接受并执行站机命令；具有自检功能，板级故障有提示，与站机校核时钟。

(2) 采集隔离。采集隔离用于采集板与信号设备的分界面，并对直接从信号设备上引入的模拟量信号进行衰耗隔离防护处理。根据车站具体情况，部分车站可在组合柜中设置接口隔离衰耗组合层的形式，部分车站为组匣后部隔离衰耗形式。

(3) 网络设备。网络设备是指用于连接网络的设备或对引入的 232/485 接口隔离的设备，如交换机、串口隔离器等。

6. 采集分机(下位机)的结构组成

为适应现场的需要，机柜采用两种标准，一种是采用 19 in(英寸，1 in=2.54 cm)欧式标准机柜方式，另一种是采用铁路标准机柜方式。机柜内以 4U 为单位安装采集分机组匣、C0 组合和综合固定组合等，各采集分机位置可灵活调配。

TJWX-2006 型的监测机柜由于新增功能较多，会增加采集分机的数量，另外还会增加信号衰耗层。但由于机柜内部的空间限制，当增加层较多时，可以考虑将某些组合(如绝缘测试组合等)移出采集分机机柜，放置在组合架或另外增加机柜安置，具体的布置情况可参照厂家提供的本站设备布置图。图 8-13 是某监测系统的监测机柜结构形式示意图。

根据新技术条件的要求，可将采集分机功能的组合进行优化，如 TJWX-2006 型微机监测系统将采集分机分为外电网采集机、电源屏采集机、开关量采集机、半自动闭塞采集机、信号机点灯电流采集机、普通道岔采集机、提速道岔采集机、道岔表示电压采集机、轨道采集机、移频采集机、绝缘漏流灯丝采集机、环境监控采集机等 12 个大类。

每块采集板由面板、拉手、连接件、电路板以及连接端子组成，为了防止误插错采集板的位置从而造成故障，所有的采集板均具备防误插的功能。面板上留有指示灯孔，用于安装固定单板上的指示灯，面板的上下各

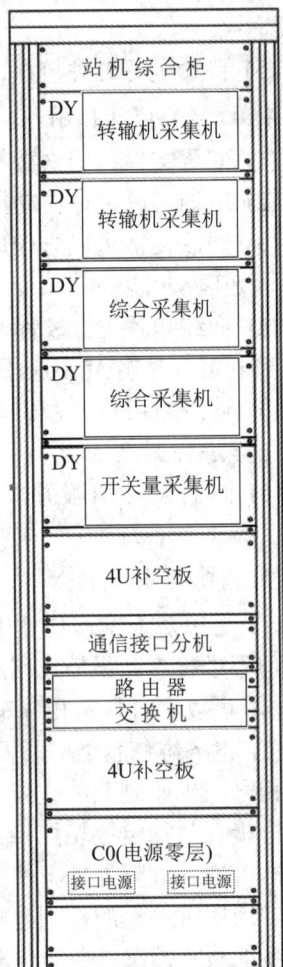

图 8-13　监测机柜结构形式示意图

有一个固定螺丝，用于将采集板固定到插箱内。拉手安装于面板上，便于采集板从组匣内拔出。采集板面板的指示灯位进行了规范设计，所有采集机均按照统一规范进行布置，可以使采集机的面板互换。

采集分机后面为拔插化配线端子，配线端子从后面看由右到左依次为 D0、D1、D2、D3、D4、D5、D6、D7、D8，其中 D0 为电源和 CAN 通信端子，其他均为工程采样端子。每个端子对应一块采集板卡，外部配线通过机柜内部转接引至采集板卡。

7. 采集设备的配置与安装

采集设备除采集分机外，还包括采集传感器和采集模块等，主要负责对信号设备的数据采集和预处理，如外电网监测模块、轨道相角采集传感器、道岔表示电压采集传感器、外电网监测模块、转辙机电流/功率采集模块、开关量采集器、信号机点灯电流采集模块等，它们与采集分机配合完成对车站信号设备状态和信息的采集任务。

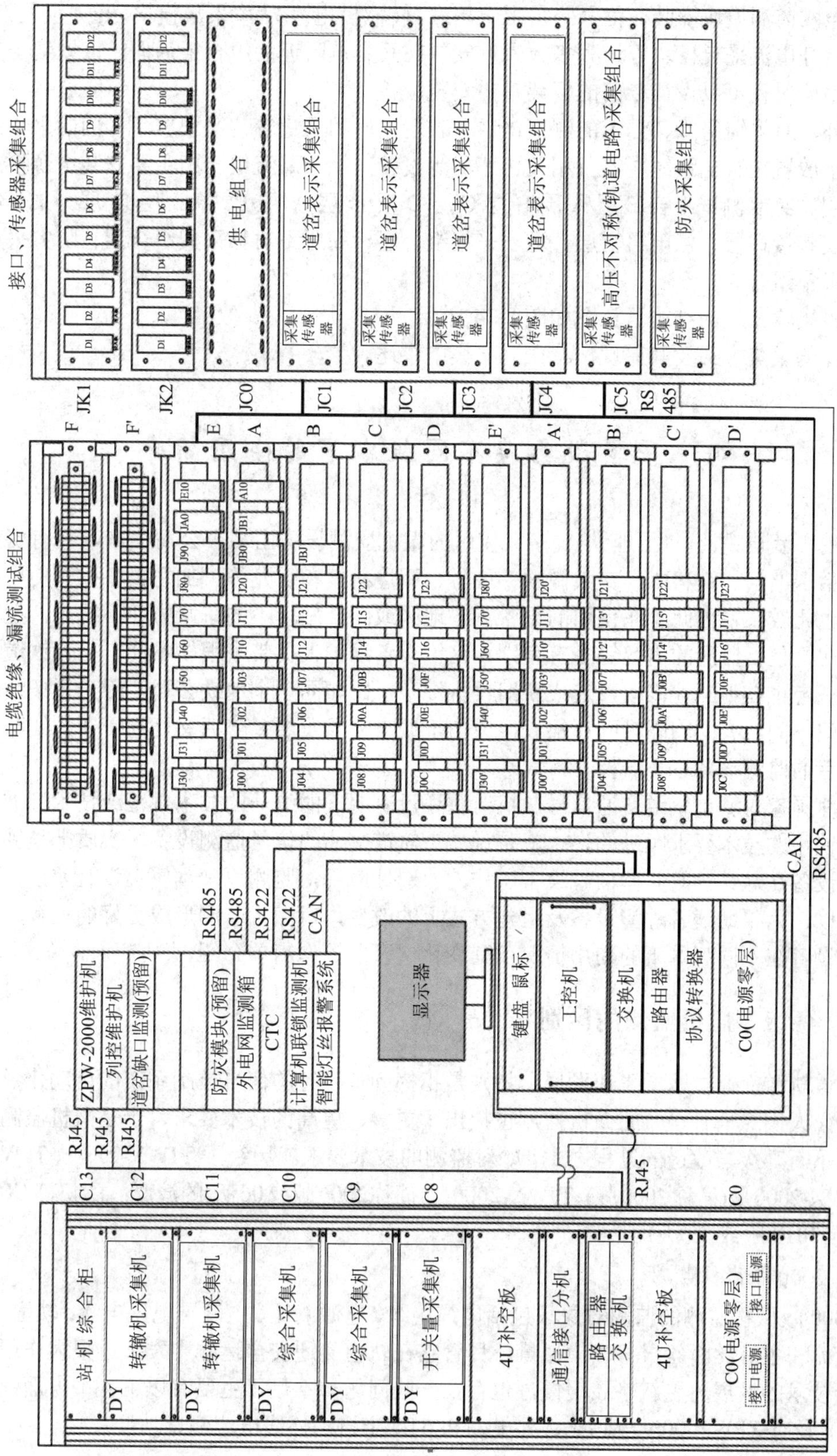

图8-14　站机采集系统的结构示意图

外电网监测模块安装在信号防雷配电箱内，转辙机电流/功率采集模块、开关量采集器、信号机点灯电流采集模块等，大多数就近安装在采集点附近的组合柜后面，以安装支架固定。根据情况也可以设计专门的柜架集中安装。

另外，对电缆绝缘、漏流的测试，道岔表示电压的采集等，又设置了专门的采集组合柜，用于放置控制电路继电器及相关传感器等设备。绝缘漏流组合柜主要安装电源接入保险 F/F′层、绝缘测试组合 E 层/A 层/B 层/C 层/D 层/E′层/A′层/B′层/C′层/D′层。采集组合柜主要安装接口层、供电组合层、道表采集组合层、高压不对称采集组合层、防灾采集组合层等采集组合。

站机采集系统的结构示意图如图 8-14 所示。

具体的采集方式及其原理，将在后文集中讲述。

四、采集设备在不同版本下的使用简介

目前，我国铁路(包括地铁)线路上使用的微机监测设备由多个公司生产，具有资质的公司包括卡斯柯、铁科研、交大微联、通号、辉煌科技和长龙等，加之设备投入使用的时间跨度也比较长，因此正在使用的设备在各地区或同一站段不同车站中并不统一，型号、施工方式，包括监测的内容等多有差别，这给设备维护人员带来很多不便。另外铁道部对其技术规定也在不断地修改，造成新旧设备混杂，比如同一个地铁公司，因为每条线路开通的时间不同，有的间隔时间还很长，或由于城市交通发展多年后又开通了新的线路，造成其前后的监测设备也不一样。

目前国家对城市轨道交通信号微机监测还没有明确的统一的技术规范或技术标准，都是参照铁路的技术要求跟进的，也就是说城市轨道交通的信号监测设备，实质上是铁路信号监测设备在地铁针对具体信号设备所作的改造性应用，监测原理本质上没有差别。

所以，为帮助读者理清设备及组建方式上的改变，对微机监测形成更好的理解，这里对采集设备在不同版本下的使用情况及其变化、区别等作简单介绍。

1. 各版本微机监测的区别

随着轨道交通技术的飞速发展，特别是指挥列车运行的信号控制系统的自动化及智能化进步，人们对信号设备的微机监测也提出了更多、更高的技术要求，于是微机监测系统也处在不断升级与改造的过程之中，如对监测的技术要求就历经了 TJWX-95 版、TJWX-97版、TJWX-2000 版(简称 2000 版)、TJWX-2006 版(简称 2006 版或 06 版)的演变，直到 TJWX-2010版(简称 2010 版或 10 版)。

1) 2000 版微机监测

2000 版微机监测的监测对象只包括电缆绝缘、电源漏流、电源屏电压电流、轨道电压、道岔电流和主灯丝断丝报警等模拟量。尽管它在轨道交通安全运输中发挥过很大作用，但其信号技术的发展与更新略显缓慢，也存在一些问题与不足，主要有以下 4 个方面：

(1) 没有 ZPW2000A 电码化、外电网和 64D 半自动外线电流测试功能；

(2) 测试数据少，有些新设备上道后无法实行监测，影响了其功能的发挥；

(3) 智能分析功能欠缺；

(4) 采用 33 芯微机电缆作为采集线，由于其线径较细，绝缘测试无法明确需要哪些数据量，因此，有些厂家没有进行此项测试。

2) 2006 版微机监测

2006 版微机监测是指铁道部 2006 年发布的《信号微机监测系统技术条件(暂行)》，与 2000 版功能相比，新增了以下 5 个方面的监测内容：

(1) 半自动外线电压、电流测试；

(2) 道岔表示电压；

(3) 外电网电压、电流等模拟量；

(4) 电码化、灯丝断丝等自带检测功能的接口；

(5) 环境监测。

其存在的主要问题也有以下 3 点：

(1) 采集线仍采用了 33 ZR-PVVR 型微机电缆；

(2) 对室外信号电缆绝缘均进行了测试，存在高压电有可能损伤信号设备中的电子模块，影响正常联锁设备使用安全的风险；

(3) 各种采集模块分组设置，但缺少必要的电气隔离。

3) 2010 版微机监测

2010 版微机监测是指铁道部 2010 年 9 月发布的《信号微机监测系统技术条件》，比 2006 版在技术及规范上更完善。之后依据 2011 年 6 月底铁道部运输局发布的《铁路信号集中监测系统安全要求》(377 号文)，将测试的各种数据量、采集方式进行了细化，提出了采集项目安全性的目标，充分优化了智能采集板(采集器)的规划。其相关技术要求的改变主要体现在以下几个方面：

(1) 道岔表示电压采集。采用改进型继电器封装隔离采集单元。交流道岔表示电压采集单元由每个采集 4 组改为 2 组，直流道岔采集为 4 组，采集线径改为 $42 \times 0.15 \, \text{mm}^2$。

(2) 电缆绝缘采集。要求对道岔控制线电缆(提速道岔只测试 X4、X5)的采集必须集中配置，设置单独的测试组合，道岔电缆配置在绝缘选路继电器吸起的接点上，不再采集电源屏电压、半自动外线、电话回线、LEU、ZPW-2000 A 供电电源的电缆和灾害接收电缆等独立输出的电缆绝缘，只采集场间联系电源回线。

(3) 电源对地漏流。对电源屏输入和不稳压设备用电电源等非隔离的电源，不再进行漏流监测。其他采集配线必须从电源屏保险或空开后级端子上采集，并设置 0.3 A 的保险隔离，采集线径为 $42 \times 0.15 \, \text{mm}^2$。

(4) 外电网监测采集。采集线径统一改为 $42 \times 0.15 \, \text{mm}^2$，组合架(柜)间 12 V 和 5 V 电源线分别使用大于 $1.0 \, \text{mm}^2$ 和 $0.75 \, \text{mm}^2$ 的铜芯线。

(5) 轨道相位监测采集。增加了相位角采集、高压脉冲轨道电路功率和电流采集，并修订部分参数。

(6) 各种采集线要分别敷设，对道岔表示电压采集线需要用颜色区分极性，采用红正、蓝负的表现形式。

2. TJWX-2000 型监测系统

图 8-15 是 TJWX-2000 型(简称 2000 型)监测系统中站机与各下位机(采集机)的连接方式示意图，它们处在一个现场总线结构之中，即处于同一个局域网内。每种采集分机均由 1 块电源板、1 块 CPU 板和 8 块接口板组成。接口板上有传感器和控制电路，可完成各种信号设备模拟量和开关量的数据采集，并传送给 CPU 板。CPU 板上有 CPU 处理器、程序存储器、数据存储器和通信 CAN 卡，可完成采集数据的预处理、暂存储和上传送。

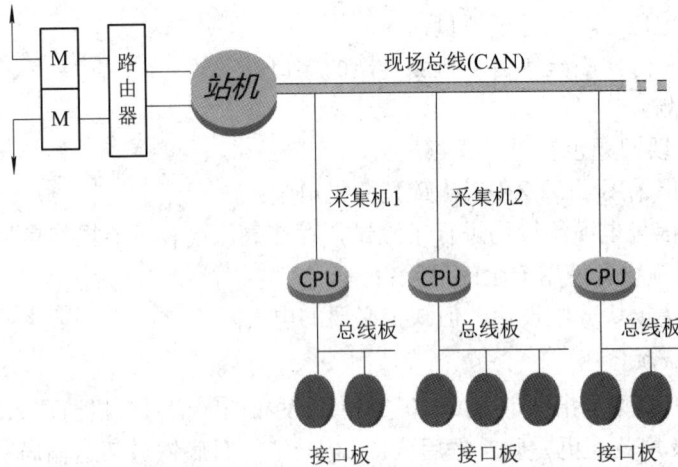

图 8-15　监测站机与采集机的连接方式示意图

各采集分机负责一类设备的数据采集，按功能可划分为综合采集机、道岔采集机、轨道采集机、开关量采集机、区间采集机和其他专用采集机。它们将采集到的数据进行预处理，编辑后送入站机，再经站机有选择性地上传到中心服务器。

采集分机通过内部总线从各采集板中获取数据，而原始数据又来源于各采集单元的传感器模块。采集分机可分散安装也可集中安装。

3. TJWX-2006 型监测系统

TJWX-2006 型(简称 06 型)监测系统采用了 DSP(Digital Signal Processing，数字信号处理)技术，改变了 TJWX-2000 型微机监测采集分机的形式，它将 CPU 板和采集板整合到一起，每块板既是 CPU 板也是采集板，同时对采集板的功能也进行了整合，将完成某种或几种功能的采集电路整合到一块采集板内，每块采集板都可以独立地完成一类功能，如提速道岔采集板、集开关量监测、工作电流/功率模拟量采集以及 A/D 转换等多项功能，不再有 CPU 板、开入板。

另外，每个采集板都拥有自己的 CAN 通信接口，作为 CAN(现场总线)网络的一个网络节点，打破了原来 TJWX-2000 的一个组匣作为一个采集分机的配置模式，使得采集分机的配置更为灵活。

TJWX-2006 型站机与采集分机之间的通信与 TJWX-2000 型一样，采用 CAN 网络进行通信。但由于 TJWX-2006 型每块采集板就是一个 CAN 节点，使得通信节点的数量为 2000 型的好几倍。由于 TJWX-2000 型使用 CAN 1.0 通信协议，只能支持 31 个采集机，而 TJWX-2006 型 CAN 网络的协议使用 CAN 2.0 标准，可容纳 1 台主机、32 类从机，每类从机最多有 256 个，最多允许 8000 多个节点。

TJWX-2006 型使用了新协议，站机与采集分机之间的通信以自主帧为主，采集分机采集到的数据定时或在变化时自主上报。新协议支持更多的站机对采集分机的管理命令，便于站机对采集分机的维护。考虑到与以前系统的兼容性和便于对 TJWX-2000 系统的升级、改造，新通信协议中保留了对 CAN 1.0 协议的支持，以保证 TJWX-2000 型的采集分机可以直接与 TJWX-2006 型的站机正常通信。

站机与采集分机的通信除使用 CAN 网络以外，还支持 RS232、RS422、RS485 等常用的通用串行总线，便于与其他智能监测设备进行通信，也可以采用接口通信分机进行协议转换，将各种接口类型转换为 CAN 通信帧来完成通信。

4. TJWX-2006 型站机结构举例

TJWX-2006 型站机设备结构示意图如图 8-16 所示，它是信号微机监测与行车调度监督合二为一的 DMCS 系统下的信号监测站机系统。

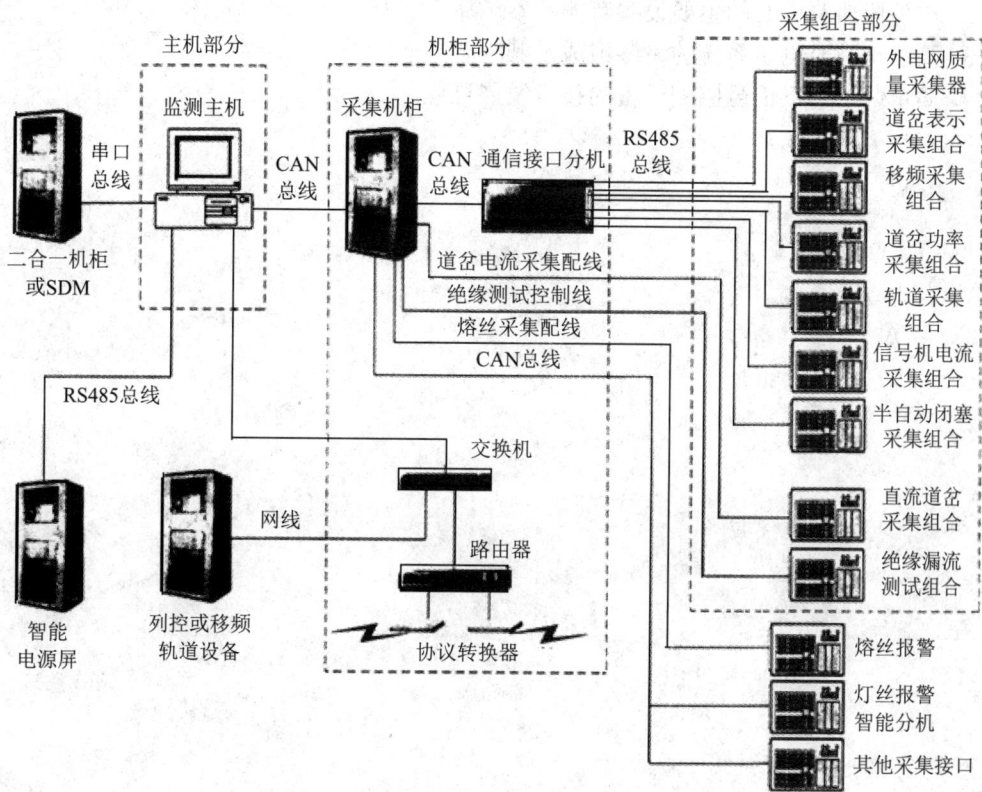

图 8-16　TJWX-2006 型站机设备结构示意图

　　车站子系统主要由 3 部分组成：主机部分、机柜部分和采集组合部分。监测主机主要由 1 台工控机和 1 台显示器组成，用于运行监测主程序，显示站场图形界面，并通过各种接口与其他设备相连接，接收联锁站场信息、智能电源屏信息以及监测机柜送来的其他各类采集信息。

　　采集机柜由各采集机、通信接口分机、组网设备等部分组成，机柜上半部分安装采集机。采集分机按功能划分为综合采集机、开关量采集机、道岔采集机 3 部分。采集分机可按照车站的规模进行灵活配置，采集分机应尽量集中安装在采集机柜中，其采集器件、模块可根据实际情况就近安装在被采集设备附近。采集分机与监测主机之间采用 CAN 总线连接。

　　采集分机采用机笼式设计，具有前插拔结构，后面安装 54 芯 CS-TX18-5.08 × 5.08-54 HTC/ZC 低频线路连接器，用于外部信息采样线的输入。每个采集分机拥有独立的线性隔离电源，总线板采用无源底板，采集分机电源及各种采集板以及接口端子均采用插拔式设计，其插座和总线板直接连接。

问 题 思 考

1. 铁路信号监测系统网络"三级四层"结构中的"三级"与"四层"分别指什么？
2. 电务段监测中心的主要设备有哪些？
3. 简述车站监测子系统的设备组成及其主要功能。
4. 简单归纳一下信号监测设备的技术发展过程。

第九课　地铁信号微机监测系统结构概述

随着铁路新技术、新设备在地铁建设中的普遍应用，信号系统承受着越来越大的工作压力，各种外界干扰、设备病害最终都会影响信号设备的正常工作，特别是对于一些一时不能断明原因的故障，需要信号人员付出较大的精力和智力才能检测出来并排除，这给信号设备的全面维护与安全保障带来很大的压力。在地铁的信号微机监测系统中，也要求充分利用计算机系统的大量信息存储、实时再现等功能，使信号设备疑难故障的定位更加及时准确，为故障处理提供帮助。

我国城市轨道交通发展虽然相对较晚，但新技术的应用更广泛，加上城市轨道交通有它自己的特殊性，并不是完全照搬铁路技术的应用，这给广大的信号技术人员提出了更高的要求。基于此，现就微机监测系统(MSS 系统)在地铁信号设备监测上的应用作概括性的介绍。

一、微机监测系统的结构

1. 微机监测子系统的地位

对于城市轨道交通来说，微机监测子系统在整个信号设备控制系统中是相对独立的，不参与任何控制。信号设备控制系统在通信系统中设有独立的维护监测网络(绿网)，该网络采取单网方式构建，可为信号微机监测子系统在各正线车站、定修段、停车场、维修中心、控制中心和工区之间提供带宽为 100 Mb/s 的共享数据通道。维护监测网络与信号系统主干网隔离，不影响被监测系统的正常工作。

图 9-1 所示为信号控制系统设备组织示意图，图中也反映了维护监测子系统在信号系统中的地位及其与其他子系统的关系。

微机监测子系统虽然不直接参与列车运行的控制，但它可为信号设备维护人员提供最简便、最直观的设备运行状态信息，可大大提高维护效率与维护质量；设备维护人员通过这些信息或数据能及时发现问题，可提前加以处理，避免信号设备故障时影响行车。所以，从这一角度来看，微机监测子系统的作用也是不可或缺的。

2. 微机监测系统的基本功能

在地铁中，微机监测系统的基本功能与在铁路中的相同，但因监测的对象不完全一样，所以也有各自的差异。在地铁中，微机监测系统的功能可以概括为以下几点：

(1) 实现对基础信号设备的模拟量状态、开关量状态和报警信息的实时监测；

(2) 实现对 CBTC 子系统的设备状态和报警信息的历史回放；

(3) 对采集的信号设备参数和状态进行分析，生成报警或预警，并进行必要的故障诊断和智能分析；

(4) 自动生成设备维护建议和维护报告，指导用户进行设备维护；

(5) 辅助用户计划和制定预防性和纠正性维护作业。

MSS 完成从监测、报警到设备维护整个流程的管理，达到了对信号设备进行辅助维护的目的。同时 MSS 也具有一套可完全在线配置的系统管理模块，可以对用户、角色、权限、自动备份、界面语言等进行定制和管理，并具备良好的操作界面。

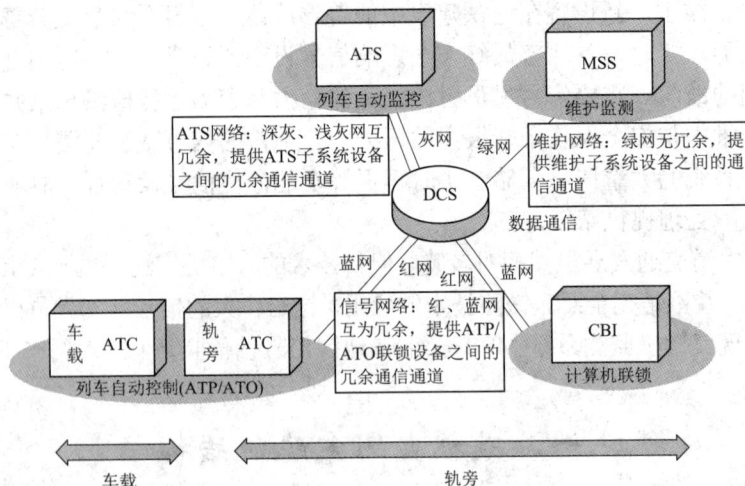

图 9-1　信号控制系统设备组织示意图

3. 监测系统网络的组织架构

首先要说明的是，用于地铁信号监测的设备与用于铁路信号监测的设备，两者并不是完全不同的设备，它们都是信号微机监测系统的具体应用，只是应用的场所不同，从原理上来说没有本质区别。总体来说，信号微机监测系统采用基于 TCP/IP(传输控制协议/互联网协议)的广域网模式，由车站采集系统、上层网络终端(包括车站机、中心信号监测终端)、维护中心服务器管理系统及广域网数据传输系统等组成。

信号微机监测系统的网络组织架构采取多层次的分级管理制度，以多级监测管理层自下而上地进行信息通信。图 9-2 所示为城市地铁运输系统监测网总体层次结构框图，图中，"线网层"负责服务、管理、维护地铁信号运营系统所有线路的 MSS 系统；"线路层"是 MSS 线路监测系统具体的管理与维护中心，负责对所有监测数据进行统计、运算、存储，并向所有终端提供访问服务及向线网层上传相关信息等；"车站层"是整个监测系统的基础层，是所有监测数据信息的来源地，并具体为维护终端提供直接的服务，为信号维护人员提供信号设备维护工作的指导与故障处理时的帮助。

图 9-3 所示是辉煌公司为城市轨道交通信号系统监测所提供的地铁网的设备结构图，它是按照标准模式拟出的系统组织方式来建设的，在具体建设时，有些设备可根据需要及地铁系统的规模适当增设，或进行功能兼并等改造。这个系统的架构图可以清晰地反映出信号微机监测系统的组织方式，帮助我们认清系统的工作模式与信息流向关系等。

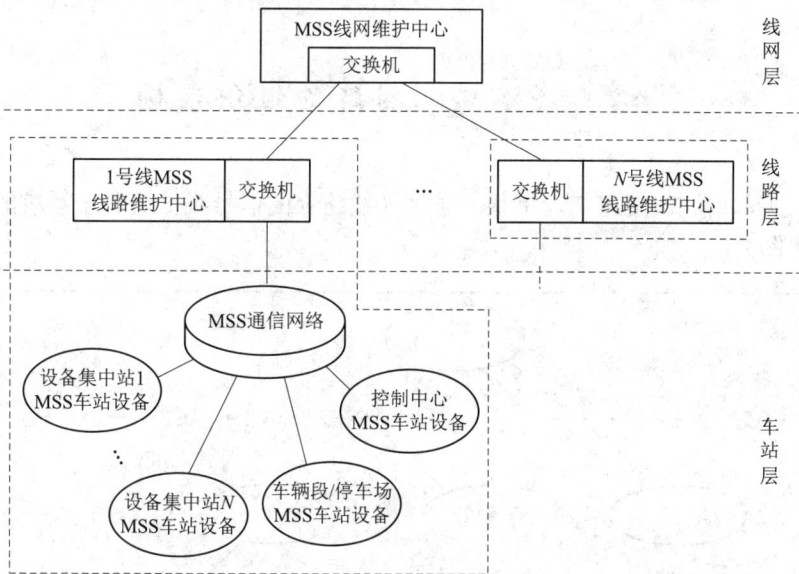

图 9-2　城市地铁运输系统监测网总体层次结构框图

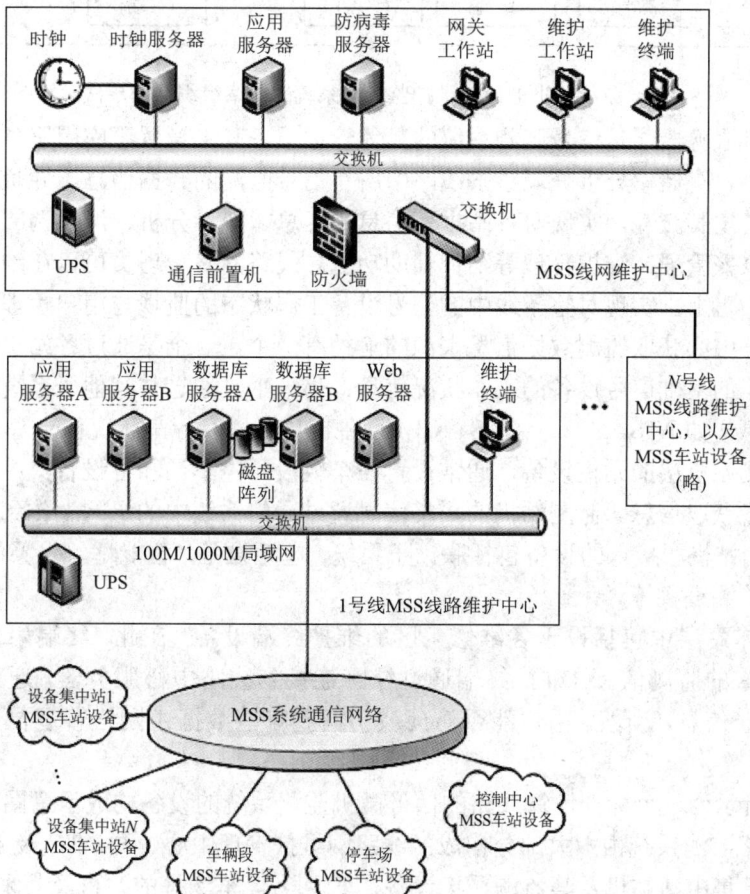

图 9-3　"辉煌"监测系统用于地铁网的设备结构图

二、线路监测网络的组织架构

图 9-4 所示为城市轨道交通中某一条地铁线路上的信号维护监测子系统的网络组织结构层次示意图。

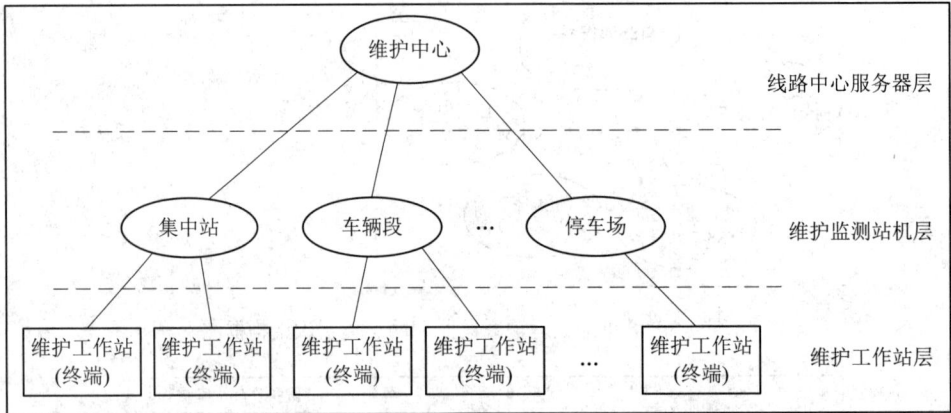

图 9-4　一条线路上的信号维护监测子系统的网络组织结构层次示意图

线路中心服务器层是信号监测系统的具体管理层，其中设置了应用服务器和数据服务器，用于收集、存储、分析处理整条线路中所有信号监测的数据信息，并负责终端层和站机层信息的转发和交互，实现对各站报警信息的汇总、统计分析、派发调阅，并且提供了资产管理、报警管理、维护管理等维护辅助功能。线路网络管理员可以在维护中心维修室的维护工作站机上，实现对整条线中的信号设备工作状态的监视与用户管理。

线路维护中心获取监测数据信息来源的途径有两个，一个是通过各站机及其下的采集分机直接收集的基础信号设备的工作状况信息，另一个是通过与其他子系统的接口方式获得的相关信息，如 ATS、ATC、DCS、CBI 设备信息，以及行车状况信息等。

维护监测站机层的站机设备，通常设置在车辆段、停车场和各设备集中站，负责从接入的采集设备获取信息。监测站机的采集信息通过通信系统中的绿网上传到线路中心服务器。维护监测站机层接入的设备包括联锁子系统，电源设备，智能灯丝报警仪，道岔电流、电压、功率监测设备等。

维护工作站层中包括设于各维修工区的维护终端设备，在此，终端用户可通过人机界面查看丰富的监测信息。维护终端通过绿网连接到线路中心服务器，通过网络查看监测数据及报警信息，当然，用户能否访问或访问到哪些数据由网络管理员所定义的权限决定。

图 9-5 所示为一个标准地铁线路的信号微机监测系统的设备构成示意图。

整个线路监测系统由六大部分构成：线路网维护管理中心、与 ATC 及 DCS 的接口设备、信号设备集中站站机及其监测采集设备、车辆段/停车场等的站机及其采集设备、MSS 维护终端和维护网络。

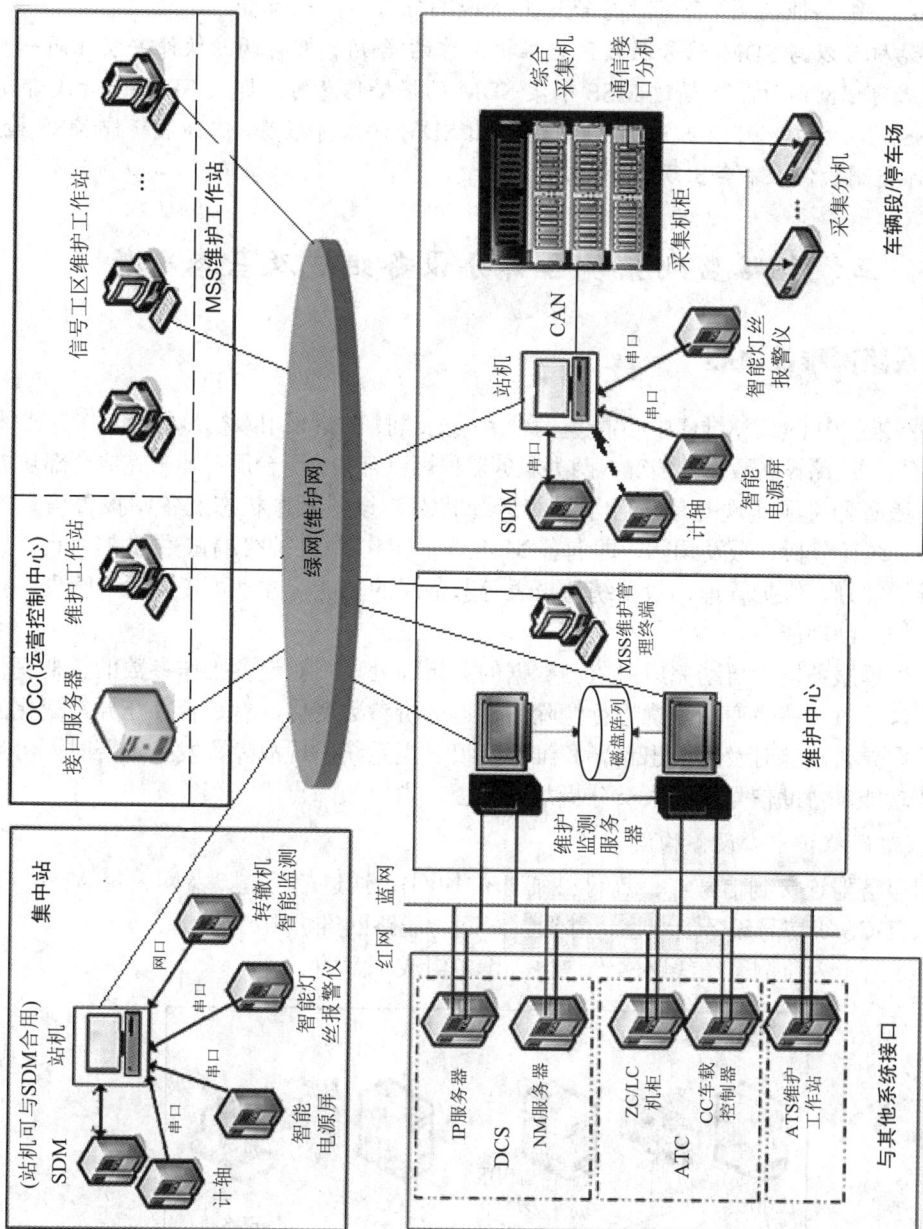

图9-5　一个标准地铁线路的信号微机监测系统设备构成示意图

　　通常在正线信号工区、车辆段、停车场、维修中心和 OCC(运营控制中心)各设 MSS 的维护终端一套，在每个设备集中站及停车场、车辆段等场所各设微机监测站机一套，所有基础信号设备的状态及相关的监测参数都由站机处理、收集、管理，并负责上传到中心服务器。

　　在运营控制中心可以设一台接口服务器，通过该服务器可将本条线路中的信号微机监测的信息提供给其他系统，如位于地铁中心大厦的综合监控系统等。

　　注：站机可以与 SDM(信号联锁系统维护工作站)合用，即将两款软件安装在同一台电脑上，两者可以随时切换。通过 MSS 采集 SDM 的报警信息时，即使 SDM 断开或者发生故障，MSS 的功能依然可以正常使用，并可给出 SDM 的故障报警。但如果断掉 MSS 检测，则在 SDM 监测软件上不会出现报警信息。

三、线路监测系统各部分设备组成及基本功能

1. 线路网维护中心

　　线路网维护中心(或称维修中心)配置两台数据处理服务器(采用双机热备份工作方式)和应用服务器(根据线路设备数量的情况，两类服务器也可以合并为一台服务器来完成全部功能)。

　　应用服务器主要实现对信号各子系统运行状态、设备工作状态及各站报警信息的汇总、存储、统计分析、派发调阅，即向各 MSS 维护工作站(维护终端)提供数据查询、维护指导、维护计划、维护管理、数据统计报表等服务层的功能，并且可提供资产管理、报警管理等维护辅助功能。

　　数据处理服务器可自动完成对监测数据的分析和处理，对设备工作参数的长期变化趋势进行监督，对一些突变和干扰进行滤除后，再分析参数变化，看是否存在异常变化的趋势，当发现异常趋势时及时给出预警和维护建议。当系统出现故障，发生报警时，可启动故障诊断功能，协助信号维护人员分析故障原因，定位故障点。

　　1) 线路网维护中心设备构成

　　应用服务器连接到信号红、蓝网和绿网(维护网)，通过信号红、蓝网采集 ATS、CC、ZC、LC、DCS 等信号设备的状态，并通过绿网与线路网维护中心通信。

　　图 9-6 所示为监测系统线路网维护中心设备组成示意图。

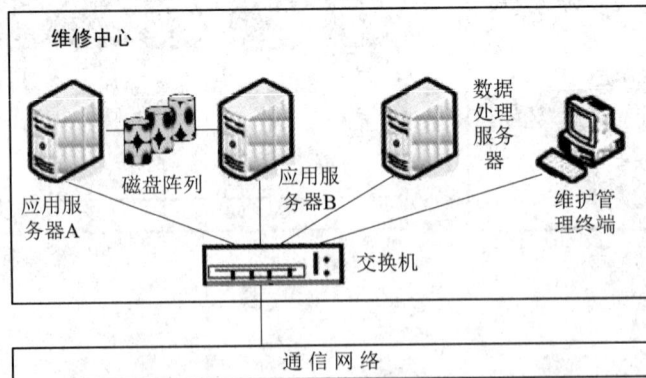

图 9-6　线路网维护中心设备组成示意图

在实际配置时，数据处理服务器的功能可以整合到应用服务器(也称维护监测服务器或中心服务器)中，由其完成所有服务器的功能。

2) 中心服务器的基本功能

地铁信号监测系统的维护中心服务器的功能与铁路电务段监测中心所具备的功能相同，具体为以下几类：

(1) 系统管理功能：负责在线自检，记录系统运行日志、系统软件升级；提供维护管理软件的配置与管理；对系统时钟进行同步、校时。

(2) 数据收集及存储功能：使用标准 SNMP 协议从 CBI、ATC、NMS 以及 TIAS 的各个子系统收集维护数据；存储各下层站机原始开关量、模拟量信息及上传的曲线、报表数据和故障数据文件；存储各车站、用户终端(维护工作站)的工作日志。

(3) 通信管理功能：对所有监测数据进行处理和控制，对车站报警信息进行分类、汇总、存储及统计，并将一些关键数据存放到历史数据库中，可随时向所有终端提供历史信息的查询；负责维护与管理各终端与站机之间有关命令和响应数据的转发，在数据交换时将数据压缩与解压缩，并做到分等级的传输。

由于中心服务器是采用 B/S 和 C/S 模式开发的，即可同时满足客户端模式及浏览器模式访问。根据用户需求的不同，客户端模式下能管理详细的设备监测数据，而浏览器模式下管理的数据是较为宏观的，数据范围更广(但精度略低)，所以在此模式下能查看数据、图像等实时信息，还可在历史数据中通过子系统名称、设备名称、监测内容等条件查询数据，并能提供多种显示形式。

3) 磁盘阵列及维护管理终端的作用

磁盘阵列用于存放所有数据。数据处理服务器通过对监测参数的分析，发现有异常趋势时会及时给出预警和维护建议。

维修中心也设一个维护管理终端(或维护管理工作站)，用于全线信号监测设备的维护与管理，它的 MSS 系统界面可以显示整条线的 MSS 的详细信息。其维护管理终端的主要职能如下：

(1) 负责监测全线信号系统设备的工作状态；

(2) 制订维护计划，并向 MSS 维护工作站(维护终端)下达维护工单；

(3) 对维护数据进行各种统计分析，分析结果可作为制订维护计划和调整维护策略的依据；

(4) 管理设备信息；

(5) 负责显示所管辖区域内信号各子系统的报警信息、设备状态信息、行车信息操作记录和各种统计报表；

(6) 接受维护任务并提供维护技术支持。

2. 运营控制中心

运营控制中心(OCC)通常会设一台接口服务器，将信号微机监测的维护信息提供给其他系统，同时通过接口采集信号外电网质量或电源屏监测的相关电源信息，上传给线路中心服务器。此中心也设一台维护工作站(终端),用于中心信号设备的维护与管理及相关监测数据的访问。图9-7所示为运营控制中心监测系统中心设备组成示意图。

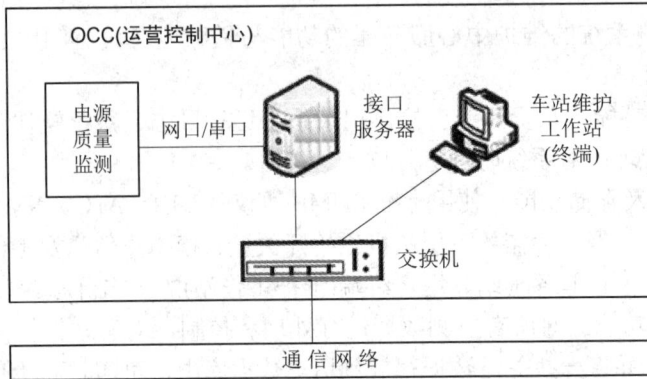

图9-7　监测系统中心设备组成示意图

3. 车站站机系统设备及其职能

监测系统在设备集中站、车辆段、停车场等信号设备场所分别设置一套车站采集站机系统设备,该系统设备主要由采集分机和站机构成。站机系统由站机管理,并作为监测的终端通过绿网(维护网)接入维护中心服务器。

进行系统配置时,通常将采集分机和站机集成在一个机柜内,机柜内安装有采集分机、漏流测试组合、站机、网络设备、显示器等。如果设备数量或机柜空间允许,如在设备较少的集中站,绝缘漏流继电器组合也可安装于机柜内(一套占机柜的E、A、B三层,可支持128路漏流的测试),而对于车辆段、停车场等,由于采集分机数量相比集中站较多,所以它们的机柜内不安装绝缘漏流继电器组合,而是将其放在组合架上,每128路占三层组合位置。

站机系统应用软件是一个多任务系统,它从采集分机中取得数据,同时完成本站数据分类、逻辑分析处理、报警、数据统计、汇总、存储、回放等功能,还包括操作界面显示以及查看所有采集数据。站机界面显示及操作功能与终端相同。

当然,不同的监测系统各采集分机或相关的组合设备所放置的地点可能有所不同,但系统的工作原理不会改变。在具体的维护管理工作中,以设备厂家提供的设备结构布置图为准。

1) 车站监测设备组成

图9-8所示为TJWX-2000版监测系统在地铁设备集中车站、车辆段等场所的设备连接布置图。图中给出了监测系统在车站内所有可能监测的对象,对于设在不同车站的监测设备,因车站信号设备的不同,接入的监测模块也不同,所以不要错误地认为每个车站的监测设备都一样。对于各具体的车站来说,监测系统的设计并不是完全相同的,因此具体的配置情况应以厂家所给的设备图纸为准。

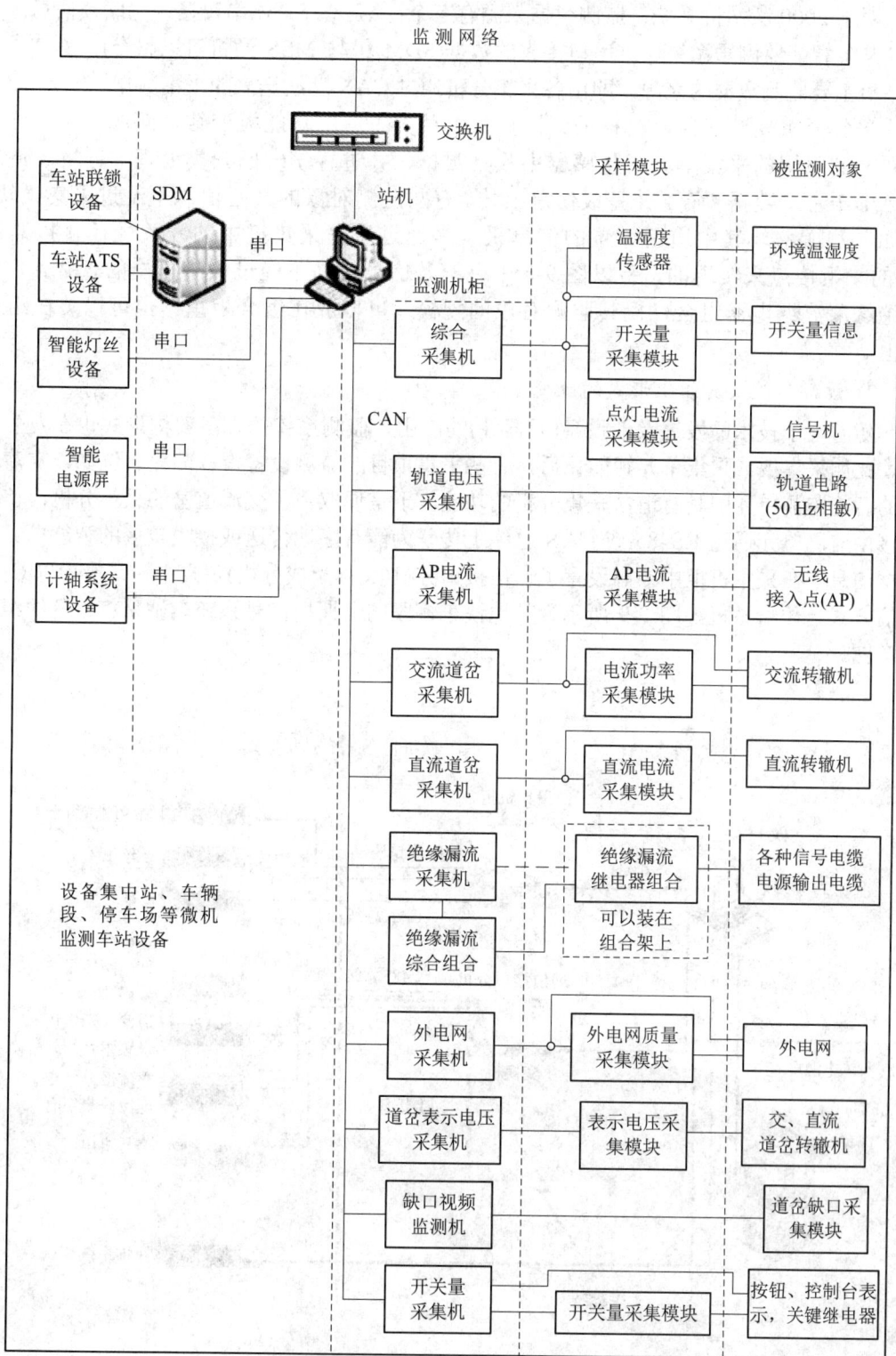

图 9-8 监测系统在车站、车辆段等场所的设备连接布置图

对于 2000 版站机系统，监测数据来源有三个：第一，SDM 串口接入的联锁信息；第二，从各智能监测子系统通过串口接收的数据(SDM 机与 MSS 站机可以整合)；第三，也是站机主要监测数据的来源，即由各采集分机通过 CAN 总线送来的采集数据。

采集分机安装在监测机柜的组匣里，由种类不同的功能板卡结合而成。采集分机主要从其下层的采集单元或传感器中收集数据，并进行统一的归类处理、分析、调理及 A/D 转换、数据暂存，并完成信息上传。有些监测对象的某些信息不经过采集模块，比如监测道岔，其中道岔位置的信息采集是通过道岔采集机中的开关量板直接监测 BJ 的一组接点来实现的，所以图 9-8 中有一条信息线是不经过采集模块的。另外，对于绝缘漏流继电器组合，视其监测对象的规模，可以放在组合柜里，也可以装在组合架上。

2) 设备升级及其组织形式的改变

随着电子技术的发展及新设备(元器件)的应用，监测系统的设备架构形式也在发生改变。比如采集板或采集单元智能化后，有些采集项目的监测设备得以简化。例如，交流道岔的智能监测单元因具有道岔采集分机的功能，于是便取消了交流道岔的采集分机，信息直接由监测单元通过 RS485 或 CAN 总线上传。为能有序地传送或接收较多的智能单元的数据信息，在采集机柜中专门设置了通信接口分机(又称集成分机)负责中转，最后以 CAN 通信方式上传给站机。图 9-9 所示为某地铁车辆段的卡斯柯信号系统车站采集设备的组成示意图。

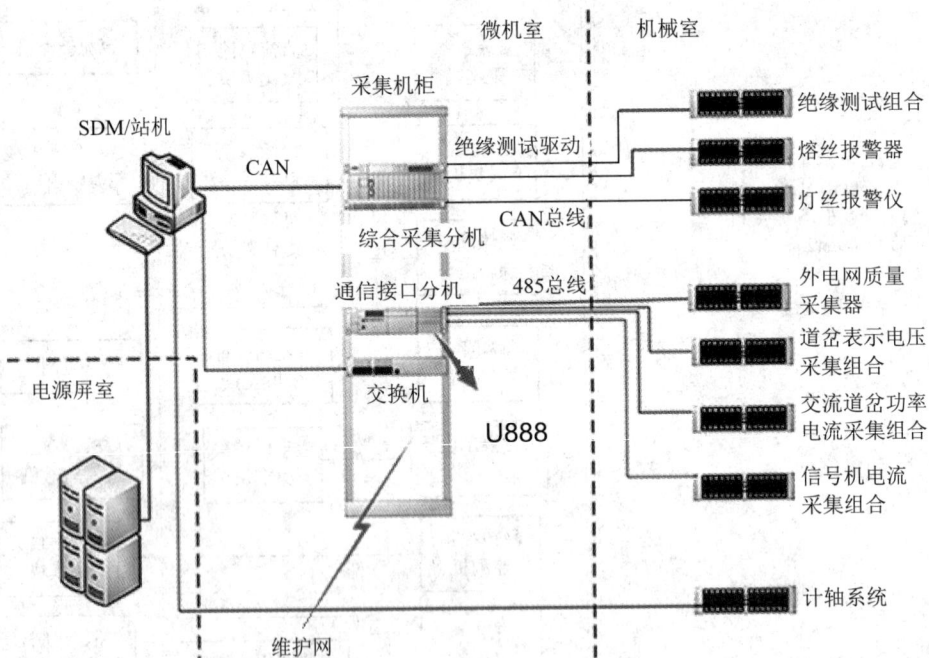

图 9-9　卡斯柯信号系统车站采集设备的组成示意图

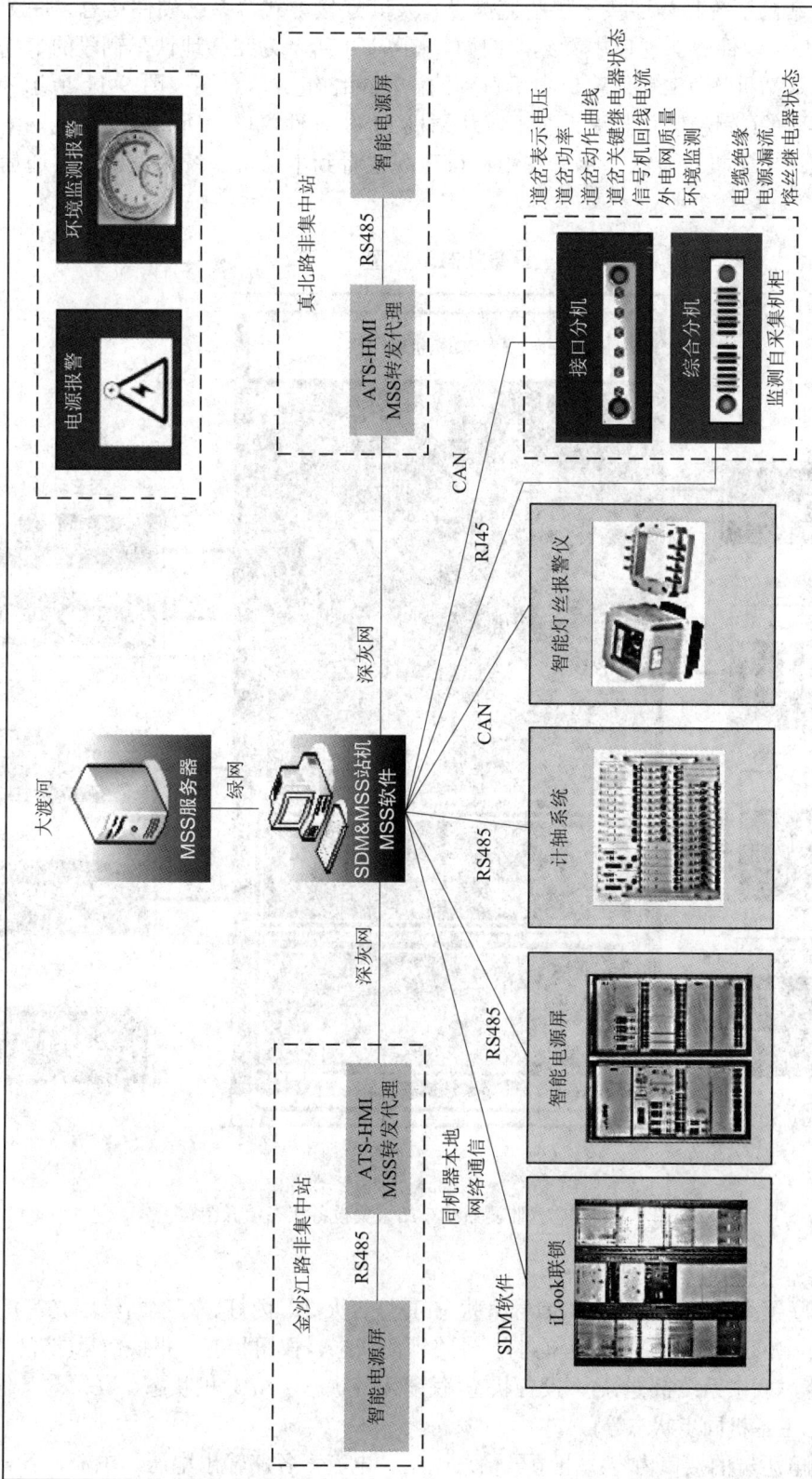

图9-10 卡斯柯车站设备软件显示画面

其实，站机系统具体连接了哪些监测设备及其连接方式等系统硬件信息，完全可以在站机的 MSS 软件界面窗口中看到。例如，图 9-10 所示为在某地铁车辆段的卡斯柯信号系统下，从站机 MSS 软件窗口中所看到的站机网络组成示意图；图 9-11 所示为在另一地铁车辆段的(辉煌)信号监测系统下，从站机 MSS 软件窗口中所看到的站机网络组成示意图。从这个站机设备状态示意图中，可直观地看到本站机系统的设备及其通信方式等信息。

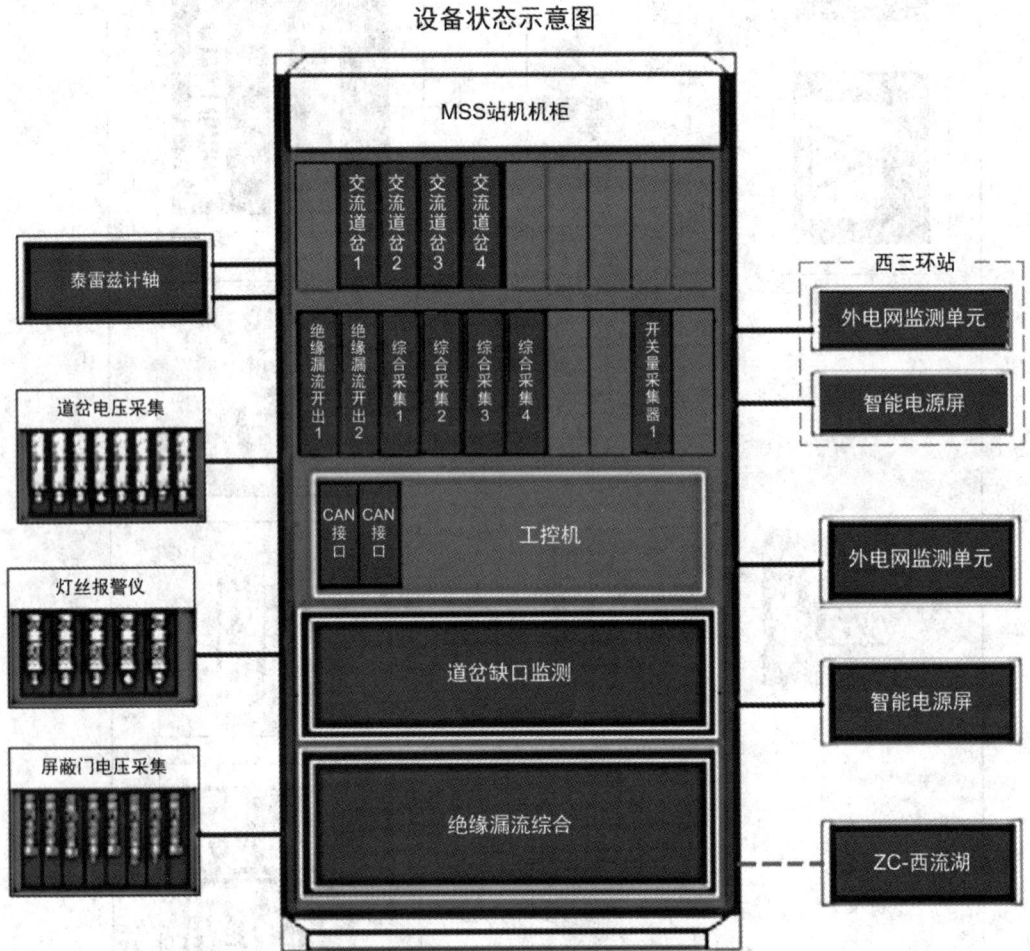

图 9-11　(辉煌)监测系统车站采集设备状态示意图

3) 站机系统主要接口的内容

(1) 与联锁系统的接口内容：信号机状态(亮灯、灭灯、闪灯、灯丝断丝闪光等)、道岔状态(位置、锁闭、解锁、单操、单封)、进路锁闭状态、按钮状态、报警信息(挤岔、排架熔断丝报警，联锁系统报警等)、设备状态(联锁设备状态、A/B 机状态、联锁与其他系统通信状态、主备机同步状态等)。

(2) 与电源屏的接口内容：电源屏输入电压、电流，各路输出电压、电流，各模块工作状态，UPS 工作状态、电池状态，智能电源屏报警信息等。

(3) 与灯丝报警的接口内容：灯丝工作信息、灯丝报警信息等。

4. 维护工作站(终端)

维护终端主要为信号维护人员提供对监测网络的访问服务，方便维护人员查询或下载监测数据，从而对信号设备确立维护内容，或及时得到设备报警信息从而开展处理工作等。其主要承担的功能包括如下三方面：

1) 数据显示

(1) 查看开关量的实时及历史状态；

(2) 显示道岔动作电流曲线，分析转辙机动作参数；

(3) 提供关键设备动作时间及次数，如道岔的动作次数等的查询；

(4) 可将监测系统采集的实时模拟量数据通过表格、曲线展现，如历史数据表、日报表，以及实时的日、月、年趋势曲线等；

(5) 可通过表格或变化曲线的形式提供电源对地漏泄电流的测试值；

(6) 能显示信号设备维护界面，以远程对信号设备的维护、维修状态进行监督；

(7) 可实时地显示 ATS、ATP/ATO、联锁、DCS 等子系统设备的状态信息和报警信息。

2) 报警及事件管理

(1) 通过声光形式及时反映系统给出的车站站机报警信号；

(2) 所有报警信息的历史查询，系统的运行日志、车站机运行日志查询。

3) 数据处理及控制

(1) 为访问用户提供多种登录方式，登录后可访问权限许可的对象信息；

(2) 可对所有车站的报警、报表分类汇总、显示；

(3) 可打印各类曲线、报表，曲线可导出图形文件，报表可导出 Excel 等通用的文件，以方便对资料的采集、调阅；

(4) 回放文件可以方便地导出备份。

四、微机监测系统对外接口的方式与内容

信号微机监测系统的监测对象几乎涉及所有的信号设备，对车站基础信号设备的监测主要依靠站机系统采集汇总，其他设备或系统的运行状态几乎都要通过与其他系统的接口完成数据采集。为了让读者充分理解监测系统中的数据信息的来源，本节以地铁信号控制系统为例，概述监测系统的对外接口及其接口的内容等知识。

图 9-12 所示是地铁信号监测网络通信接口连接图，依据此图可以看到整个监测系统的信息来源与途径。下面对各接口的地点、方式、内容等用表格的方式逐一表述，见表 9-1。

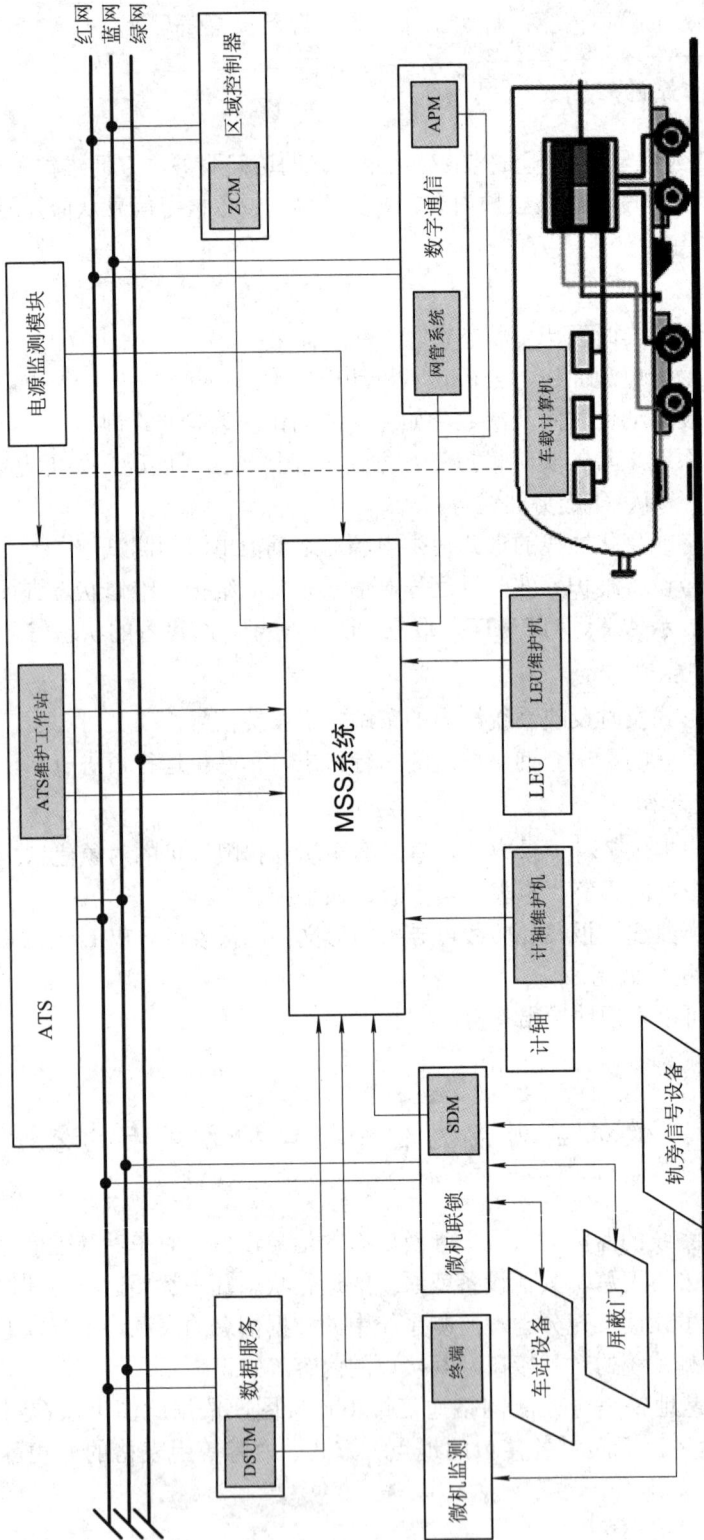

图 9-12 地铁信号监测网网络通信接口连接图

表 9-1 信号微机监测系统与其他子系统的接口内容

接口对象	物理接口 (接口位置)	电气接口 (方式)	逻辑接口 (接口内容)
ATS—MSS (列车自动监督—MSS)	ATS 系统接口工作站— MSS 监测服务器		ATS 设备工作状态 ATS 与其他子系统通信状态 ATS 软件信息 ATS 系统运行状态信息 行车信息
CI—MSS (微机联锁—MSS)	联锁维护工作站— MSS 监测服务器		联锁设备工作状态(包括 SDM) 联锁与其他子系统通信状态 联锁软件信息 基础信号设备状态信息 LEU(地面电子单元)状态信息
微机监测—MSS	微机监测站机— MSS 监测服务器		轨道电路 道岔动作电源 电缆绝缘 软件信息
DCS—MSS (数字通信系统—MSS)	DCS 网管服务器— MSS 监测服务器; AP 管理单元— MSS 监测服务器	监测网 RJ45	DCS 设备工作状态(AP、交换机) DCS 软件信息 NMS、APM(AP 管理单元)设备工作状态
电源系统—MSS	电源监测模块— MSS 监测服务器		电源输入模拟量信息 电源输入开关量信息 电源报警信息 电源模块状态信息
LEU—MSS (地面电子单元—MSS)	LEU 维护机— MSS 监测服务器		LEU 设备工作状态 LEU 软件信息
计轴—MSS	计轴维护模块— MSS 监测服务器		计轴设备工作状态
ZC—MSS (区域控制器—MSS)	ZCM(配置管理器)— MSS 监测服务器		ZC 设备工作状态(定位到板级) ZC 系统运行状态 ZC 与其他子系统通信状态 ZC 软件信息
DSU—MSS (数据存储单元—MSS)	DSUM(数据管理器)— MSS 监测服务器		DSU 设备工作状态 (定位到板级) DSU 系统运行状态信息 DSU 与其他子系统通信状态 DSU 软件信息
VOBC—MSS (车载计算机—MSS)	VOBC-ATS 代理服务器— MSS 监测服务器		VOBC 设备工作状态 (定位到板级) VOBC 系统运行状态信息 VOBC 与其他子系统通信状态 VOBC 软件信息

五、监测系统与 ISCS(综合监控系统)的通信

信号微机监测系统(MSS)需要向综合监控系统(ISCS)传送信号设备故障的报警信息,为此两系统之间通过维护网进行连接。该网络为单网,且 ISCS 系统只能连接维护中心的 MSS 服务器。图 9-13 所示为 MSS 同 ISCS 之间的通信连接图。

ISCS 服务器通过硬件防火墙接入维护网,硬件防火墙将仅仅允许 ISCS 侧的特定的 IP 地址,通过某特定端口与 MSS 服务器进行双向通信,其余端口将不会开放。MSS 中负责与 ISCS 通信的服务器为 Server,相应的 ISCS 系统中的服务器为 Client。硬件连接使用的是标准的 RJ45 端子及双绞线物理连接,采用 10 M/100 M 网络连接,通信采用基于 TCP/IP 协议的 Socket 接口,服从 Client/Server 方式。

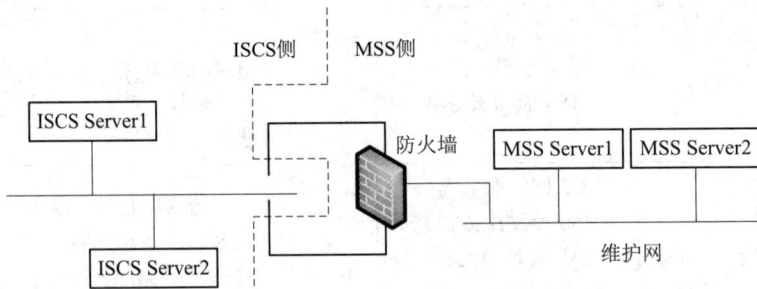

图 9-13　MSS 与 ISCS(综合监控系统)通信连接图

问题思考

1. 信号微机监测子系统在列车运行的控制系统中处于什么地位? 它有哪些主要作用?
2. 请画出地铁运输系统监测网总体层次结构草图。
3. 简述磁盘阵列及维护管理终端的作用。
4. 维护终端的作用或功能主要有哪些?

第十课　微机监测系统数据管理

从信号微机监测系统的网络组织架构形式及其职能上的分工来看，其系统网络可分为信号数据管理网络和远程访问用户网络。数据管理网络主要负责收集处理、存储管理信号设备监测的数据；远程访问用户网络负责向所有具备网络访问权限的用户提供简单方便、简洁直观的数据访问形式，包括根据用户的请求对数据进行筛选过滤、打包分发及导出备份等职能。

一、监测系统数据组织管理

监测系统可对数据进行数据采集、数据处理及数据库访问。例如，以线路维护中心的服务器系统为管理中心，首先通过数据接口，利用通信网络收集全部信号控制系统各子系统的维护模块所传送的数据，经过存储、分析、统计等处理后将数据存放在数据库，数据信息维护终端可以利用访问权限通过网络查询或访问数据。图 10-1 所示为监测系统数据组织结构框图。

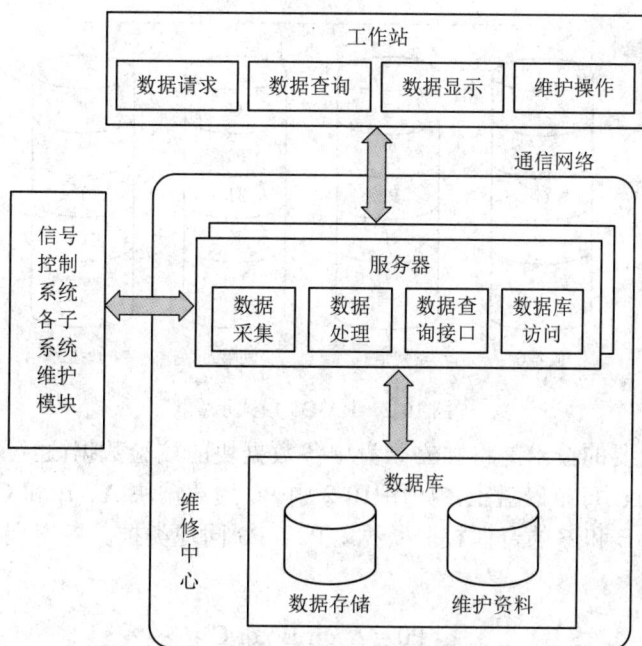

图 10-1　监测系统数据组织结构框图

1. 线路维护中心设备工作原理

1) 设备组成方式

MSS 系统中心主要由两台应用服务器和一套磁盘阵列设备构成。所有 MSS 系统的数据都存储在该磁盘阵列中，时钟与 ATS 保持同步。

两台服务器采用热备冗余的安全工作模式，工作时钟与 ATS 保持同步。当服务器 1 出现故障时，服务器 2 能够取回磁盘阵列中的相关数据，接替服务器 1 的工作，切换时间不超过 3 min，不会影响系统的正常工作。依据工作内容的不同，服务器可以独立设置，也可以合并使用。

两台服务器共用一套磁盘阵列作为系统数据库，所有 MSS 系统的数据，包括系统所有报警和维护工单历史数据都存储在该磁盘阵列中，可随时为系统中的客户端提供历史数据源。其中的数据库服务器负责管理全线 MSS 系统所有与应用开发有关的参数，包括设备定义、报警门限、设备运行时间、维护计划、表格等。

管理员通过输入账号、密码登录管理员账户进入相关软件后，才能对服务器进行管理等相关操作，比如相关软件的安装与卸载，Oracle 数据库的备份、还原或批量拷贝、删除，及其 MSS 档案的保存等，其他类型的用户则禁止进入服务器系统。

2) 磁盘阵列的配置

磁盘阵列通常由 3 块以上硬盘组成，采用 RAID5 模式的存储解决方案。RAID 技术可将多块独立的硬盘(物理硬盘)按不同的方式组合起来形成一个硬盘组(逻辑硬盘)，在用户眼里磁盘组就像是一个硬盘，可进行各种操作，如分区、格式化等。以 4 个硬盘为例，其组合形式如图 10-2 所示。

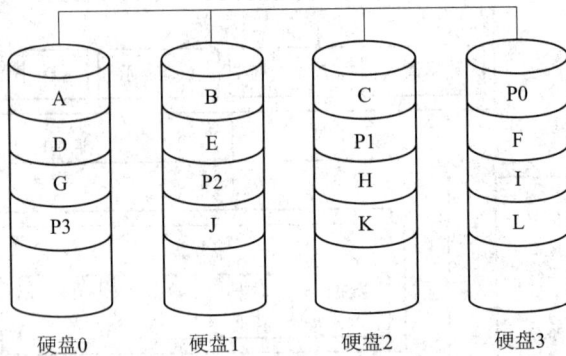

图 10-2　RAID5 模式示意图

RAID5 最主要的技术是将独立磁盘中各数据块的校验数据(通过异或操作的方式计算得到)平均分布在每个磁盘上，如图 10-2 中 P0 为数据块 A、B 和 C 的奇偶校验数据，P1 为数据块 D、E 和 F 的奇偶校验数据，P2、P3 同理类推。各奇偶校验数据用计算公式表示如下：

$$P0 = A \text{ xor } B \text{ xor } C \tag{10-1}$$

$$P1 = D \text{ xor } E \text{ xor } F \tag{10-2}$$

$$P2 = G \text{ xor } H \text{ xor } I \tag{10-3}$$

$$P3 = J \text{ xor } K \text{ xor } L \tag{10-4}$$

当 RAID5 的一个磁盘数据损坏后,可利用剩下的数据和相应的奇偶校验数据信息去恢复被损坏的数据。比如若硬盘 0 损坏,在更换新硬盘后,A、D、G 数据块中的数据就可分别由上面的式(10-1)、式(10-2)和式(10-3)推算出来。

可见,RAID5 技术在一块硬盘离线的情况下可保证数据的正常访问,即使其中一块硬盘出现故障,也不会丢失数据,且当更换某一硬盘后,能够从其余磁盘中将数据恢复,从而提高了数据的安全性与可靠性。

2．中心服务器配置

每台服务器至少配置 3 块网卡(包括集成网卡),即 6 个网络接口,以实现与信号网双网(红网和蓝网)和维护网(绿网)的连接,其中有 3 个网口分别连接红、蓝信号网和维护网,2 个网口(Team 网口)连接两台交换机,作为心跳线使用,还有 1 个网口连接到外网作为 Oracle 公司的公共对外服务连接。服务器的连接方式如图 10-3 所示。

注:Oracle 公司是全球最大的信息管理软件及服务供应商,用户可以从公司获得任何所需要的应用功能。Oracle 数据库服务器使用 Oracle Server,它是一个"对象—关系"数据库管理系统。

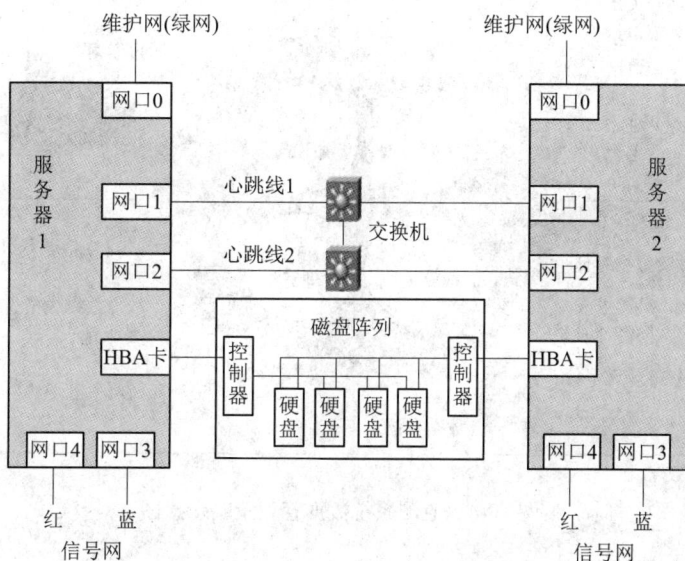

图 10-3　监测系统两台服务器连接图

Team 网口(该网口支持同时连接两块网卡)将两个连接心跳线的网口绑定为一个 Team(组),实现心跳线的冗余管理。两条心跳线分别通过交换机连接两台主备服务器,两者之间通过交换机网口传递热备工作的状态信息,安装在服务器上的软件通过心跳线来实时监测对方的运行状态。一旦正在工作的服务器 1 因为各种硬件故障,如电源失效、主要部件失效或者启动盘失效等导致系统发生故障,心跳线会反映给互为备份的服务器 2,服务器 2 可以立即投入工作。这样可以在最大限度上保证网络的正常运行，这一手段也称为"心跳检测"。

二、监测系统数据管理及策略

1. 系统数据组织策略

图 10-4 示意了监测系统数据管理策略，分为以下四个模块。

(1) 实时数据。实时数据即监测到的原始数据，是整个信息的来源。

(2) 知识库。知识库主要包含科学处理实时数据的思路，它是建立在信号联锁关系之上的、结合了专家经验和智慧、为数据的分析创设出的模型。

(3) 推理算法。推理算法用于建立各类故障数据的模型并应用于数据分析中，以便形成正确的报警信息。

(4) 报警信息。报警信息是指对原始的采集数据，通过合理、正确、科学的数学分析后，提取出故障或处理其临界的信息。具体的报警信息可以帮助信号维护人员对信号设备或监测系统自身的故障做出快速准确的定位并加以处理。

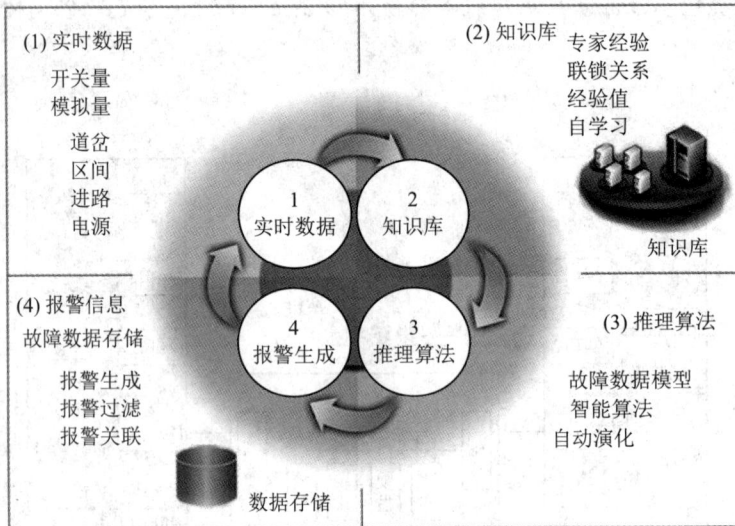

图 10-4　监测系统数据管理策略示意图

2. 系统基本数据流向

图 10-5 所示是信号微机监测系统基本数据流向图，其各部分的信息描述如下：

① 站机采集保存不上传：所有模拟量、三级报警信息；

② 站机采集保存并上传 1：所有开关量，一、二级报警信息，站机人员操作记录(如登记、检修等)；

③ 站机采集保存并上传 2：视图信息、终端定制显示的模拟量；

④ 服务器到站机的命令响应：校时、定时取日报表、关键设备动作次数、站机重启等；

⑤ 服务器到终端机的命令及信息：校时、网络状态及网管数据等；

⑥ 终端机到服务器的查询命令及响应1：站场回放，开关量历史信息，关键设备动作次数，报警历史信息及报警统计汇总表，模拟量月、年曲线，系统运作状态等；

⑦ 终端机到服务器的查询命令及响应2：终端异地调阅记录、车站检修时的报警、报警确认、工作任务的安排等电务管理报表；

⑧ 终端机到站机的命令及响应1：模拟量实时测试，当日日报表，开关量实时信息，道岔曲线、高压不对称曲线，采集机状态，计轴诊断测试，分路残压，用户操作记录等；

⑨ 终端机到站机的命令及响应2：开关量及模拟量回放，终端定制显示的模拟量，定制监测信息，环境控制日志、空调控制及状态、视频控制，工作任务的安排；

除此之外，信号微机监测系统还涉及终端机或服务器等联网支持的功能预留。

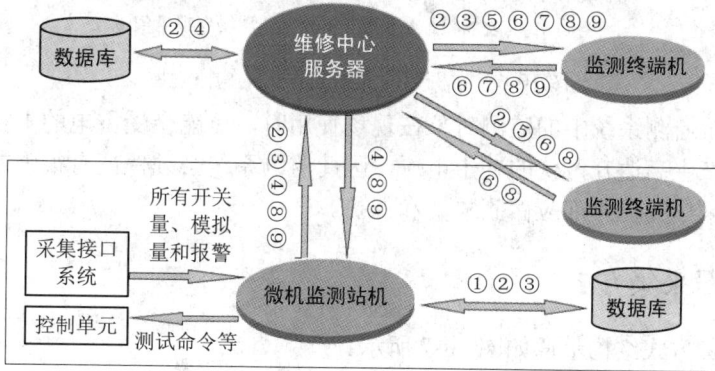

图10-5　信号微机监测系统基本数据流向图

三、数据采集及读入方式选择

不同厂家的监测系统采集数据的具体方式可能有所不同，而且随着新技术的应用，其形式也可能不同，但其设计思想基本一样，都不会影响系统的正常功能。本节以传统监测手段在采集分机的架构上所做的处理方式为例，作简单介绍。

1. 站机系统采集方式

站机在对信号设备监测的数据进行采集时，由于监测的信息点比较多，而且各种被监测量要求的采集周期也不相同(比如开关量要求的采集周期不大于 250 ms，轨道电压的采集周期不大于 2 ms)，如果采用常规的点对点采集，会大大增加系统成本，所以监测系统都会采用分类集中的信号采集方式，即将同类信号集中并作相应的保护，经过切换，利用一个 A/D 接口输入。

图10-6 所示是系统站机采集方式所采用的并联式结构原理图，这样的采集方式将被采集的物理量按类集中管理，分为开关量和模拟量两大类，其采集回路结构清晰，且易于发现故障位置。

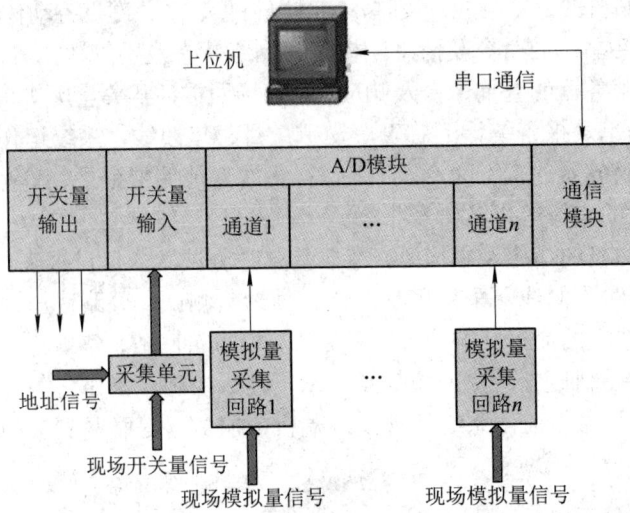

图 10-6　站机并联式采集方式结构原理图

另外，由于监测系统中的监测对象在现场使用时，可能会受雷电的干扰，而且电气化线路本身也会产生高达几万伏的冲击电压，因此监测系统必须保证有很强的抗干扰性。同时，对所有被采集的信号都应做到隔离和保护。

2. 开关量采集方法

开关量采集方式结构示意如图 10-7 所示。

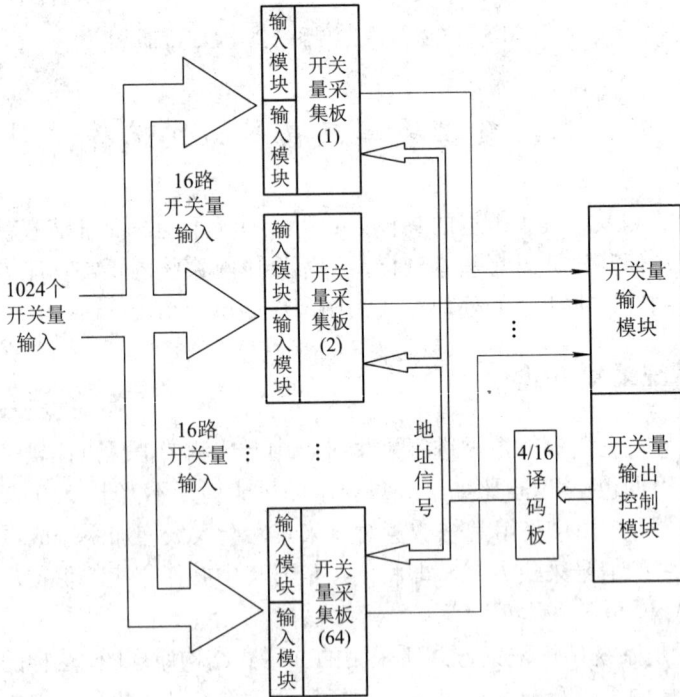

图 10-7　开关量采集方式结构示意图

开关量采集原理为：4 位开关量输出控制信号经过译码得到 16 位地址，根据地址将 1024 个开关量分成 16 路(每路 64 位)采集，利用两块 32 位的开关量输入模块每次采集 1 组。

3. 模拟量采集方法

根据有关规程，对外供电压、轨道电压、转辙机电流等模拟量，要求采用不同的采集方式，通常有如下几种情况。

(1) 对外供电压和轨道电压采用巡测，即巡回检测采集；

(2) 对转辙机电流采用中断式采集方式(又称为变化测)，即当转辙机发生动作时才采集相应的数据；

(3) 绝缘检测时采用命令式采集方式，这是因为绝缘检测是带电检测，在保证列车安全运行的情况下，必须由工作人员通过上位机发出指令后才能采集相应的绝缘值。

系统可根据不同要求，利用不同的采集回路实现对模拟量的采集。

图 10-8 所示为 128 路轨道电压采集回路框图。首先由前置电路通过隔离、滤波、保护等处理方式将采集的模拟信号变换成 0～5 V 标准电压信号，然后经过二级切换后送入站机的接口部分进行 A/D 转换，最终用 0～4000 的数字量线性地表达出来，上传到站机。

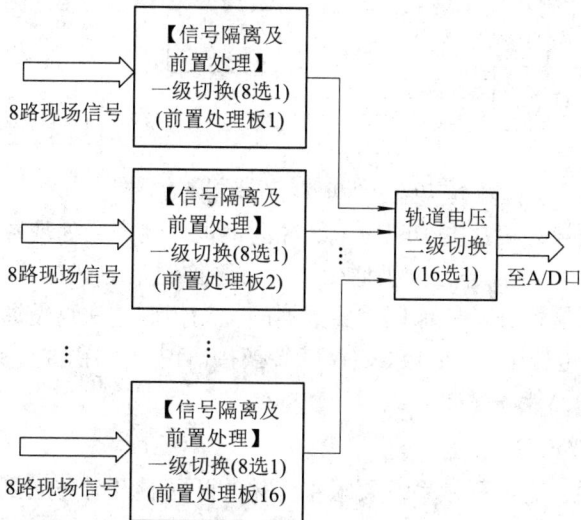

图 10-8 128 路轨道电压采集回路框图

4. 上位机数据读入流程

下位机(采集机)与上位机(站机)的通信流程(或数据读入流程)可能因不同的厂家有所差异，但思路相同。由于系统监测的信息点较多，具体在采集点上所用的手段或方式又各不相同，因此系统首先要解决的问题就是如何对大量不同数据进行有序的通信管理。

1) 上位机数据读入流程

比如，某铁路信号监测系统需要采集的数据有 1024 个开关量、128 路轨道电压信号、64 路外供电信号、16 路转辙机电流等。由于采集分机采用串口与上位机通信，通信资源有限，故按有关规定可将数据的优先级定义为：开关量信号→外供电压信号→转辙机电流信号→轨道电压信号，对优先级高的数据优先处理，其程序流程如图 10-9 所示。

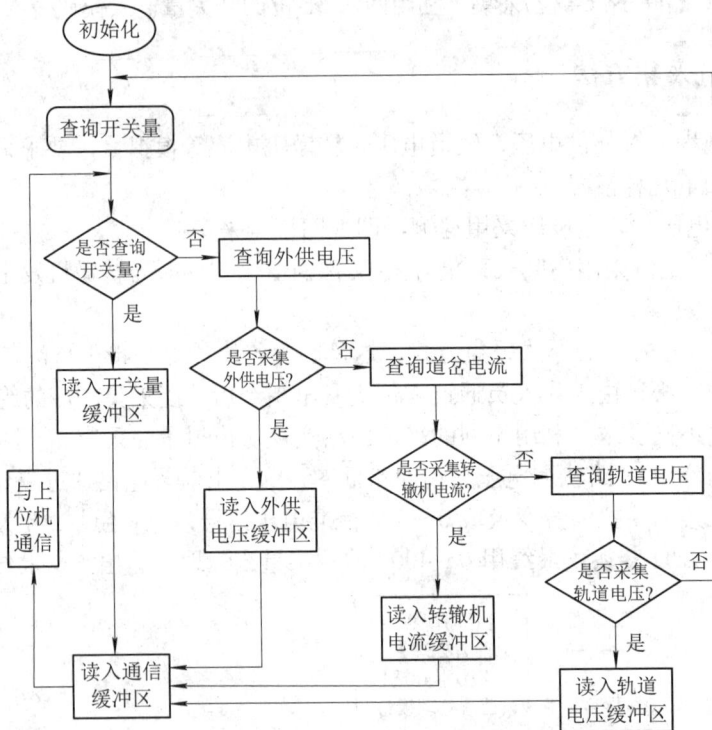

图 10-9　站机读入数据程序流程图

主程序为每一类被采集数据分配一个缓冲区，根据优先级处理数据，将需要通信的数据写入通信缓冲区中，然后与上位机通信。采用这种通信方式的优点是程序结构简单清晰，通信简单，可扩展性强，能保证重要数据的优先传送；缺点是通信速度较慢。在调试中发现，128 路轨道电压全部传到 PLC(A/D 转换接口)中大约需要 3 s，但在铁路运输系统中，这样的通信速度已能满足要求。

2) 采集数据处理流程

对于开关量来说，通常联锁系统要求将变化的开关量及时传送到上位站机进行显示。站机对开关量的处理流程如下：

首先在 PLC 程序中给开关量分配两个存储单元 D1 和 D2，系统将第一次采集的开关量存入 D1，下一次采集到的数据存入 D2，另外为开关量分配了一个环形数据缓冲区 H1～H50。缓冲区中每个存储单元的存储容量为 67 个字节，其中 1024 个开关量占 64 个字节，剩下的 3 个字节中有一个是标志字节，用于表示发生变化的开关量组，另外 2 个字节用来表示开关量发生变化的时间(年、月、日、小时、分钟、秒、毫秒)。环形数据缓冲区的结构示意图如图 10-10 所示。

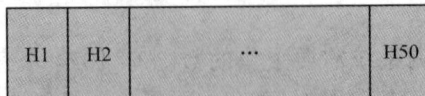

图 10-10　环形数据缓冲区结构示意图

　　缓冲区的作用是将需要存储的开关量按顺序存入其中，50 个存储单元存满后，第 51 个数据再存入第 1 个存储单元，如此循环利用这个缓冲区，从而可以有效使用 PLC 的有限资源。第二次采集完后，与第一次采集到的数据进行比较(即将 D2 与 D1 比较)，看数据是否相等，如果相等，直接进行下一次巡视；如果不同，说明开关量发生了变化。为将变化的开关量送入上位站机，需要将 D2 中的数据送入缓冲区 Hi 中，并设立标志，增加地址指针，同时用 D2 覆盖 D1 的数据。其程序流程如图 10-11 所示。

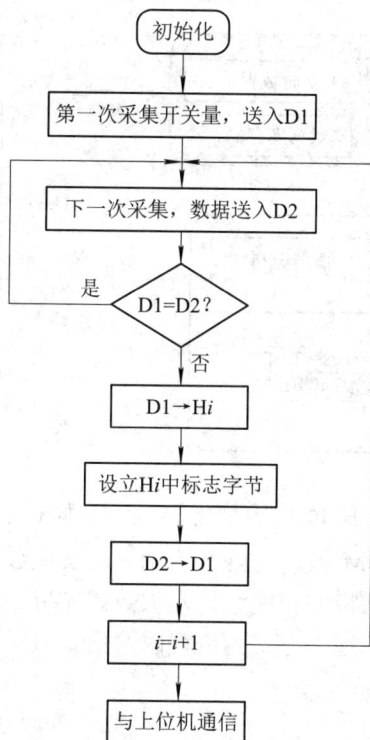

```
               ┌──────────┐
               │   初始化   │
               └──────────┘
                     │
         ┌───────────────────────────┐
         │   第一次采集开关量，送入D1    │
         └───────────────────────────┘
                     │
         ┌───────────────────────────┐
         │    下一次采集，数据送入D2     │
         └───────────────────────────┘
                     │
              是    ╱◇◇◇◇◇◇╲
         ┌─────────◇ D1=D2? ◇
         │         ╲◇◇◇◇◇◇╱
         │             │ 否
         │      ┌──────────────┐
         │      │    D1→H$i$    │
         │      └──────────────┘
         │             │
         │      ┌──────────────────┐
         │      │  设立H$i$中标志字节  │
         │      └──────────────────┘
         │             │
         │      ┌──────────────┐
         │      │    D2→D1     │
         │      └──────────────┘
         │             │
         │      ┌──────────────┐
         └──────│   $i=i+1$    │
                └──────────────┘
                     │
              ┌──────────────┐
              │   与上位机通信   │
              └──────────────┘
```

图 10-11　采集数据处理流程图

四、故障诊断和数据统计分析

　　基于信号微机监测的故障诊断与智能分析系统，依托铁路信号微机监测系统的软硬件平台和信息资源，将采集的各项开关量、模拟量及报警数据进行归纳、分类和智能分析，采用灵活的推理控制策略，应用专家分析的手段，从一个有经验的信号专家的角度来分析问题，为现场信号维护人员提供及时有效的诊断信息和解决问题的大致方向，能够简化维修流程或直接定位故障处所，帮助信号维护人员迅速发现故障点，从而缩短维修时间，提高维修效率和维修水平。

　　科学地实现数据分析及故障诊断的前提是建立一个科学合理的数据"知识库"，以对"实时数据"进行科学的分析、判断、推理等。

1. 诊断、分析系统的架构

　　智能分析系统作为微机监测系统的一部分，在设计上必须能够实现与其他监测子系统之间的有效数据传输与共享，但与既有监测系统站机是松散耦合的，故必须有效设计以满足获取数据的目的。设计智能分析系统时可将其划分为故障诊断和预警分析两个子系统来研究。图 10-12 是智能分析系统架构框图。

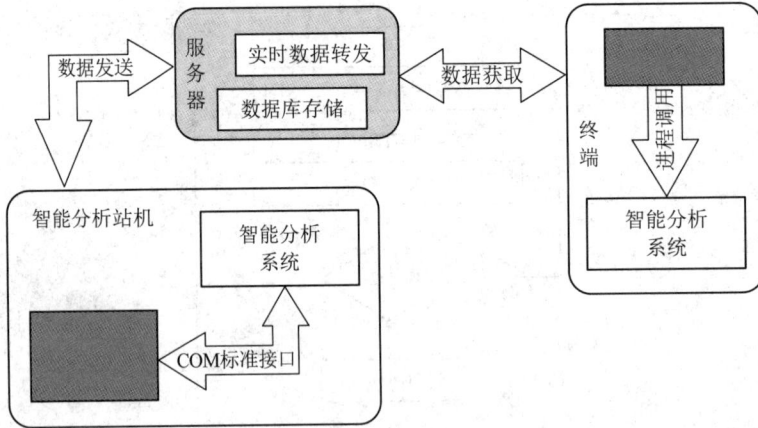

图 10-12　　智能分析系统架构框图

　　站机部分通过标准的 COM 接口与既有监测模块实现通信，通信方式为线程内通信，满足数据获取的时效性，为站机的智能分析提供数据支持。终端部分通过进程调用方式与既有监测模块实现数据提取，通信方式为进程内通信。服务器部分与既有监测模块共用数据库和实时数据转发机制。

2. 故障诊断和预警分析

　　智能分析系统具有故障诊断和预警分析两大功能，它以铁道部《信号微机监测系统技术条件》规定采集的开关量和模拟量为基本数据来源，采用预先设定的或不断学习的经验值，进行一定程度的智能分析。

1) 故障诊断概念

　　故障诊断是指在故障发生之后，系统可以给出故障地点的判断，如室内故障或室外故障等。故障诊断系统依据监测系统采集的各项开关量及模拟量数据，采用灵活的推理控制策略，应用专家分析的手段，直接定位故障处所，帮助信号维护人员迅速判断室内外故障，并快速处理。系统在处理过程中采取了与信号维护人员互动的方式，即通过与信号维护人员的互动来实现自学习功能。

　　系统通过故障诊断模块，在信号设备发生故障时及时报警，并迅速判别故障处所，指导现场维修人员处理故障，以压缩故障延时。

　　若系统通过故障诊断可以定位到具体的故障点，则将通过展现故障内容的原理图来动态展示故障点信息，让用户查看。

2) 预警分析定义

预警分析是指当设备出现渐进性、潜在性、非显性、间歇性(称为预警故障的"四大特性")故障时进行的综合诊断并给出分析结果的过程。而将不具备这些特点的故障统称为报警故障。

渐进性故障是由系统性能、参数的逐步劣化产生的,是预警分析的基本内容。

潜在性故障是指设备参数变化并未超过允许范围(但其参数已有明显的变化,如出现有规律的偏移或波动),或超过允许范围但未导致设备功能失效的故障。

不能够直接导致严重后果的故障称作非显性故障,但非显性故障随着劣化程度的不断加重,会与其他因素一起而造成严重后果,如道岔调整不好会导致挤岔等。

设备故障现象表现为时有时无的故障称作间歇性故障或临界故障,这个故障的预警最能体现微机监测的 24 小时不间断运行的优势。

3) 预警分析过程

系统进行预警分析的过程中,首先使原来无序的采集信息(特别是开关量信息)在显示时呈现规律化、有序化,按方便信号维护人员查看习惯或者方便预警分析逻辑的原则进行分类组合。

之后通过对分类组合的数据进行逻辑分析,系统自动找出有问题或有故障趋势的设备,并将之纳入预警范畴中,单独制表或绘图,以减少人工查阅所有设备特性的麻烦,使维修人员的精力全部投入对有故障隐患的设备的实时监测中去,即用"自动定制"代替"人工定制"。

接下来将已纳入预警范畴中的数据作进一步分析,将那些介于正常值和故障值之间的趋势变化先记录下来,再利用规律性、经验性的推理手段和逻辑性的横向比较以及关键点的关键路径分析等方法加以分析判断,最终形成预警报告。

3. 数据统计分析及功能

数据统计分析是指对监测采集的各类数据进行分类、整理、归纳、统计、整合打包及形成各种统计分析报告等的过程,可方便用户对数据的查询、存储等服务。数据统计分析的结果会生成各种数据清单,包括设备软件版本清单、配置设备清单、被管理设备清单以及维护工单列表、告警列表、事件列表、用户列表等内容。数据统计分析的主要功能包括:

(1) 历史数据的统计,包括报警统计和维护工单统计,可按列车或设备类型进行统计等。

(2) 所有的子系统或设备的状态、事件和报警等维护管理数据都保存在数据库中,这些信息带有时间戳,操作员可根据系统、子系统、设备进行历史信息分类查询和回放。

(3) 根据系统和设备的状态、报警等信息产生各种统计分析报告或报警报告(如日报告或月报告)。控制中心的监测报警设备接收、统计和处理整个信号系统的故障报警信息,具备设备故障报警的统计功能,能按要求生成所有信号设备报警和各单项设备的日表、月表、季表和年表,并通过打印机输出。

(4) 根据用户设定的不同条件进行综合统计分析,对业务数据进行查询统计,将结果通过列表、图表等不同的方式进行显示,以供用户分析使用。主要统计分析内容包括设备台账查询统计、设备故障统计分析、维护工单统计、设备软件清单等。

(5) 异常数据曲线的存储及调阅。可以通过存储模拟量曲线及道岔曲线来记录存在异常的曲线内容,并通过调阅功能来重现该异常曲线。

(6) 预警及报警的摘要显示、故障再现、报警处理等功能。通过对报警的查看,确认发生报警的内容、地点、时间等。摘要显示用于显示故障发生时各个采集项对应的故障曲线;故障再现可以回放故障发生时的站场状态;报警处理用于提供故障点展示图及故障建议,并为用户处理报警的应对行为进行反馈。

(7) 提供维护建议报告。系统将每日的报警信息整理成维护建议,以报告的形式提供给用户查看,用户可通过点击将具体的报警信息打开。

(8) 天窗修维护管理功能。通过设置计划天窗修的维修区域及内容,可以对天窗修进行计划管理,并可屏蔽在天窗修时间内发生的故障信息(故障信息可以进入故障再现模式来存取),系统同时还提供了交接班留言功能。

(9) 信号设备电气特性报表。电气特性报表主要用于统计每日、每月的电气特性模拟量变化的剧烈程度,以便对监测的模拟量进行电气特性监控。

问 题 思 考

1. 从信号微机监测系统的网络组织架构形式及其职能上的分工来看,其系统网络可分为哪几大部分?各有什么职能?
2. 线路维护中心设备主要有哪些?磁盘阵列的配置采用了什么技术?其特点如何?
3. 监测系统数据组织管理可划分为哪四大模块?
4. 监测系统对模拟量的采集方式有哪几种?
5. 故障诊断的概念是什么?
6. 预警故障的"四大特性"是什么?

第十一课　外电网质量监测

　　外电网是供电部门向信号设备电源屏供电的设备。外电网的质量直接决定了信号设备工作的稳定性和安全性，因为即便是瞬间的断电(断电时间在 140～10 000 ms 内)，也会造成信号设备故障，给运输系统带来影响。

　　一些电源故障在前期是会有预兆的，比如电源电压会出现不稳定的波动现象，但这种波动通常很难被发现。如果采取精确的手段对外电网进行实时监测，那么当电源出现不稳定情况或不良隐患时，监测系统能及时发出告警信息，隐患就能被及时发现，从而减小或防止信号故障的发生。因而，通过实时监测外电网输入电源的质量，在电源异常时及时报警，对保证运输系统的安全运行，预防事故的发生以及分析事故原因等有着重要的意义。

　　外电网的监测系统通过对两路外电网的输入信息，即两路外电网的电压、电流信息的采集，实现对电网质量的全面监测，在外电网掉电、瞬间断电等故障发生时立即报警。同时，监测设备通过对电压、电流信息的计算，得到外电网电压和电流的谐波成分以及外电网的功率、频率及相位差数据，并记录实时信息或波形。另外，监测系统还可以通过数据分析，描绘出电网质量劣化(如瞬间断电、波形畸变等)的波形，为外电网故障的判断提供必要的原始数据。

　　外电网的质量指标主要包括三相相电压电流、线电压电流、相位角及频率等信息。

一、外电网监测的技术要求

1. 监测的技术要求

监测的技术要求主要包括以下内容。

监测内容：外电网输入相电压、线电压、电流、频率、相位角、功率。

监测点：配电箱(电务部门管理)闸刀外侧。

监测精度：电压 ±1%；电流 ±2%；频率 ±0.5 Hz；相位角 ±1%；功率 ±1%。

监测量程及其范围：AC380V 电压，量程范围为 0～500 V；AC220V 电压，量程范围为 0～300 V；电流量程范围为 0～100 A；频率量程范围为 0～60 Hz；功率量程范围为 0～30 kW；

监测方式：周期巡测(周期不大于 1 s)；变化测。电流采用开口式电流互感器检测。

采样速率：断相、错序、瞬间断电开关量的采样速率为 50 ms(即每 50 ms 采样一次)；电压、电流采样速率为 250 ms。

2. 报警的技术要求

报警的技术要求主要包括以下内容。

输入电压大于额定值的 15%或小于额定值的 20%时报警并记录。

输入电压小于额定值的 65%，时间超过 1000 ms 时断相/断电报警并记录。

输入电压小于额定值的 65%，时间超过 140 ms，但不超过 1000 ms 时瞬间断电报警并记录。

对于三相(380 V)输入电源，相序错误时，给出错序报警并记录。

二、外电网采集机及其工作原理

外电网采集机与其他采用 4U 插板结构的插入板卡式的采集分机不同，它使用单独采集箱就近放在配电箱附近，与上位机通过 CAN 总线相连，其供电由监测系统提供。

1. 外电网采集机功能

外电网采集机通过电流互感器采集外电网的电流信息，通过高阻接入电压互感器模块采集外电网的电压信息。频率、相位角等其他数据是通过采样到的电压、电流信号计算得到的，通过计算还可以得到外电网电压的谐波成分等信息，以及有功功率和无功功率等数据。外电网采集板实时对电压信号进行监测，一旦发现外电网的断电(包括瞬间断电)就会立即报警。

外电网采集机采用大功率、高精度、低温漂电阻作为电压采集和电流采集的接口取样电阻，这种取样接口电阻具有较高的抗过载能力，可提高信息采集的精度。对传感器的保护通过 TVS 管实现，且有较高的可靠性。

外电网采集机具有故障定位和自诊断能力。外电网采集机实质上是带有转换电路的模拟量采集板，对转换电路的故障定位同其他模拟量采集板一样，采用了"电压定位"的方式，即将输出信号幅度限制在 0.3～3.0 V 之间。当转换单元损坏或出现断线故障时，所采集到的电压会小于 0.3 V，而当转换单元与电源混线时所采集到电压会高于 3.0 V。如果出现超出该范围的电压，就可以判定转换单元出现了问题，从而可对故障进行定位。

2. 外电网采集设备安装

每个外电网采集机可以监测两路外电网的输入，所采集的信息分为电压信息和电流信息两部分。电压采集点在外电网输入空开的外侧；电流采集使用的是开口电流传感器，该传感器通常夹在输入开关的输入线或输出线上。

外电网采集及其设备安装示意图如图 11-1 所示，属于比较传统的安装形式。在现场时，由于采用的设备厂家不同，其安装形式也可能不一样，但从总体来看都为箱体方式安装，且元器件组装原理相同。两路电源从电力配电箱中将三相电压及互感器采样的电流分别引出，其中电压引线先经过隔离采集箱再接到监测单元板，而电流引线则无需经过隔离采集箱(因其互感器自身就是隔离装置)，可直接接入监测单元。

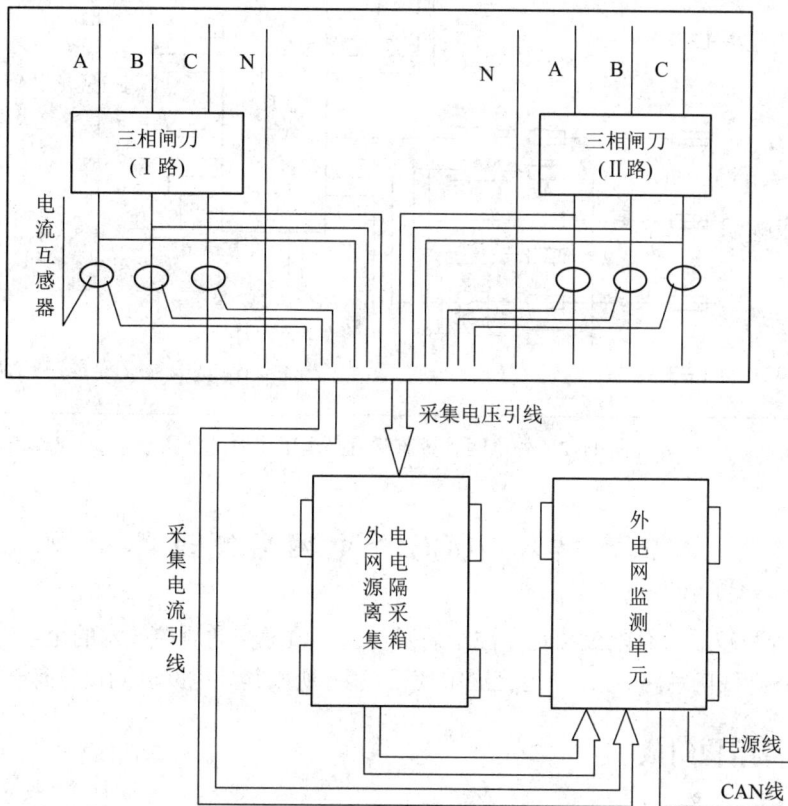

图 11-1　外电网采集及其设备安装示意图

3. 外电网监测机工作原理

外电网采集机只采集外电网的电流和电压信息，其他数据则是通过采集机的计算得到的。如果需要，采集机也可通过对所采集的电压或电流数据计算出电网电源的谐波成分。图 11-2 为外电网质量监测机的基本工作原理框图。

关于采样信号的调理、滤波、模/数转换及数据分析、计算等工作原理，可参看后面的轨道电路监测部分中的模入板工作原理。

在轨道运输系统中应用的外电网的监测设备型号很多，即提供设备的厂家较多，尽管这些不同型号的设备采用的监测手段略有不同，但其基本原理大致相同。下面对两种不同型号的外电网监测设备作简要介绍。

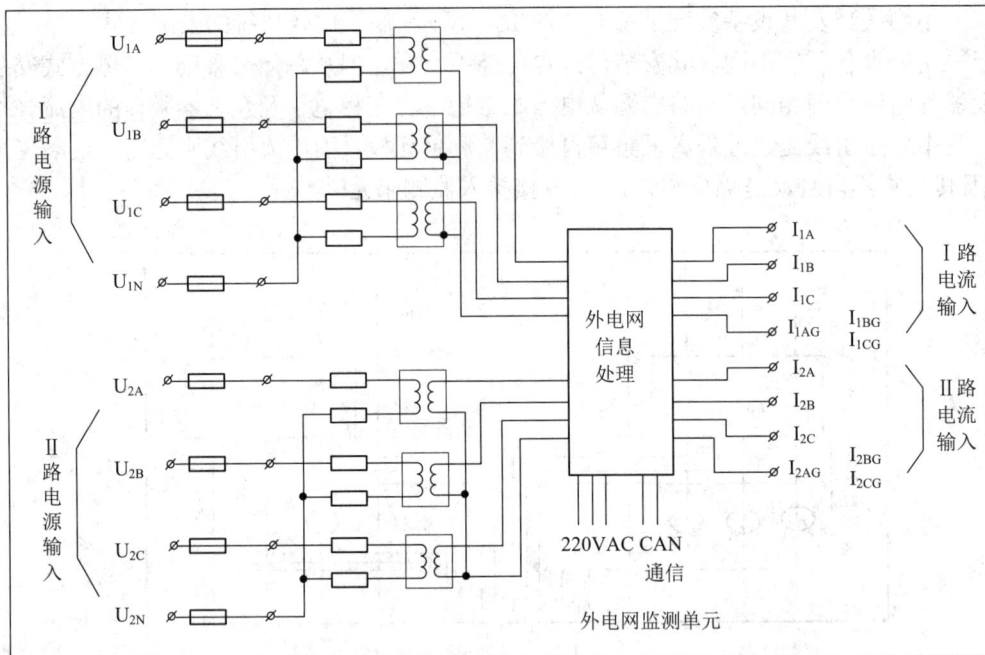

图 11-2　外电网质量监测机基本工作原理框图

三、辉煌 2006 外电网监测设备

河南辉煌科技股份有限公司是专注于研发与推广轨道交通测控技术的企业，其信号微机监测系统设备在我国铁路、城市轨道交通中使用较多，所以其外电网监测设备有一定的代表性。

1. 设备结构组成

外电网采集设备通常采用"外电网电源隔离箱+外电网监测单元箱"的双箱式结构形式。电源隔离箱内安装了用于电流采样的电流互感器和用于电压采样的保险及隔离电阻，它们都为无源器件；监测单元箱内安装了外电网采集板，用于完成对外电网信息的采集。图 11-3 所示为辉煌外电网电源隔离箱和监测单元箱实物图。

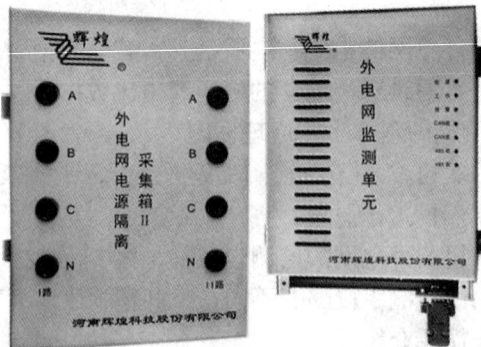

图 11-3　辉煌外电网电源隔离箱和监测单元箱实物图

由于电流传感器为无源模块，其输出配线不能太长，通常应控制在 1.5 m 以内，因此各设备箱必须安装在外电网输入空开箱的附近。

"外电网电源隔离箱"在别的厂家(如深圳科安达)通常也被称为"防雷开关箱"，二者名称虽不同，但功能大致相同。防雷开关箱(TK-380)内有两电源的空动开关、防雷单元开关及报警单元等设备。电网采集的电源信息都从配电开关箱中引入。配电开关箱设备与外电网监测设备可以是不同厂家的产品。图 11-4 和图 11-5 分别是 TK-380 开关箱与辉煌监测单元箱和卡斯柯综合测试仪箱组合的实物图。

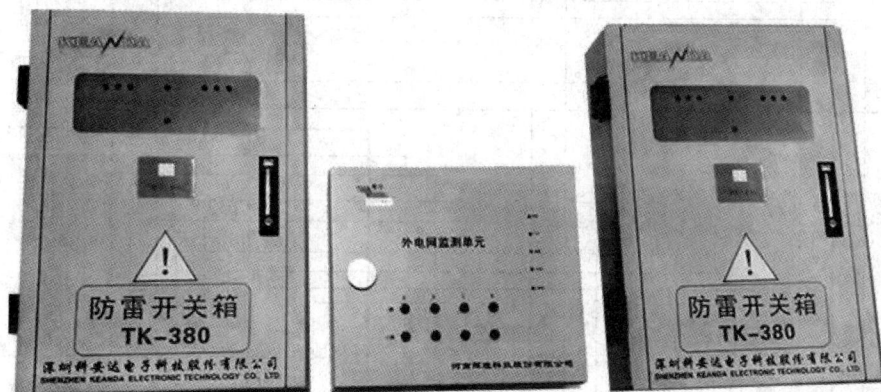

图 11-4　TK-380 开关箱与辉煌监测单元箱实物图

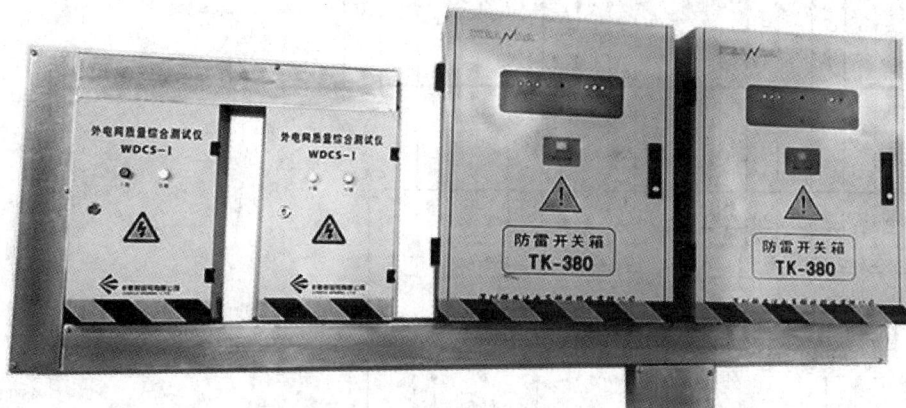

图 11-5　TK-380 开关箱与卡斯柯综合测试仪箱组合实物图

2. 外电网监测系统原理接线

图 11-6 所示为外电网监测系统原理接线图。图中，两路电源的电压从防雷箱外电网开关的外侧分别引入隔离箱，经保险及高阻(中心线不接隔离电阻)通过接线端子连接到监测单元的电压输入端，让外电网电流线(ABC)在隔离箱内穿过电流互感器，并将电流互感器的输出接到监测单元的电流输入端。

监测单元将采集的电压信号与电流信号经过调理电路处理后，送给 CPU 处理器进行 A/D 转换等数据分析与计算，从而得到相关监测数据，最后将监测数据通过 CAN 总线传送给微机监测系统的站机。

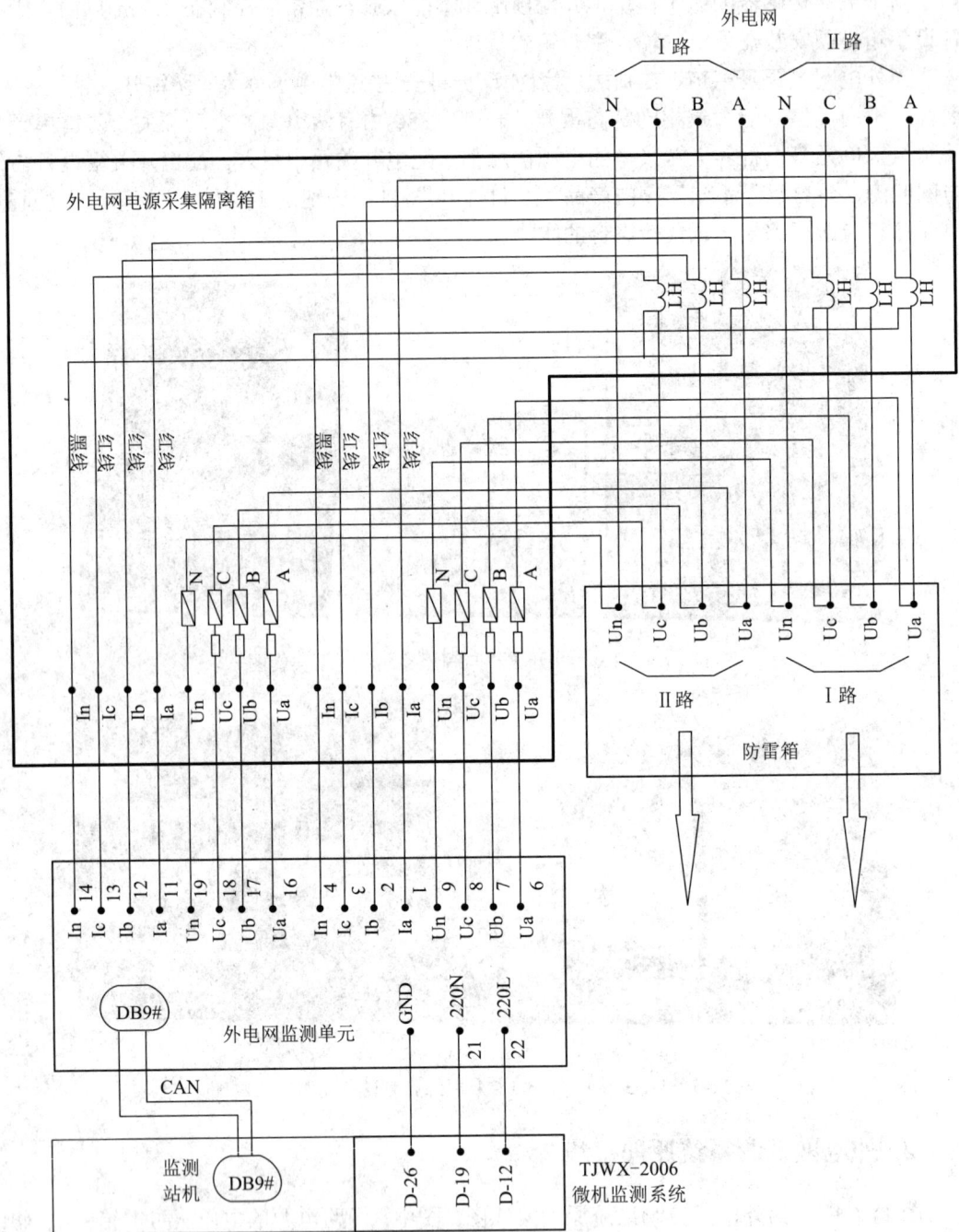

图 11-6 外电网监测系统原理接线图

四、TH-IPG314-I 外电网监测设备

TH-IPG314-I 型外电网监测设备是北京全路通信信号研究设计院集团有限公司的产

品，此设备在铁路运输车站信号的监测中使用得较多。现对其搭配 XLY-380/40 型电源防雷箱(广州华炜科技公司的产品)设备的电网质量监测系统的组成及电路作简要介绍。

1. 设备结构组成

外电网质量采集设备也是由外电网电源防雷箱和外电网监测箱两部分组成的。外电网监测箱内的监测单元通过 RS485 总线与采集机柜通信接口分机相连，监测单元的直流 12 V 工作电源由监测系统提供。两路电网输入电源分别经过两个电源防雷箱(箱内两套设备也可以合放在个一箱内)。图 11-7 所示为 XLY-380/40 电源防雷箱和 TH-IPG314-I 型外电网监测箱实物图。电源防雷箱内部实物图如图 11-8 所示。

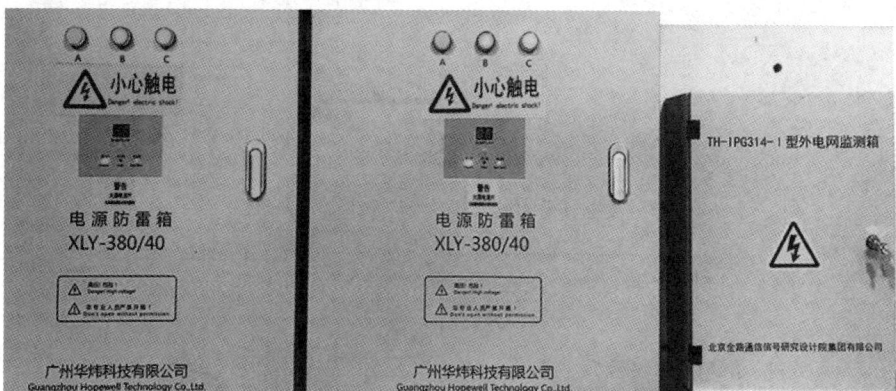

图 11-7　防雷箱和监测箱实物外观图

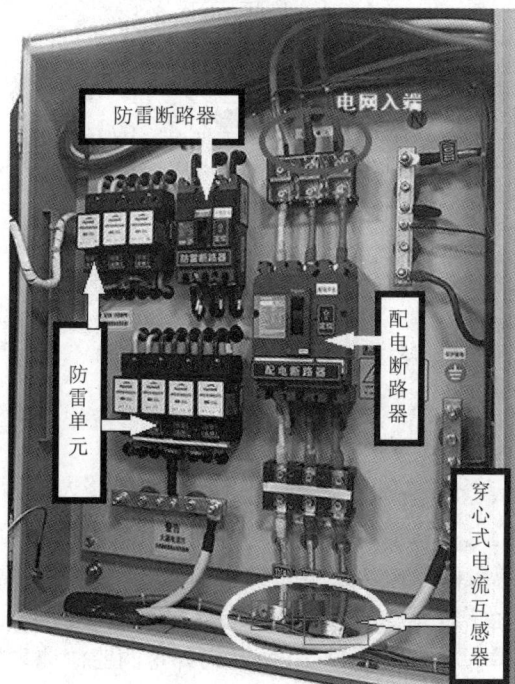

图 11-8　电源防雷箱内部实物图

对于外电网输入电流的采集使用的也是开口式电流传感器，它可以直接卡在外电源的三相线上，为无源型器件，即不需外接电源，故损坏概率较小，但输出距离有限，因此外电网监测箱必须靠近外电网开关箱安装。配置电流穿心线时要注意电流的方向，若弄错了电流方向，则功率测量结果就会出现错误，也就是说输出线有正负之分，如果颠倒，则相当于孔内电流方向转了180°。图11-9所示为防雷箱设备连接配线及采集信号引出位置示意图。

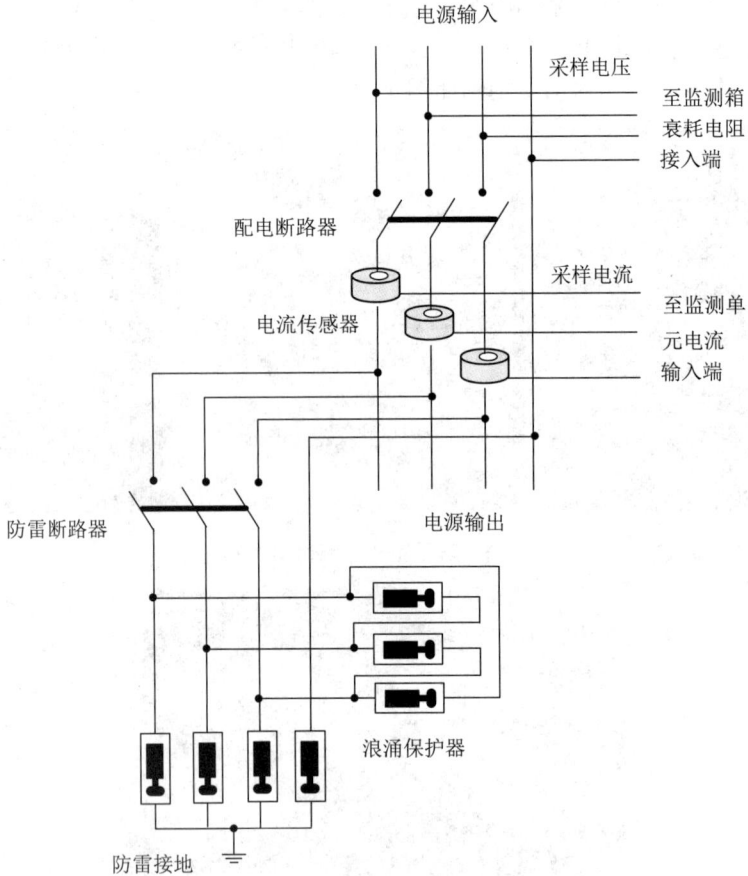

图11-9　防雷箱设备连接配线及采集信号引出位置示意图

2. 电网质量采集原理

在电务机械室中，从电源箱(电源防雷箱)电网电源的输入端，即配电断路器上方引出四根电源线，即三相交流电 A(U)、B(V)、C(W) 和 N，接入监测箱内，之后经过保险和衰耗电阻模块，接到监测单元的"电压采集"输入端。对电流的采集是通过设在配电断路器下方的三个穿心式电流互感器完成的，电流互感器将得到的电流采样值送到监测箱内的监测单元——"电流采集"输入端。图11-10所示为外电网监测原理框图。

每个外电网监测箱内放置有两个监测采样模块，分别接收1路和2路输入电源的电压和电流信息。采集模块将采集到的电压和电流值进行计算，得到三相相电压、线电压、电流有效值、功率、功率因素、相位角、频率等数据，然后将这些数据转换成对应的数字信息电码，之后使用 RS485 总线送往采集机柜的通信接口分机，最终传到上位机(站机)保存。

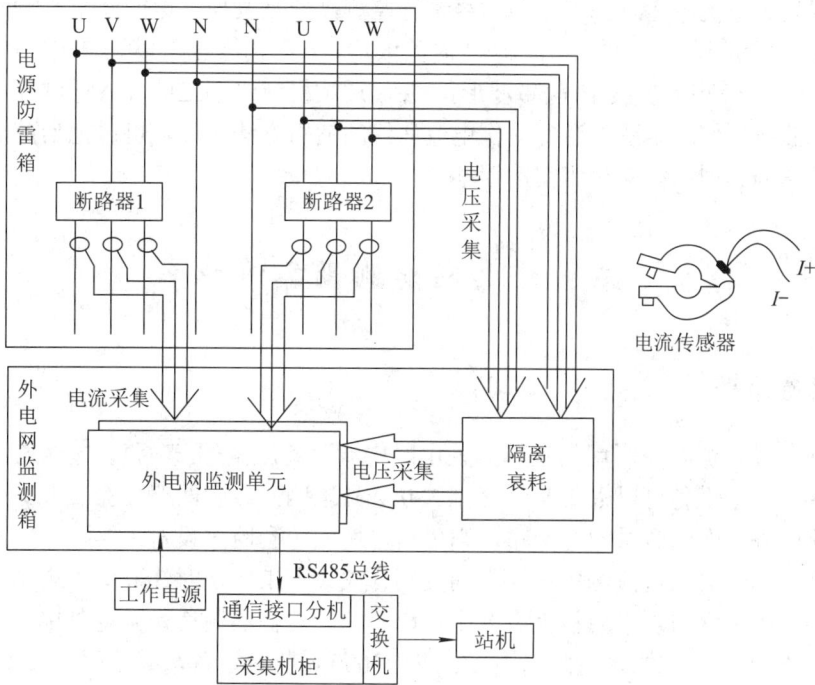

图 11-10　外电网监测原理框图

图 11-11 所示为监测箱内的监测单元设备实物图。外电网监测单元由两块采集板(两板上下叠置)及一块电压衰耗板构成，两路电压通过衰耗板接入。

图 11-11　监测箱内的监测单元设备实物图

当然，对于不同厂家生产的监测设备，在设备的安装方式上可能不完全相同，但采集的基本原理是相同的。

外电网采集分机可实时地对电源信号进行监测，一旦发现外电网断电、瞬间断电，则会立即报警，还可以将采集的数据形成实时的波形，若有需要也可以记录电网质量劣化(如瞬间断电、波形畸变等)的波形(故障波形)，并通过站机或终端上的 MSS 软件调出查看。外电网故障曲线的使用方法与道岔动作电流曲线的使用方法一致，可以把当前显示的外电网故障曲线作为典型曲线保存到案例管理内。

五、外电网监测设备维护

1. 设备维护

外电网电源监测系统所用的设备为外电网电源隔离箱(防雷箱)和外电网监测箱，二者为成套设备，每套设备可以采集两路交流 380 V 外电网，或者两路交流 220 V 外电网。如果需要监测的外电网的数量超过两路，则可通过增加一套监测设备来实现。

监测外电网时可通过监测单元板上的拨码开关设置来实现对 380 V 外电网或 220 V 外电网的选择。外电网监测单元板上有 8 个拨码开关，它们的用途是确定外电网采集单元的从机号、外电网类型和协议类型。例如 TJWX-2000(6)监测设备，其拨码开关 1～4 用来确定外电网采集单元的从机号，从 0000 到 1111 分别对应的从机号为 OC、OD、OE、OF、10、11、12、13、14、15、16、17、18、19、1A、1B。拨码开关 5 拨为 OFF，为空余位。拨码开关 6 和 7 用于选择测试电网类型，从 00 到 11 分别对应的为两路 380 V、两路 220 V、一路 380 V、一路 220 V。拨码开关 8 用于选择 CAN 通信协议类型，OFF 代表使用 CAN2.0B 协议，即 06 版监测的协议；ON 代表使用 CAN1.0 协议，即 TJWX-2000 版监测的协议。

2. 安装调试注意事项

外电网电源相位角的信息是外电网采集机根据采样的电压分析得到的，正常情况下三相相位角均为 120°。当其中任意两相配线接反时，同一路外电源的三相相位角都会变成240°。为了能正确监测电网电源的相位信息，要保证接入监测单元的电源相序正确。因此，安装设备时最主要的工作就是要核对接入监测单元的电源相序与外电源相序是否一致。

在核对接入的电源相序是否正确时，可采用测量同相之间电压的方法来判断。例如，要判断 A 相接入是否正确，可分别测量接入监测单元的 A 相与外电网电源箱内的 A、B、C 三相之间的电压，正常情况下，A 相对 A 相之间的电压为 0，而 A 相对 B 相和 C 相的电压都是 380 V。

另外，在安装调试时要确保电流采集的相序必须与电压采集的相序一致，在检查它们是否一致时可利用功率分析。先在程序窗口中分别查看外电网的总功率和各单相功率，正常情况下总功率是各单相功率之和。若发现各单相功率之和与总功率不相等，就需要进一步检查电压和电流采集相序的一致性。如果发现某单相功率比总功率还大，就需要查看配置文件，看所配置的倍率是否过大。

3. 简单故障判断与处理

1) 外电网监测信息未知

此类故障通常主要有下面三种表现情况：

(1) CAN 通信中断。此故障会在外电网监测单元的面板指示灯上有反映，现象是"发灯"闪亮，"收灯"不亮。处理时应重点检查 CAN 通信线。

(2) 外电网监测单元故障。通过测量判断监测电源是否正确送入监测单元，如果已送入，表明监测单元出现故障。也可用替代法进一步确认。

(3) 系统提示 HHCAN.INI 错误。这里提示的是通信配置文件错误，此时要对系统的配置文件进行检查，对错误的数据进行修改。监测系统都有较强的自检功能，在出现错误提示的情况下问题多发生在软件、数据上，也可能是出现了通信故障等。

2) 外电网监测中一路监测错误

出现一路监测错误主要有以下两种可能：

(1) 隔离保险熔断。外电网的两路监测如果出现一路错误，说明负责监测的各单元设备正常，主要问题出在监测电源输入部分。此时应重点查看外电网隔离单元上所对应的隔离保险是否熔断。

(2) 对应采样线接触不良。同上面的情况一样，若出现一路监测错误，当检查隔离保险后发现安好之后，就要重点检查各引入线是否有接触不良的情况。

问 题 思 考

1. 外电网监测的目的与意义是什么？简述外电网报警的条件及技术要求。

2. 外电网监测的对象或内容有哪些？需要采集的信息是什么？

3. 画出外电网监测原理框图，并简述其监测原理。

4. 外电网监测设备在安装调试时的注意事项有哪些？

第十二课　信号电源屏监测

　　由于信号电源屏提供了信号设备所需的各种电源，因此其工作状态将直接影响信号设备的正常工作，监测电源屏所有电源的相关参数，可为信号设备供电质量分析提供依据。

　　对电源屏监测需要采集电源屏的输入电压、电流，及其所输出的各类电源的电压、电流、频率、功率，和 25 Hz(或 50 Hz)电源(相敏轨道电源供电模块)输出的电压相位角等数据。

　　本章主要讨论的监测对象是非智能电源屏各电源。对于智能电源屏，信号监测系统从智能电源屏自带的智能采集终端上，通过 RJ485 接口直接收集规定的各种信息。

一、电源屏监测的技术要求

　　非智能电源屏因未设监控单元电路，因此监测信息需通过实际采集方式来实现，其技术要求如下所示。

　　监测内容：各电源屏输入电压、电流；电源屏各路输出电压、电流；25 Hz 电源输出电压、频率、相位角。

　　监测点：非智能电源屏的转换屏输入端、其他非智能屏的电压输出保险后端。

　　监测精度：电压±1%；电流±2%；频率±0.5 Hz；相位角±1%。

　　测试方式：周期巡测(周期≤1 s)；变化测。

　　采样速率：250 ms。

　　电源屏输出报警：电源屏输出电压大于额定值的3%或小于额定值的3%时报警并记录。

　　下面以 TJWX-2000(6)监测系统设备为例介绍监测设备组成及其各信息的采集方法、原理。其他型号的监测设备原理大同小异。

二、电源采集设备及基本原理概述

　　与外电网监测相似，电源屏的监测也是采集各类电源的电压与电流信息，监测分机通过采集到的电源电压和电流信息分析、计算出其他电气参数，如相位、频率等。当采集的参数与各预定的数据相偏离时及时给出告警或报警信号。电源屏采集监测设备包含采集分机、C0 组合及交流互感器模块。

　　电源屏采集监测的核心设备是电源屏采集分机，它由交流信号模拟输入板(8 块采集板)、电源板及总线组成，所配置的 C0 组合由保险和电压、电流转换单元构成，交流互感器模块负责电源的电流采集。

1. 电压的采集原理

　　对电源屏电压的监测采用"C0 组合＋采集板"的方式，C0 组合内的保险和转换单元，负责实现对电源屏电压的隔离、衰耗转换功能，转换后的电压信号输出到采集板。转换单元模块以可插拔继电器的形式制成，即利用继电器外壳，内部装配采样隔离转换单元，分别有交流电压隔离转换单元和直流电压隔离转换单元两种。每个隔离转换单元都装有指示灯以指示电路工作情况，指示灯亮代表工作正常。转换单元实物如图 12-1 所示。

图 12-1　C0 组合中的电压转换单元(直流)实物图

C0 组合实现电压隔离转换的原理如图 12-2 所示。

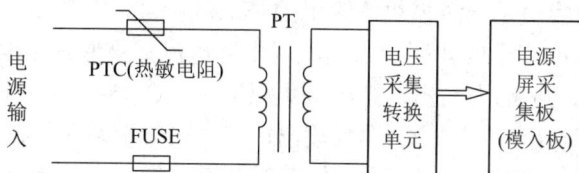

图 12-2　衰耗隔离转换功能原理图

图中的 FUSE 为速断熔丝保险(按 0.3A 配置)，主要用于防护因采集机故障或是配线原因造成的短路情况，同时在漏流接地测试时，用于减少因电流太大对信号设备造成的影响。PTC 为负热敏电阻，在无电流通过时电阻很大，在有电流通过时随着其温度的升高电阻下降，当超过一定的温度(居里温度)时，它的电阻值随着温度的升高呈阶跃性的减小，从而使输入电流达到缓冲的目的，因此，对电路也有很好的保护作用。PT 为电压互感器，它一方面起到电气隔离的作用，同时将采集电源的高电压降低，给后级电压转换单元电路送入符合要求的电压信号，最后形成 0～5 V 的直流电压信号送入采集板。电压互感器的最大量程依据所要检测的电源高低选择，通常采用最大量程为 40 V、150 V 和 300 V 的互感器。

2. 电流的采集原理

对电源屏电流的监测采用"电流互感器模块＋采集板"的方式，电流互感器采用开口式。电源屏电流的监测包括电源屏输入电流和电源屏输出电流，且有直流电流和交流电流之分，因此对应的电流互感器模块也分为两类，即交流电流互感器模块和直流电流互感器模块，两类电流互感器模块均为穿心式电流采样模块。对单相电源采样正电源线，如 JZ、KZ，同时选用电流互感器时要根据被采样电源电流的大小决定。两类电流互感器实物图及原理图如图 12-3 所示。

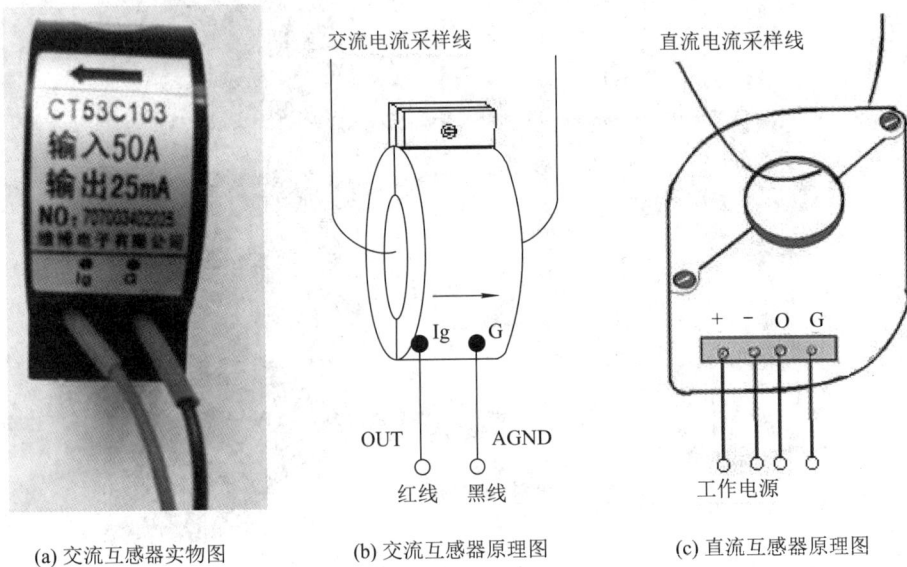

(a) 交流互感器实物图　　　(b) 交流互感器原理图　　　(c) 直流互感器原理图

图 12-3　电源屏采集用电流互感器实物及原理图

交流电流互感器模块是无源模块，输出的是电流信号，直流电流互感器模块是有源模块，输出的是电压信号。图 12-4 所示为电源屏电源电流采集原理示意图，对于交流电源电流采集模块(互感器)，Ig 端为输出，接至采集板端子，G 端接该采集机电源的地线；对于直流电源电流采集模块(互感器)，O 端为输出，接至采集板端子，G 端接该采集机电源的地线，"+、-"为工作电源接入端。采集线穿线都有方向，电流方向与模块上标注的箭头方向要一致。

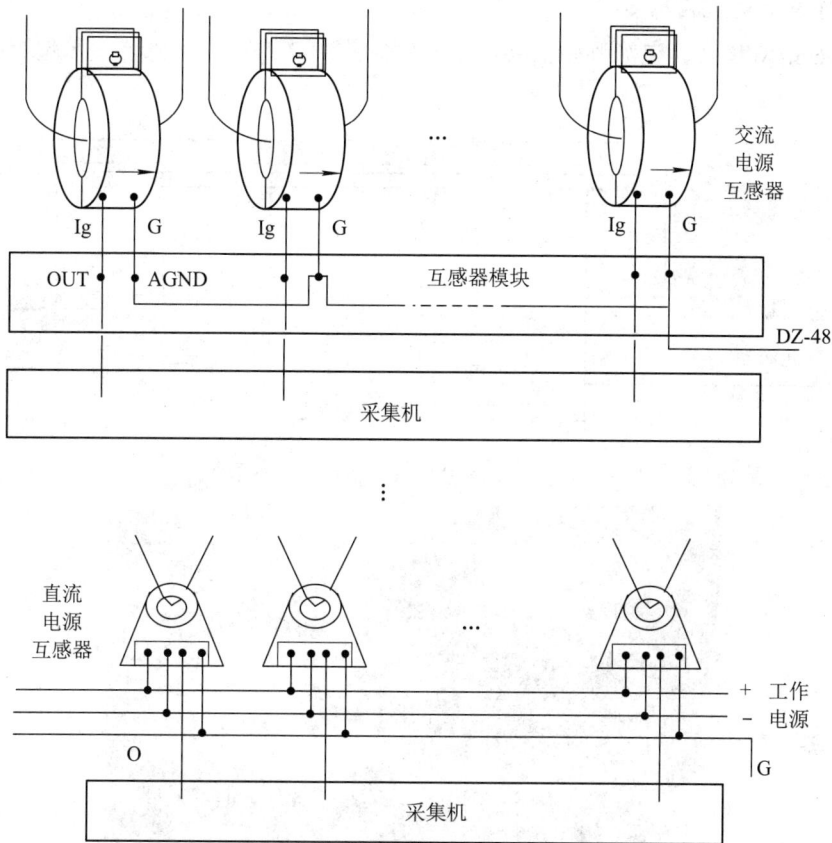

图 12-4　电源屏电源电流采集原理示意图

3. 电流互感器的安装

互感器安装板通常安装在电源屏电流采集绝缘板上，绝缘板固定在电源屏上。下面通过图片介绍 WB 交流电流互感器和 WB 直流电流互感器的装配。

1) WB 交流电流互感器装配

图 12-5 是 WB 交流电流互感器装配示意图。

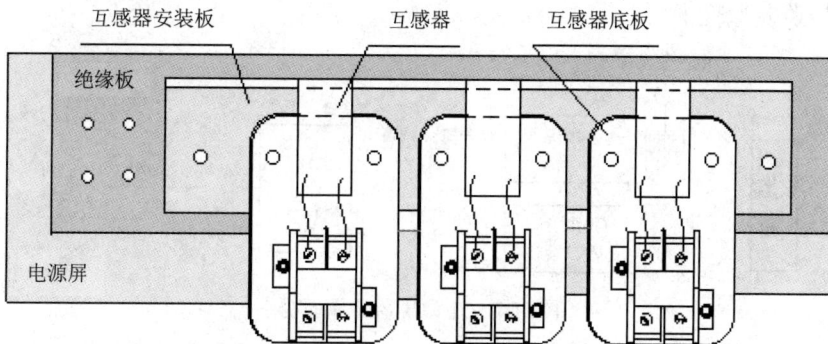

图 12-5　WB 交流电流互感器装配示意图

2) WB 直流电流互感器装配

图 12-6 是 WB 直流电流互感器装配示意图。图 12-7 是电流互感器安装位置的实物图。

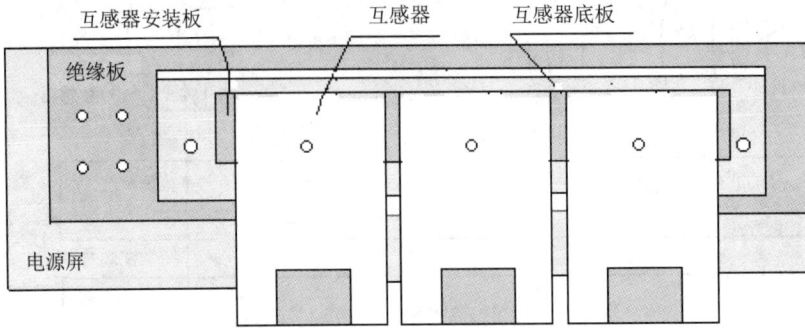

图 12-6　WB 直流电流互感器装配示意图

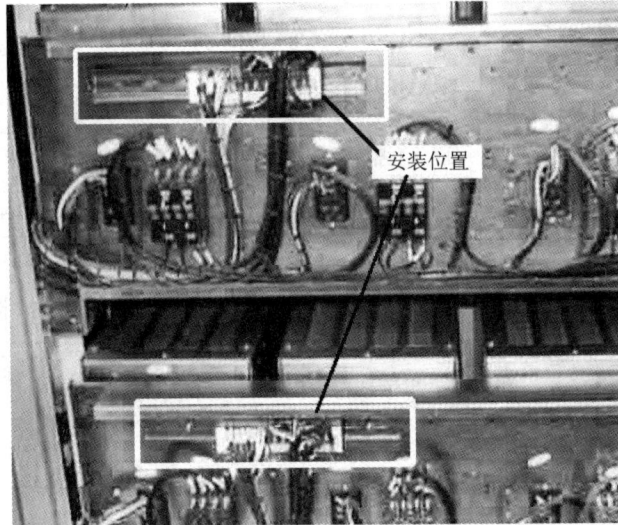

图 12-7　电源屏采集电流互感器安装位置实物图

4. 电源屏监测原理

电源屏监测原理框图如图 12-8 所示。

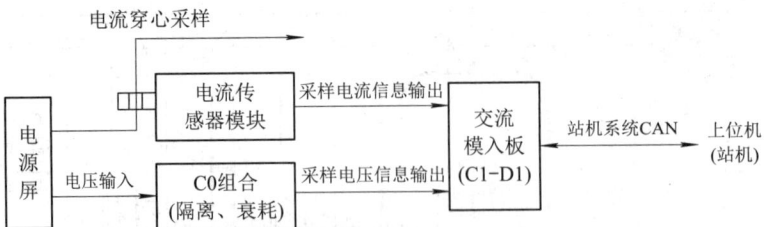

图 12-8　电源屏监测原理框图

电源屏电压采样路径为：电源屏配线端子→C0 组合→CSM 采集分机。

电源屏电流采样路径为：电源屏输出线→电流采集互感器→CSM 采集分机。

一套设备可以实现对 48 路电源屏输入、输出信号的电压、电流、功率、频率，25 Hz 电源输出电压相位角以及断序、错序、瞬间断电等开关量和瞬间断电曲线的采集。实际需要直接采集的是各路各种类型电源输入、输出的电压和电流数据，其他监测量都由采集分机据此数据计算得到。

三、采集转换单元的 C0 组合结构

C0 组合包括熔断器和转换单元，安装在采集机柜的上层(亦可安装在组合架其他部分)，以集中实现对电源屏电压的隔离与转换。交流电压隔离转换单元和直流电压隔离转换单元实物图如图 12-1 所示。

目前的 C0 组合有 C0Ⅱ型和 C0Ⅲ型组合结构，两种组合的结构有所区别，但是组合前面安装的都是熔断器。

1. C0Ⅱ型组合结构

C0Ⅱ型组合结构中可装设端子板 D0～D5(3 列 18 柱端子板)及 7 个电压隔离转换单元 J1～J7，电源采集容量为 32 路。其组合结构图(后视图)如图 12-9 所示。

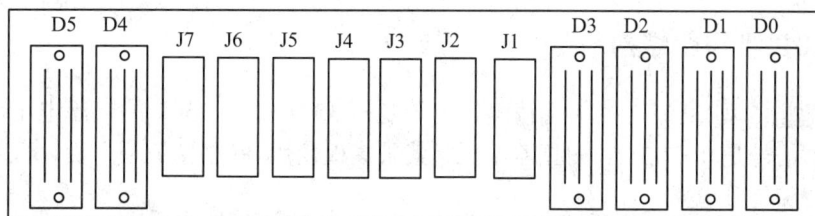

图 12-9　C0Ⅱ组合结构图

自电源屏引出的各路输入、输出电源，接至监测柜 C0 组合背面的 D1/D2 端子板，串接过 0.3 A 熔断器后转接到 D4/D5 端子板，之后则分为两路，一路输送到电缆绝缘、漏流监测组合，另一路送入电压隔离转换单元。图 12-10 所示为电源屏电压监测原理框图。

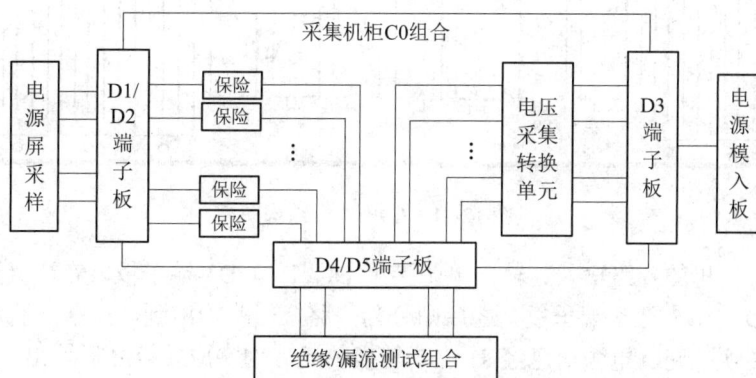

图 12-10　电源屏电压监测原理框图

各电源经 C0 组合的 J1~J6 转换单元分别完成转换之后(0~5 V 之内的直流电压),通过 D3 端子板接至电源模入板(采集分机)进行 A/D 转换,后经 CPU 处理通过 CAN 网络上送至站机进行显示与存储等。

各端子板的具体分工如下:

D0:采集机柜内部专用电源配线端子板;

D1、D2:所监测的各种电源接入配线端子板;

D3:所监测各种电源经过电源转换单元后的输出端子板,接至 C1 组合的 Dl/D2 端子板;

D4、D5:所监测的各种电源经过熔断器后的输出配线端子板,接至漏流测试组合。

电源转换单元功能如下:

J1:外电网两路输入电源(交流 220 V 或 380 V)转换单元;

J2:输出 220 V 电压转换单元(4 路 XJZ,4 路 GJZ);

J3:3 路 QJZ、JZ220、ACII0、AC24、AC12 电压转换单元;

J4:对 380 V 及其他所需监测的备用电源进行提速;

J5:QKZ48、QKZ24、DC220、DC4 电压转换单元;

J6:错序、断电、断相转换单元;

J7:备用。

2. C0Ⅲ型组合结构

C0Ⅲ 型(06 型)交流转换单元输出的信号是-1.35 V~+1.35 V 的交流电压,直流转换单元输出的信号是 0~1.35 V 的直流电压,其采集板使用 06 型交流模入板,可对输入的信号进行滤波和提升电压。

C0Ⅲ 型组合结构中可装设 7 块 18 柱端子板 D0~D6 及 7 个电源转换单元 J1~J7,电源采集容量为 48 路。其组合结构图(后视图)如图 12-11 所示。

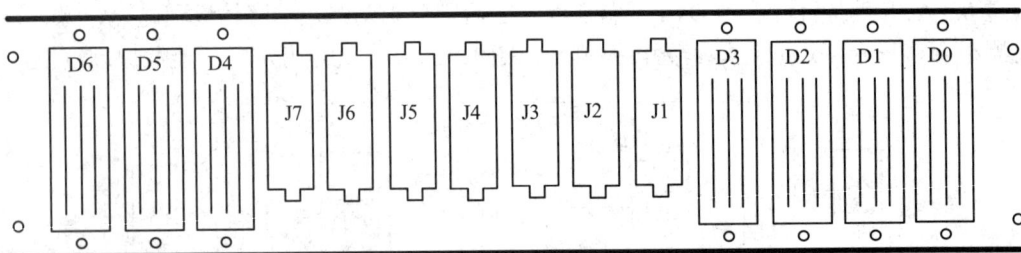

图 12-11 C0Ⅲ组合结构图

自电源屏引出的各路输入、输出电源接至 Dl、D2、D3 端子板,在串接过 0.3 A 熔断器后,接到 D4、D5、D6 端子板。之后则分为两路,一路输出到电源漏流监测组合,一路输出到电源转换单元。电源信息经 J1~J7 转换单元分别完成转换之后输出 0~5 V 的直流电压信息,再通过 D0 端子板转接至采集板,由采集板完成 A/D 转换,最后经 CPU 处理通过 CAN 总线上送至站机进行显示与存储。

各端子板的分工情况如下：

D0：所监测各种电源经过电源转换单元后的输出端子，接至 C1 组合的 D1、D2 端子板；

D1、D2、D3：所监测的各种电源接入配线端子板；

D4、D5、D6：所监测的各种电源经过保险后的输出配线端子，接至漏流测试组合。

电源转换单元功能如下：

J1：Ⅰ、Ⅱ 路输入(交流 220 V 或 380 V、J Z110-1)电压转换单元；

J2：1XJZ、2XJZ、1GJZ、2GJZ、DJZ、QJZ-1、QJZ-2 电压转换单元；

J3：备用；

J4：3XJZ、4XJZ、3GJZ、4GJZ、提速 380 V、JZ110-2 电压转换单元；

J5：DZ220、KZ24、QKZ48、QKZ24 电压转换单元；

J6：(有 380 V 电源时)掉电、错序、缺相测试转换单元(两路输入、一路输出三组电源在 J6 单元经高阻降压后输入专用的固态隔离模块，一方面完成电气隔离，另一方面把电信号转换成开关量信号，然后输入到综合采集机的开关量输入板。综合采集机的 CPU 按照高速扫描方式监测开关量的状态变化，当开关量消失或低电平持续时间超过 140 ms，规定输入电源为断电的状态。输入的三相电源经过错序识别电路，转换为表示相序状态的开关量，送入开关量输入板，当相序正确时，错序识别电路输出高电平，反之输出低电平，并报警且记录)；

J7：输入 220 V 掉电测试转换单元。

四、采集分机的 C1 组合结构

电源屏监测使用的采集分机由电源板、交直流模拟量采集板及总线板构成，位于监测站机系统采集机柜的 C1 组合上。图 12-12 所示为 C1 组合的采集分机结构示意图。

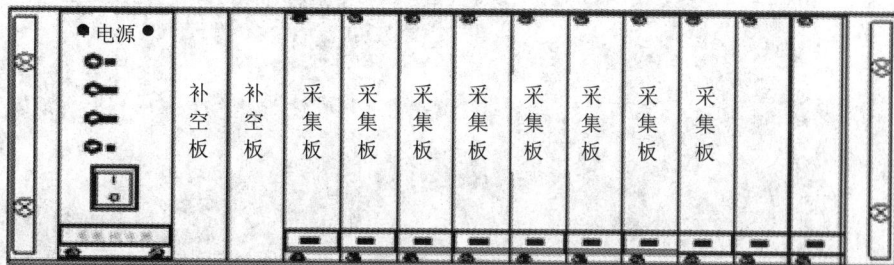

图 12-12　C1 组合的采集分机结构示意图

1. 电源板

电源板可将电源屏输出的 220 V 微机监测电源转换为直流 +5 V、+12 V、−12 V 等，为电源屏监测电路中的电流互感器、隔离转换单元及各采集板供电。

电源板面板上设置一个总开关及各种电源指示灯，总开关控制电源板的工作，总开关闭合，电源板输出各种直流电源。面板上指示灯常亮，说明电源板正常工作，若电源板故障，则相应指示灯灭掉。电源板面板如图12-13所示。

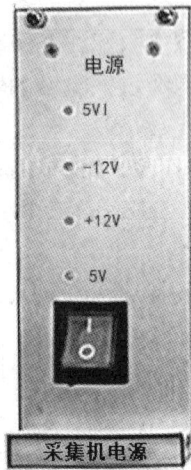

图12-13　采集机电源板面板

2. 交直流模拟量采集板

组合内的采集板完成各自的模拟量采集任务，利用采集板的 DSP(数字信号处理技术)对信号进行处理，通过程序计算出电压、电流、频率、功率、相位等项监测值。电源屏智能采集板实物图如图12-14所示。采集板面板上有指示灯，正常情况下，面板上的"电源"灯常亮，"工作"灯秒闪，"主/备"灯和"故障"灯灭灯，"收"灯、"发"灯闪烁，说明采集板工作电源正常，每块采集板可监测48路模拟量。

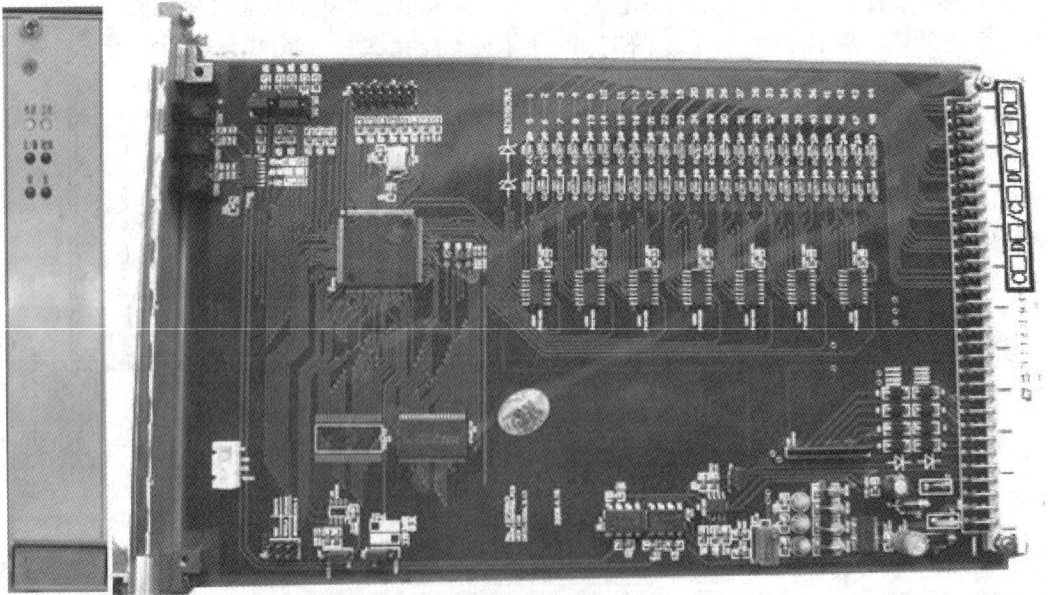

图12-14　电源屏智能采集板实物图

采集板配线时采用一路电压接着一路电流的方式，比如当需要测电源屏电压的相位角时，轨道电压和局部电压(相敏轨道电路用)需配置在采集板的前24路，轨道的电源屏电压配置于采集板上的第1路，则相位角对应的局部110 V配置于模入板上的第13路，在该两路(1路与13路)电压之间比较相位角或在模入板上的第2路与第14路之间比较相位角，依此类推。

每块采集板都有独自的数据处理器，可对数字信号进行处理、分析，最后传送到站机进行保存、存储。

模拟量采集板对模拟量信号的采集是利用多路开关对信号进行选路，通过给每个模拟开关IC加一个不同的固定电压信号，每次对模拟量采样前都先对这些固定电压信号进行采样，如果结果偏出一定范围的话，则可以判定该模拟开关或这一路出现AD故障，所以，采集板有较强的自检能力。

3. 采集分机维护及简单故障判断

1) 电源板维护

如果采集分机电源板面板上5VI灯或5 V灯不亮，则可能存在以下两种情况：

(1) 采集分机电源故障。此时，使用该电源供电的所有采集板所监测的内容均显示未知，即不通信。

(2) 采集板电源指示灯故障(但电源其他功能正常)。此时，使用该电源供电的所有采集板所监测的内容均正常，不影响正常使用。

如果采集机电源的所有指示灯均灭，则应检查采集机电源的供电电源是否正常。若正常，则表示采集机电源坏，需更换；若不正常，则应根据配线图纸检查配线。

2) 采集板维护

若采集板上"收"灯、"发"灯灭，则应检查监测终端上有无电源屏信息，有信息则为指示灯故障，不影响监测；若无信息则应检查CAN总线是否断线。

"电源"灯灭时，首先应查看该采集板所在组合相应的采集机电源是否正常。若采集机电源工作正常，并且采集板上其他灯均正常，则是表示该灯出现故障，不影响正常使用；若其他灯灭灯或常亮，则为该采集板故障，需更换。

更换新板卡时请确认采集分机程序已经正确写入该板卡；板卡各短路块跳线与先前跳线一致，即跳线为工作模式。

3) 监测终端显示电源屏电压不准确

先用万用表测量电源屏电压，判断是否是电源屏电压异常。若测试结果说明电源屏电压正常，则可判定是监测电路故障，具体情况如下：

(1) C0转换单元电压指示灯(绿灯)亮时。测量施工图C0—D1(或D2、D3)相应位置的输入电压是否正常。检查C0组合相应输出线C0—D0至C1—D1电源屏采集板配线是否正常。可能故障如下：

① C0组合内部断线。

② 电源屏采集板故障。若电源屏采集板故障灯亮，应用万用表测量电源屏采集板对应输入位置与C1—D0—B9端子间的电压，若有交流电压(0～1.65 V的交流电压)，则表示

电源屏采集板故障，应更换电源屏交流模入板或重启电源屏交流模入板。

③ 转换单元故障。若造成电源屏采集板某路输入电压超限，应用万用表测量电源屏交流模入板的电压值，找到相关转换单元，更换转换单元。

(2) C0 转换单元电压指示灯(绿灯)不亮。用万用表测量 C0—D1(或 D2、D3)相应位置的输入电压不正常，则故障可能是：

① C0 内部电源屏采样线断线。

② 相应熔断器被烧断。

③ 转换单元故障，更换转换单元。

若无以上故障，则可在监测终端设置窗口中修改显示精度。

4) 监测终端显示电源屏电流不准确

应重点查看对应电流传感器模块的接线情况，可能为采样线中断或 GND 环线中断。

若无上述故障，可选择在监测终端设置窗口中修改显示精度。

五、智能电源屏的监测

智能电源屏自身设有相关的监测单元模块，能够进行实时监测，并可在自身的监测工控制机所带的显示屏上操作显示。其监测的内容或对象包括所有空开的状态、两路输入电源状态(如过压/欠压、断相/缺相、漏电流等)的检测；电源屏各电源模块故障检测及其输出电源电压、电流检测；UPS 电源设备监督和故障报警，在线/旁路、电池电压、过放电、电池故障等状态检测等。即便当输入停电时，监测单元也能维持正常采集工作不少于 10 min，更主要的是智能电源屏的监测系统，可将监测数据通过以太网 RJ45 通信接口(A 屏监测模块后部左侧预留 LAN 接口)上传上位机或信号集中监测系统，且支持历史数据查询。智能电源屏、UPS 与监测站机系统通信示意图如图 12-15 所示。

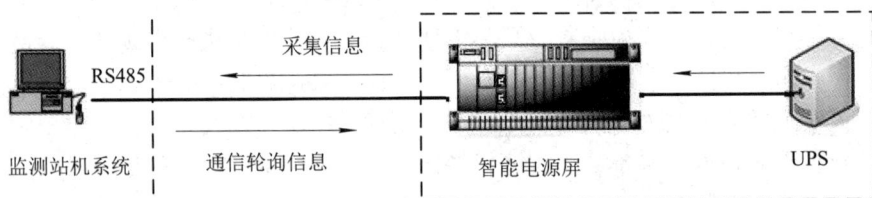

图 12-15　智能电源屏、UPS 与监测站机系统通信示意图

可见，智能电源屏自身就具备完善的监测能力，所以信号微机监测系统无需再增加另外的设备，可通过 LAN(RJ45)接口将数据收集到监测的站机系统，直接进行显示、转发或存储备查。

1. 智能电源屏监测系统的具体功能

智能电源屏监测系统采用分布式模块化结构设计，在监控平台上实现数据管理、信息查询管理、报表管理、报警管理、安全管理等功能。系统采用 15 寸数字真彩显示屏，操作直观简便，画面清晰。系统的具体功能表现在如下几个方面：

(1) 数据采集：对电源屏输入/输出电压、电流等模拟量和报警开关量进行快速、高精度的采集处理。

(2) 实时显示：对输入/输出电源电压、电流、25 Hz 电源频率/相位、模块工作状态的实时显示。

(3) 采集通信：通过检测监控主机与采集单元之间的通信状况，有助于对系统故障进行判断。

(4) 报警：对系统输入/输出电源的电压超限、断电、过流等故障进行监测，"报警"中详细列出了故障发生时间、恢复时间及故障内容。对外提供一组状态接点并可外接报警电路，可使值守人员第一时间了解故障情况。

(5) 数据上传：提供 RJ45 标准通信接口，采用标准通信协议与上位机或信号集中监测系统实现监测数据、报警信息的通信传输。

(6) UPS 数据采集：支持与主流 UPS 的通信，采集 UPS 的模拟量和报警信息，并上传上位机。

(7) 电池数据采集：支持与电池监测主机的通信，采集蓄电池组和单节电池的数据信息，并上传上位机。

(8) 漏流检测：检测系统输出电源的漏泄电流数据，为设备的正常运行提供参考数据信息(可选)。

系统除可实时显示设备状态、变化及设备告警发生、恢复的时间信息等内容之外，几乎所有的模拟量信息都可用实时曲线、监测信息报表和报警信息报表的形式给出，如电源屏输入、输出电源日月曲线等，包括 UPS 设备的运行情况和蓄电池数据，同时系统还可对相关数据按日期统计最大值及其出现时间，最小值及其出现时间和平均值。

如果监测系统具备漏流检测分机，且系统菜单"综合设置"中设置了漏流测试功能，则智能屏监测系统就具备了漏流检测功能。如果某智能电源屏没有装备电源对地的漏流检测分机，要想实现对漏流的监测，就需要安装相关的测量继电器组合及检测单元去实现。

智能电源屏监测系统的具体功能及操作，可参看智能电源屏的使用手册。

2. 智能电源屏监测系统结构简介

智能电源屏自身的监测系统基本包含三大模块：配电监控(主要采集电网输入电源的电压、电流信息，还包括两路电源的工作状态及切换开关的位置情况等信息)、空开监测(主要采集各分路电源开关的状态、位置等信息)、电源模块监测(主要采集各电源模块的工作状态，还包括各电源的电流、电压数据等)。其实，智能电源屏的每个电源模块内都有一块负责监控的 CPU 板，即每个模块都是一个智能单元，可以独立完成对模块工作状态的监控，包括保护、故障、工作/备用情况等，并能显示其告警信息，因此此类电源屏也被称作智能电源屏。

图 12-16 所示为智能电源屏监测系统结构示意图。图 12-17 所示为智能电源屏与信号监测系统或集中监测系统接口图。

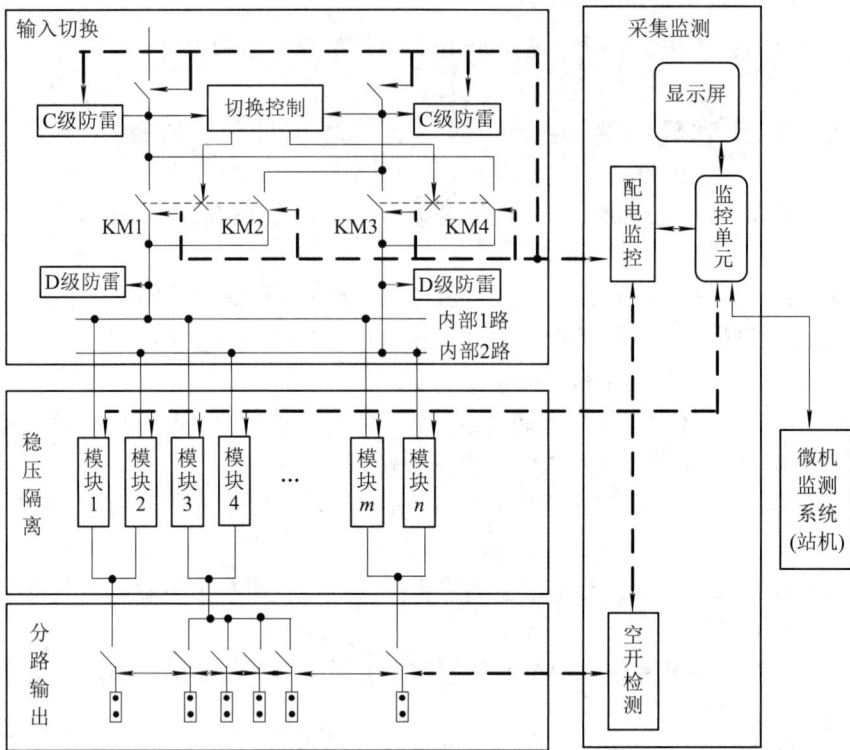

图 12-16　智能电源屏监测系统结构示意图

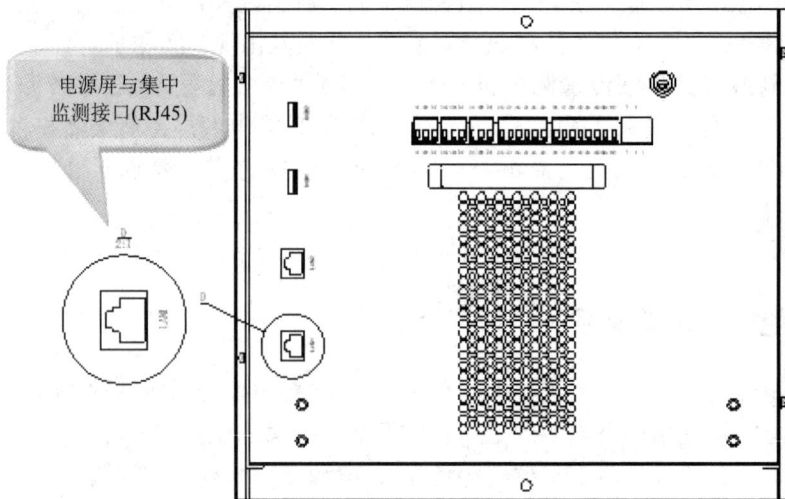

图 12-17　智能电源屏与信号监测系统接口

图 12-18 所示为 DSGK2 系列高速铁路信号智能电源屏系统结构示意图，从图中可以清晰地看到系统的结构及所采集信息的内容情况。

UPS 智能电源自身具备较强的监测能力，且有输出接口可与电源屏的监测单元通信，当然也可以将其监测信息直接送往站机系统。

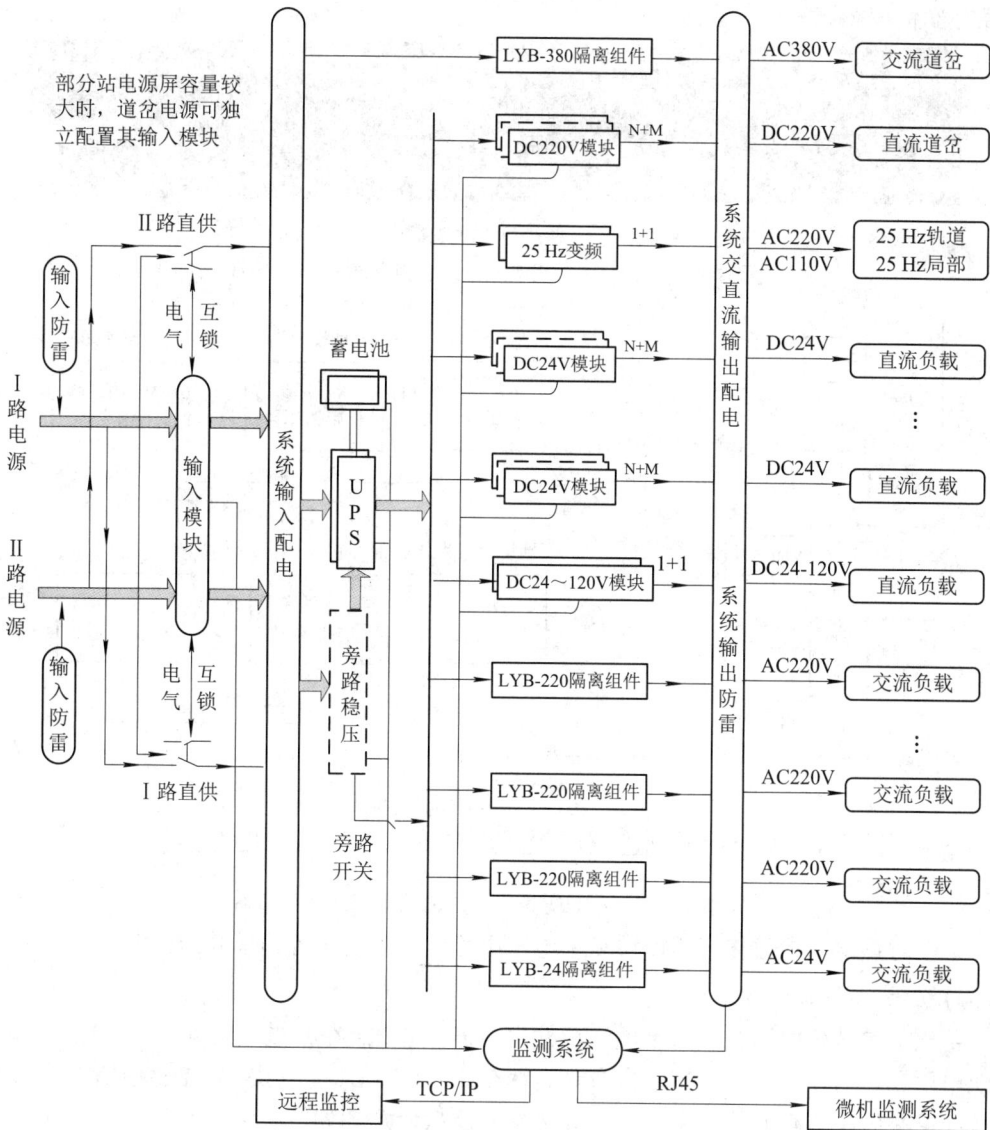

图 12-18　DSGK2 系列高速铁路信号智能电源屏系统结构示意图

3. 蓄电池在线监测装置

蓄电池在线监测装置对不同设备监测的原理都相同，现以 LYX2DJ1 蓄电池在线监测装置为例作简单介绍。

LYX2DJ1 蓄电池在线监测装置采用新一代 ARM 处理器，具有采集蓄电池电压、温度、内阻等参数及记录充放电状态等功能，可集中处理各电池参数传感器、电压电流采集单元的数据，通过网络或 RS485 将相关参数上传上位机(通常直接上传给智能电源屏的监测单元模块)。装置以实时在线的方式对蓄电池进行监控，实现对蓄电池的智能化管理及故障报警。图 12-19 所示为 LYX2DJ1 蓄电池在线监测装置前面板外观，图 12-20 所示为其监测系统原理结构框图。

1—信号指示灯；2—显示屏幕；3—键盘；4—上电开关

图 12-19　LYX2DJ1 蓄电池在线监测装置前面板外观

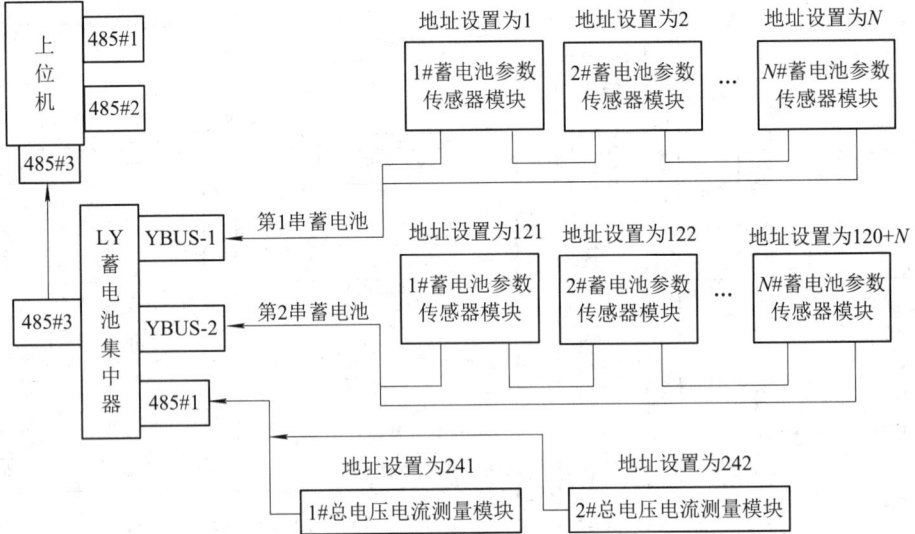

图 12-20　LYX2DJ1 蓄电池监测系统原理结构框图

下面对蓄电池参数传感器模块和总电压电流测量模块进行简单介绍。

1) 蓄电池参数传感器模块

蓄电池参数传感器模块与蓄电池极柱直接连接，安装在蓄电池附近，用于 12 V 单体蓄电池电压、内阻、温度的测量，自身带有两个 RJ11 通信口，采用 YBUS 通信方式与蓄电池在线监测装置进行通信。蓄电池参数传感器连接示意图如图 12-21 所示。

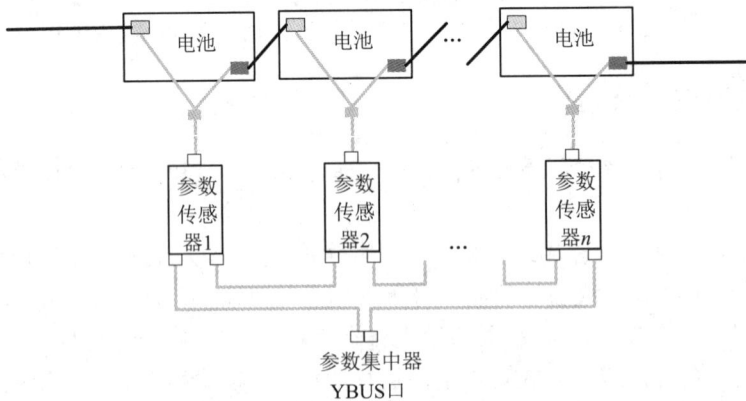

图 12-21　蓄电池参数传感器连接示意图

2) 总电压电流测量模块

总电压电流测量模块用于测量现场环境温度及电压、电流等参数。测量模块的电源和电压测量回路具有防反接、过压、过流等保护功能；外置霍尔传感器，可测量正负双向电流；具有防雷击等保护措施；采用非金属外壳，可有效降低现场使用时可能发生的安全隐患。

4. UPS 的监控

为了有效地对信号电源进行控制与监督，选配 UPS 时应选择具备智能化的电池管理功能的产品，此类产品还应具有智能化的电源监控管理功能。这样，UPS 可通过网络接口(如RS232)与计算机连接，结合智能化电源监控软件实现对 UPS 系统的智能管理。

主流的 UPS 产品都具备监控系统，支持灵活的网络化监控，可以充分满足不同用户的应用需求。且系统具有多种告警方式，可通过声、光、LCD、输入输出接点以及网络传输等方式对当前发生的告警进行及时、准确和详细的提示，在提高系统可靠性的同时，可帮助维护人员准确快速地定位及排除故障。

UPS 的监测技术主要是通过相应的智能监测模块，对设备的应用状态、相关技术参数及报警信息等进行实时采集，并与智能电源屏的监测系统结合，对数据进行统一的分析、处理，同时与既有的信号监测系统的站机通信，上传信息，达到集中监测的目的。对不同品牌、多型号的 UPS 可以设计通用的接口协议，便于与现有监测系统进行可靠通信。

5. 电源屏报警时的检修操作

电源屏报警时的检修通常有以下两种：

(1) 屏内设有监测及报警回路，当输入、输出模块故障时，模块故障指示灯点亮，同时接通声光故障报警回路。此时可将监测模块上的船型开关打至"消音"位置并查找故障原因，当故障修复后，故障报警器亦会鸣响，以提醒值班员将船型开关恢复至"正常"位置。智能监测系统具有良好的人机界面，值班人员可根据汉字提示进行操作。

(2) 各屏内分别设置辅助报警装置，当监测系统因故不能正常工作时，可实现简易的故障报警和定位(屏级)。辅助报警信号红灯和切音按钮为组合式带灯按钮，设在每屏输出指示灯板的左侧。故障发生时，报警红灯点亮，蜂鸣器鸣响，手动按压按钮消除音响后，报警红灯保持点亮；故障消除后，报警红灯熄灭，蜂鸣器再次鸣响，提示再次手动按压按钮并消除音响后，辅助报警回路恢复正常监督状态。

问 题 思 考

1. 电源屏监测的对象或内容有哪些？
2. 非智能屏监测的主要设备有哪些？简述各设备的功能及工作原理。
3. 画出电源屏监测原理的表现框图，并写出电压及电流的采样路径。
4. 简述采集板面板上各指示灯显示的意义。
5. 简述智能电源屏的监测功能。

第十三课　电缆绝缘及电源漏流测试

　　电缆是信号电路中的传输线，直接关系到信号设备是否能安全工作，因此通过对电缆绝缘电阻的测量，可以及时了解电源电缆绝缘的情况及信号电路的状态，以确保设备的正常工作。这里的电缆绝缘测试实质上是指电缆芯线全程对地绝缘电阻的测试。

　　信号系统要求传输电源的电缆绝缘层良好且对地绝缘，通过电源对地漏流的测量，可以了解各电源线是否有破损和接地问题，以及时发现线路不良或故障情况，所以对电源漏流的测试同样具有重要的安全意义。

　　但是，由于进行电缆绝缘和电源对地漏流测试时对信号设备的影响较大，因此仅支持人工启动全测或选测，不能不间断地实时测试，通常都特别规定：只在检修的天窗时间内由人工启动、自动测量。

一、监测内容及技术要求

　　对电缆绝缘和电源漏流测试的技术要求规定如下：

1. 电缆绝缘的测试

　　监测电缆类型：各种信号电缆回线(提速道岔只测试 X4 和 X5；耐压低于 500 V 的设备，如 LEU 等则不纳入测试对象)。

　　监测内容：电缆芯线全程对地绝缘；测试电压：DC500V。

　　监测点：分线盘或电缆测试盘处。

　　监测量程：0～20 MΩ，超出量程值时显示"＞20 MΩ"。

　　测量精度：±10%。

　　测试方式：人工确认天气状况良好，拔出防雷或断开防雷地线后启动、自动测量；人工命令多路测试。

2. 电源漏流的测试

　　监测类型：电源屏各种输出电源。

　　监测内容：输出电源对地漏泄电流。

　　监测点：电源屏输出端。

　　监测量程：AC 0～300 mA，DC 0～10 mA。

测量精度：±10%。

测试方式：在天窗时间内人工启动，通过 $1\ k\Omega(DC)/50\ \Omega(AC)$电阻测试电源对地漏泄电流值；人工命令多路测试。

二、监测设备及处理流程

电缆对地绝缘及隔离电源漏流的采集测试，是由综合采集分机负责控制完成的，此处以卡斯柯信号监测系统的设备配置为例，如图 13-1 所示。

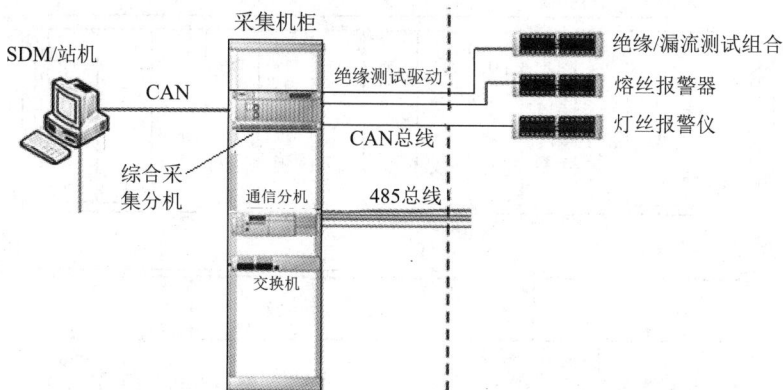

图 13-1　卡斯柯信号监测系统综合采集分机接口示意图

下面先对综合采集分机的结构与功能作一简介，以更清楚地理解绝缘与漏流测试的原理及工作流程。

在此系统结构下的综合采集分机，可以实现监测的内容有：电源电缆对地绝缘、电源电缆对地漏流、缆芯线全程对地绝缘、列车信号机主灯丝断丝报警、熔丝断丝报警等。

对电缆绝缘的测试点设在信号设备电路的室内外连接的分线盘处，或绝缘测试盘处的电缆端子，并引接监测线到采集机柜继电器组合架侧面端子；电源对地漏流监测点为电源屏端子板，并引接测试线到采集机柜继电器组合架侧面端子。图 13-2 所示为综合采集分机实物图。

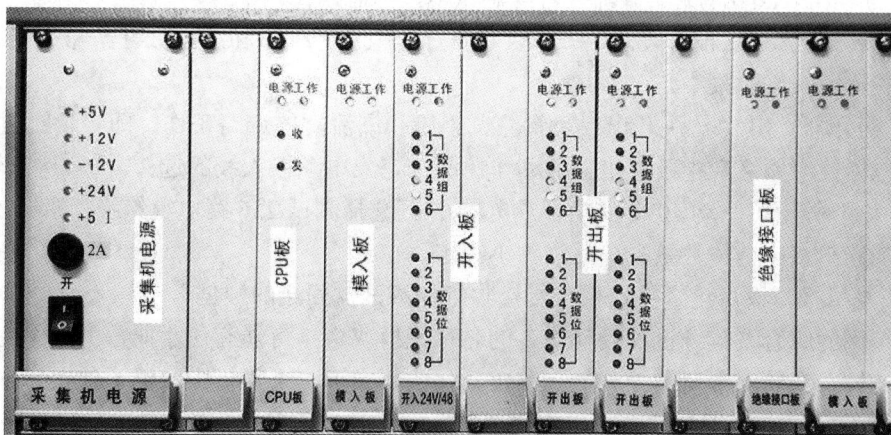

图 13-2　卡斯柯信号监测系统综合采集分机

引入测试继电器组合的电缆接线，通过"继电器接点网络"的选择控制被逐根地接入测量电路中。

1. 综合采集分机构成

1) 综合采集分机设备简介

传统的综合采集分机主要由总线板、CPU 板、模入板、开入板、开出板以及绝缘接口板等构成，如图 13-3 所示。综合采集分机负责完成电缆绝缘测试、电源对地漏流测试、熔丝断丝报警、环境监测等功能。

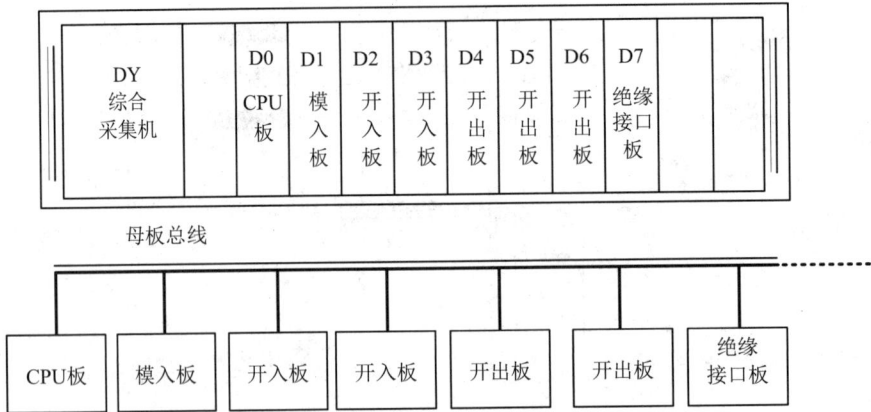

图 13-3　综合采集分机设备框图

2) 各功能板的作用简介

(1) 总线板。总线板是该采集分机的母板，各板均插在总线母板上进行通信。

(2) CPU 板。CPU 板是该采集分机的核心，负责调度各种数据的采集、报警的判别，并负责和站机通信。

(3) 模入板。模入板负责各种模拟量的采集运算，漏流、灯丝测试电流等数据的采集。其中第 24 路(C1-D1-Z8)采集漏流、灯丝测试电流信息。

(4) 开入板。开入板可设两块，一块负责灯丝报警开关量和熔丝报警器开关量的采集，一块负责环境报警的采集。

(5) 开出板。其中一块开出板负责测试绝缘和漏流时的选路工作，即负责对树型结构的"继电器接点网络"中各继电器的动作控制，完成电缆接入线的选择。每一块开出板有 40 路开关量输出(可驱动 40 个安全型继电器)，可选择测试 256 路电缆绝缘，如果多于 256 路可增加开出板，具体数量视车站的大小决定。

(6) 绝缘接口板。绝缘接口板负责接收绝缘测试盒回送的数据。

各厂家的综合采集分机的硬件设备的名称或模块数量可能有所不同，但总体功能是相同的。比如，在新标准监测的智能化和自动化的要求下，采集机中取消了独立的 CPU 板，CPU 的计算、处理和控制功能被集成到了每个板卡中，即各采集板具有智能性。

2. 绝缘/漏流测试过程控制

由于电缆芯线数量多，又只能一根一根地测试，因此需要借助测试继电器组成的树型阵列接点开关，也就是由继电器接点组成的多级选路网络，将每条电缆按顺序逐一地接入测试电路。测试时，综合采集分机根据接收的命令，计算选择出某电缆芯线的"路码"，即计算出选线网络阵列中的哪些继电器吸起，哪些继电器落下，之后再输出电压信号驱动其中应该吸起的继电器吸起，从而选出一路电缆接入测试电路中。选路网络具有互切特性，保证同一时刻只有一条电缆芯线被选通，不会发生混线现象。

其测试原理如图13-4所示。

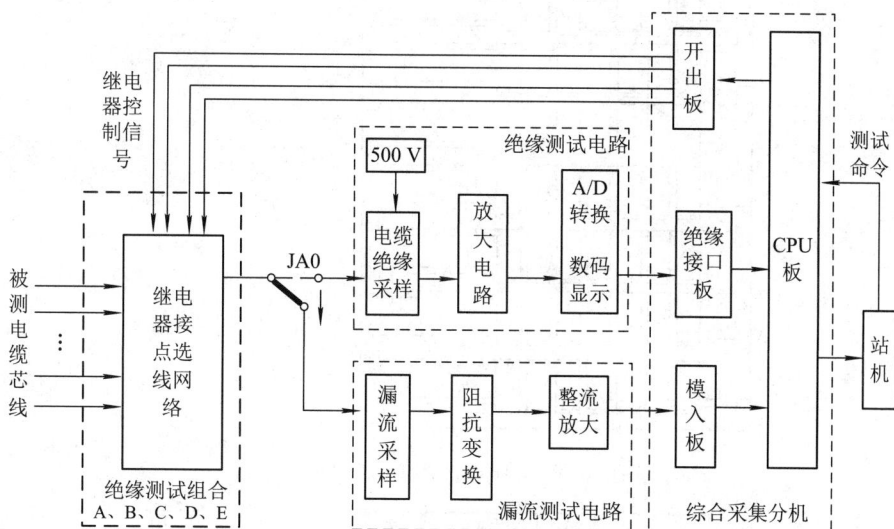

图13-4 绝缘/漏流测试原理图

三、继电器测试组合构成

选线网络电路的继电器安装在机械室的继电器组合上，它们组合在一起称为测试组合。测试组合内安装的都是1700继电器，它的动作受监测机柜内综合采集分机的控制。

1. 测试组合及其继电器排列

绝缘/漏流测试组合柜安装了电源接入保险F/F′层，及绝缘测试组合的E、A、B、C、D层或E′、A′、B′、C′、D′层，当电缆测试路数在256路以内时，使用E、A、B、C、D共5层组合，其继电器受综合采集机上的开出板控制吸起。当需要测量的电缆路数大于256路且小于512路时，需再增加E′、A′、B′、C′、D′5层组合，同时要在综合采集机上对应增加开出板。图13-5为绝缘漏流测试组合柜设备分配图，最上层为F/F′保险层，其下为E、A、B、C、D层，再下可增加放置E′、A′、B′、C′、D′层。

图13-6为选线网络电路测试组合继电器位置排列图。

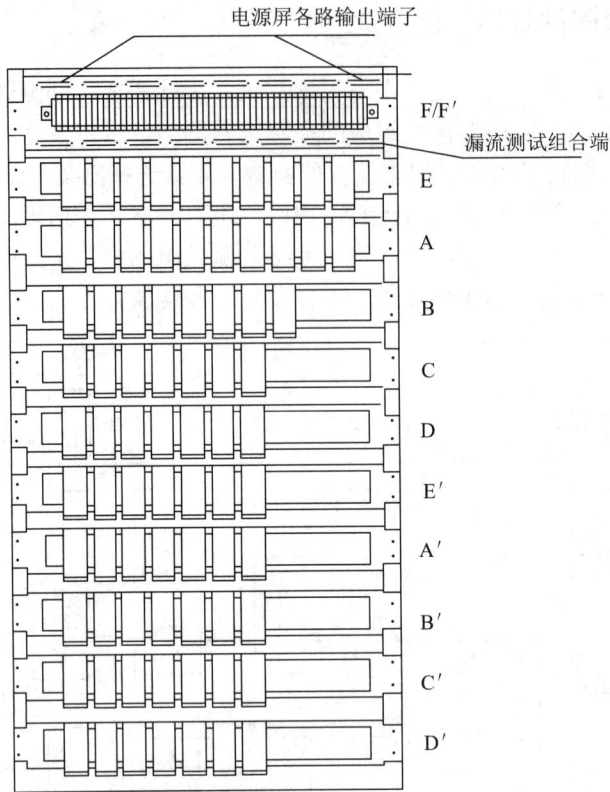

图 13-5　绝缘漏流测试组合柜设备分布图

	1	2	3	4	5	6	7	8	9	10
E	J30	J31	J40	J50	J60	J70	J80	J90	JA0	E10 漏流
A	J00	J01	J02	J03	J10	J11	J20	JB0	JB1	A10 绝缘
B	J04	J05	J06	J07	J12	J13	J21	JBJ		
C	J08	J09	J0A	J0B	J14	J15	J22			
D	J0C	J0D	J0E	J0F	J16	J17	J23			
E′	J30′	J31′	J40′	J50′	J60′	J70′	J80′			
A′	J00′	J01′	J02′	J03′	J10′	J11′	J20′			
B′	J04′	J05′	J06′	J07′	J12′	J13′	J21′			
C′	J08′	J09′	J0A′	J0B′	J14′	J15′	J22′			
D′	J0C′	J0D′	J0E′	J0F′	J16′	J17′	J23′			

图 13-6　选线网络电路测试组合继电器位置排列图

在 E、A、B、C、D 的 5 层组合中共有继电器 40 个，另外的 E10 和 A10 两个固定位置不是继电器。E10 为电源漏流电路测试单元，A10 为绝缘测试单元(又称"绝缘表"，结构为继电器形式)。其中 J00～J0F(16 个)，J10～J17(8 个)，J20～J23(4 个)，及 J30、J31、J40、J50、J60、J70(5 个)共 34 个继电器用于组成树形节点选线网络，完成对 256 根电缆的逐一选择。另外的 J80 作为测试电缆绝缘的开关(防止平时不测试时，错误地进入测试状态。后面有解释)，它的吸起表明测试开始，平时其落下用于切断测试电路，只有在需要绝缘测试时才吸起，用其前接点接通电缆绝缘测试电路。

无论是电源对地漏流的测试还是电缆绝缘的测试，它们的选线控制电路是类似的，所以两者共用了一套测试继电器组合，只是在测试继电器组合的基本层 E 层，增加了两个漏流测试继电器 JA0 和 J90。

由于电源屏输出的电源有交流、直流之分，因此为了提高测试精度，需要对交流和直流电源通过继电器切换到不同的测试电路中进行测试。在测交流电源的漏流时，让 JA0 吸起、J90 落下(测试值在 50 Ω 电阻上采样)；测直流电源的漏流时，JA0 吸起、J90 吸起(测试值在 1 kΩ 电阻上采样)。即 JA0 作为测试电缆绝缘和电源漏流的区分条件(落下时为绝缘测试，吸起时为电源漏流测试)，J90 作为测试交流电源和直流电源漏流的区分条件。

由于各厂家均已按标准配线图配接好了测试继电器组合的内部配线，因此对于具体的某个车站，在施工时只需要根据具体电缆芯线的数量和现场设备位置情况，对照标准图的端子分配设计施工配线即可。

2. 绝缘/漏流测试对象

采样一般从分线盘或组合架(柜)零层处配线。

具体测试范围或测试对象如下：

(1) 对 2000 A 轨道区段：发送测 FSH，接收测 JSH；

(2) 对 25 Hz 轨道区段：测送电端回线(如 102DGH)、受电端回线(如 102DGJH)；

(3) 信号机：调车、进站、出站信号机回线；

(4) 道岔：五线制测 X4、X5，四线制 X3、X4，六线制 X4、X5；

(5) 灯丝：每站上下行各 1 对，测 DS、DSH；

(6) 电源屏：测各路输出电源(对地隔离的电源)。

E 层/E′ 层为控制层，无测试配线，A、B、C、D、A′、B′、C′、D′ 每层可采集 64 路电缆回线，分别配在侧面的 01～04 位置，也可根据需要增减。

四、综合采集机选线控制原理

1. 开出板及其控制方式

图 13-7 所示为常用的开关量输出板(简称开出板)实物及面板图。开出板可输出 24 V 直

流电源以驱动绝缘测试组合中的选路继电器吸起。每块开关板共 48 路，前 40 路用于驱动输出，后 8 路用于开关量的采集输入，其中开出板的 a17 端子为输出电源的环线端子(通常与综合柜的 24 V- 电源端子连接)，当开出板后 8 路需要用于采集开关量时，需要 C17 端子接采集负电环线。

　　开出板面板上方有 6 个数据组指示灯，下方有 8 个数位灯，可以表达 48(6 × 8)个指示意义，分别对应表示被驱动的 48 个对象。

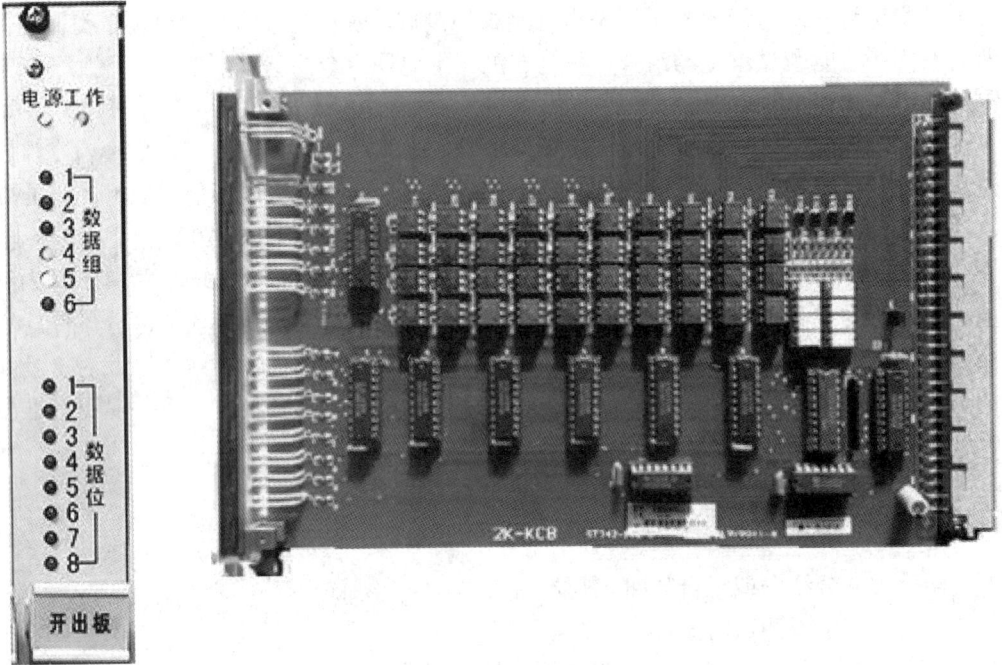

图 13-7　开出板实物及面板

2. 驱动控制电路

　　综合采集分机控制测试组合继电器电路配线如图 13-8 所示。

　　每个开关量控制模块能驱动 40 个安全型继电器的动作(即可控制图 13-6 中 E、A、B、C、D 层组合中的所有继电器)，其中 1～35 路开关量的输出分别控制 J80 之前(包括 J80)的 35 个继电器的动作，并对 256 根测试引线(引入被测电缆或电源线)完成逐一选择的有序控制。另外，第 36、37 的两路开关量，用于控制电源对地漏流测试继电器 JA0、J90 的动作。

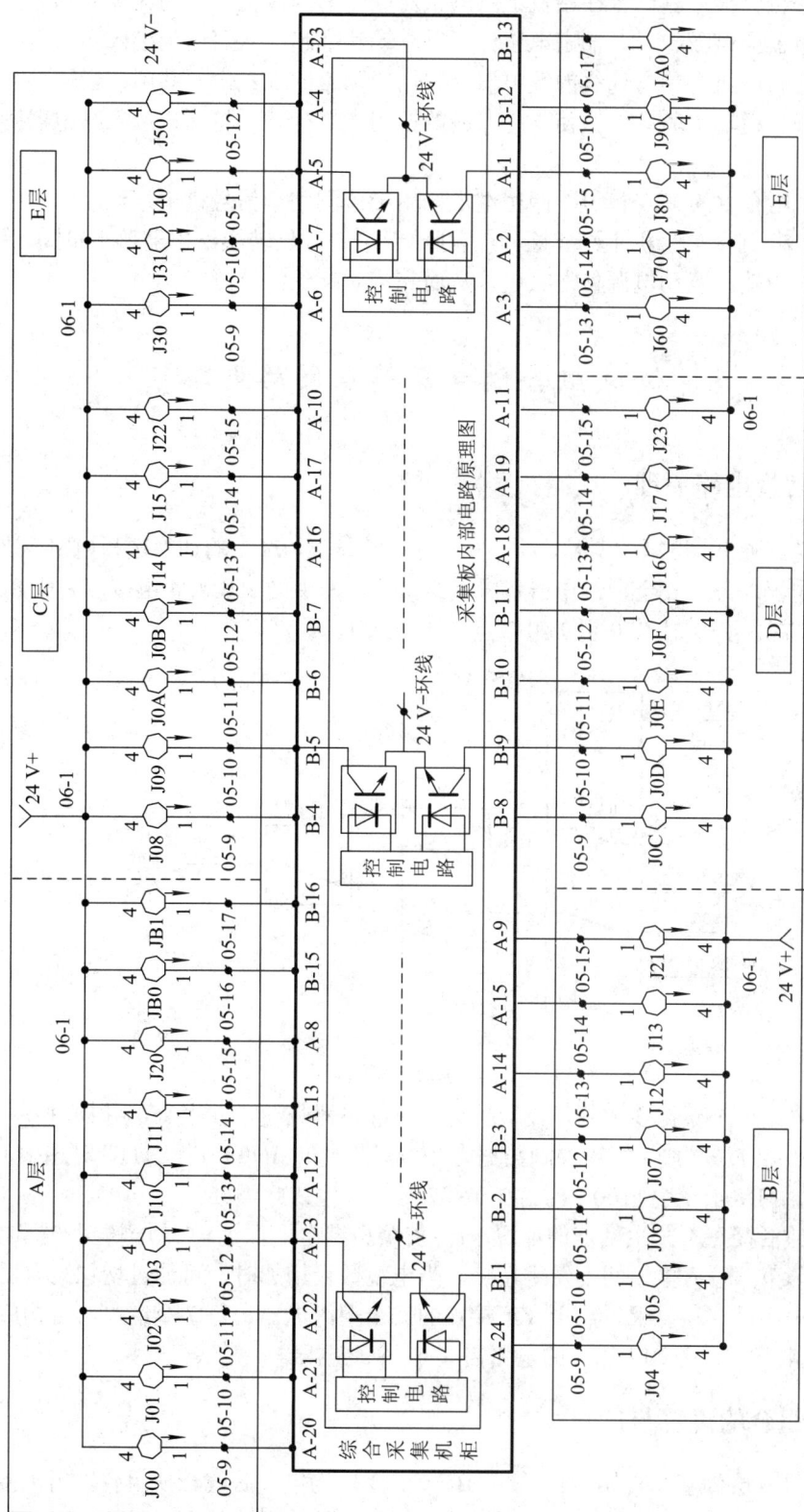

图 13-8　综合采集分机控制测试组合继电器电路配线图

综合采集分机会根据测试者在站机上对测试对象的选择情况，自动计算并判断出测试组合中哪些继电器应该吸起，并输出电压信号以驱动其吸起，从而达到接入测试电路的目的。对于测试组合中所有参与选线的继电器，它们的励磁的 KZ 电源共用，当需要某个继电器吸起时，开出板输出驱动电源使与之对应的控制光耦打开，将 KF 接入继电器励磁线圈使其吸起。

此外，测试组合中的 JB0 和 JB1 两个继电器用于监测列车信号机主灯丝断丝的报警电路，当被监测的某列车信号机主灯丝断丝(点灯单元中的灯丝转换继电器落下)时，综合监测分机中的开出板输出驱动电源使之吸起，从而完成对断丝的监测。

五、测试组合继电器接点网络电路

1. 树型切换电路原理

树型切换选线原理图如图 13-9 所示，图中展示了一个 8 选 1 的切换选择电路，该电路使用了 3 个继电器，每个安全型继电器包含 8 组接点，图中的 J50 用 4 组接点完成 8 选 4，J60 用 2 组接点完成 4 选 2，J70 用 1 组接点完成 2 选 1。

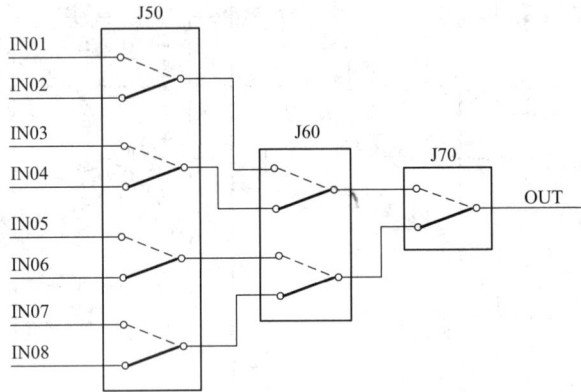

图 13-9　树型切换选线原理图

每个继电器用一个数据位控制，设数据为 1 时继电器吸起，并设 J50 用 D0 控制，J60 用 D1 控制，J70 用 D2 控制，则当控制数据为"000"时选中 IN08，为"111"时选中 IN01，为"001"时选中 IN04；为"100"时选中 IN07 等，其他依此类推。

在继电器前后接点不发生粘连的情况下(由安全型继电器保证)，这一树型选择电路可确保在任意故障下，输入电缆间不发生短路。当电缆数目增加时，可通过增加继电器构成更大的切换树来满足这一要求。对于 8 组接点的安全型继电器，每 7 个继电器可构成一个 64 选 8 的切换电路，一个 512 选 1 的电路需要 67 个继电器。

2. 测试组合的设置与选用

测试组合的 E 层为基本转换组合，A、B、C、D 层为电缆芯线转换组合，用于接配电缆芯线。其设备可根据被测电缆芯线的路数灵活配置，具体方法如下：

电缆芯线数量：

1～64 条——组合 E+A；

65～128 条——组合 E + A + B；

129～192 条——组合 E + A + B + C；

193～256 条——组合 E + A + B + C + D。

每一整套组合的最大容量为 256 根电缆芯线，分 4 组接入 A、B、C、D 层(每层可接入 4 × 16 = 64 根电缆芯线)，测试时由继电器接点组成的树型网络逻辑开关(简称逻辑开关)选择一根电缆芯线接入测试电路，逻辑开关在采集软件的控制下动作。A(或 B、C、D)层继电器接点树型网络逻辑开关配线如图 13-10 所示。

A、B、C、D 层逻辑开关的电路结构都一样，划分为三阶层次布局。"0 层接点网络"的 4 个继电器共 64 个前后接点(每个继电器有 8 组接点，前后接点数共 16 个)可接入 64 根被测电缆芯线，经此层分出 32 根芯线接入"1 层接点网络"。"1 层接点网络"的 2 个继电器前后接点又分出 16 根芯线，再接入"2 层接点网络"的一个继电器前后接点上，最后分出 8 根芯线。这样 A、B、C、D 四层一共可选出 32 根电缆芯线，将这 32 根电缆芯线接入 E 层，即与"3 层接点网络"(由 J30 和 J31 两个继电器接点组成)连接。"3 层接点网络"选出 8 根电缆芯线后经过"4 层接点网络"(由 J40 继电器接点组成)分出 4 根电缆芯线，再经过"5 层接点网络"即 J50 继电器的两组接点分出 2 根电缆芯线，最后经过 J70 的一组接点选出一根电缆芯线接入测试电路中。

图 13-11 所示为 E 层继电器接点树型网络逻辑开关配线图。

由图 13-10 和图 13-11 可以看出，在不进行测试时，所有的选线网络继电器都处于落下状态，此时 A 层的 01-1 号电缆处于选通状态。因此，若不设置控制开关(J80 继电器)，逻辑开关电路将通过 JA0 的落下接点进入了电缆绝缘测试电路，并处于测试过程中。显然，这是不合理的，也是不允许的。所以，在电缆绝缘测试电路入口处设置了 J80 继电器，用其平时的落下条件切断测试电路。

另外，电缆绝缘测试和电源对地漏流测试共用选线网络，但由于它们的引入点不同(一个来自分线盘，一个来自电源屏的电源端子)，即它们并不是同一根电缆芯线，因此不会发生冲突。

在测试过程中，电缆芯线的选择由选线控制程序决定。

3. E 层与 A、B、C、D 层之间的逻辑关系

图 13-12 表达了 E 层与 A、B、C、D 层之间的逻辑控制关系。

电缆或电源测试引线的前 16 根由 J00 接入(前 8 根由其后接点引入，后 8 根由其前接点引入)，17～32 的 16 根由 J01 接入(前 8 根由其后接点引入，后 8 根由其前接点引入)，依此类推，直到 241～256 的 16 根由 J0F 接入(前 8 根由其后接点引入，后 8 根由其前接点引入)。故一组测试组合(A、B、C、D、E)可接入测试芯线为 16 × 16 = 256 根。

在配线时，先配电缆绝缘测试线，再配电源漏流测试引线，如果两者总的需要测量的路数大于 256 时，就要增加测试组合了。

J80 作为电缆绝缘测试的开关条件，也可以放在 JA0 继电器接点的前面，图 13-12 中放在了 JA0 继电器接点的后面。

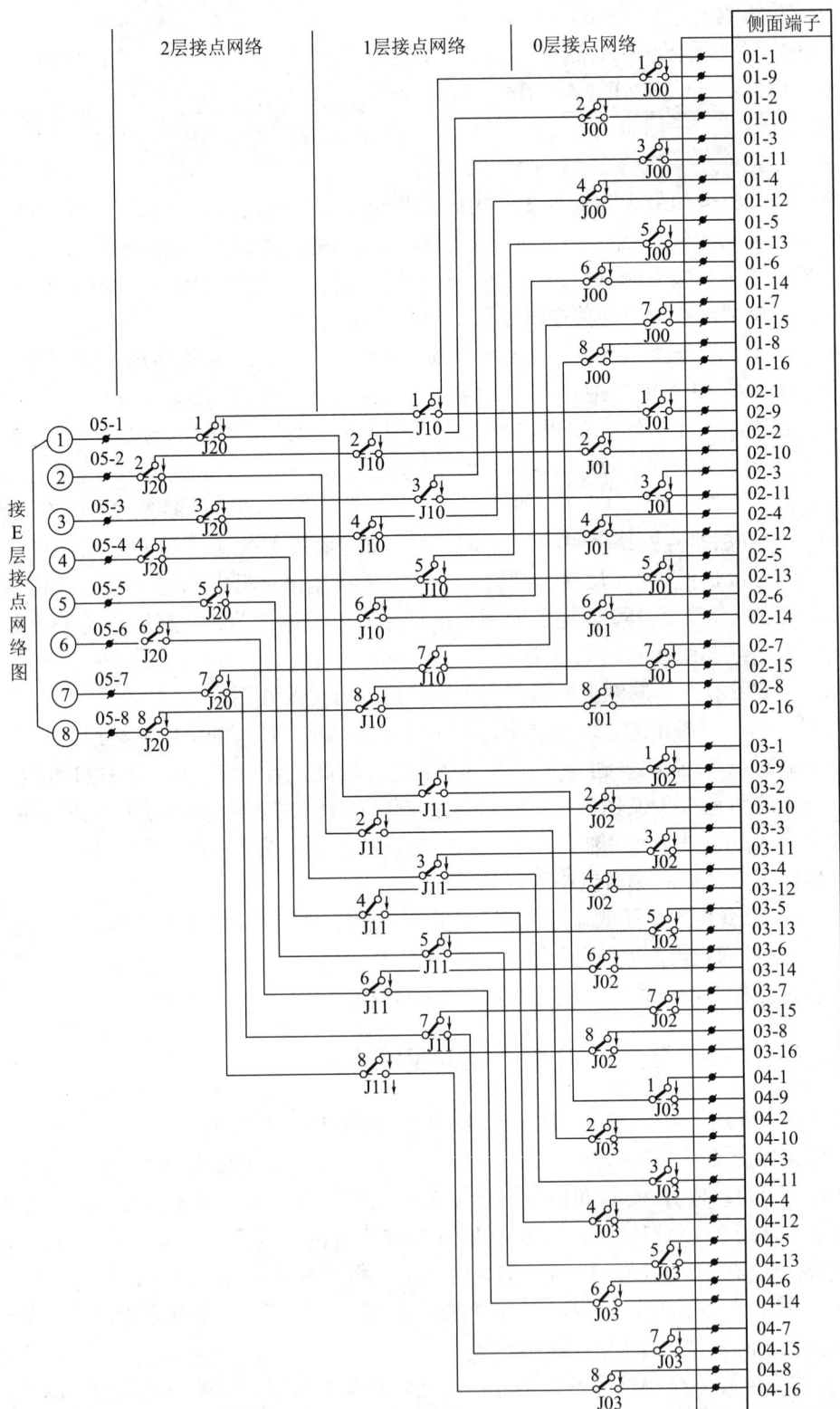

图 13-10　A(或 B、C、D)层继电器接点树型网络逻辑开关配线图

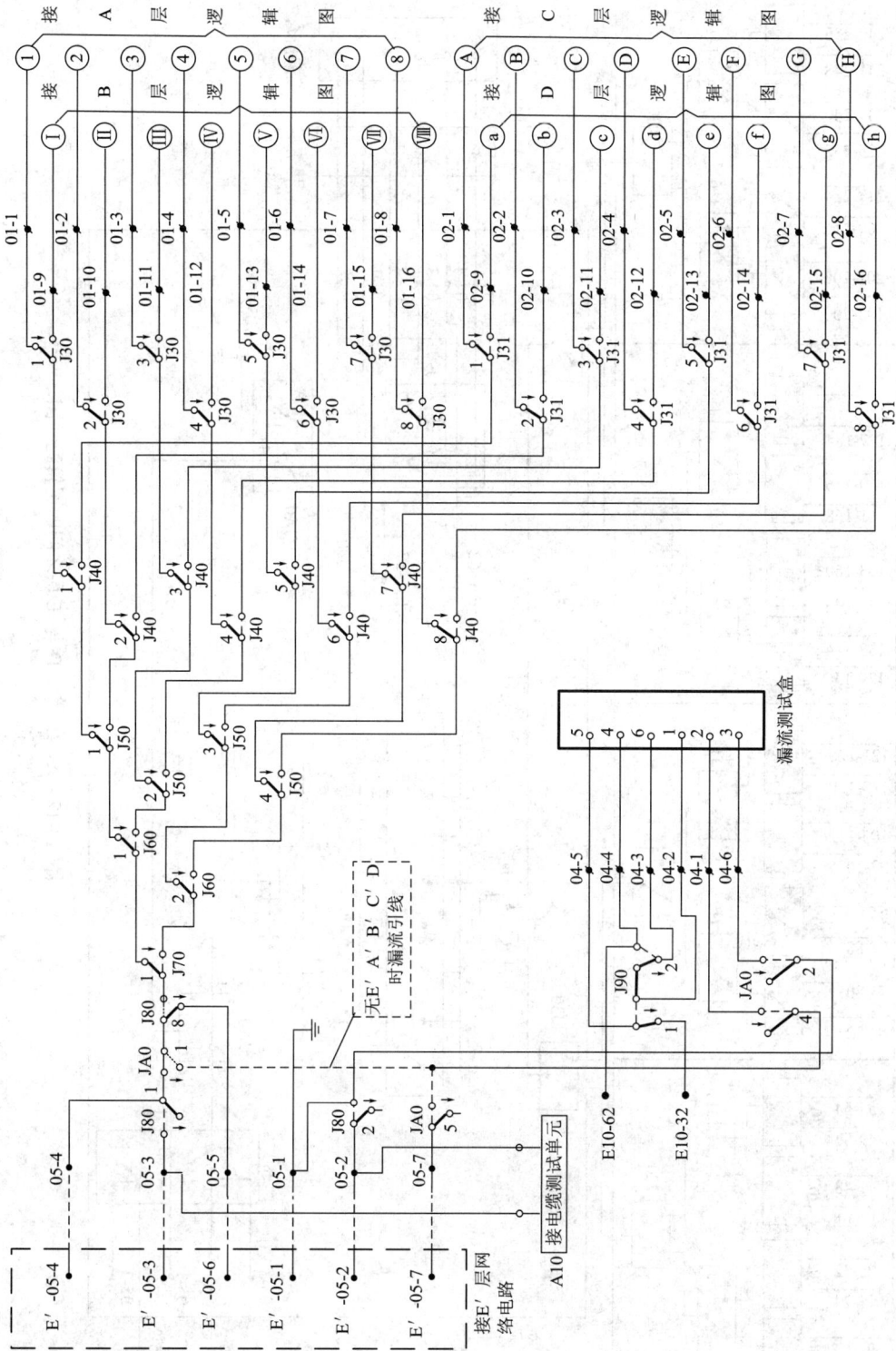

图 13-11　E 层继电器接点树型网络逻辑开关配线图

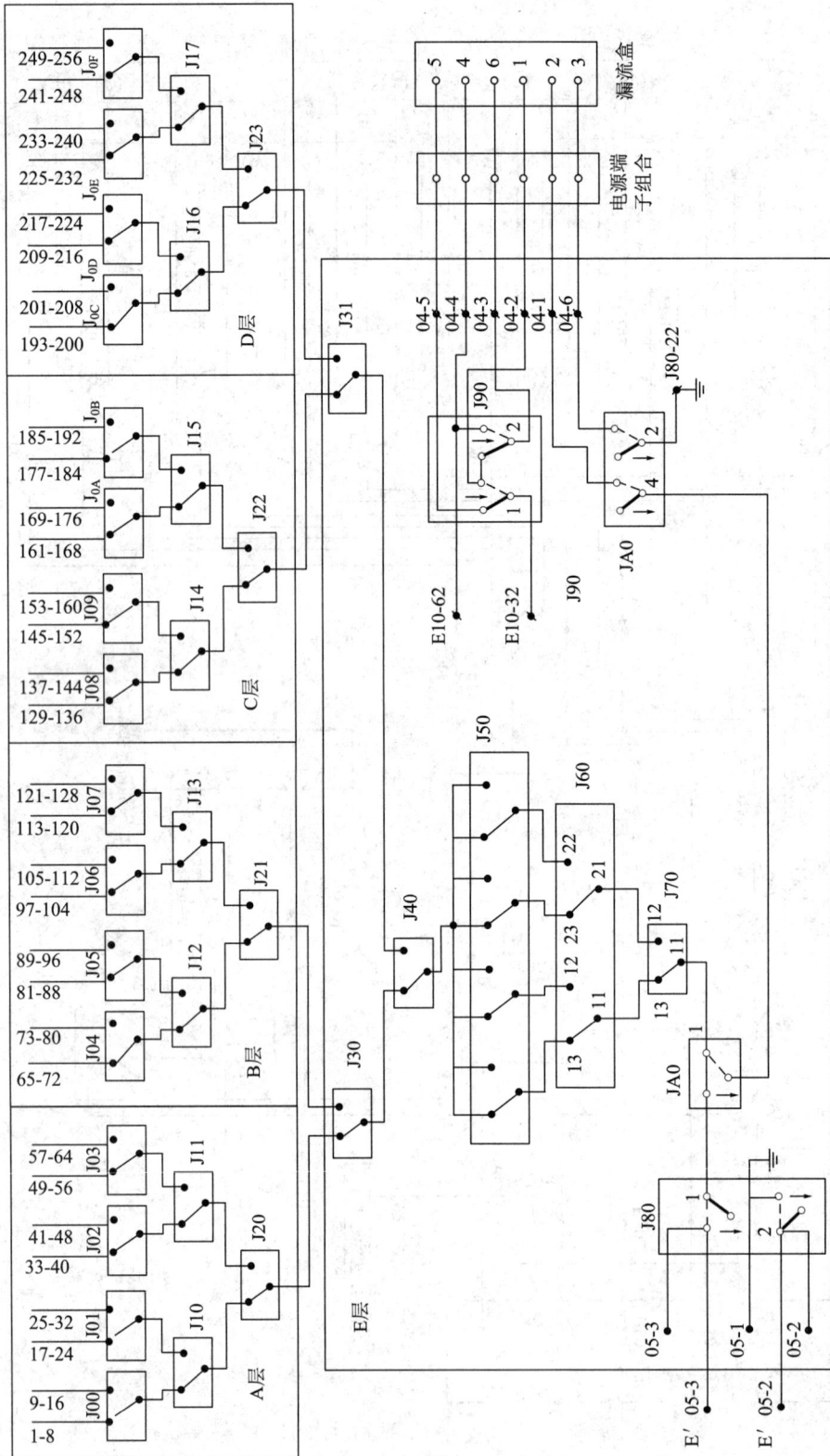

图 13-12　A、B、C、D 与 E 层之间的逻辑配线图

4. 道岔控制线的选线组合设置

由于道岔控制电缆的特殊性，2010 年，由铁道部提出的《铁路信号集中监测系统安全要求》中明确表示，道岔控制线电缆绝缘的测试，对提速道岔只测试 X4 和 X5(即一组道岔需要测试两根电缆)，并要求对道岔控制线电缆的选择，必须集中配置单独的测试组合，且规定选择组合配线时，只使用选择继电器的上接点，继电器下接点不再使用，具体要求只使用其中的 6 个前接点：52、62、32、42、12、22(如图 13-13 所示)。其目的是为了保证道岔控制电缆在不进行绝缘测试时不被接入测试组合。由于道岔控制电缆绝缘测试方案的变化，使电缆绝缘测试用于选线的继电器数量有所增加。

72		82	
71		81	
73		83	
52	DL1	62	DL2
51		61	
53		63	
32	DL3	42	DL4
31		41	
33		43	
12	DL5	22	DL6
11		21	
13		23	
3		4	
1		2	

图 13-13　选择组合继电器配线定义

根据前面的介绍可知，选择组合中每一层放置 7 个选路继电器(0 级 4 个，1 级 2 个，2 级 1 个)，如果按照对控制线绝缘测试的技术规定要求，0 级的 4 个选路继电器分别只能接入 6 根电缆线，4 个继电器共可接入 24 根电缆，相当于可用于 12 组道岔电缆的测试，当多于 12 组小于 24 组道岔时，就需要 2 层组合(14 个继电器)，即每 12 组道岔就需要占用一层组合。

在实际施工中，可将道岔控制电缆优先配在测试组合的 D 层和 C 层，这样就可以配置 24 组道岔的电缆线。如果仍然不够，可以将整个 A、B、C、D 层全部配置道岔控制电缆，这样总共可以配置 48 组道岔的电缆，依此类推，原则就是保证每一层所配置的被测电缆接入点只使用继电器的上接点，下接点不使用。

当然，需要在综合采集分机中相应地增加开出板的数量。

六、电缆对地绝缘电阻的测试

1. 采集引线及控制引线方式

电缆对地绝缘的测试要求采集点在分线盘的相应位置，经过 200 kΩ 的衰耗隔离器(每个衰耗隔离器容量为 32 路)后引到树型结构的测试组合，测试时由测试组合选出待测试的一根电缆芯线，接入绝缘测试单元(绝缘表)。另一方面，机柜中的综合采集分机通过 32 芯电缆接入测试组合，作为树型继电器动作的控制引线。图 13-14 所示为电缆对地绝缘采集引线示意图。

综合采集机通过开关量输出板驱动测试组合中的安全型继电器，由继电器接点组成的多级选路网络将所选的电缆芯线接入绝缘测试单元(或称绝缘测试继电器，因其外形同继电器)。

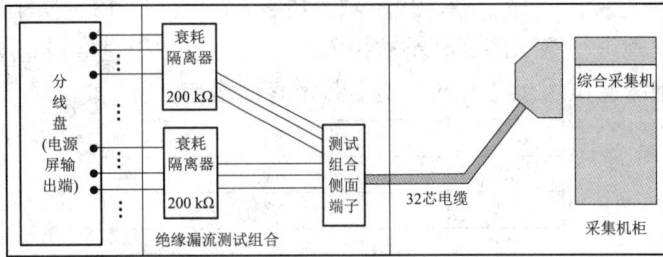

图 13-14　电缆对地绝缘采集引线示意图

2. 电缆绝缘测试原理

1) 电缆绝缘测试单元接线

被测试电缆由测试组合选出后，经 J80 继电器前接点被接入放在 A10(A 层第 10 个继电器位)绝缘测试单元的 52、32 端子，进行绝缘电阻测试。另一方面，绝缘测试单元工作用的 220 V 电源同时也由 J80 继电器的前接点接通，如图 13-15 所示。图 13-16 所示为绝缘测试单元(绝缘表)实物图。

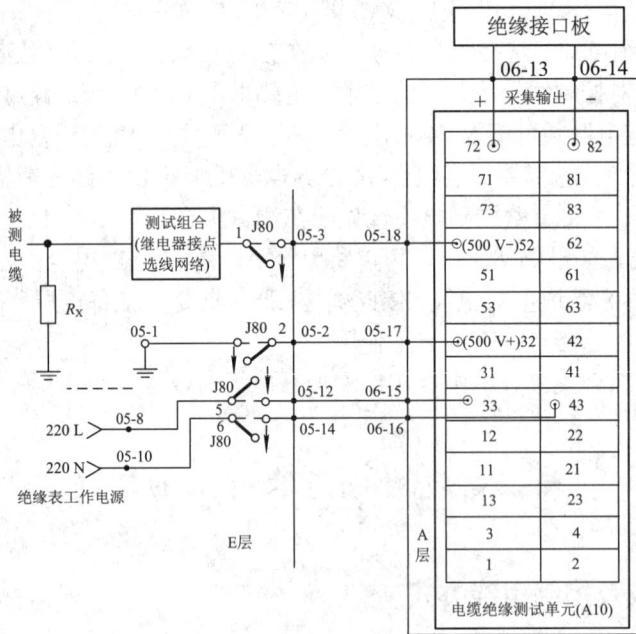

图 13-15　电缆绝缘测试配线图

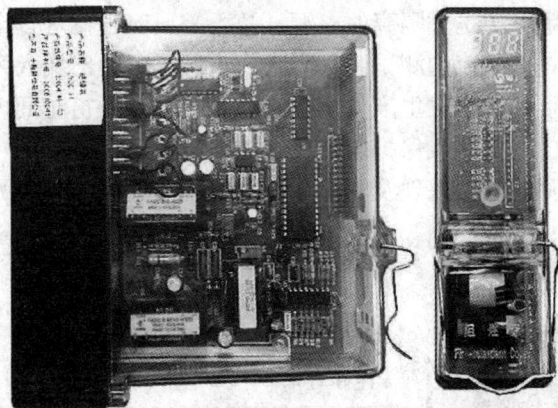

图 13-16　绝缘测试单元(绝缘表)实物图

2) 电缆绝缘测试原理

电缆绝缘测试原理如图 13-17 所示，绝缘测试单元发出 500 V 直流电压加到电缆芯线上，将电缆全程对地绝缘电阻 R_x 接入测试回路。R_x 与测试回路内的采样电阻串联，其大小决定了采样电阻上电压的大小，采样电压经绝缘测试单元内的放大电路后，输出 0～5 V 的标准直流电压，此电压信号经测试单元的 72、82 接点端子，送到综合采集分机的"绝缘接口板"，之后由 CPU 进行 A/D 转换处理和存储，并可由显示设备给出结果显示，根据需要可将数据上传到车站的站机系统。绝缘测试处理单元通过通信线与综合采集分机的绝缘接口板交换数据。

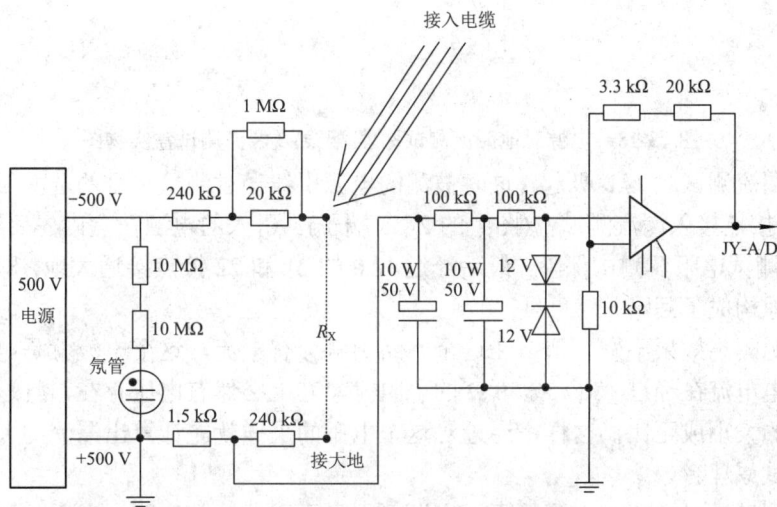

图 13-17　电缆绝缘测试原理

七、电源对地漏流的测试

电源对地漏流测试通常用于检测那些需要隔离输出的电源电缆，包括用于信号点灯、轨道电路、道岔动作及表示、联锁、闭塞、列控等设备使用的交直流电源。由于电源屏输入电源和不稳压的备用电源是非隔离的电源，故不需要对它们进行电源对地漏流测试。

　　由于在进行电源对地漏流的测试时，要求将电源屏各输出端人为地接地，所以对电源漏流的采集要非常慎重，这事关生产安全，所以除了应在天窗时间内进行测试以外，一般还要求在接通测试的电路上串入保护电阻及保护熔断器。

　　电源对地漏流的测试电路原理及漏流测试盒实物图如图 13-18 所示。

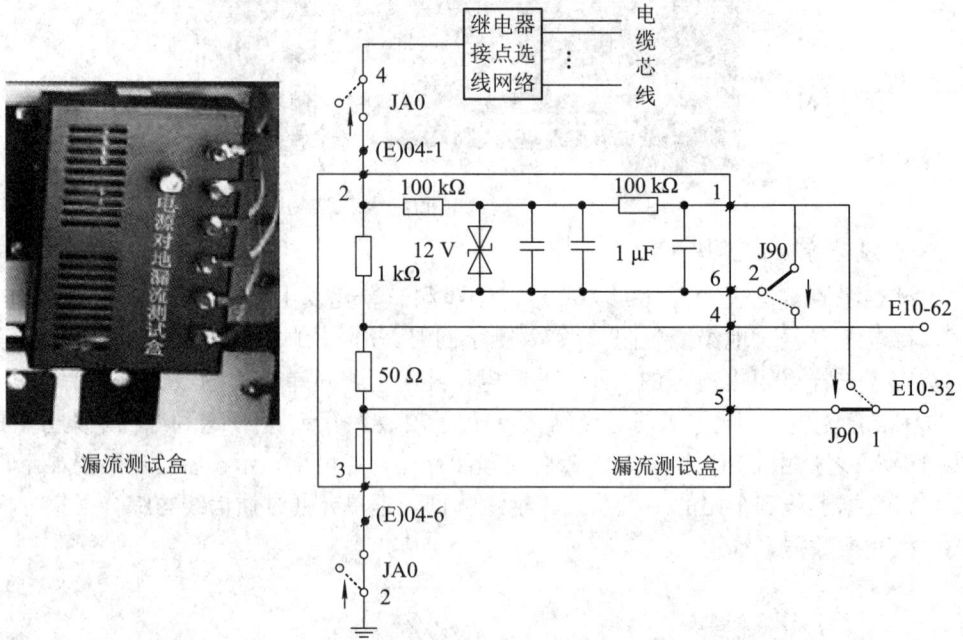

图 13-18　电源对地漏流测试原理(配线)及漏流测试盒实物图

　　当需要漏流测试时 JA0 吸起，这时被测的电源引线经过测试组合的选择后，经 JA0 的第 4、2 组前接点接入漏流测试盒(图中的 2、3 端子)。引入的电源在盒内先后经过 1 kΩ 和 50 Ω 的专用测试电阻及测试保险，最后经过 JA0 的 21 和 22 接点接通大地，即被测电源的某一侧与大地构成了回路。

　　如果电源隔离效果不好，那么在这个回路中就会有电流，这个电流就是电源对地的漏电电流。漏电电流在经过 1 kΩ 或 50 Ω 的电阻时，其上必然有电压存在，且这个电压的大小与漏流的大小成正比，这样，通过对这个电压的采样就能计算出漏流的大小了，这就是漏流的测试原理。

　　漏流的测试针对交流和直流的不同电源采用了不同的测试电路。在需要测交流电源的漏流时，程序驱动 JA0 吸起(J90 落下)，对照电路可分析出，这时电路通过漏流在 50 Ω 电阻上所形成的电压得到采样结果。在测直流电源的漏流时，JA0 吸起，J90 也吸起，对照电路可分析出，这时电路通过漏流在 1 kΩ 电阻上所形成的电压得到采样结果。

　　漏流测试盒将采样电压送往 E10(E 层第 10 继电器位置)的漏流测试单元的 32、62 端子。漏流/灯丝测试单元接线图如图 13-19 所示，图 13-20 为不同型号的测试单元(表)实物图。

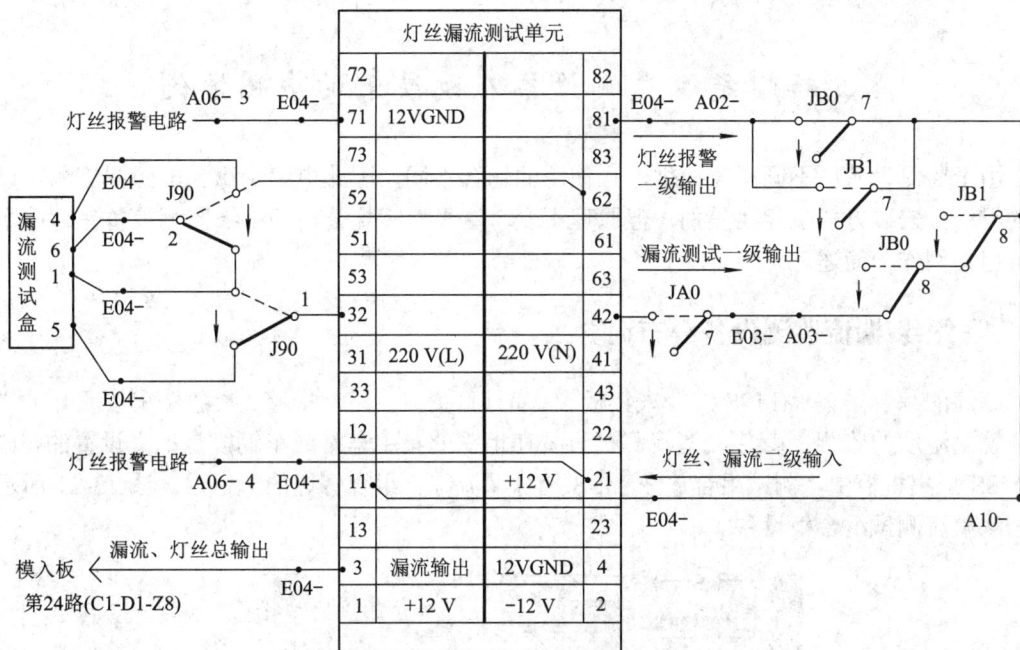

图 13-19　漏流/灯丝测试单元接线图

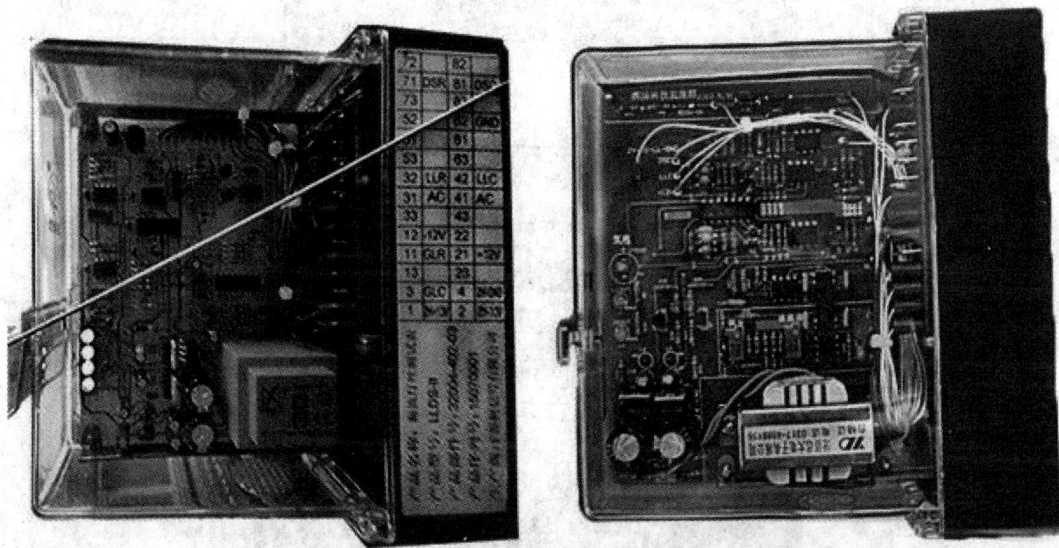

图 13-20　两个型号的漏流/灯丝测试单元(表)实物

　　另外，JA0 吸起后，其第 7 组前接点(同时经 JB0 的 83-81 接点及 JB1 的 83-81 接点)将测试单元的 42、11 端子接通，测试单元接收漏流的二级输入。之后测试单元对采集电压进行调理，最后由其 3 端子(漏流、灯丝总输出端。因漏流测试单元也是信号机主灯丝断丝时用于电流采样的设备，所以这个端子也是"灯丝总输出端")送到综合采集分机的模拟量输入板(即模入板的第 24 路输入端子)，最终由综合采集分机的 CPU 进行 A/D 转换与处理并上传。

八、辉煌绝缘监测设备在地铁中的应用举例

由于监测设备由不同厂家提供，且使用的场合不同，因此电缆绝缘、电源漏流测试设备的组织、安装方式也存在差别，但原理不变。这里以辉煌公司的绝缘监测设备在地铁中的应用为例作一简述。

1. 绝缘/漏流监测设备分布简介

辉煌的综合采集板(MSS 综合采集板 V1.2)只负责监测熔丝报警、紧急停车按钮开关量和环境温湿度的监测。其绝缘/漏流测试设备在地铁的集中车站或车辆段是独立设置的，放在 MSS 采集机柜中，测试组合放在 MSS 绝缘漏流综合组合旁边的机柜内。图 13-21 所示为绝缘漏流测试组合柜设备。

绝缘漏流综合组合背面

保险端子组合

图 13-21　绝缘漏流测试组合柜设备

　　保险端子组合上端口连接电源屏电源电缆，下端口连接绝缘漏流继电器组合。54 路保险端子组合以下只用 1 排端子，超过 54 路则增加一排端子。

　　绝缘漏流综合组合接收测试命令，执行测试采样、转换，测试完成后将当前采集到的数据上报。其面板设有各指示灯，"电源""24 V"指示灯常亮，"工作"指示灯秒闪，"CAN 收""CAN 发"指示灯快速闪烁为正常；在执行绝缘测试过程中，"绝缘""500 V 测"指示灯亮；在执行漏流测试过程中，"直流漏流""交流漏流"指示灯相应点亮。

2. 绝缘/漏流测试板

　　辉煌绝缘监测设备所用的绝缘漏流测试板(MSS 绝缘测试板 V1.1)，除可以完成电缆对地绝缘、电源对地漏泄电流的测试功能外，也可兼作原开出板，其实物如图 13-22 所示。

图 13-22　绝缘漏流测试板(MSS 绝缘测试板 V1.1)

　　使用开出控制功能时，测试板分为主机与副机两部分，两者硬件、程序均相同。

主机包括 26 路开出(A 层 9 个继电器，B 层 8 个继电器，E 层 9 个继电器)、1 路模入和 3 路开入量采集(SDSJ、XDSJ、预留)。副机包括 14 路开出(C 层 7 个继电器、D 层 7 个继电器)和 3 路开入量采集(预留)。

主副机按采集机地址的奇偶性来区别。定义地址为偶的为主机，主机地址加 1 的为该主机的副机。两个采集板控制一套测试组合 E、A、B、C、D 层的继电器动作，其中一块(主板)控制 E、A、B 层，另一块(副板)仅执行主绝缘漏流的开出命令，控制 C、D 层。

绝缘测试组合是用于测试电缆绝缘和电源屏漏流的继电器组合设备，所有被测试的电缆在此组合中通过继电器切换进行接入测试，测试结果将被转换成标准模拟量信号供开出板处理，最后由开出板通过 CAN 总线上报给监测站机。

此机面板上的指示灯在正常情况下，"电源"灯常亮，"工作"灯秒闪，"主/备"灯和"故障"灯灭灯，"收"灯、"发"灯闪烁。1～24 为继电器开出控制表示灯，灯亮代表相应的继电器吸起。

九、绝缘/漏流测试操作方法简介

1. 电缆绝缘测试

进行电缆绝缘测试时，可以根据实际工作需要，对需要进行绝缘测试的设备进行分类，也就是进行设备分区，这有利于使用或程序管理。绝缘测试时可以进行单个设备的测试，也可以一次进行多个设备的测试，其操作方法如下。

1) 单点测试

在电缆绝缘界面选中一条待测设备记录，双击或者使用"开始测试"按钮启动测试。测试过程窗口中有过程提示也有进度提示，测试完成后程序会显示具体的测试值和测试时间。测试时间和站机时间一致。

2) 多点测试

在电缆绝缘界面可以选中多条待测设备记录，使用"开始测试"按钮启动测试。测试过程窗口中有过程提示也有进度提示。与单点测试一样，测试完成后程序也会显示具体的测试值和测试时间。绝缘的测试程序操作窗口及方法与漏流相似。

2. 电源对地漏流测试

在绝缘漏流测试窗口中，单击左上方的"电源漏流"选项，切换到电源漏流界面，如图 13-23 所示。

在电源漏流界面中选中一条待测试记录，双击或者使用"开始测试"按钮启动测试。同绝缘的测试一样，测试过程中也有过程和进度提示，测试完成后程序会显示具体的测试值和测试时间。

图 13-23 绝缘漏流测试的程序窗口

3. 测试记录的查看

单击测试窗口左上方的"测试记录"选项，可切换到测试记录界面。窗口的"类型"选择框，在第 1 次打开时默认选中的是"电缆绝缘"的测试记录(如图 13-24 所示)。要查看"电源漏流"的测试记录，可在窗口的"类型"选择框右边点击下箭头选择。

根据需要，也可将测试记录打印或者导出保存。

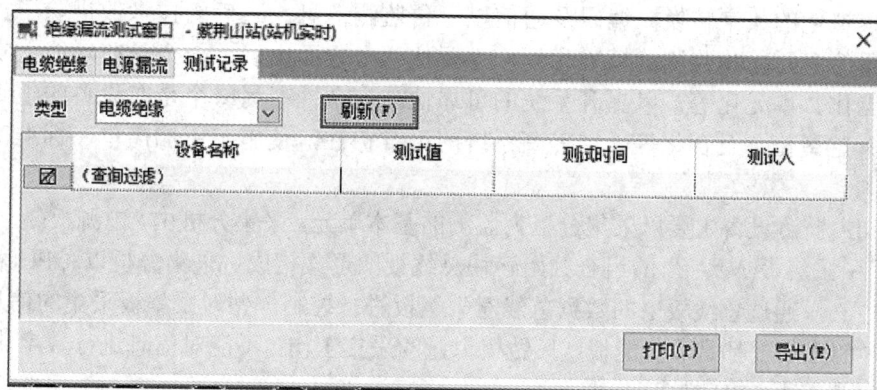

图 13-24 测试记录查看窗口

问 题 思 考

1. 电缆绝缘及电源漏流测试的内容或对象是什么？主要技术有哪些？
2. 电缆对地绝缘及隔离电源漏流的采集测试，是由监测系统的哪部分负责实现的？
3. 简述测试组合继电器接点网络选线的控制原理。
4. 简述电缆绝缘测试和电源对地漏流测试的基本原理。
5. 简述进行多点绝缘测试时的软件操作方法。

第十四课　　模拟量采集设备及其原理

这一课以轨道电压监测为主线，介绍模拟量采集的基本原理和监测系统监测设备的变迁情况。

信号微机监测所采集的量不外乎两类，即模拟量与开关量，前文对开关量的采集已经作了专门介绍，而且在学习了电源屏电压监测、外电网质量监测等相关知识后，相信读者对监测系统模拟量的采集手段与处理方法也有了一些初步认知，在此我们就监测系统对模拟量采集、处理等相关原理作具体分析，以提升读者对信号监测系统的认知程度。尽管随着新技术的应用，监测设备或元件功能也在不断完善和集成化，但最基本的原理是不变的。

传统的微机监测系统对模拟量的采集和数据处理，多是以采集分机和电压电流等传感器模块共同完成的。传感器模块负责完成电量或环境量等信息的采样，采集分机负责完成对模拟量的数字转换、编码及通信以上传监测信息。之后的技术改进除了加强了对监测对象的多元化和监测的精准化外，主要从两个方面出发，一个是在功能上实行集成化、智能化、单元化等，以提升系统的可靠性与安全性；另一个是在设备的组织上实行规范化、定型化、组合化等，以提高系统的可维护性，使施工更加简单、标准，使用时更加便利。

最初的监测设备主要以采集分机为监测的基本单元，采集分机由"电源板(1 块) + CPU板(1 块) + 采集板(N 块)"的组合共用一块总线板的形式构成。采集分机以 CPU 板为控制和处理中心，通过总线板上的数据总线对采集板进行控制，并对采集板采集的信息进行处理。其中的采集板都是非智能板，只做模拟量的采集工作，不能对信息进行数字化处理(数字化处理都由 CPU 完成)。

在新的技术条件中，增加了对电源屏的输入/输出功率、频率、相位角及移频信息等对象的监测要求，对这类模拟量对象的监测不仅仅是对数据的采集，更需要监测系统能高速、实时地完成大量的复杂计算，若将所有运算工作都交给 CPU 去完成，则非常困难。因此2006 版监测系统在原来只完成模拟量处理功能的采集板中集成了 DPP 芯片或 CPU，这样每块板既是 CPU 板也是采集板，同时还具备 CAN 通信的能力，由此可作为底层采集的一个 CAN 网络节点。

2010 版监测系统在 2006 版的基础之上，将各类采集板进一步集成化并组装成继电器单元的形式，在系统架构中以设备完成的功能不同配置不同的测试组合，将继电器式采集单元集中安装在相应的组合中。这样的组装形式大大减轻了主机或站机的负荷，也使系统工作更可靠，效率更高，也利于对设备的维护。

一、模拟量信息采集处理原理

在信号微机监测中对模拟电量的采集对象主要是电压和电流两种，两者的主要区别是采样手段不同，一个采用电流传感器，一个采用电压传感器，而采样之后的数据处理过程、方法及原理相同。

1. 模拟量信息采集处理流程

监测的一个基本要求就是不能对被监测对象的工作造成影响，所以对模拟量的采集首先要采用电气隔离手段保证监测系统与被监测对象实现物理分割，之后进入量化处理形成标准的电量(通常为标准的电压值)，之后将得到的标准电量进行 A/D 转换，由 CPU 负责完成监测工作的协调控制及最终的数据编码及通信传输。模拟量信息的采集处理流程如图 14-1 所示。在模拟量的采集过程中，传感器模块主要完成了隔离采样和量化转换的任务。

监测对象 → 隔离采样 → 量化转换 → A/D转换 → CPU

图 14-1　模拟量信息采集处理流程框图

在信号微机监测系统中，对电流的采样都是采用电流传感器模块实现的，比如对电源屏及外电网的监测，其中电流的采样就使用了电流互感器，包括后面要学习的道岔转辙机动作电流、信号机点电流等模拟量的采样监测也都需要电流传感器来实现。电流互感器都是独立的模块形式，且通常分散安装在监测对象附近。电流互感器是利用电磁感应原理制成的，本身就具有电气隔离功能，可满足监测要求。电流传感器的相关知识请参考第五课的相关内容。

在监测系统中对电压量的采样是通过电压传感器来完成的，但不像电流采样模块采用独立的单元模块结构形式，电压传感器集成在采集板内或采集单元中，且在接入互感器前多需要经过高阻衰耗。目前在信号监测中涉及直流电压采样的只有高压脉冲轨道电路，用于直流电压采样的传感器在第四课有讲解。

电压传感器采样后得到交流电流(毫安级)信号，之后对此进一步地量化转换处理。量化转换就是将传感器所采集到的微弱交流信号，先精确整流，再运算放大，最终转化为 0～5 V 大小的标准直流电压值(TLL 逻辑电压，但新的技术条件要求监测设备具备良好的自检功能，因此不采用满量程，通常取 0.5～4.5 V 为标准电压)，标准电压的大小与被采电压值呈线性对应关系。量化转换的目的是为适应后续电路 A/D 转换等处理的需要，最终的数据信息交由 CPU 集中处理。

2. 电压传感器模块

电压传感器模块在铁路信号微机监测中应用最多，原理基本相同，但因采集对象的电量参数不同，主要区别是频率不同，需要滤除干扰信号的频率成分也不同，因此各电压传感器模块在量化处理时所使用的手段有所差别，一般不能相互取代使用。其他类型的电压传感器在第四课也有所介绍。

用于交流连续式轨道电压采集的轨道电压传感器模块及其端子定义如图 14-2 所示。

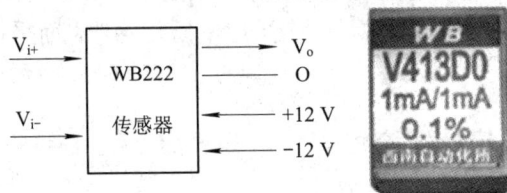

图 14-2　轨道电压传感器模块及其端子定义

图中的+12 V、−12 V 是其辅助的工作电源，"O"是辅助电源与输出信号公共接地端，"V_o"为输出的采样电压信号端，可输出直流 0～5 V 电压(某些新型的交流电压互感器，选择 0～3.3 V 直流电压为标准电压以直接供 DSP 使用)。轨道传感器模块选用的是 WB 系列交流电压互感器，此互感器是利用电磁原理制成的，有很好的隔离性能，精度高，且输入阻抗高(大于 40 kΩ)，故不会对轨道电路工作带来影响。此模块一方面可以进一步实现电磁隔离，另一方面可对采集的交流电压信息进行量化转换。在轨道电压采集板中此模块的数量就决定了采集板可以采集轨道电路的输入路数，如采集板上集成了 16 个此传感器模块，就可以采集 16 路轨道信息。

3. 模拟量数据处理原理

传感器模块在进行电量采样时，要将交流电压信号进行滤波、限幅、取样形成 DSP 芯片所能接受的直流电压信号(即完成隔离采样和量化转换工作)。传感器量化后的标准电压信号交由 DSP 芯片进行不同算法处理(主要进行 A/D 转换工作)，最终形成数字信息。

DSP(Digital Signal Processing)芯片是能够实现数字信号处理技术的芯片，其本质上是一个数字信号处理器，适用于实时数字信号处理，可实现实时控制算法。此芯片具有可编程性和嵌入性，通过预定的程序可完成一些特殊的数字算法，如数字滤波、卷积、相关、FFT 等，从而得到所需要的更精确的各类信息，如频率、相位等。比如，对相敏轨道电路的监测，从采样的电压信息中不仅可以得到轨道电压的有效值，还能测算出其相位角，以便计算出轨道电压与局部电源间的相位差。

因此，信号微机监测中所有模拟量采集板的基本原理相同，除了配套选用的传感器模块类型有所差别外，最主要的区别在于采集不同模拟量的采集板向其 DSP 芯片中所写入的程序功能不同。

比如用于普通轨道电路电压的采集板，只需要向 DSP 芯片中写入的程序可以实现对电压的处理功能即可，如果是用于相敏轨道电路的监测，则向 DSP 芯片中写入的程序除需完成电压信息的转换功能外，还要能计算出轨道电压与局部电压之间的相位差。

图 14-3 为轨道监测信息采集原理框图。

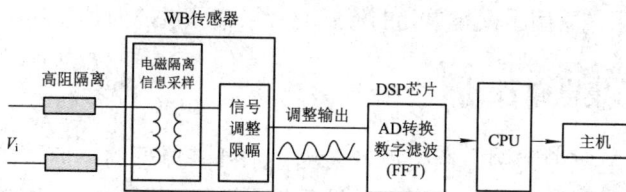

图 14-3 轨道监测信息采集原理框图

由于传感器采集模块量化处理后的电压多为 0～5 V 的直流电压，而 DSP 的工作电压为 0～3.3 V 的单极性电压，因此通常要在 DSP 的前置输入端增加调理电路，将 0～5 V 的直流电压转化为 0～3.3 V 的直流电压之后再输入 DSP 进行 A/D 采样转换。DSP 在 A/D 采样转换过程的前后需要对采集信号进行滤波，否则信号的高频部分经过模数转换后，在进行快速傅里叶变换(FFT)时会产生频谱混叠效应，影响最后的数据处理。

滤波的方式有两种选择，一种是在采样前对模拟信号采用低通滤波器进行硬件滤波，如 480 型轨道电压信号采用 50 Hz 的带通滤波，过滤掉轨道电路上的干扰信号；另一种就是在模数转换完毕后，用软件设计的数字滤波器进行滤波。信号监测系统中的模拟量采集通常是在输入模块中先采用硬件滤波，再在 A/D 转换后进行数字滤波，这样可使采集的数据精度更高，完全可以达到技术要求。

4. 模拟量采集板监测原理

这里以 25 Hz 相敏轨道电路监测所用互感器采集板(简称采集板)为例，介绍模拟数据采集及处理过程，以加深对信号监测系统对关模拟量监测原理的理解。图 14-4 为用于 25 Hz 的相敏轨道电路采集板原理框图。

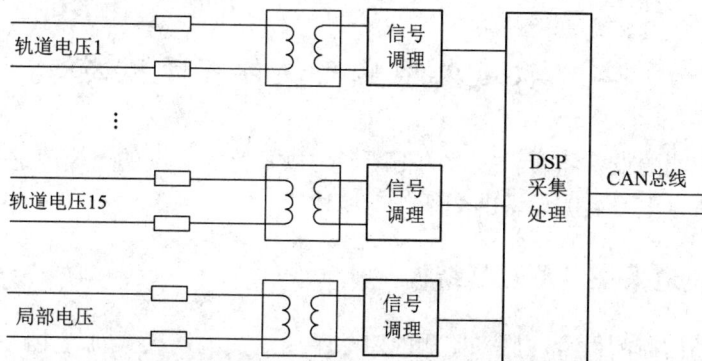

图 14-4 25 Hz 相敏轨道电路采集板原理框图

轨道电压信息于二元二位轨道电路继电器的轨道线圈端(或电子接收器的输入端)引入，一块采集板可接入 15 路轨道电轨道电压信息，另有 1 路作为局部电压(此局部电压与轨道电压为同电源)信息的输入。接入的轨道电压信息通过高阻和互感器隔离后，先进行滤波(滤除其他频率信息的交流干扰)及相关的调理，量化处理之后送入 DSP 进行数字化处理(A/D 变换和数字化滤波)，同时通过程序运算得到轨道电压的有效值和其相位角信息，同时采集板对接入的局部电压信息进行同样处理，得到局部电压的有效值和其相位角信息，再根据两者的相位角算出相位差。最后 DSP 通过总线将数据交给 CPU 编码、暂存或转发。

尽管后来监测系统采用了采集单元的形式取代采集分机，但都建立在以上原理基础之上。

5. 模拟量采集电路设计

上文虽是以轨道监测为例介绍模拟量采集技术及其原理的，但这也是微机监测中模拟量采集的基本原理，不过在实际进行模拟量采集电路设计时，还必须考虑如何满足相关技术要求的问题。新的技术条件对模拟量的监测精度要求也越来越高，故如何提高模拟量采集精度也成了采集电路设计中的一个主要目标。提高采集精度的几个主要措施如下：

(1) 选用高精度、低漂移的传感器；

(2) 提高调整电路中的元件精度，如选用高精度($\pm 0.5\%$)、低温漂(50 ppm)的电阻器；

(3) 对于传输距离较远的信号采用 4～20 mA 电流环传输；

(4) 对容易受到干扰的小信号，采用屏蔽双绞线传输。

通过这些技术措施的综合应用，可以减少模拟量采集过程中的误差，提高模拟量采集精度。

另外，新的技术条件对监测系统的自检、自诊断能力也提出了较高要求，同样，对采集设备也提出了相关要求，要求采集电路能根据所采模拟量的变化情况自检出故障性质或位置。然而由于模拟量的不确定性，很难确做出故障的判断，因此，新技术条件对模拟量采集提出的要求是：模拟量的正常幅度范围不取以前的满幅度，而是将上下限各压缩出一定量的空间，以给自诊断提供数据支持。比如，原来最常用的 5 V 信号不使用 0～5 V 的满幅度值，而是采用 0.5～4.5 V 作为有效信号的幅度范围，当信号传输线断线或与地混线时，那么采样电压就会小于 0.5 V；而当信号传输线与电源或高电压混线时，则采样电压就会大于 4.5 V，这样采集电路就可以根据所采集的量，来判断信号是否有效。

二、轨道电路监测设备变迁概述

信号微机监测的设备随着新技术的不断参与以及监测手段的不断改进，也在不断地更新。接下来就轨道电路监测设备的变迁作一概述。

1. 早期轨道采集设备及其结构

就轨道电路的监测而言，原来监测的对象主要是交流连续式轨道电路和 25 Hz 相敏轨道电路，监测的内容仅为轨道继电器(GJ)励磁线圈两端的交流电压和直流电压，及 GJ 状态的监测，采用的监测设备为轨道电压互感器采集分机(简称轨道采集机)加开关量状态采集分机(简称开关量采集机)。轨道采集机中的轨道传感器采集板(简称轨道采集板，有时也简称互感器板)专门完成电压模拟量的采集任务，开关量采集机中的开关量状态采集板(简称开入板)负责对站内所有相关开关量(包括 GJ 的状态信息)的采集工作，系统的协调、控制由站机负责。

图 14-5 为站机组织下的轨道电路监测设备组成示意图。各功能板均插在总线母板之上，彼此通过母板总线完成通信，"CPU 板"是该采集分机的核心，主要负责调度轨道电

压数据的采集，依据预先设定的软件程序(程序芯片 ROM)管理各采集板，对模拟量进行
A/D 转换，暂存转换数据，并通过 CAN 总线与站机通信，按站机命令向站机传送数据包。
采集板的工作电源由采集机电源提供。

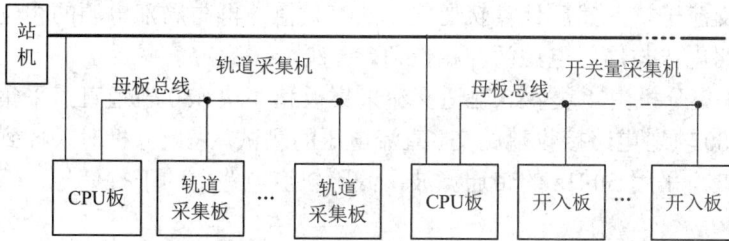

图 14-5　站机组织下的轨道电路监测设备组成示意图

　　根据轨道电路制式的不同，轨道采集分机分为 25 Hz 相敏轨道电路采集分机和交流连
续式轨道电路(简称 480 型轨道电路)采集分机两种(后来才增加了对其他型轨道电路的监
测)，两者的主要区别是轨道采集板的类型不同。另外，不同时期的采集板的容量也是有差
异的，比如初期的开入板，每块可采集 48 个开关量对象，后来也出现了 24 路开入板，现
在的智能开关量采集板基本上采用的是 32 路输入。虽然采样的容量改变了，但原理功能没
变，只是新的板卡中电路设计更加优化，在可靠性上也有了很大提高。

　　继电器状态开关量的采集方法与手段，可参考第七课中的内容。

2. 2000 版轨道采集分机结构

　　2000 版微机监测对轨道电路监测提出了新的技术要求，比如对相敏轨道电路(25 Hz/
50 Hz)不仅要求监测轨道接收端的交、直流电压，还需要对局部电源的交流电压和相位角
进行监测。2000 版的前期采集设备结构与图 14-5 所示的形式相同，只是将轨道采集板在
分机的面板标称为了互感器板。后来对系统进行了优化，将负责 GJ 状态采集的开入板也
加入轨道采集分机之中，组成专用的轨道采集分机。为区分起见，将先前的采集机结构称
为"不带开入板轨道采集分机"，后者称为"带开入板的轨道采集分机"。

　　1) 不带开入板的轨道采集分机结构

　　图 14-6 所示为不带开入板的轨道采集分机结构图(此种分机结构下，GJ 的状态监测由
开关量采集分机完成)。

图 14-6　不带开入板的轨道采集分机结构图

25 Hz(50 Hz)相敏轨道电路采集分机中最多有 8 块相敏轨道采集板(具体数量由设备多少决定)，每块板可采集 15 路轨道交流电压、相位角和 1 路局部交流电压、相位角，这样 8 块采集板共能实现对 120 路轨道电路的采集。采集分机对采样到的轨道电压信号进行数字滤波，滤除交流干扰，然后计算轨道电压的有效值，再与局部电源的相位进行比较，从而得到轨道电路电压与局部电源间的相位角。

480 轨道采集分机由 4 块 480 轨道交流采集板和 4 块 480 轨道直流采集板组成，可以实现对 48 路 480 轨道电路接收端的交、直流电压的测试。采集分机对采样到的轨道电压信号进行数字滤波，采用 50 Hz 的带通滤波，滤除轨道电路上的干扰信号，然后计算轨道电压的有效值。

2) 带开入板的轨道采集分机结构

随着计算机联锁车站信号设备的应用，需要监测的开关量减少，于是不再设置开关量采集分机，而是将开关量采集板集中放在一个分机组匣内并取名为综合采集机。同期，有些监测设备厂家为了使设备分配更加合理也方便系统的数据管理，将 GJ 状态监测的开入板与原轨道电压的采集板组合在一个轨道采集分机组匣内，于是就有了带开入板的轨道采集分机。图 14-7 为带开入板的轨道采集分机结构示意图。

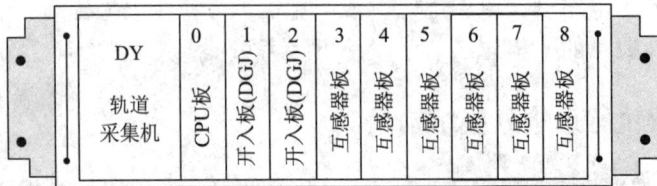

图 14-7　带开入板的轨道采集分机结构示意图

每块开入板可监测 48 路 DGJ 的状态，两块共可监测 96 个轨道区段，每块互感器板可监测 16 路轨道电压，使用 6 块，即可实现对 96 个轨道继电器电压量的采集。也就是说一个轨道采集分机，可以用于 96 个轨道区段的监测。开入板负责采集轨道继电器开关量。

互感器板(HGQ)使被监测的轨道电压先经电阻衰耗、互感器隔离、滤波、线性量化、A/D 转换等处理，再经多路转换开关选通送给 CPU 进行数字编码、暂存或向站机转发。图 14-8 为用于 480 型轨道电路监测的互感器板实物图。

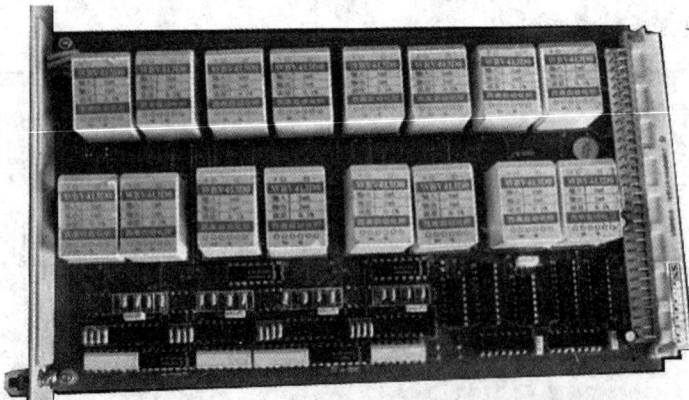

图 14-8　用于 480 型轨道电路监测的互感器板实物图

3. 2000 版轨道采集分机设备组成

TJWX-2000 型微机监测系统是 2000 版微机监测系统的典型代表，它将轨道采集板与开入板放在了一个组匣内，同时对各采集进行了更优化的设计，虽然减少了分机的容量，但提高了采样精度，增强了抗干扰能力，同时也增加了面板指示信息，使维护更加方便。图 14-9 为 TJWX-2000 型轨道采集分机设备组成框图，采集分机组成形式同其 2000 版之前一样。

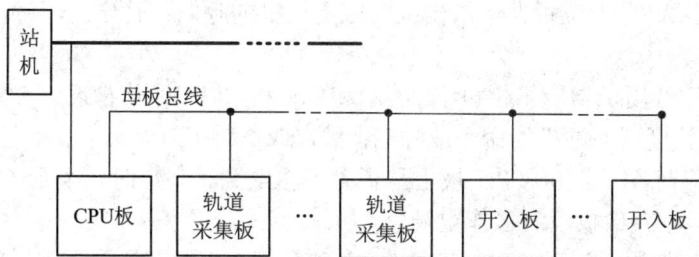

图 14-9　TJWX-2000 型轨道采集分机设备组成框图

各功能板均插在总线板母板上，通过母板总线完成各板之间的通信；CPU 板是采集机的核心，主要负责调度轨道电压数据的采集、编码和管理，同时负责和站机通信；轨道采集板负责轨道电压的采集，每块板容量为 16 路，板的数量根据站场的不同而不同；开入板负责轨道继电器状态的采集，每块板容量为 32 路，板的数量根据设备多少确定。由于 1 个开入板容量是 32 路，1 个模入板是 16 路，对一组轨道电路(以受电端数量计)要监测 DGJ 状态和电压信息各一项，因此在每组轨道采集分机中每 2 块模入板配 1 个开入板，若设轨道采集板 6 块，则需要 3 块开入板，共 9 块采集板，故监测容量为 96 路。

图 14-10 为轨道采集分机组匣布置及其面板指示灯示意图(图中的"轨道选通"指的就是轨道采集板，只是在各个厂家的名称不同)。

图 14-10　轨道采集分机组匣布置及其面板指示灯示意图

轨道采集分机各板的主要功能与面板指示灯显示意义如下：

1) CPU 板

CPU 板负责程序的运行、各种数据的处理以及和上位机的通信。面板上的各指示灯及按钮功能如下：

(1) "工作"灯用于指示 CPU 板的工作情况。正常时均匀地闪烁；故障时，点亮稳定灯光、不均匀地闪烁或灭灯。

(2) "发送"灯用于指示下位机(采集机)和上位机(站机)的通信情况。频繁闪光时表示和上位机通信正常，向上位机发送数据或响应上位机的呼叫；稳定或不频闪时，表示和上位机通信不正常。

(3) "接收"灯用于指示下位机(采集机)和上位机(站机)通信情况。频繁闪光时表示和上位机通信正常，接到上位机的命令或呼叫；稳定或不频闪时，表示和上位机通信不正常。

(4) "电源"灯用于指示 CPU 板上是否有工作电源。亮灯时，表示 CPU 板有工作电源；灭灯时，表示 CPU 板没有工作电源。

(5) "故障"灯用于指示 CPU 芯片、EPROM 芯片和程序是否正常工作。正常时，故障灯是灭灯状态；故障时，故障灯是亮灯状态。

(6) 复位按钮用于复位采集机程序。当"工作"灯不闪烁或"故障"灯亮灯时需要按压此按钮，若按压后"工作"灯均匀闪烁，"接收""发送"灯有规律地闪烁，说明该采集机工作正常；若按下复位按钮后，"工作"灯仍然不闪烁，则需要再按压一次，若仍然不闪烁，说明该采集机可能有问题。

另外，给信息采集机上电时，一般情况采集机会自动复位，工作灯正常闪烁，若发现该采集机工作灯不闪烁，则需要将该采集机复位。

2) 轨道选通板

轨道选通板(或称轨道采集板、互感器板、轨道电压板等)负责轨道电压的采集，每块板可采集 16 路轨道电压，面板上的指示灯功能如下：

(1) "工作"灯用于指示轨道选通板的工作情况。正常时，均匀闪烁；故障时，点亮稳定灯光、不均匀地闪烁或灭灯。

(2) "电源"灯用于指示轨道选通板的供电情况。灯亮时，轨道选通板有电；灯灭时，轨道选通板没电。

3) 开入板

开入板(即开关量采集板)负责采集各轨道继电器开关量的状态，采集时分为前接点采集和后接点采集两种情况。采集前接点时，轨道继电器吸起时指示灯亮灯；采集后接点时，轨道继电器落下时指示灯亮灯。面板上的 32 个指示灯各对应一个开关量。正常情况下，面板上的"电源"灯常亮，"工作"灯秒闪。

三、轨道采集分机工作原理简述

不论采用何种形式的设备组合，对轨道监测的原理是不变的，监测系统一方面通过模拟量采集板对轨道电压信息采样，另一方面通过开关量监测电路采集轨道继电器的状态信息，CPU 周期地读取两部分信息，一方面将模拟量通过 A/D 转换等处理，形成电压曲线数据，等到站机需要时，按指令要求上传给站机。图 14-11 所示为轨道采集的工作原理框图。

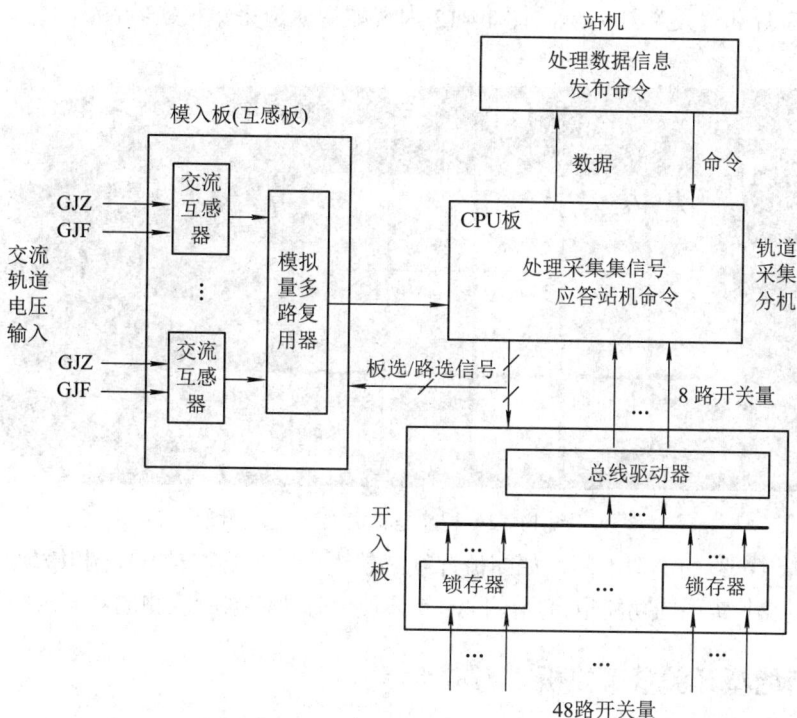

图 14-11　轨道采集分机工作原理框图

轨道电路电压数据采集过程大体上是这样的：循环连续从第 1 路、第 2 路……至第 128 路(系统设计为 128 路时)采集信息，对于每一路来说，每采集 1 次记录一个数值。当采集 8 个循环后，将 8 个数值取算术平均值送入存储器暂存，这个数值就是要发送给站机(主机)的数据；当下一个 8 次循环的平均值到来后，刷新前面的数据，这样保证送往站机的数据总是最新的。通常站机每 1 秒钟(此时间取决于系统的设计)向分机发出指令读取数据 1 次。

主机的软件功能主要是将轨道电路接收端的调整电压、分路电压，形成轨道电压日报表数据，包括调整状态最高电压、最低电压和分路状态最高电压的数值，形成轨道电压日曲线、月曲线和年曲线信息。

四、2006 型智能采集板的应用

信号微机监测发展到 2006 版时各类采集板已实现智能化，即其板卡自身带有 CPU 处理器，其模拟量的 A/D 转换及与主机数据的通信都是由采集板自己完成的，故采集分机组匣内不再有独立的 CPU 板。

1. 智能型轨道电压采集板

2006 型轨道采集板面板上除"电源"灯和"工作"灯外，另增设了"主/备""故障"指示灯和指示"收""发"通信状态的工作指示灯，正常工作时"主/备"灯和"故障"灯灭灯，"收"灯和"发"灯闪烁。图 14-12 为智能型轨道采集板实物图。

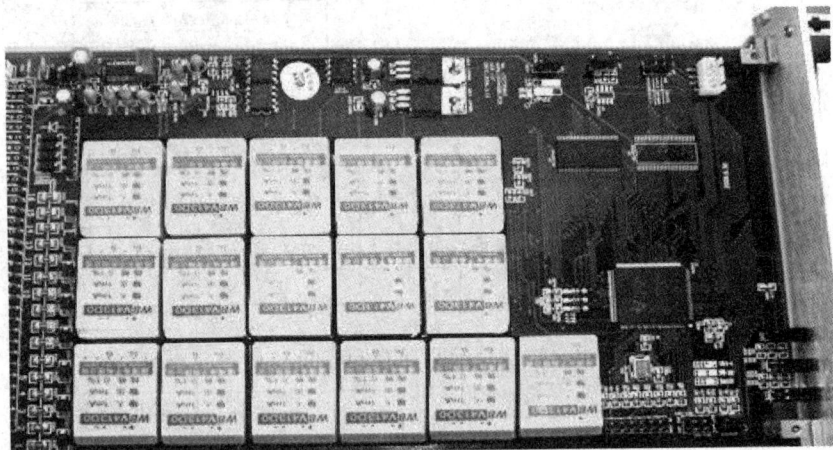

图 14-12　智能型轨道采集板实物图

由于轨道电路的类型不同，如交流连续式轨道电路、25 Hz(50 Hz)相敏轨道电路等，采集板的类型及其实现的功能也有所不同，具体使用时要依据所监测的对象选择采集板类型。

2. 智能型开关量采集板

2006 型开关量采集板(简称开入板)也已实现智能化，其板的实物如图 14-13 所示。正常情况下，面板上的"电源"灯常亮，"工作"灯秒闪，"主/备"灯和"故障"灯灭灯，"收"和"发"灯闪烁(智能板面板上的这三组指示灯显示方式、意义都相同)。面板上的采集信息指示灯有些类型的板上有，而有些没有，不过这并不影响其功能。

图 14-13　智能型开入板实物图

如果面板上有信息指示灯，那么32路开关量信息就对应32个指示灯。1～16位指示灯对应于C1～C16端子的接入对象；17～32位指示灯对应于A1～A16端子的接入对象。采集分机背面为插拔化的配线端子，端子从背面看，由右到左依次为D0、D1、D2、D3、D4、D5、D6、D7、D8，其中D0为电源和CAN通信端子，其他均为工程采样端子。每个端子对应一块采集板卡，外部配线通过机柜内部转接引至采集板卡。采集分机与站机的通信连接采用CAN总线。

五、2010型智能采集单元

铁道部2010版《铁路信号集中监测系统技术条件》要求对信号设备的监测尽量采用智能采集单元来实现。智能采集单元取代了原来智能采集板的所有功能，也有自己的CPU可以自行编码，与上位机实现独立的数字通信。智能采集单元各功能模块集成在一块电路板上封装在继电器盒内，其结构形式与安全型继电器一样(由于其外形如同安全型继电器，故有人称单元为采集继电器、采集器等)，对外电气连接方式及端子的编号与继电器接点编号完全一致，可集中放置在组合架上，使用非常方便。此种模式的主要优点是采集信息受到的干扰最小，能大幅度提高采集精度和响应时间，同时能大大增加数据采集的稳定性。

使用采集单元时同采集板一样，对电流量的采集仍需要电流互感器模块的配合使用，对引入的电压模拟量也要采取高阻隔离和电压互感器隔离措施。采集单元将模拟信号高速采样、调理并进行数据处理运算，最终将模拟量转换成数字信息送往采集柜中的通信接口分机。每个采集单元都有一组8位拨键(第7、8位拨键一般固定不动，由施工单元设置。它是用来设定RS485通信的波特率的)，前6位为设置485通信地址用拨键，以6位二进制编码形式排列，每位拨键有on(代表"0")和off(代表"1")两个状态位。比如，前6位拨键的状态为"000010"时，则表示其通信地址为2。

下面仍然以轨道电压监测为例，介绍采集单元的应用方法。

用于轨道监测的智能采集单元有两类，一类是不带GJ(轨道继电器)状态采样功能的采集单元，另一类是带有GJ状态采样功能的采集单元。带有接点状态采集功能的采集单元，其内部集成了接点状态采集功能的模块，由于增加了状态采样模块，为腾出空间只能减少模拟量的采集数量，因此它们对外连接端子的定义不同，不过在外形上并无差别(标签上可以分辨)。

1. 不带GJ状态采样的采集单元

应用智能采集单元时，采集单元放置在专门的轨道电路监测组合中，对外连接的端子编号与普通继电器接点编号相同，图14-14所示为相敏轨道电路智能采集单元及其端子分配定义。采集单元内有8路模拟量采集模块，1路用于局部电压的采集，7路用于轨道电压的采集，因此每个采集单元在对相敏轨道电路监测时可监测7个轨道区段。

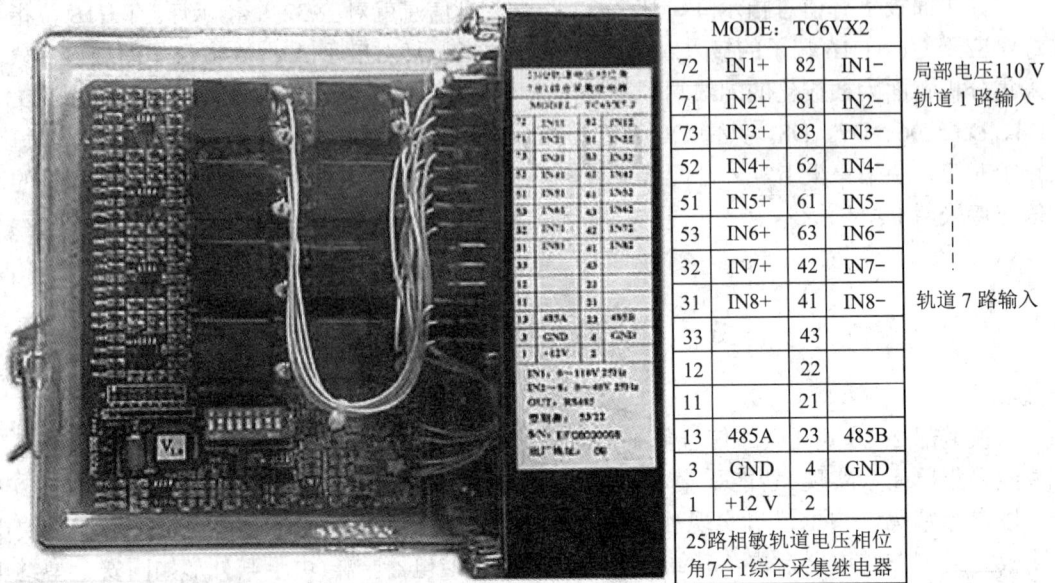

MODE：TC6VX2				
72	IN1+	82	IN1−	局部电压110 V
71	IN2+	81	IN2−	轨道1路输入
73	IN3+	83	IN3−	
52	IN4+	62	IN4−	
51	IN5+	61	IN5−	
53	IN6+	63	IN6−	
32	IN7+	42	IN7−	
31	IN8+	41	IN8−	轨道7路输入
33		43		
12		22		
11		21		
13	485A	23	485B	
3	GND	4	GND	
1	+12 V	2		
25路相敏轨道电压相位角7合1综合采集继电器				

图 14-14　相敏轨道电路智能采集单元及其端子分配定义

　　其他类型的采集单元结构形式与此类似，只是端子分配定义有所差别，比如移频发送采集单元实物及端子分配定义如图 14-15 所示，它可以分别对 4 路发送电压和 4 路发送电流进行采集。其他类型的轨道采集单元在后面的内容中有介绍。

MODEL：TC6YZII-3				
72	U1+	82	U1−	4路
71	U2+	81	U2−	电压
73	U3+	83	U3−	输入
52	U4+	62	U4−	
51		61		
53		63		
32	I1+	42	I1−	4路
31	I2+	41	I2−	电流
33	I3+	43	I3−	输入
12	I4+	22	I4−	
11		21		
13	485A	23	485B	
3	GND	4	GND	
1	+12 V	2		

图 14-15　移频发送智能采集单元及其端子分配定义

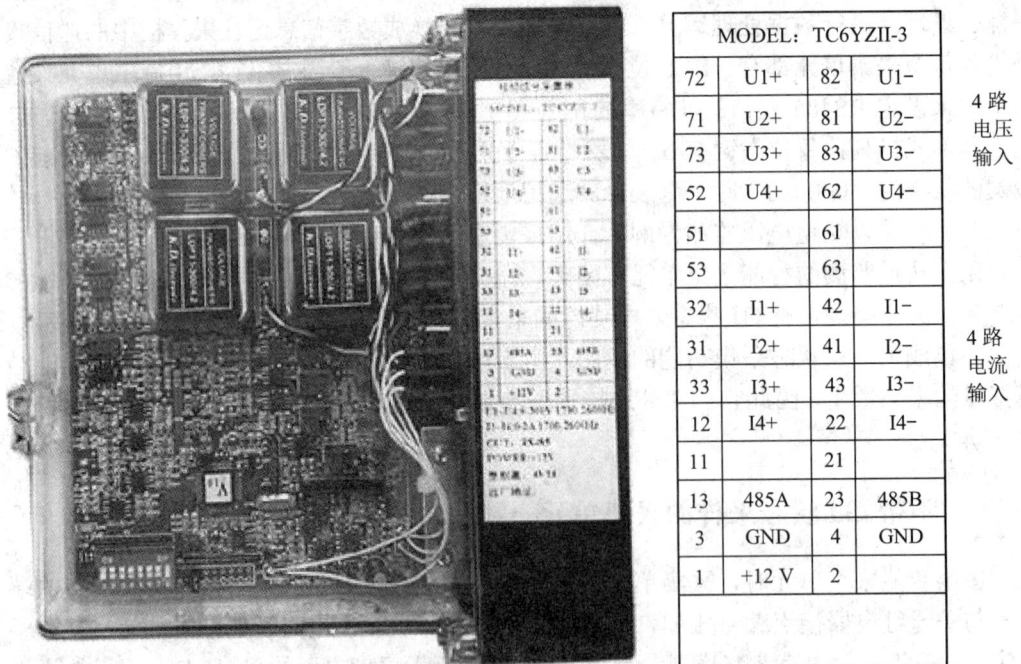

2. 带 GJ 状态采集的采集单元

带 GJ 状态采集的采集单元对每路轨道电压监测的同时也对 GJ 的状态进行采样，两者同时采集时可对分路不良的轨道区段直接做出判断，避免了开关量与模拟量分别采集时因时序差造成误报警的现象。比如，某轨道区段在某一时刻出现了分路不良，即此刻轨道电压已下降，但 GJ 并未接通后接点，在对两者同时监测时就可以及时发现这个问题，但如果轨道电压与 GJ 的状态是分别采集的，因时差关系可能在轨道电压下降时不能及时发现 GJ 没有落下，从而错过了发现分路不良的时机。

图 14-16 所示是用于 ZPW2000 移频接收监测的采集单元及其端子分配定义，移频接收监测总共需采集三个接收电压(轨道继电器线圈电压和轨出 1 电压、轨出 2 电压)和一个 GJ 状态。

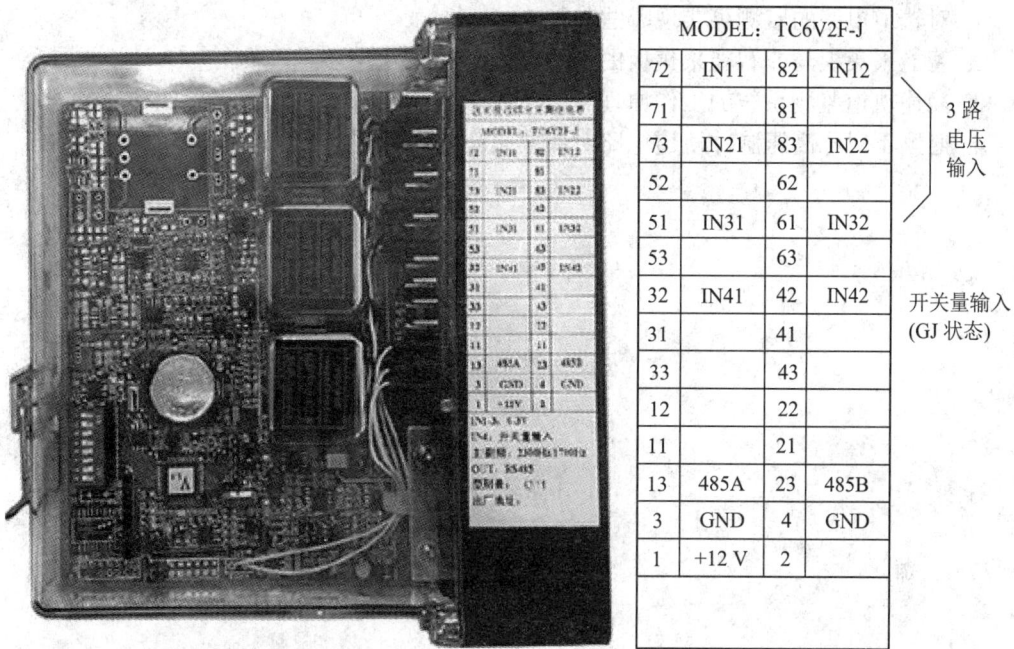

MODEL: TC6V2F-J				
72	IN11	82	IN12	3 路电压输入
71		81		
73	IN21	83	IN22	
52		62		
51	IN31	61	IN32	
53		63		
32	IN41	42	IN42	开关量输入(GJ 状态)
31		41		
33		43		
12		22		
11		21		
13	485A	23	485B	
3	GND	4	GND	
1	+12 V	2		

图 14-16　ZPW2000 移频接收智能采集单元及其端子分配定义

总之，信号微机监测系统设备的变迁是与监测技术的革新和发展紧密关联的。概括地说，监测设备的变迁经历了三个阶段。

(1) 在 TJWX-2000 型微机监测系统中信息采集的基本单元为采集分机，采集分机的基本结构通常为"电源板(1 块) + CPU 板(1 块) + 采集板(N 块)"的组合形式，并共用一块总线板。采集分机以 CPU 板为控制和处理中心，通过总线板上的数据总线对采集板进行控制，并对采集板采集的信息进行处理。其中的采集板都是非智能板，只做模拟量的采集工作，不能对信息进行数字化处理(数字化处理都交由 CPU 完成)。

(2) 在新的技术条件中，要求监测系统增加电源屏输入输出功率、频率、相位角及移频信息等监测对象，对这些对象的监测不仅仅是数据的采集，更需要采集分机能高速、实时地完成大量的复杂计算，若将所有运算工作都交给一个 CPU 去完成，将变得非常困难。因此 2006 型监测系统在每个采集板中都集成了 CPU，这样每块板既是 CPU 板也是采集板，同时还具备 CAN 通信的能力，由此它可作为底层采集的一个 CAN 网络节点。因此说 2006 型微机监测系统中的采集板是多功能的智能板。

(3) 2010 版监测系统在 2006 版的基础之上，将各类采集板进一步集成化并组装成继电器单元的形式，在系统架构中以设备完成的功能不同配置不同的测试组合，将继电器式采集单元集安装在相应的组合中。这样的组装形式大大减轻了主机或站机的负荷，也使系统工作更可靠，效率更高，也利于对设备的维护。

问 题 思 考

1. 对轨道电路的监测可实现哪些功能？
2. 智能采集板与非智能采集板的主要区别有哪些？
3. 简述轨道监测系统的工作原理。
4. 监测不对称高压脉冲轨道电路时所要采集的内容是什么？

第十五课 轨道电路的监测

监测系统通过对轨道电路接收端电流、电压或频率等参数的实时监测，以了解电路在各种状态下的工作情况，当参数偏离门限后能发出告警。在日常维护工作中，信号维护人员可通过对轨道电压曲线的分析，了解轨道电路工作状况，以及时发现可能存在的隐患，实现真正意义上的状态修。当轨道电路出现故障时，信号维护人员可借助监测结果快速分析和处理故障。

轨道监测的对象，或监测的轨道电路类型有：电气化、非电气化区段轨道电路；交流连续式、25 Hz(50 Hz)相敏轨道电路；高压不对称轨道电路和移频轨道电路等。

一、交流连续式轨道电路(480型)监测

在我国非电气化铁路线上，电气集中联锁车站多采用交流连续式轨道电路(俗称480型轨道电路)，曾经应用十分广泛，但随着铁路的发展加之电气化铁路运输的逐渐普及，480型轨道电路的地位已不及当年，但其一直是轨道电路中的典型代表，表达了轨道电路的本质特征。

1. 监测内容与标准

信号微机监测系统对交流连续式轨道电路的监测内容、监测点及主要技术标准如下：

监测内容或对象：轨道电路受电端轨道继电器JZXC-480线圈的交、直流电压，GJ的状态。

监测量程、精度：AC 0~40 V，DC 0~40 V；测量精度：±1%。

测试方式、速率：站机周期巡测(周期≤2 s)；变化测；采样速率：250 ms。

监测标准：轨道电路调整状态时，交流电压值为10.5~16 V；轨道电路分路状态时，分路残压不能超过2.7 V。

轨道电压模拟量监测点：轨道电路测试盘对应位置或分线盘相应位置，或GJ的7、8(2、3短接时，可用1、4)端子，图15-1为交流连续式轨道电路监测采集信息接入示意图。

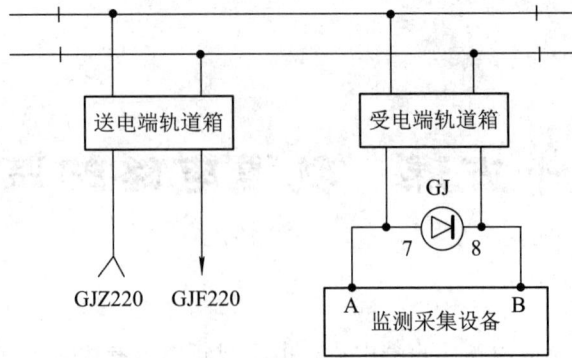

图 15-1　交流连续式轨道电路监测采集信息接入示意图

2. 利用采集分机的轨道监测

480 型轨道采集分机由电源、总线板、4 块 480 轨道交流采集板和 4 块 480 轨道直流采集板组成，可以实现对 48 路轨道电路接收端的交、直流电压的监测。采集分机通过轨道电压互感器采集板隔离采样轨道电压信号，并对此信号进行滤波(采用 50 Hz 的带通滤波)、调整限幅、A/D 转换、数字滤波等，最终得到轨道电压曲线数据。

被采集的轨道电压信息，从与 GJ 继电器线圈 7-8 相连接的组合侧面端子板上(如果有轨道电路测试盘，也可从测试盘处引出)用双绞线连接到衰耗器板，经过 20 kΩ 的电阻后通过 34 芯电缆接入采集机柜中的采集分机。其采集信息接入方式示意图如图 15-2 所示。

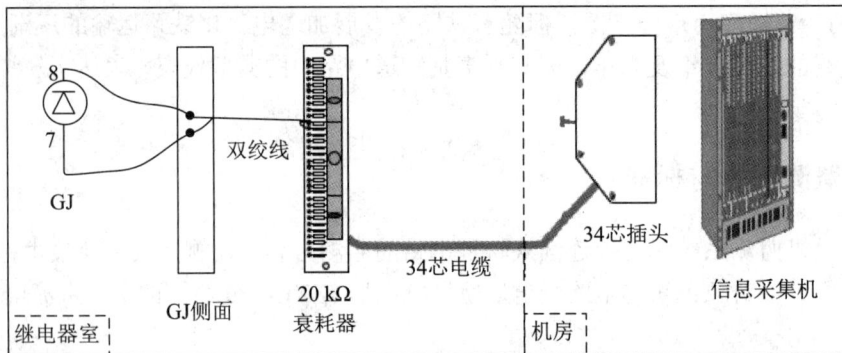

图 15-2　轨道采集信息接入方式示意图

早期的监测设备，是将 20 kΩ 衰耗器设置在采集板以外独立的衰耗器板上的，改版之后将衰耗电阻集中在监测机柜的顶层，在此之后又将衰耗电阻集成在了采集板的输入侧，不再使用独立的衰耗器。

3. 利用采集单元的轨道监测

采集单元是目前信号监测设备的主要元件，它集成了原采集分机的主要功能于一体，使用起来安全方便，且监测精度很高，所以应用很广。

图 15-3 所示为不带 GJ 状态采样功能的采集单元端子分配定义，每个采集单元可采集 8 路轨道电路电压。由于 480 型轨道电路应用比较早，且现在使用得不多，只是在 6502 电气集中车站有应用，所以没有专用的带 GJ 状态采样功能的采集单元，如果要使用也可以选择用于相敏轨道监测的采集单元代替，只是第一路输入不使用(不过目前还没有见到这样使用的车站)。

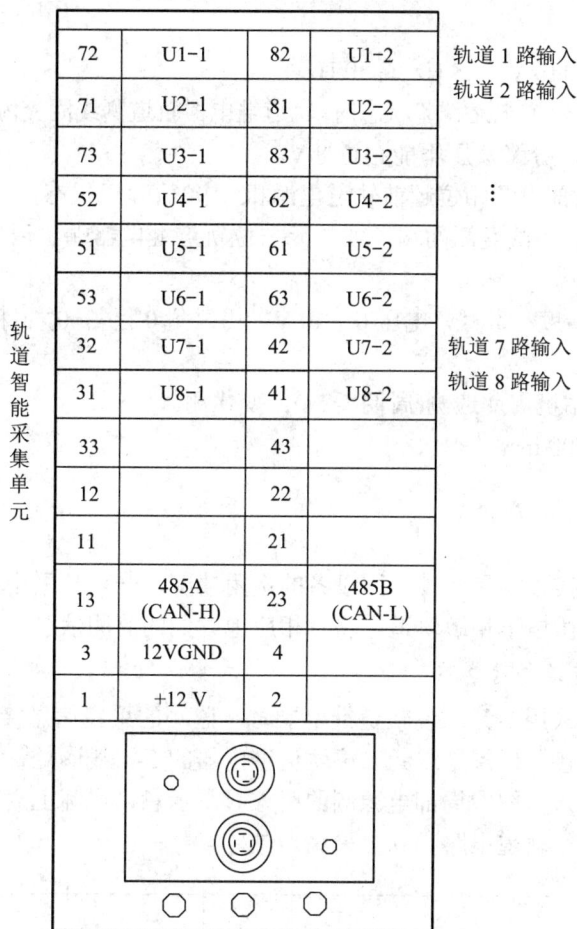

72	U1-1	82	U1-2	轨道 1 路输入
71	U2-1	81	U2-2	轨道 2 路输入
73	U3-1	83	U3-2	
52	U4-1	62	U4-2	
51	U5-1	61	U5-2	
53	U6-1	63	U6-2	
32	U7-1	42	U7-2	轨道 7 路输入
31	U8-1	41	U8-2	轨道 8 路输入
33		43		
12		22		
11		21		
13	485A (CAN-H)	23	485B (CAN-L)	
3	12VGND	4		
1	+12 V	2		

轨道智能采集单元

图 15-3 无 GJ 状态采样功能的采集单元端子分配定义

采集单元最终的监测数据是通过 CAN 通信上传给站机系统的，具体的工作过程可参考第十四课的相关内容。

二、25 Hz(或 50 Hz)相敏轨道电路监测

现场使用的相敏轨道电路分为 25 Hz 相敏轨道电路(用于铁路电力牵引区段)和 50 Hz 相敏轨道电路(用于城市轨道交通)两种，两种轨道电路监测的内容或方式相同，都需要采集轨道电压和局部电压及其两者之间的相位差。通常每个采集板(或采集单元)可集中只配置一个局部电源实行集中采样，不必对每个轨道电路都采集局部电源信息，但前提是轨道

电源与集中采样的局部电源为同源电源，否则会影响相位差的计算。

1. 监测内容、要求与标准

(1) 监测内容(或对象)：轨道电路接收端的交流电压及其相位角，局部电源电压及其相位角，GJ 状态。

(2) 监测标准：

① 局部电源——110 V，25 Hz 或 50 Hz。

② 轨道电源——轨道电路调整状态时，轨道继电器轨道侧线圈交流电压值为 18～25 V；轨道电路分路状态时，分路残压不能超过 8 V。

③ 相位差——局部电源相位超前轨道电源相位 90°(理想状态)。

(3) 监测点：轨道测试盘侧面端子或二元二位轨道继电器端、局部电压输入端，相敏轨道电路电子接收器端。

(4) 监测量程、精度：量程，电压 0～40 V、相位角 0°～360°；精度，电压±1%、相位角±1%。

(5) 测试方式：站机周期巡测(周期≤2 s)；变化测。

(6) 采样速率：500 ms。

2. 监测信息引入方式

相敏轨道电路在接收端有两种不同设备的选用情况，一种是采用二元二位轨道继电器电路，另一种是采用微电子相敏轨道电路，相应地它们的监测信息引入方式也有差别。

1) 二元二位轨道继电器电路

当相敏轨道电路采用二元二位轨道继电器时，监测的采集信息接入方式如图 15-4 所示。图中轨道侧电源接入位置是二元二位轨道继电器的 3-4 线圈处，实际通常在轨道电路测试盘侧面端子处接入；图中局部电源侧的引入只是示意，实际上局部电源的采样采用的是集中方式，不必每个轨道电路都独自采集。

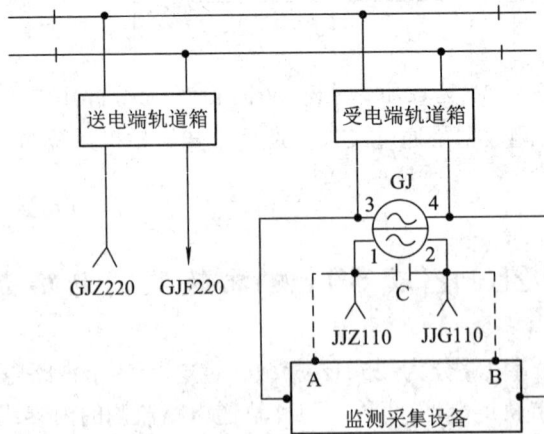

图 15-4　二元二位轨道电路采集信息接入方式示意图

　　由于相敏轨道电路监测需要判断轨道电压的相位，因此对轨道电压采集的两根引线有正负之分，故配线时注意不能接反，否则将造成相位角计算出错。25 Hz 相敏电路的轨道电压一般为 18～24 V，最高可达到 35 V 左右，最低在 15 V 以上，相位角一般在 90°左右。50 Hz 相敏轨道电路的轨道电压一般为 12～18 V，最高可达到 20 V 左右，最低也在 10.5 V 以上。

　　2) 微电子相敏轨道电路

　　当相敏轨道电路采用微电子相敏轨道电路时，轨道监测的采集信息接入方式如图 15-5 所示。轨道电压信息从微电子轨道输入端接入采集机，对局部电压的采集方式也是集中式，不必每一个轨道区段都采集(图中的虚线表示局部电压采集引线)。

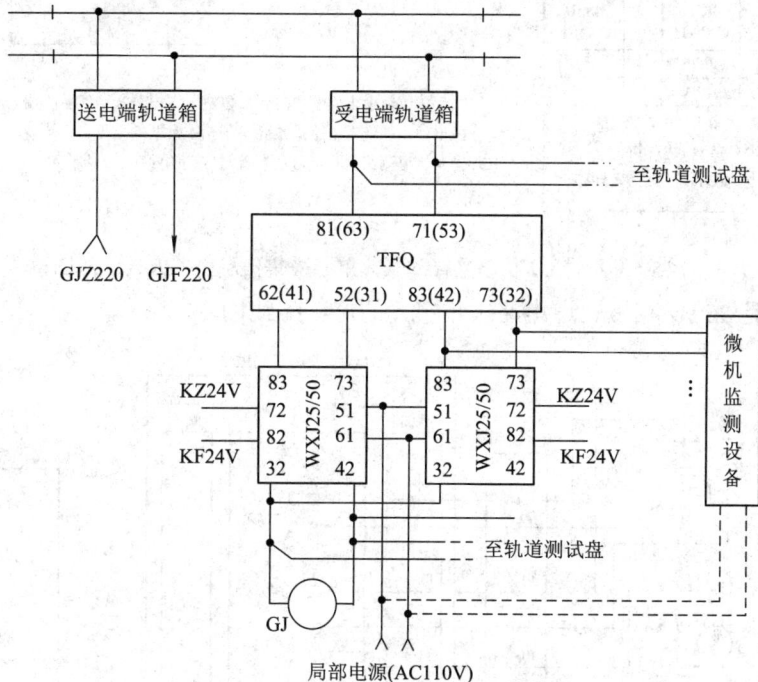

图 15-5　微电子相敏轨道电路采集信息接入方式示意图

3. 采集单元监测配线

　　新版微机监测系统对轨道电路的监测都采用了智能采集单元。使用智能采集单元可以保证采集受到的干扰最小，能提高轨道电压的采集精度以及响应时间，更主要的是可有效增加数据采集的稳定性。

　　1) 不带 GJ 状态采样的采集单元配线

　　25 Hz 和 50 Hz 相敏轨道采集单元均为继电器形式，内有 8 个模块，对应地可接入 8 路监测对象的电压。第一路输入(72、82 接入端)用于采集局部电压，其余 7 路输入皆为轨道电压的输入，一个采集单元总共可监测 7 个轨道区段。图 15-6 为不带 GJ 状态采样的采集单元采集信息引入方式示意图。轨道电压从二元二位轨道继电器 3、4 线圈两端引线(若是微电子相敏轨道电路则从微电子输入盒两端引线)，如果信号设备设有轨道测试盘，也可以在轨道测试盘侧面端子上接入。

72	IN1+	82	IN1−	局部 110 输入
71	IN2+	81	IN2−	轨道 1 路输入
73	IN3+	83	IN3−	轨道 2 路输入
52	IN4+	62	IN4−	
51	IN5+	61	IN5−	
53	IN6+	63	IN6−	⋮
32	IN7+	42	IN7−	
31	IN8+	41	IN8−	轨道 7 路输入
33		43		
12		22		
11		21		
13	485A (CAN-H)	23	485B (CAN-L)	
3	12V GND	4		
1	+12 V	2		

IN1: 0～150 V 25 Hz
IN2～IN8: 0～40 V 25 Hz

25/50 Hz 轨道采集器单元

注:

(1) 二元二位轨道电路采集二元二位轨道继电器3、4线圈两端电压。

(2) 微电子相敏轨道电路采集微电子输入盒两端电压。

(3) 当有轨道测试盘时,可从轨道测试盘侧面配线采集。

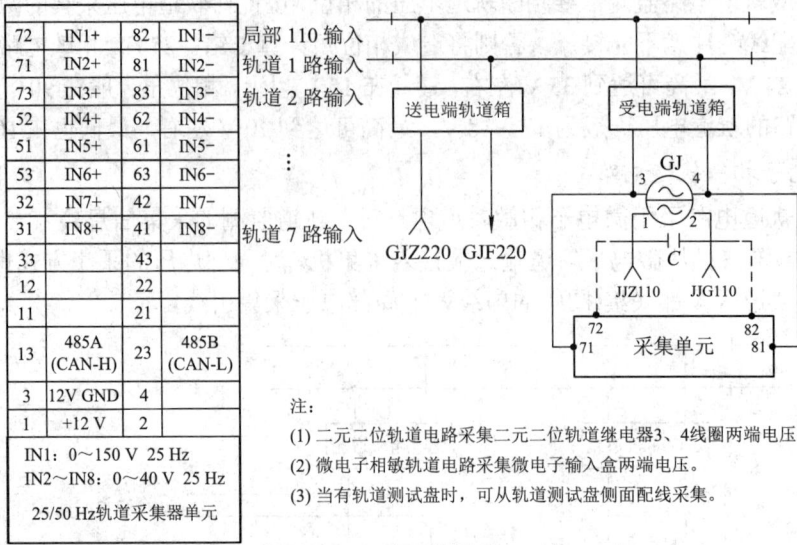

图 15-6　不带 GJ 状态采样的采集单元采集信息引入方式示意图

图 15-7 是 25 Hz 相敏轨道电路采集单元的施工配线图。

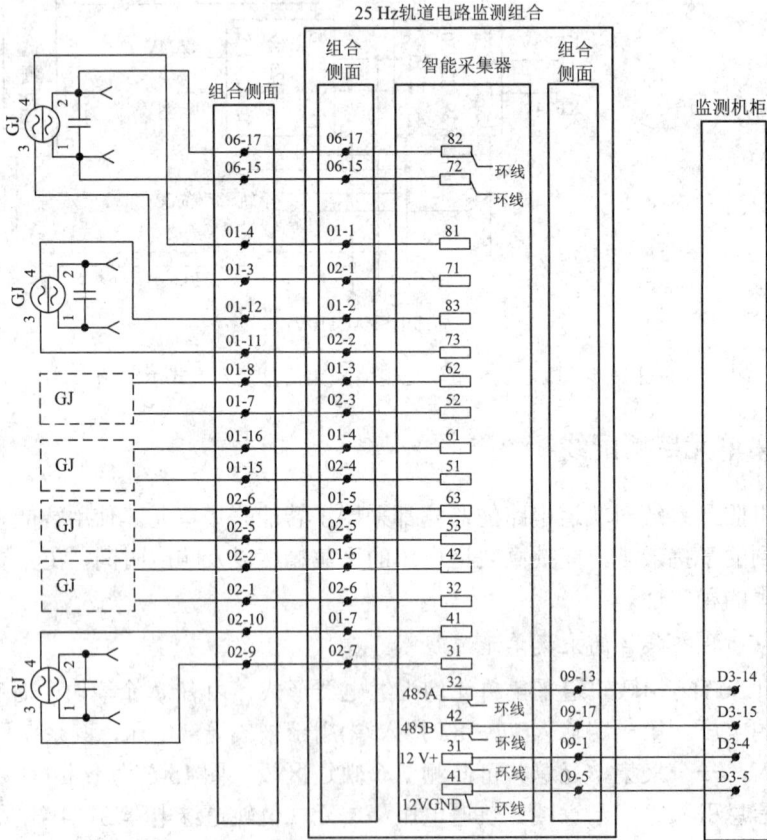

图 15-7　25 Hz 相敏轨道电路采集单元施工配线图

2) 带 GJ 状态采样的采集单元配线

使用带 GJ 状态采样的采集单元时，对每一个轨道电路可以做到轨道电压和 GJ 状态的同时监测，避免了开关量与模拟量分别采集时因时序差造成误报警的现象，同时还能及时发现分路不良的轨道区段。比如，某轨道区段在某一时刻出现了分路不良，即出现轨道电压已下降而 GJ 不落下(即后接点不接通)的不正常现象，如果对轨道电压和 GJ 状态同时监测就能及时发现这个问题，若将两者分别采集，可能因时差关系而错失对轨道区段分路不良的判断。

图 15-8 为带 GJ 状态采样的采集单元采集信息引入方式示意图。采集配线根据设计引至组合侧面对应端子位置，工作电源由供电组合层提供，每层的组合供电线经过保险后给每个采集单元提供工作电源。采集的数据通过 RS485 或 CAN 通信接口实时传输至接口通信分机。

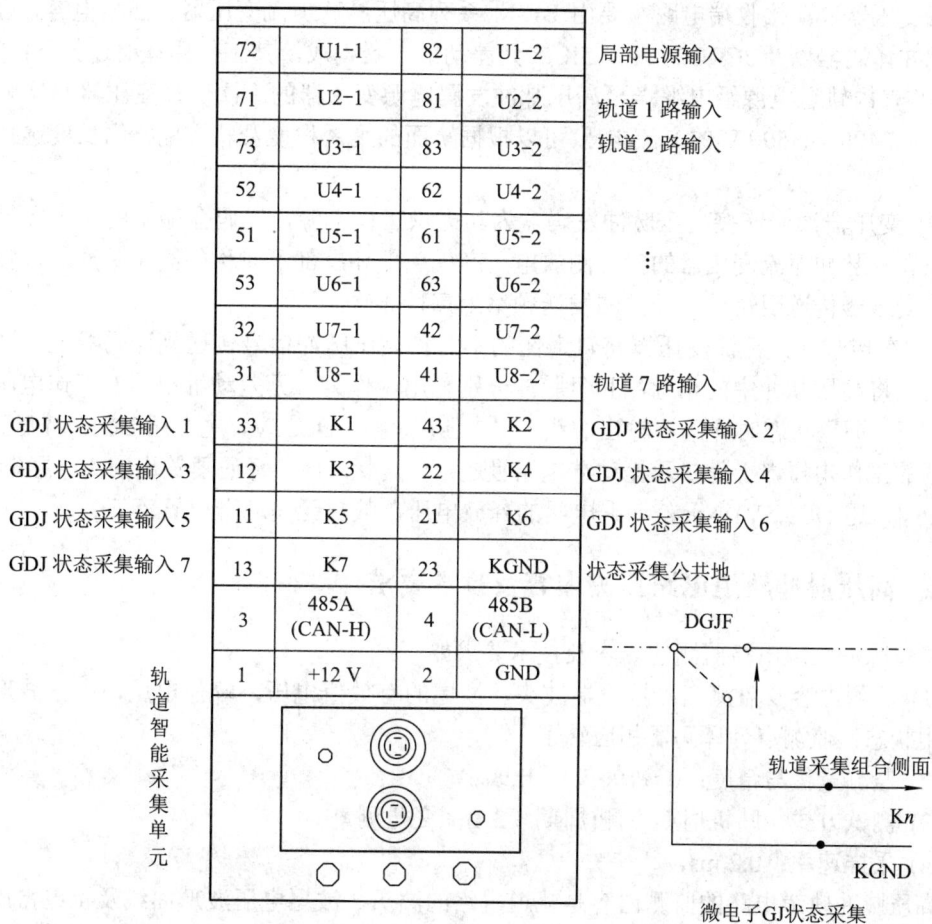

图 15-8　带 GJ 状态采样的采集单元采集信息引入方式示意图

这里对轨道继电器状态的监测，是选择 DGJ 的一组空的后接点作为采样对象，依据后接点的通或断来间接判断 DGJ 状态的。如果 DGJ 没有空接点，可以考虑增设 DGJF 作为采集对象。

三、不对称高压脉冲轨道电路监测

不对称高压脉冲轨道电路(也称为高压不对称脉冲轨道电路，简称高压脉冲轨道电路)具有抗干扰能力强、分路灵敏度高、工作稳定、设备简单、维护方便等诸多优点，被广泛应用于轨面锈蚀、污垢严重以及道碴电阻较高的区段，因此它在铁路专用线上应用比较普遍。

1. 高压脉冲轨道电路的原理概述

高压脉冲轨道电路由送电端和接收端两部分组成，送电端设备有 GM·BDF-100/50 高压脉冲发码电源变压器、GM·HF 高压脉冲发码盒、GM·RT 调整电阻、BE-M 系列高压脉冲扼流变压器等；接收端电路主要由 BE-M 系列高压脉冲扼流变压器、四腿电容、GM·Y 高压脉冲译码器以及 JCRC24.7K/7.5K 二元差动继电器构成。其工作原理概述如下：

(1) 室内轨道电源经电缆送至高压脉冲发码电源变压器的 I 次侧，变压器 II 次侧可提供 300 V、400 V、500 V 的交流电压(可以根据轨面的生锈程度及轨道电路的长度选择合适的电压)。

(2) 变压器次级连接高压脉冲发码盒为其提供工作电源，发码盒输出的电源经过调整电阻在高压脉冲扼流变压器的信号侧放电，产生头部和尾部不对称的高压脉冲，该脉冲经过扼流变压器传送至轨道。脉冲的发送频率为每秒 3 次。

(3) 在接收端，扼流变压器将轨道侧的不对称高压脉冲信号传送到译码器上，译码器通过变换将高压脉冲中的正脉冲和负脉冲分别输出，作为二元差动继电器的工作电压。正常情况下，调整状态时译码器输出的头、尾电压(头电压 DC27V、尾电压 DC19V)大于差动继电器的工作电压，于是二元差动继电器吸起；分路状态时，译码器输出的头、尾电压(头 DC13.5V、尾 DC9.5V)小于差动继电器的释放电压，故二元差动继电器落下。

2. 高压脉冲轨道电路监测内容及技术要求

高压脉冲轨道电路监测的内容及技术要求如下：

(1) 监测内容及监测点：接收端波头、波尾的有效值电压，峰值电压，电压波形及轨道占用状态；监测点为译码器相应端子。

(2) 监测量程与精度：0～100 V，±2%。

(3) 测试方式：站机周期巡测(周期≤2 s)；变化测。

(4) 采样速率：0.2 ms。

高压脉冲轨道电路的监测内容是轨道电路的波头、波尾电压波形曲线及轨道占用状态(即 DGJ 的状态)。目前，对高压脉冲轨道电路的监测所使用的设备或手段有两类，一类是采用传统的采集分机，另一类是采用高压脉冲轨道智能采集单元。

3. 采集分机式监测

采集分机监测形式是早期微机监测系统的标准形式，采集分机通过在总线板上插入的几块不同功能的电路板，各功能板相互协调配合，共同完成一项任务。

(1) 高压脉冲轨道电路采集分机。

高压脉冲轨道电路的采集分机结构与其他轨道电路采集分机结构及组成相同，由电源、CPU 板及高压脉冲轨道传感器板(最多 7 块)和开关量输入采集板(1 块)组成。

对 DGJ 的状态监测仍然使用开关量输入采集板(简称开入板)来完成，每块开入板可采集 48 个开关量。高压脉冲轨道传感器采集板(简称传感器板)共 7 块，每块传感器板可采集 12 路轨道电压，这样每个采集分机最多可以监测 84(7 × 12)个轨道电压。由于一个轨道区段需要采集两路电压，因此一个采集分机最多可监测 42(84/2)个轨道区段，当轨道区段超过 42 个时，需增加采集分机。

(2) 直流电压传感器采集信息的接入。

高压脉冲轨道电路监测所使用的电压传感器是一种专用的直流电压传感器。由于监测时所采集的是波头电压和波尾电压，而这两个电压都是直流脉冲电压，带负载能力很弱，因此对电压传感器提出了特殊的要求，一是它必须是高阻负载，二是响应时间要短，以免消耗过多的能量影响轨道电路的正常工作。此专用的直流电压传感器具有很高的输入阻抗，且响应时间很短，具有快速跟踪输出的能力，能很好地还原电压波形。直流电压传感器集成在传感器板上，其工作电源由采集机提供(其工作原理可参考第五课的相关内容)。

直流电压传感器采集信息的接入方式如图 15-9 所示。

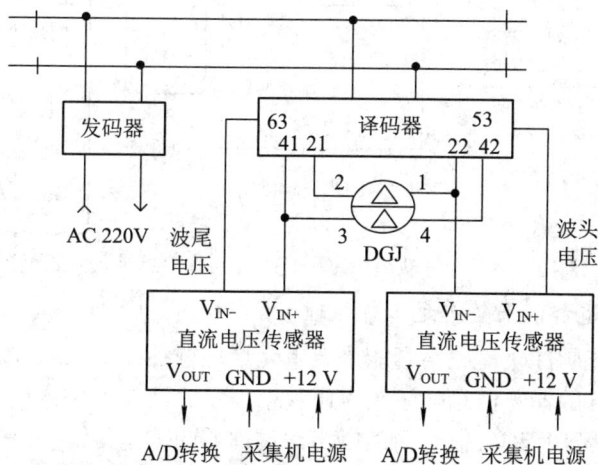

图 15-9　直流电压传感器采集信息接入方式示意图

采集分机式监测原理为：首先由电压传感器对被测的电压进行隔离、采集和线性量化等处理，处理后的信息可经过模拟多路开关选通送到本采集机的 CPU 进行 A/D 转换等处理，最后采集分机通过通信接口将数据信息上传给站机进行储存，以备显示、浏览或转发。

4. 采集单元式监测

采用智能采集单元监测方式是 2010 版微机监测系统的代表形式，高压脉冲轨道智能采集单元(简称采集单元，因其外形同继电器故也有人称其为采集器)集成了原采集分机的所有功能。

1) 采集单元采集信息的接入

针对高压脉冲轨道电路的监测，每个采集单元可采集 1 路开关量信息(即 DGJ 的状态信息)，1 路峰值电压、1 路波头电压和 1 路波尾电压。

采集单元插接在综合采集组合的继电器座上，采集配线根据施工设计引至组合侧面对应端子位置，其工作电源由供电组合层提供，每层组合供电线经过保险后给每个采集单元提供工作电源。采集单元采集到的实时数据通过 CAN 通信接口配线传输至接口通信分机。

采集单元的采集信息接入方式配置如图 15-10 所示。图中 52、62 为波头电压输入端，53、63 为波尾电压输入端，31、41 为译码器波头峰值电压输入端，72、82 是开关量输入端。

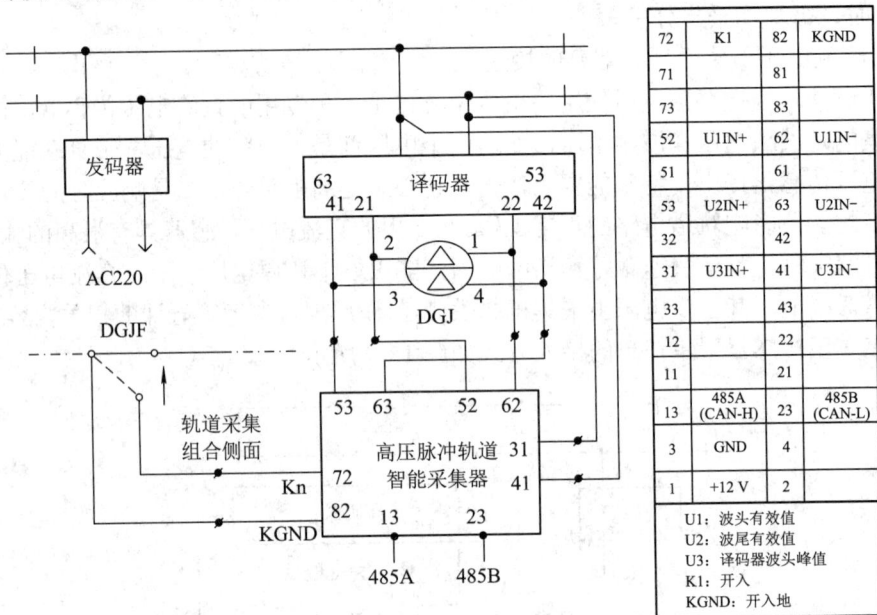

图 15-10　高压脉冲轨道电路采集单元采集信息接入方式配置图

2) 高压脉冲轨道智能采集单元工作原理

图 15-11 为高压脉冲轨道电路智能采集单元原理框图。高压脉冲轨道电路送入采集单元三路信息：译码器的译码信息、波头电压数据信息、波尾电压数据信息。这三路信息经过电阻衰耗和光电隔离后进入信号调理电路，调理后的信息传给 CPU 进行 A/D 转换、数据分析等，最后送往站机显示、存储。

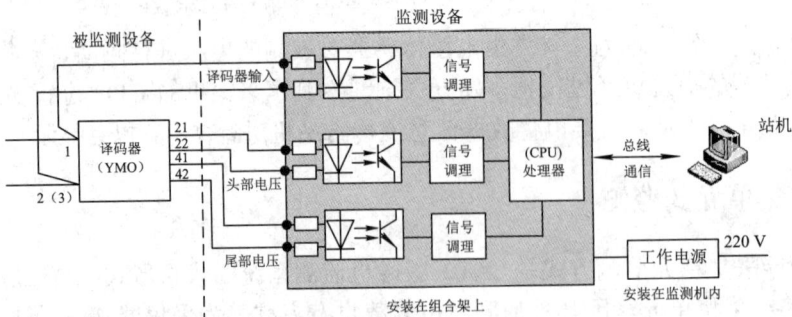

图 15-11　高压脉冲轨道电路智能采集单元原理框图

　　对高压脉冲轨道电路的监测，不论是采用采集分机还是采集单元，它们的基本原理是相通的。

四、集中式移频轨道电路监测

　　2000 版移频轨道电路的监测系统，主要是通过采用移频采集分机来完成移频/电码化发送和接收电压监测的，即通过对发送电压和接收电压采样，经过 DSP 运算可完成对发送端功出电压、载频切换码、发送电流、发送通道电缆模拟网络电缆侧电压、接收通道电缆模拟网络电缆侧电压、轨入电压、轨出 1 电压、轨出 2 电压的载频、低频频率等的测量。

　　移频采集分机由电源、总线板、2 块发送电压采集板、5 块接收电压采集板、1 块模拟量采集板和 16 个发送电流传感器模块组成，可以完成对 16 路移频信号的监测。

　　采用采集分机实现监测的设备构成及其工作原理与前面介绍的普通轨道电路或相敏轨道电路监测的设备类似，因此这里就不再详细讲述了，下面重点介绍利用采集单元采集的监测系统原理，及各采集器的端子分工定义、配线方式等内容。

1. 轨道监测内容及技术要求

1) 站内移频轨道电路

　　监测内容及监测点：站内发送盒功出电压、发送电流、载频及低频的频率。监测点为发送器(盒)功出端。

　　监测量程：发送电压 0~200 V(电化区段)，0~50 V(非电化区段)；发送电流 0~5 A。

　　既有移频：载频 0~1000 Hz，低频 0~35 Hz，频偏 55 Hz。频偏：11 Hz。

　　ZPW2000 系列和 UM71 制式：载频：1650~2650 Hz，低频 0~30 Hz；

　　监测精度：电压 ±1%，电流 ±2%，载频频率 ±0.1 Hz，低频频率 ±0.1 Hz。

　　测试方式：站机周期巡测(周期 ≤1 s)；根据轨道占用状态动态测试。

　　采样速率：250 ms。

2) 区间移频轨道电路

　　监测内容：区间移频发送器发送电压、发送电流、载频、低频；区间移频接收器轨入(主轨、小轨)电压，轨出 1、轨出 2 电压、载频、低频；区间移频电缆模拟网络电缆侧发送电压、接收电压、发送电流。

　　监测点：发送盒(器)功出端，模拟网络电缆侧；接收衰耗器输入端，接收盒(器)输入端。

　　监测量程：发送功出电压 0~300 V，发送电流 0~1000 mA；接收电压，轨入电压 0~7 V，轨出 1、轨出 2 电压 0~3 V；载频 1650~2650 Hz，低频 0~30 Hz；模拟网络电缆侧发送电压 0~200 V，接收电压 0~15 V，电流 0~2 A。

　　测量精度：电压 ±1%，电流 ±2%，载频 ±0.1 Hz，低频 ±0.1 Hz。

　　测试方法：站机周期巡测(周期 ≤1 s)；根据轨道占用状态动态测试。

　　采样速率：250 ms。

2. 移频轨道电路监测的基本原理

采集分机或采集单元通过对发送电压和接收电压及它们的电流进行采集，将采集后的信息经过 DSP 处理与计算得到需要的信息数据。对发送电压信息的处理与运算可得到发送端功出电压、载频切换码、发送电流、发送通道电缆模拟网络的电缆侧电压；对接收电压信息的处理与运算可得到接收通道电缆模拟网络的电缆侧电压、轨入电压、轨出 1 电压、轨出 2 电压。另外，从发送电压信息和接收电压信息中得到载频频率和低频频率等各数据。

下面以 2010 型监测系统利用采集单元作为数据采集设备为例介绍监测原理。

1) 移频发送的采集原理

移频发送采集既要采集发送电压，又要采集发送电流。电压采集从移频发送盒功出的"S1、S2"两点引入，对电流的采集需将移频发送盒输出至防雷网络的一根负载线从原配线中取出，使其经过电流传感器穿心后再接回防雷网络。移频发送采集信息接入方式配置如图 15-12 所示。

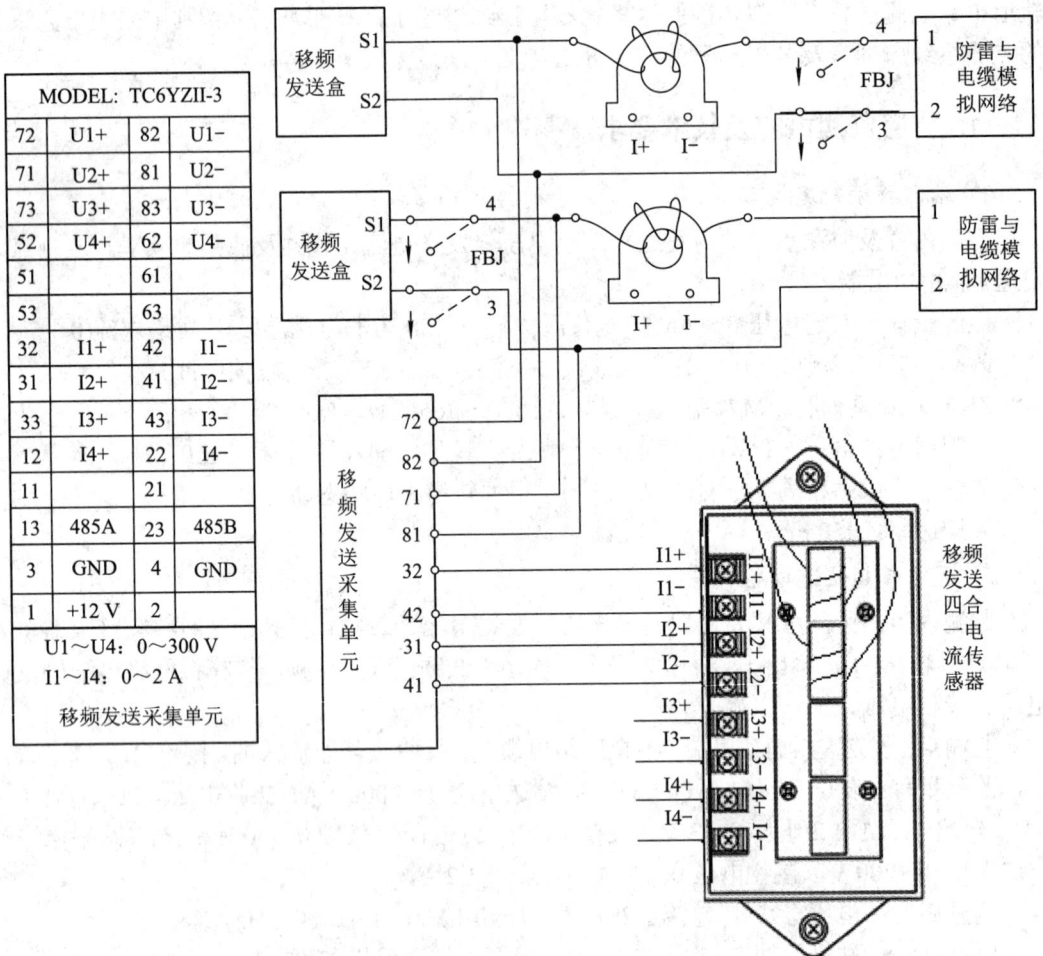

图 15-12　移频发送采集信息接入方式配置图

移频采集单元通常集中在组合架(移频监测组合架)安装，每层组合安装 5 个采集单元和 5 个电流传感器(一个电流传感器占用一个继电器底座位置)，电流传感器与对应的采集单元相邻放置，配线时通常将移频发送盒功出的一对屏蔽线绕经移频采集组合再接入防雷网络，在采集组合内部让 S1 引线穿过电流传感器。每 4 层移频监测组合输出一根 485 通信线，与通信接口分机通信。

对于普通的移频接收采集，也可以使用同样的采集方式，只是采集单元的量程需作相应调整。

2) 移频接收的采集原理

移频接收的采集需要采集 3 路电压(轨入电压，轨出 1 电压和轨出 2 电压)和一个 GJ 状态开关量，一个采集单元对应一组移频接收。图 15-13 为移频轨道电路接收采集信息接入方式配置图。

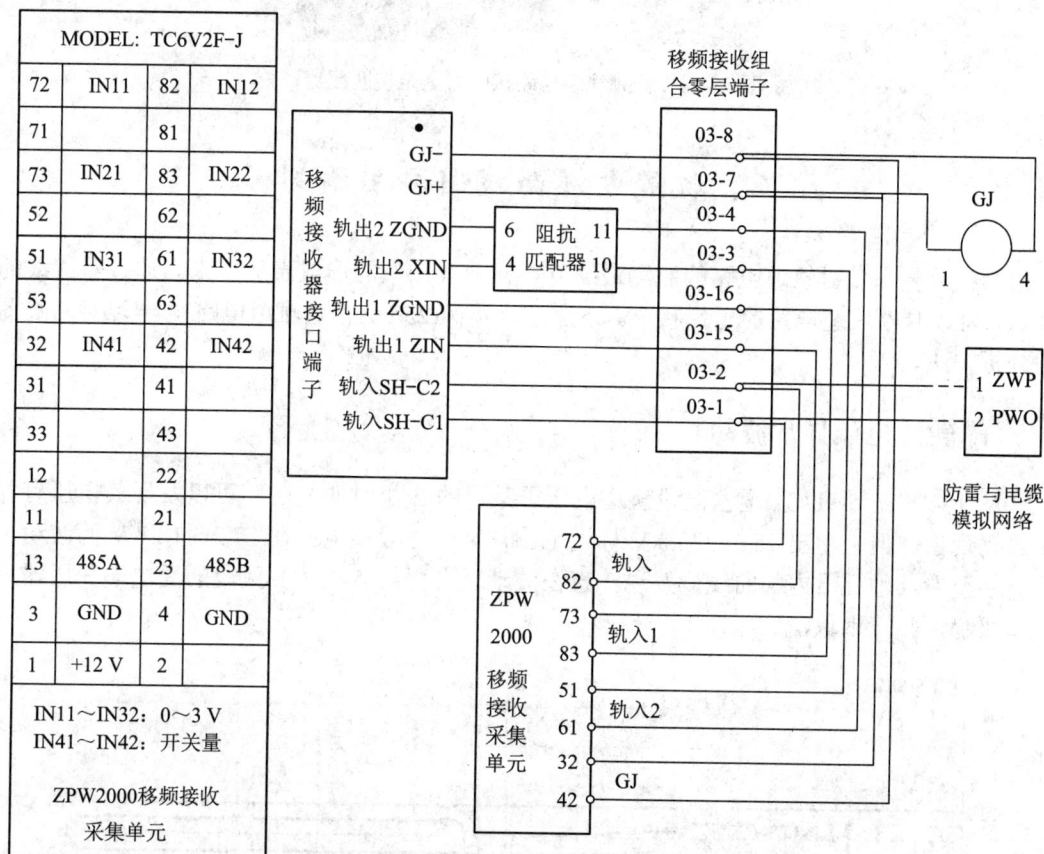

MODEL: TC6V2F-J			
72	IN11	82	IN12
71		81	
73	IN21	83	IN22
52		62	
51	IN31	61	IN32
53		63	
32	IN41	42	IN42
31		41	
33		43	
12		22	
11		21	
13	485A	23	485B
3	GND	4	GND
1	+12 V	2	

IN11~IN32：0~3 V
IN41~IN42：开关量

ZPW2000移频接收
采集单元

移频接收器接口端子：
GJ−　03-8
GJ+　03-7
轨出2 ZGND　03-4
轨出2 XIN　03-3
轨出1 ZGND　03-16
轨出1 ZIN　03-15
轨入SH−C2　03-2
轨入SH−C1　03-1

阻抗匹配器：6　11　4　10

移频接收组合零层端子

GJ　1　4

防雷与电缆模拟网络
1 ZWP
2 PWO

ZPW2000移频接收采集单元：
72
82　轨入
73　轨入1
83
51
61　轨入2
32
42　GJ

图 15-13　移频轨道电路接收采集信息接入方式配置图

3 路电压从移频接收组合架的零层端子上配线接入到采集单元，其中"轨出 1"需增加内部到组合零层端子的配线，"轨出 2"需要先经过阻抗匹配器转接后再配线到组合零层端子。阻抗匹配器安装在移频接收架内部，阻抗匹配器的工作电源为±12 V 直流电源，且对工作电压值要求较高，电压不得低于 11.6 V。图 15-14 所示为阻抗匹配器实物图。

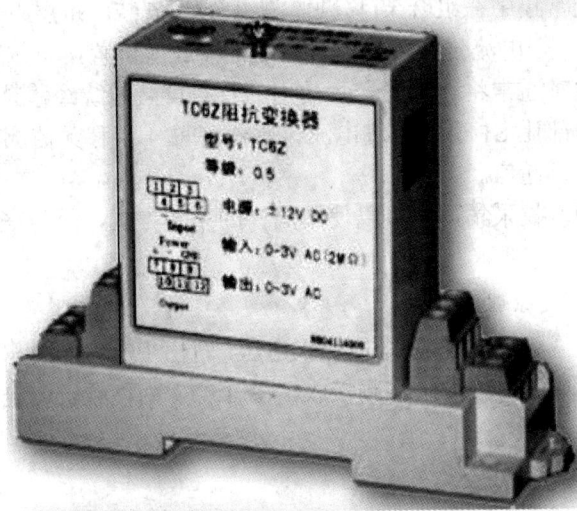

图 15-14　移频轨道电路接收采集阻抗匹配器

五、轨道电压曲线图应用举例

微机监测系统对轨道电路的监测最终以"日曲线图"的形式表达出来。通过对曲线的分析，可以判断轨道电路的工作状况。下面结合实例(25 Hz 相敏轨道电路)，学习对曲线图的分析方法。

1. 轨道电压异常波动

图 15-15 是 5-9DG1 道岔区段轨道电压于某日的 2 小时曲线图，可以发现其电压有异常波动现象，但未超出 15.5～20.3 V 标调范围，某段时段该电压在 17.2～18.7 V 间波动。进一步查看其他几日内的曲线，发现一直在波动。在更换 5-9DG1 区段的受电端变压器后电压平稳，故障现象消失。

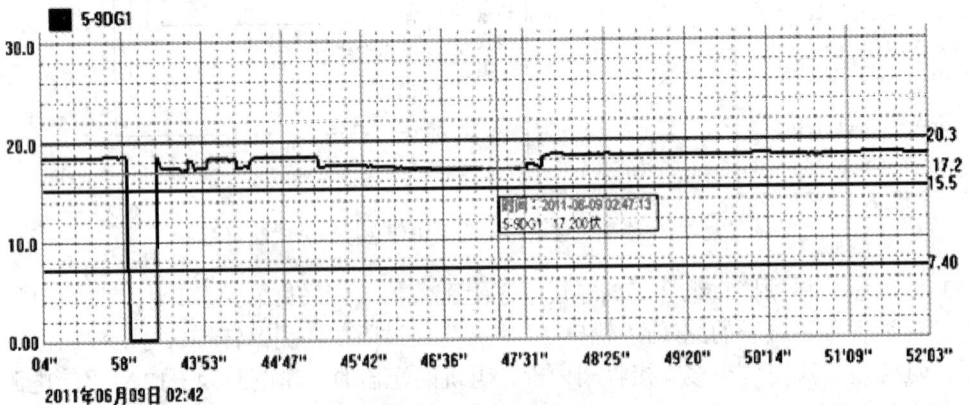

图 15-15　轨道电压异常波动曲线图

2.接收电压超标

在查看某轨道区段的电压曲线时，发现某区段接收电压为 29.5 V，经查日曲线图，1000 m 以内的无岔区段电压最高为 26.7 V(如图 15-16 所示)，确定该区段的调整电压已超上限。通知现场工作人员按标准调整表进行调整后达标。

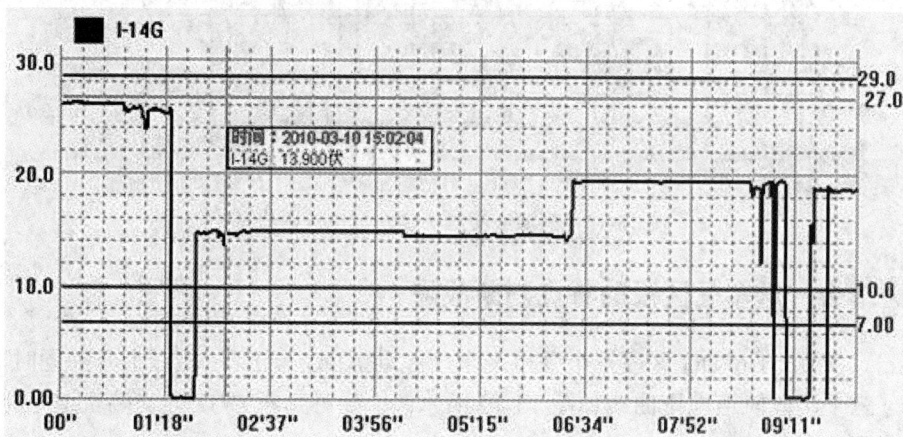

图 15-16 接收电压超标曲线图

3.绝缘短路

图 15-17 所示曲线的特点：绝缘两端两个区段电压在同一时刻下降。

某日凌晨 3：09～3：14，某站上行正线两相邻区段 2-8DG 和 12DG 的电压同时波动。由此情况基本可以判定两区段间绝缘有问题，通过检查发现两区段间绝缘部位有铁屑造成半短路，处理后电压稳定。

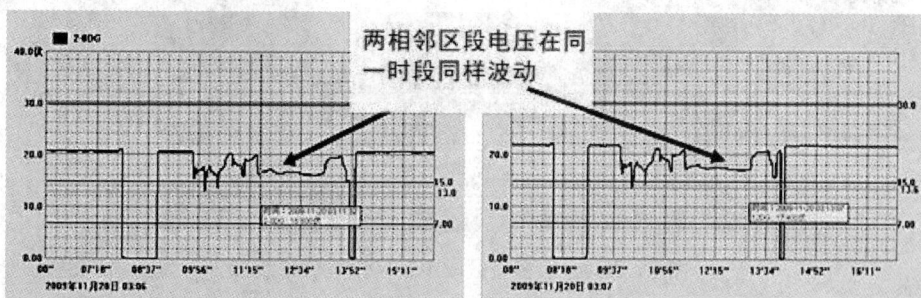

图 15-17 两区段间绝缘短路时的曲线图

4.电源线接触不良

图 15-18 所示的曲线特点：电压时而正常，时而下降，呈波动趋势，且可能受本区段或邻区段过车影响。

某日某站 55DG 区段电压多次在 20.9～18 V 间波动，而平时该区段电压只有 20 V 左右。经查发现该区段电源线接触不良，处理后恢复正常。

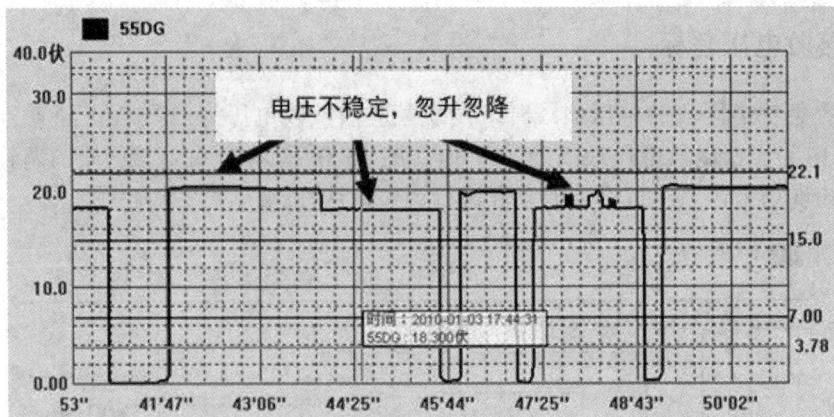

图 15-18 电源线接触不良轨道电压曲线图

5. 结合一送多受区段的特点判断故障

某日，某站 51-67DG 区段三个受电端电压波动，DG 及 DG1 电压上升的同时 DG2 电压下降，三个区段轨道电压曲线如图 15-19 所示。由此可判断 DG2 分支端轨道电路通道中存在接触不良的情况。

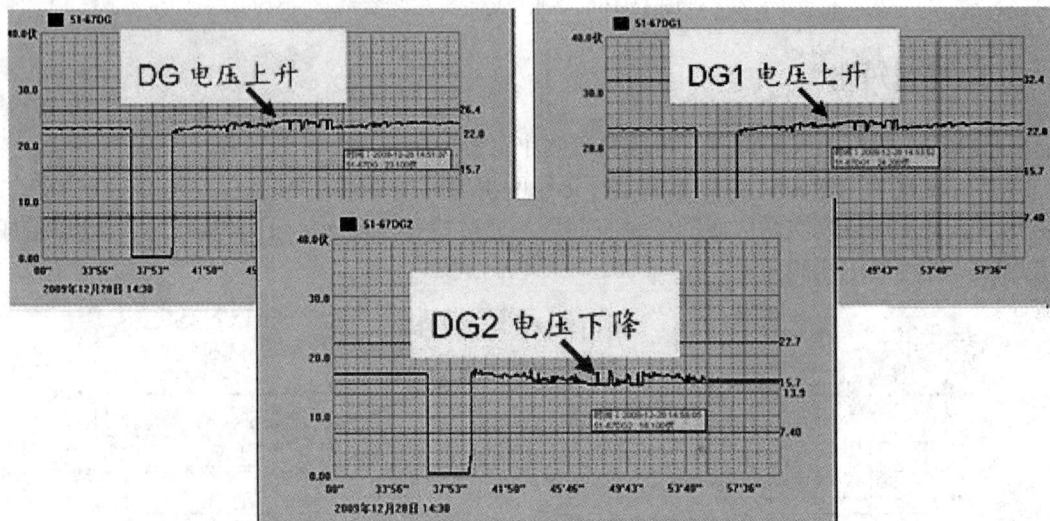

图 15-19 一送多受区段中某区段电压曲线图

问 题 思 考

1. 对交流连续式和 25 Hz 相敏轨道电路监测的标准分别是什么？
2. 智能采集板与非智能采集板的主要区别有哪些？
3. 监测不对称高压脉冲轨道电路时所要采集的内容是什么？
4. 在对集中式移频轨道电路进行监测时，对站内和区间的监测内容分别是什么？

第十六课 信号机回路电流监测

　　信号微机监测系统对信号机点灯回路电流监测的主要监测对象是列车信号机,包括区间信号机;对调车信号机一般不再增加监测设备,因为铁路车站中调车信号机数量多,防护级别相对较低,且为节约成本大多不设灯丝转换装置,对其主要实行故障修、日常维护检修制度或定期更换灯泡。不过在地铁中对调车信号机也增加了主副灯丝的转换装置,同列车信号机一样也实行监测。

　　信号机出现灭灯或主灯丝断丝现象时,车站信号联锁系统会给出提示,同时信号监测系统也会对信号机主灯丝断丝进行监测,并给出断丝报警。那么还要不要再监测信号机回路电流呢?我们知道,断丝报警虽然能反映信号机的工作状况,但它毕竟是已经发生故障之后的状态。点灯电路中的电气特性发生变化,偏离了正常工作值而又未形成故障之前,是一个非常重要的阶段,若加强此阶段电路电气特性的有效监测,就可以将故障消灭在萌芽状态,使得状态修得以实现。这就是说,信号机点灯回路电流的监测和主灯丝断丝报警监测的目的是不同的,不能互相代替。

　　当然,由于 LED 信号机的普遍应用,且事实上 LED 灯盘已经不再是原来信号机的双丝灯泡,没有了所谓的断丝或灯丝转换之说,因此,针对 LED 信号机的监测不断有新产品推出,包括用于 LED 信号机的智能灯丝断丝报警仪等。该报警仪通常也是通过监测点灯回路电流的变化情况给出报警的,所以,如果系统中所使用的智能灯丝断丝报警仪能够向信号微机监测系统传送信号机回路电流的数据,即报警仪包含了测量回路电流的功能,那么就不用增加专门的回路电流监测设备。

一、监测设备概述及其技术要求

　　由于铁路运输安全要求在不断提高,新技术的应用也使监测设备的性能得到提升,在监测准确率和数据处理能力方面都有了较大改善,因此对信号微机监测系统的技术要求也越来越高。

1. 点灯电流监测的技术要求

10 版监测系统对信号机回路电流监测的基本技术要求如下:

(1) 监测内容:信号机的灯丝继电器(DJ,2DJ)的工作交流电流(也即点灯电流)。

(2) 监测点：灯丝继电器线圈的前端或后端。灯丝电流采集模块通常放在 DJ 所在组合的位置。

(3) 监测量程：0～300 mA；监测精度：±2%(在 20%～110%量程范围内)。

(4) 测试方式：站机周期巡测(周期不大于 2 s)；变化测。

(5) 采样时间间隔：500 ms。

2. 点灯电流采集设备发展概述

早期对信号机回路电流的采集都采用"电流传感器模块+信号机采集分机"的模式，采集分机主要由总线板、电源板、CPU 板及电流采集板组成，主要用于 6502 电气集中的车站。

之后的信号机电流采集板采用了智能板，即采集板自身具有数据处理能力，采集分机(通常为综合采集分机)内不再设 CPU 板。

目前主流品牌的监测系统设备对信号机点灯电流的采集都采用了"电流传感器模块+信号机电流采集组合"的模式。电流传感器就近放在每个 DJ 继电器所在组合架上，电流采集继电器(或采集单元，封装为继电器形式)设专门的组合架(柜)集中放置。电流传感器模块采集的电流信息送入信号机采集器进行数字化处理后，通过 485 总线传给采集机柜的通信接口分机，最终送入站机。

接下来将分别介绍不同设备情况下，回路电流监测系统的结构和原理。

二、信号机电流传感器采集模块

信号机电流传感器采集模块是信号机回路电流采样的必备模块。电流传感器的类型有多种，其安装方式在实际应用中也有所不同。对信号机点灯电流的监测目前主要有两种手段：一种是通过设在综合采集机组匣内的模入板实现，另一种是采用信号机回路电流采集器(智能单元继电器)实现电流采样。

关于电流传感器的原理前文已经有所介绍，这里不再重复。

1. 信号机电流传感器采集模块

每个需要监测的信号机都包含一个信号点灯电流采集模块。如果是多显示的信号机，比如可以同时点亮两个灯位的信号机，通常采用双孔的采集模块，否则就采用单孔的。图 16-1 是双孔(2X 模块)和单孔(1X 模块)的采集模块实物图。

在使用时，将需要测试信号机点灯电流的供电导线从电流采集模块的孔中穿过即可。采集模块主要由电流互感器和调理电路两部分组成。调理电路通常会将电流互感器采集的电流转化成标准的 0～5 V 直流电压信息或是标准的直流电流输出信息，采用电压输出还是电流输出取决于其接收端的处理设备。

图 16-1　信号机点灯电流采集模块(2X/1X)实物图

　　图 16-2 所示为四合一型信号机电流传感器，它以电流形式输出采集信息量。由于此传感器是无源传感器，其信号量较小，不能传输得太远，所以必须安装在对应采集继电器的旁边，通常与信号机电流采集器配合使用。

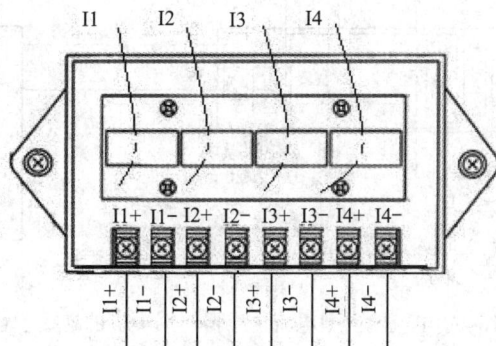

图 16-2　四合一型信号机电流传感器

2. 电流采集模块接线方式

图 16-3 是 2X 电流采集模块与电流采集分机接线图。

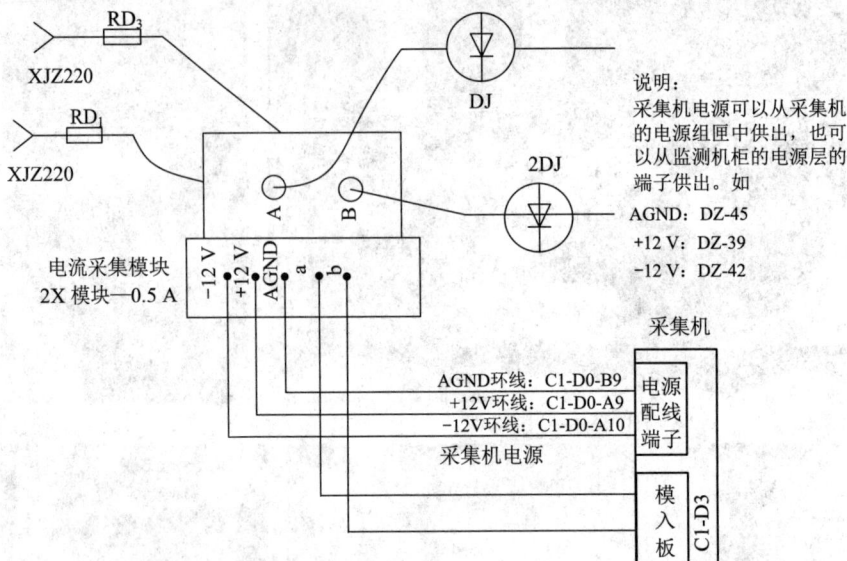

说明:
采集机电源可以从采集机的电源组匣中供出,也可以从监测机柜的电源层的端子供出。如

AGND: DZ-45
+12 V: DZ-39
-12 V: DZ-42

图 16-3　2X 电流采集模块与电流采集分机(模入板)接线图

被监测的信号机点灯电路的 XJZ 支路,于灯丝继电器(DJ 及 2DJ)前面(或其后)从采集模块的线孔中穿过,采集模块通过 5 个接线端子(单孔电流传感器模块为 4 个端子)与采集分机相连。其中"+12 V""-12 V""AGND" 3 个端子均接入该采集分机所在组合的电源输出端,"a""b"两个端子为模块输出端(a 端与穿过 A 孔的导线对应,b 端与穿过 B 孔的导线对应),输出 0～5 V 标准电压接至采集板。

图 16-4 是另一类型的电流输出型电流传感器与采集机的连接示意图。模块供电电源的"+12 V""GND"端子均使用该采集分机所在组合的采集机电源的输出电源,模块输出接至采集机。

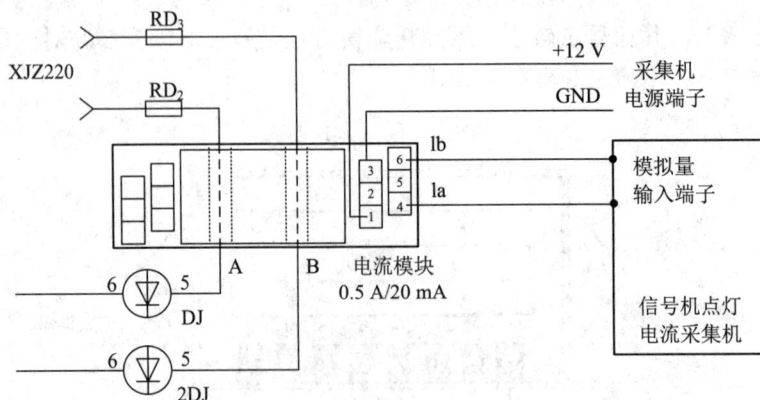

图 16-4　电流输出型电流传感器与采集机的连接示意图

无论是哪种类型的有源信号机的电流采集模块,使用方法都差不多。

三、电流采集板及智能电流采集单元

1. 信号机点灯电流采集板

图 16-5 所示为信号机点灯电流智能采集板(模入量采集板)。每个采集板可接入 48 路电流输入,可满足 24 架列车信号机的电流采集(一架列车信号机有两路采集输入)。早期的信号机电流监测采用"信号机电流采集机",由"电源板＋CPU 板＋模入板"构成,2000 版后通常采用"智能模拟量输入板",其板卡内部集成了 CPU 处理器,通常将这些板放在"综合采集分机"的组匣内,不再独立设置信号机电流采集分机。

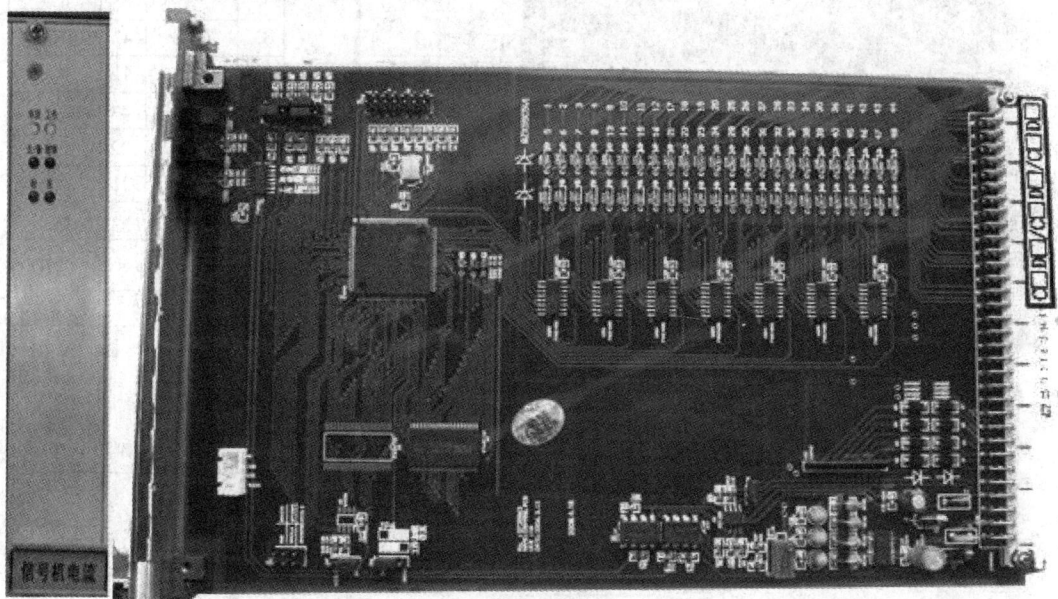

图 16-5 信号机点灯电流智能采集板

正常情况下,面板上的"电源"灯常亮,"工作"灯秒闪,"主/备"灯和"故障"灯灭灯,"收"灯、"发"灯闪烁。

2. 信号机回路电流采集器

信号机回路电流采集器又称智能采集器,也可简称为采集器或电流采集单元,它封装在继电器盒内,同继电器一样放置在组合架上(灯丝电流采集组合),其对外电气连接端子的编号方法与继电器接点编号方法一致。每个信号机回路电流采集器可以接入 4 路采集电流。图 16-6 所示为信号机电流采集器及其端子分配图。通常采集器与四合一电流传感器配合使用。

信号机电流采集模块将所采集的电流信号送到采集器，采集器将其电流信号转换为数字信号，通过 RS485 总线输出到采集机柜通信接口分机，最终送入站机显示、存储。在站机可以实时查看，并能以报表形式显示各信号机每日测试数据变化的最大值、最小值、平均值，也可以由曲线的形式显示数据的变化趋势。

MODE: TC6A4			
72	IN1+	82	IN1-
71		81	
73	IN2+	83	IN2-
52		62	
51	IN3+	61	IN3-
53		63	
32	IN4+	42	IN4-
31		41	
33		43	
12		22	
11		21	
13	485A	23	485B
3	GND	4	GND
1	+12 V	2	

IN1~IN4: 0~75 mA(150 mA)
OUT: RS485
POWER: +12 V

电流采集器

图 16-6　信号机电流采集器及其端子分配

四、四合一电流传感器的使用

在对移频电流采集时一般使用"四合一"的电流传感器。现在卡斯柯的信号监测系统对信号机电流的采集也使用"采集继电器＋四合一电流传感器"的方式，即让 4 路采样电流分别穿过四合一电流传感器的 4 个孔，对应 4 对采样电流送入同一个电流采集器。其监测采集原理如图 16-7 所示。

图中只画了一路，其他三路相同，只是接入采集继电器的对应端子不同。一个定型的信号机电流采集组合可以安装 5 个采集继电器和 5 个电流传感器，两者在采集组合上间隔安装。

图 16-8 所示为采用四合一电流互感器和电流采集器对信号机回路电流监测的配线图。

MODE: TC6A4			
72	IN1+	82	IN1-
71		81	
73	IN2+	83	IN2-
52		62	
51	IN3+	61	IN3-
53		63	
32	IN4+	42	IN4-
31		41	
33		43	
12		22	
11		21	
13	485A	23	485B
3	GND	4	GND
1	+12 V	2	

IN1~IN4: 0~75 mA(150 mA)
OUT: RS485
POWER: +12 V

电流采集器

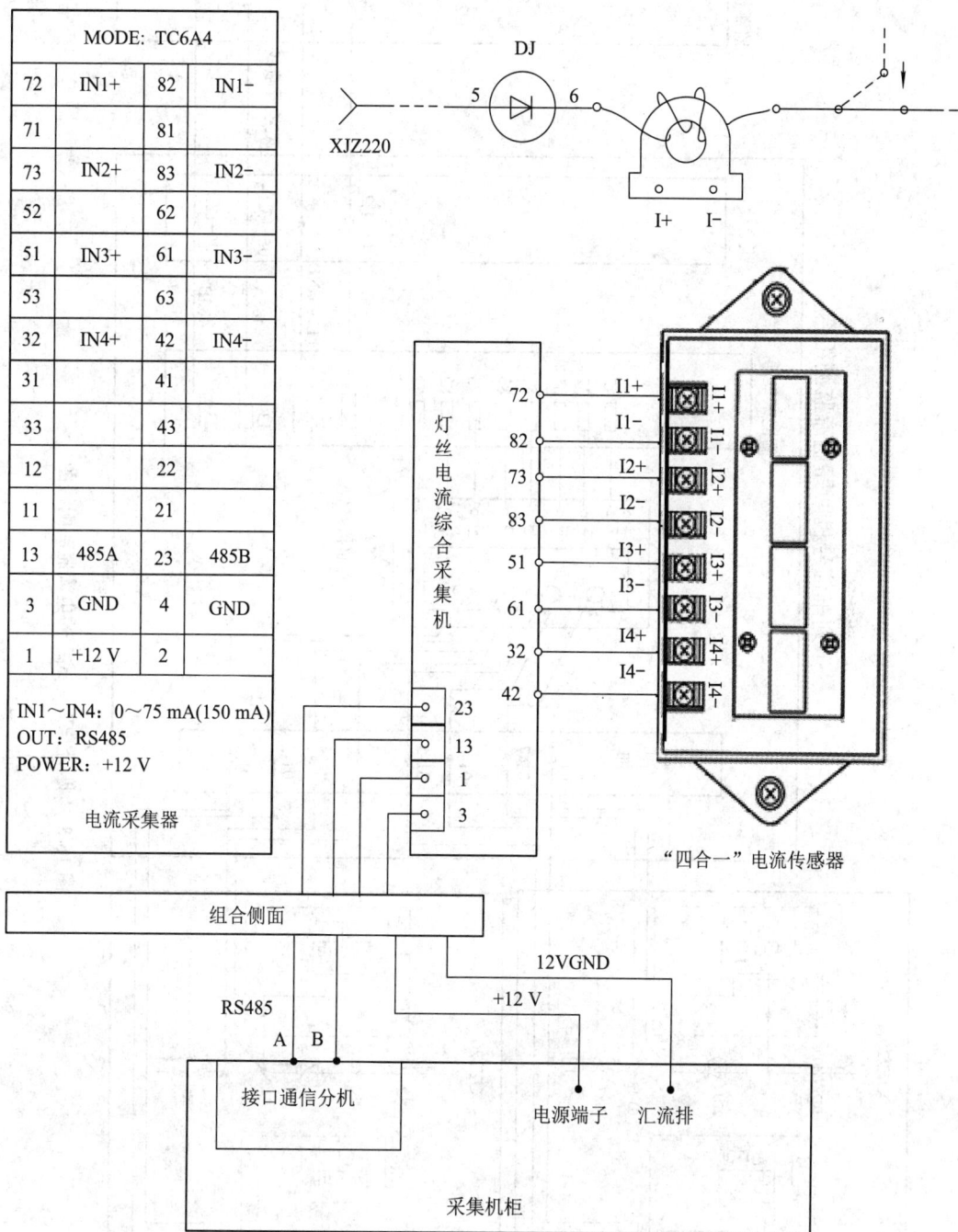

图 16-7 车站信号机点灯电流采集模块原理图

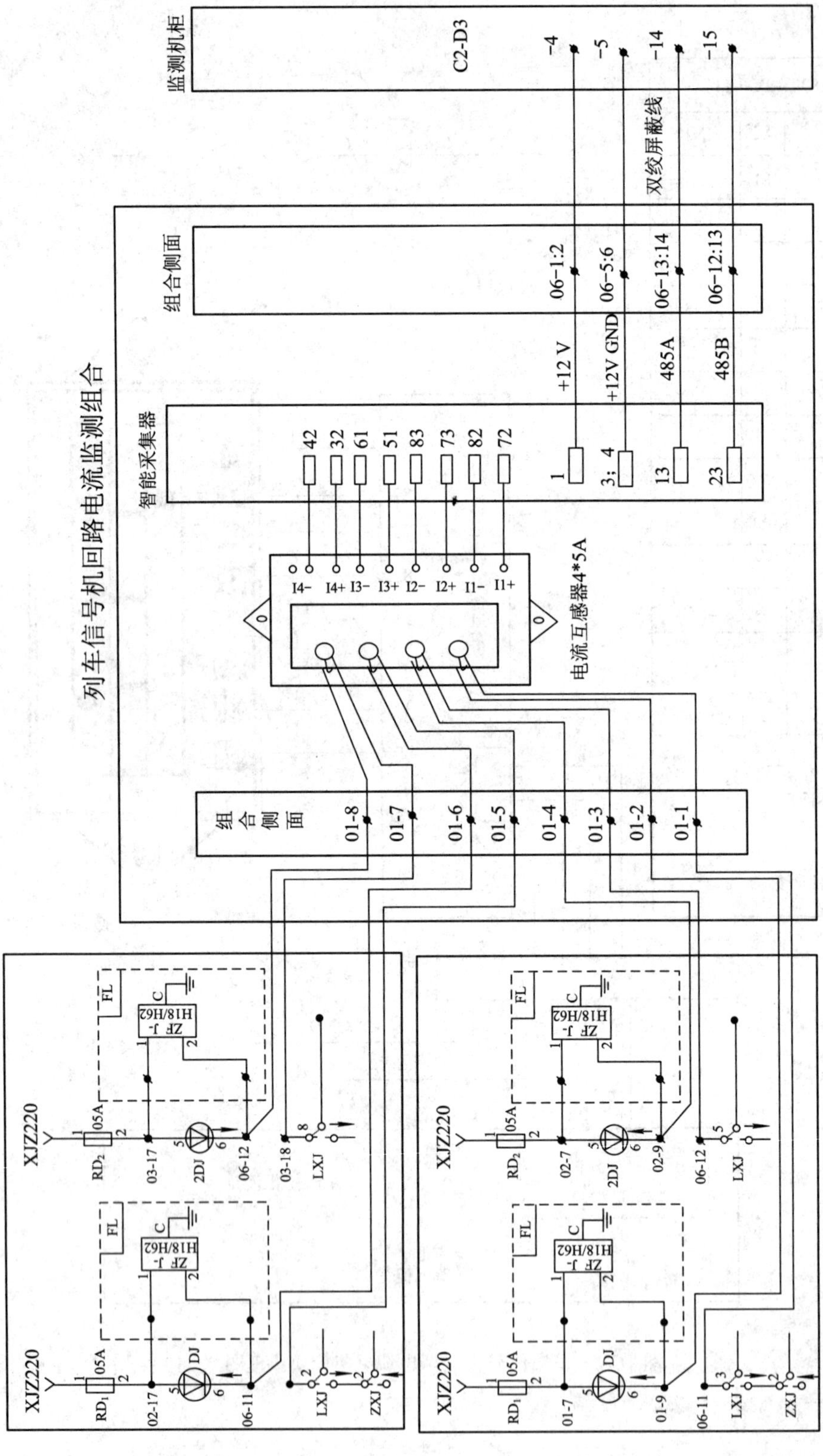

列车信号机回路电流监测组合

监测机柜

C2-D3

组合侧面

智能采集器

双绞屏蔽线

-4
-5
-14
-15

+12 V 06-1:2
+12V GND 06-5:6
485A 06-13:14
485B 06-12:13

1
3; 4
13
23

42
32
61
51
83
73
82
72

电流互感器4*5A

I4- I4+ I3- I3+ I2- I2+ I1- I1+

组合侧面

01-8
01-7
01-6
01-5
01-4
01-3
01-2
01-1

XJZ220
RD₂ 05A
ZF J-
H18/H62
C
FL
03-17 2DJ 06-12
03-18 LXJ

XJZ220
RD₁ 05A
ZF J-
H18/H62
C
FL
02-17 DJ 06-11
LXJ ZXJ

XJZ220
RD₂ 05A
ZF J-
H18/H62
C
FL
02-7 2DJ 02-9
06-12 LXJ

XJZ220
RD₁ 05A
ZF J-
H18/H62
C
FL
01-7 DJ 01-9
06-11 LXJ ZXJ

图 16-8 "四合一"方式下的电流监测配线图

问　题　思　考

1. 进行信号机监测时对监测对象(或内容)、采样位置及测试方式有什么要求？

2. 在联锁系统自身对信号机主灯丝断丝进行了监督，并能给出断丝报警信息的情况下，为什么信号监测系统还要对信号机回路电流进行监测？

3. 通常信号机回路电流采集模块共有哪几个接线端子？它们的连接方式是什么样的？

4. 简述灯丝电流采集模块与站机之间信息传输的过程。

5. "四合一"电流传感器通常与什么设备配合使用？

第十七课　传统信号机主灯丝断丝报警

　　如果采用智能灯丝报警设备，则信号机主灯丝断丝监测系统自身就是一套完全独立的报警系统，可监测到每架信号机及其具体灯位，并可将监测到的报警信息通过串口或 CAN 通信接口传送给微机监测系统，微机监测系统只负责对该信息的同步报警和记录。故灯丝断丝报警的监测内容可分为两类，一类用于传统双丝灯泡信号机的监测，另一类用于 LED 发光盘信号机的监测。

一、主灯丝断丝监测电路

　　列车信号机主灯丝断丝监测电路监测的对象为所有列车信号机(地铁对所有信号机)主灯丝的实时状态，当一架信号机出现主灯丝断丝后，就进行报警并记录。监测点为信号机灯丝转换继电器的落下接点，此任务主要由绝缘漏流测试采集器完成。

　　站内灯丝报警的电路也不尽相同，有并联形式的，也有串联形式的，具体要视施工电路图而定，不过监测的原理基本是相同的。这里以站内灯丝报警并联形式的电路为例作介绍。

1. 断丝监测电路原理图

　　图 17-1 所示为车站列车信号机灯丝断丝监测电路原理(接线)图(以出站信号机三灯位 H、L、U，进站信号机 5 灯位 H、L、U、YB 和 2U 为例)。

　　本灯丝断丝监测电路是建立在原主灯丝报警电路基础之上的，即将原本每一个咽喉区内的一对引入到报警组合的电缆，先转接到电缆绝缘测试组合，经过测试组合内的报警继电器(JB0 或 JB1)常通接点(后接点)后再连接到原灯丝报警组合中，正常情况下本监测电路并不影响原主灯丝报警电路的工作。其报警线的接入方式如图 17-2 所示。

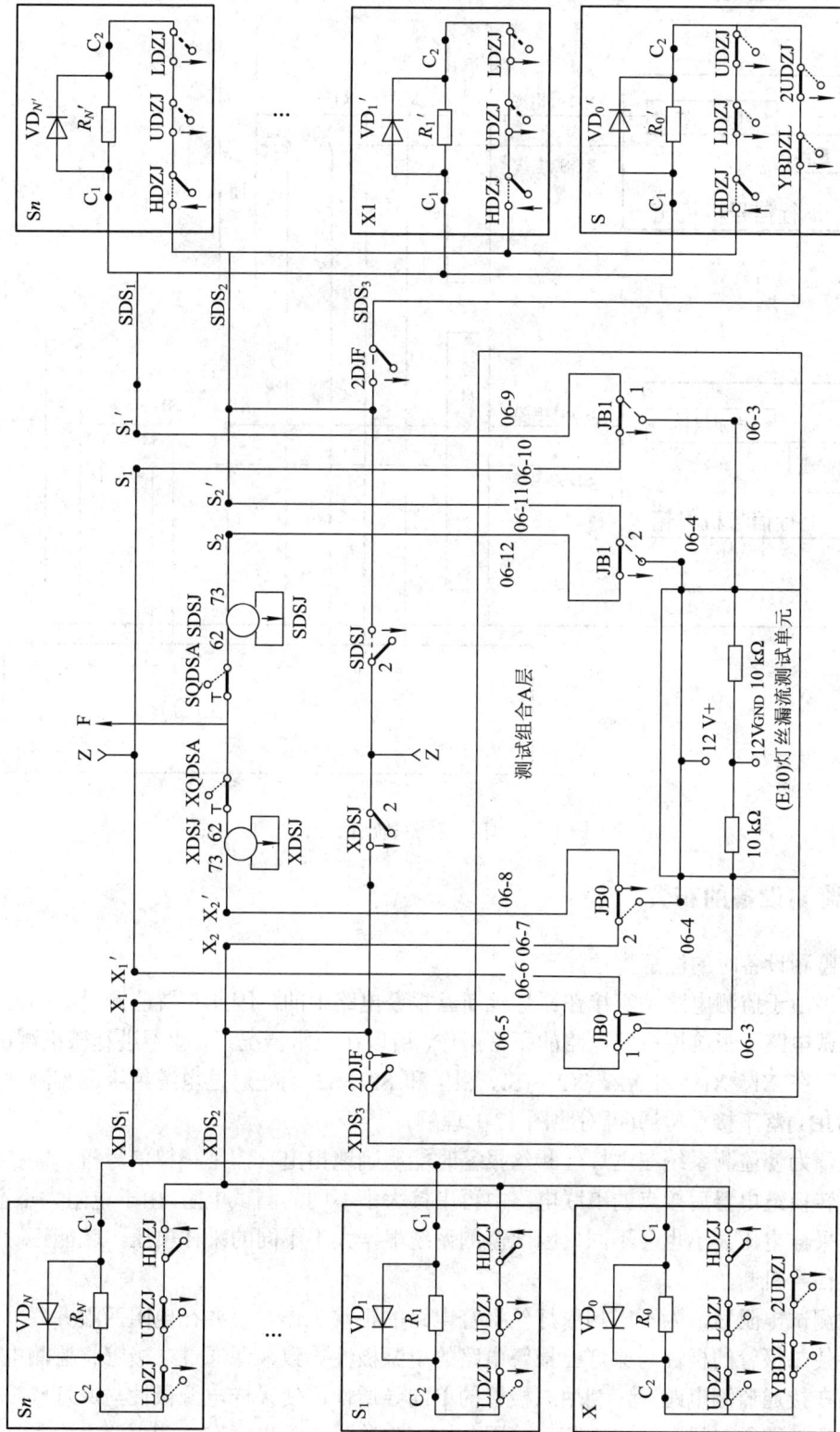

图17-1　车站列车信号机灯丝断丝监测电路原理图

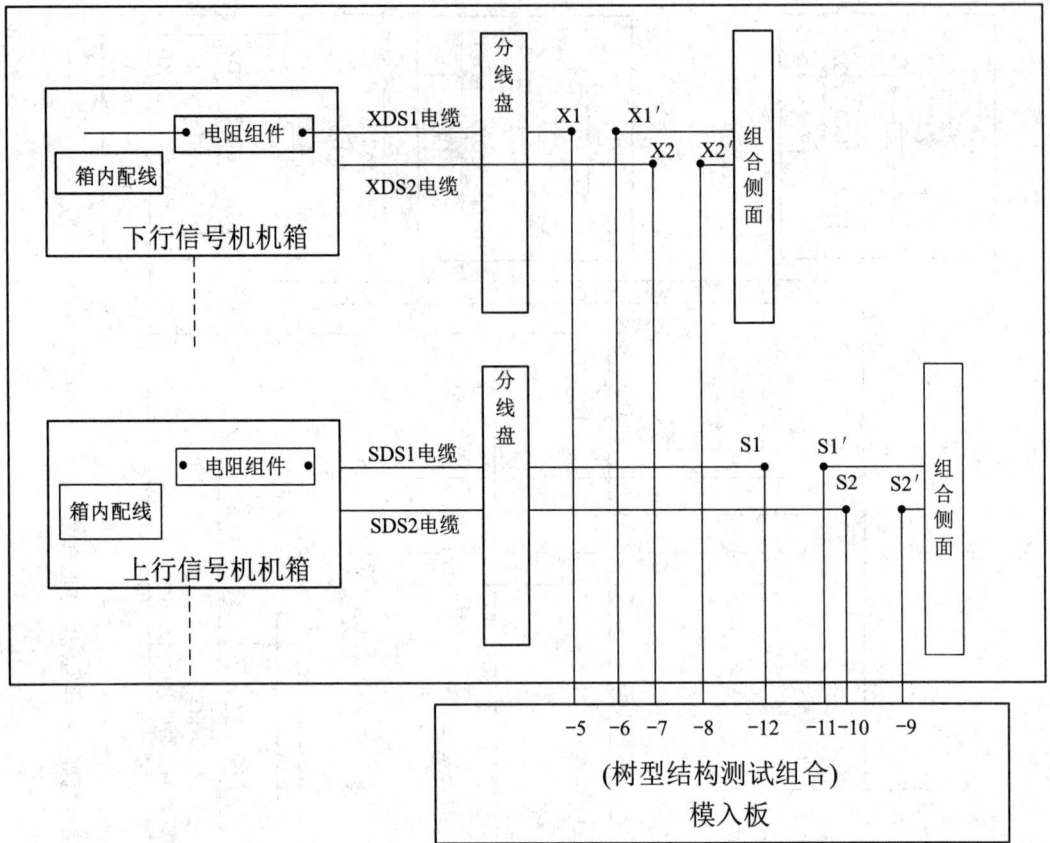

图 17-2　灯丝监测系统引线图

2. 监测设备的布置

布置监测设备时的注意事项如下：

首先，由于监测电路是嫁接在原灯丝断丝报警电路中的，因此布置监测设备的前提是要保证测试电路不影响原报警电路的正常工作，所以在正常情况下，即不进行微机测试时，原报警回路在 X1、X1′ 和 X2、X2′ (S1、S1′ 和 S2、S2′)处通过电缆绝缘漏流测试组合中的 JB0(JB1)落下接点构通(可对照图 17-1 理解)。

其次，为使监测系统在主灯丝断丝报警时能明确地指出具体是哪架信号机，需在各灯位的灯丝转换继电器后接点的串联电路中再串接大小不同的测试电阻。由于电阻大小不同，所得到的采样电压大小也会不同，因此监测系统根据大小不同的采样电压，就能正确区别出是哪架信号机断丝。

增加测试电阻后，为不影响原灯丝报警电路的正常工作，还要在电阻两端并联一个二极管，并使二极管的极性与原灯丝报警电路的电源极性一致，即通过二极管将监测电阻短路掉，而在接通监测电路后，利用二极管的单向导通性，使采样电源极性与原灯丝报警电源极性相反，即与二极管的极性相反，因此，可将监测电阻串联在监测电路之中。

　　此外，灯丝断丝的监测采样需要电源对地漏流监测设备的协助，即要通过综合采集分机发出驱动命令，以驱动 JB0 或 JB1 继电器吸起，并由其模拟量采集器(外形类似继电器，放置在绝缘测试组合中)完成对采集电阻两端电压的采样、处理和运算。

二、灯丝断丝报警原理

　　当某咽喉区的某架信号机的主灯丝断丝时，其灯位的灯丝转换继电器就会落下，立即接通原灯丝报警电路，使本咽喉区的灯丝报警继电器(XDSJ 或 SDSJ)吸起。当监测系统监测到灯丝报警继电器前接点接通后，便触发综合采集分机工作，并通过开关量输出板的第 39 及 40 路输出驱动电源，使为采集板专设的灯丝报警继电器 JB0 或 JB1 吸起(下行咽喉区的信号机断丝时 JB0 吸起，上行咽喉区的信号机断丝时 JB1 吸起。驱动 JB0 及 JB1 继电器的控制电路可参考第十三课的图 13-8)，JB0 或 JB1 吸起后断开原报警电路，接通监测电路，即电路进入测试状态(时间大约为 3～5 s)。

　　监测系统始终采集上、下行咽喉区的断丝报警继电器(SDSJ、XDSJ)的第三组前接点，当某咽喉区发生主灯丝断丝后，SDSJ 或 XDSJ 吸起。当采集到其第三组前接点闭合时，即驱动 JB0 或 JB1 吸起进入断丝测试状态。图 17-3 所示为断丝报警继电器采集及驱动 JB0 或 JB1 吸起示意图。

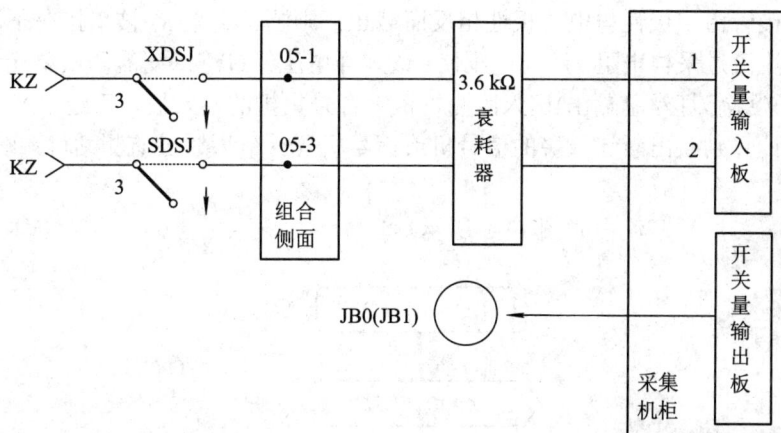

图 17-3　断丝报警继电器采集及驱动 JB0 或 JB1 吸起示意图

　　进行灯丝断丝测试时，JB0 或 JB1 被驱动吸起后(暂时断开原报警电路)，被测灯丝报警线经 JB0 或 JB1 的 1、2 组前接点接入漏流测试单元(此单元在网络组合 E 层的第 10 个继电器位)中的"71""21"端子，测试电源(接入 X1 或 S1 的为 12 V GND，接入 X2 或 S2 的为 +12 V)加至原报警电路的室外部分，构通测试电路。漏流测试单元既用于电源漏流测试，又用于主灯丝断丝报警采集，读者可对照前面的电缆绝缘和电源漏流测试部分的内容理解。图 17-4 所示为主灯丝断丝报警采集和漏流测试单元接线图。

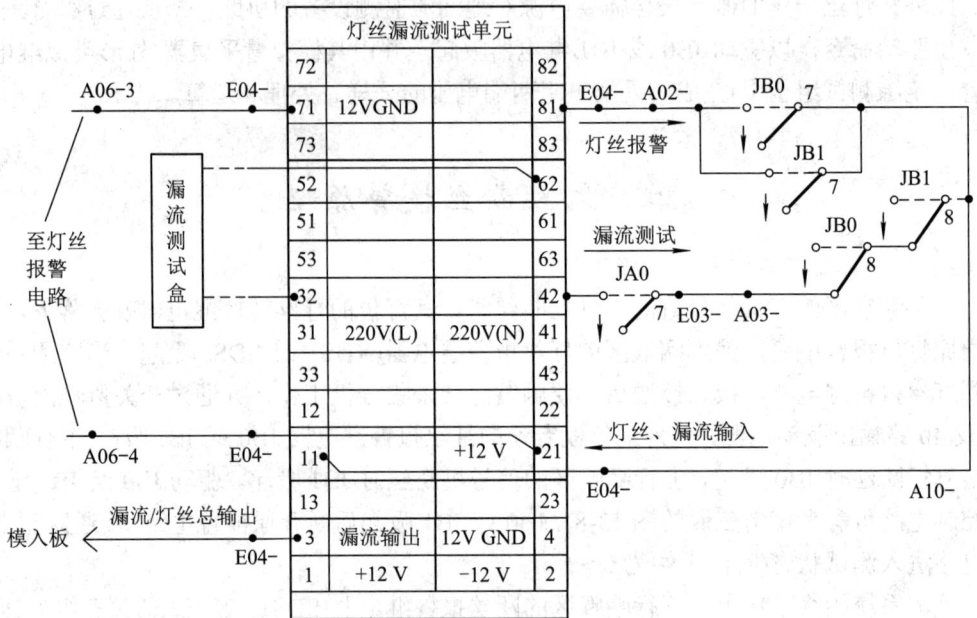

图 17-4　主灯丝断丝报警采集和漏流测试单元接线图

　　另一方面，JB0 或 JB1 的第 7 组前接点将灯丝漏流测试单元的"81""11"端子接通，于是单元中的电路板对采样电阻(图 17-1 中的 10 kΩ 电阻)上的电压进行采集。这时并接在电路中的二极管由于极性与电源极性相反而截止，则测试电阻 R_N 被串接在了测试回路中，回路中的电流流过采样电阻，形成电压值。该采样电压经过绝缘漏流测试单元量化处理后，由"3"端子(漏流/灯丝总输出)送入监测机柜综合采集机的模入板，后经 CPU 进行 A/D 转换，并通过计算判断出断丝报警的信号机或信号机群。最后通过监测站机系统给出具体的报警信息。

　　断丝报警测试程序流程如图 17-5 所示。

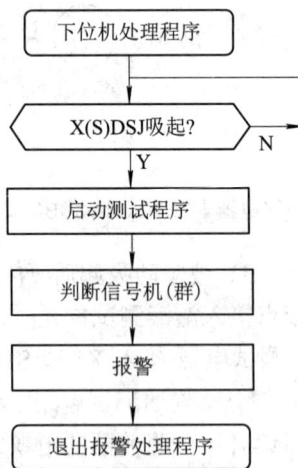

图 17-5　断丝报警测试程序流程图

三、测试电阻选取的原则

对并联式灯丝监测电路来说，其测试电阻大小共有 10 挡，分别是 0 kΩ、2.5 kΩ、4.2 kΩ、6.6 kΩ、10 kΩ、15 kΩ、23.3 kΩ、40 kΩ、90 kΩ 及无穷大，对应所得到的采样电压分别是：5 V、4.53 V、3.97 V、3.42 V、2.83 V、2.28 V、1.71 V、1.14 V、0.57 V、0.29 V。

测试电阻安装原则为：按信号机距信号楼的距离由近及远，从小到大，顺序安装。

距信号楼最近的信号机不安装测试电阻，即选用第一挡的 0 kΩ。对于重复使用相同电阻的信号机，只能报警到架群(即哪几架信号机有断丝，无法具体指定是哪架信号机有断丝)。比如，下行端有 13 架列车信号机，则可安排距信号楼最近的两架信号机的测试电阻为 0 kΩ(不装测试电阻)，较远一点两架的为 2.5 kΩ，再远一点两架的为 4.2 kΩ，其余分别使用 6.6 kΩ、10 kΩ、15 kΩ、23.3 kΩ、40 kΩ、90 kΩ 及无穷大。

这种普通的灯丝断丝监测电路只能分析出是哪架信号机有主灯丝断丝，并不能指定具体的灯位，即它不具备点灯颜色的识别能力。如果想要对具体的灯位报警，需要在灯丝断丝报警电路中增加"点灯颜色识别电路"的逻辑判断单元。对于点灯颜色的逻辑识别，可以采用点亮这个灯位的继电器前接点并加以采样的办法来区别。比如，某调车信号主灯丝断丝，如果同时能监测到其 DXJ 在吸起状态，就能具体地给出该调车信号机的白灯主灯丝断丝的报警信息了。

目前针对传统信号灯泡(主、副双灯丝灯泡)的信号机，具备识别到某个灯位的主灯丝断丝的监测系统在铁路信号监测中已有应用。但随着 LED 发光盘信号机的应用越来越普遍，及其智能化的监测手段的发展与应用，这类普通的监测设备已逐渐退出了市场，所以，这里就不再作具体介绍了。

问 题 思 考

1. 简述信号机主灯丝断丝报警的目的与意义。

2. 为了能区分哪架信号主灯丝断丝，在监测系统电路中应采用哪些手段？

3. 依照信号机灯丝断丝监测原理电路，描述灯丝断丝报警的实现过程，并用流程图的形式表达出来。

第十八课　　TDDS 型灯丝故障报警定位装置

TDDS 系列安全型信号机故障报警定位装置是上海铁大电信科技股份有限公司(简称上海铁大公司)的产品,是专用于铁路或地铁信号机灯丝和信号机故障报警定位系统,属于分散式智能灯丝监测报警系统。

本系统使用现场总线数据传输技术,通过两线制共线式报警通道(此两线既是采集模块电源线,又是报警采集向主机传输数据的通信线),可将安置于区间或站内信号机的监测报警模块与车站机房内的报警主机连通,共同完成对信号机点灯装置故障、灯丝断丝或 LED 发光管损坏,包括通道自身短路或断路故障等情况的实时监测。当监测到故障时,系统能及时给出具体的报警信息,可显示和记录故障信号机的名称和灯位,以及故障发生的时间、恢复时间等内容。记录的信息可以供用户查询和上传,且报警输出方式灵活多样。

本系统适用于 XDZ 型信号点灯装置、FDZ 型 LED 发光盘专用点灯装置、变压器加灯丝转换方式的点灯装置,以及其他具有落下报警接点的主副灯丝转换功能的信号机、LED 发光盘点灯装置信号机等,适用范围较广。

本系统最终是通过继电器落下条件实现报警的,且具有通道检查、系统自检功能,可以报告系统自身及监测设备的各种故障,因此安全可靠,能有效地避免由于各种情况下的故障而造成的漏报。

本课主要介绍 TDDS-B/D 两种型号的信号机故障报警装置,虽说是两种类型,但它们的室内报警主机可以通用,其室外报警采集模块功能及其工作原理也相同,二者的区别是:TDDS-B 型主要配合 XDZ 型点灯装置下的双丝灯泡或 LED 光盘的信号机使用,它既可用于铁路也可用于地铁;TDDS-D 型是专为地铁服务的,可以说是 B 型的改进与完善,它也可用于 XDZ 型的点灯装置信号机。

一、报警定位装置、设备及其结构电路

1. 报警装置系统结构

TDDS 型信号机故障报警定位装置总体架构如图 18-1 所示。该系统主要由室内报警主机和室外信号机机构处的报警采集模块及与之相配的 XDZ/FDZ 等系列点灯单元装置组成。

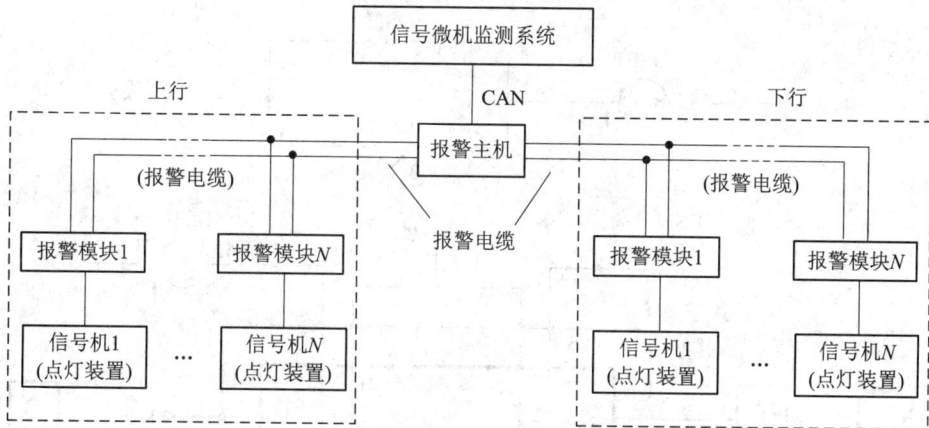

图 18-1　TDDS 型信号机故障报警定位装置总体架构

报警主机与报警模块之间通过共享灯丝报警通道连接，报警模块从点灯单元中采集灯丝报警信息并以数字编码的方式，通过双线电缆(DS、DSH)送到报警主机；报警主机同时也通过通道，将 220 V 交流电经过隔离并转换成直流 24 V(也有使用 DC36V 的)电源提供给报警模块，作为其工作电源，主机自身的工作电源为 DC24V/2A。

报警主机收集所辖信号机的报警信息，在进行处理存储后给出显示，同时控制灯丝报警继电器动作，以便在控制台上给出报警信号，并将报警信息通过 CAN 总线送到信号微机监测系统。报警装置的报警类别有系统自检报警、通信线路报警、总报警、信号机架报警、信号灯位报警。如果是 LED 信号机，还可检测包括空载报警、1/3 损坏报警、主/副两路信号机端口电压报警等。

报警的信息可以通过配置不同的接口板来实现多种输出方式。比如每架信号机用一个报警继电器接点输出，或是每个通道用一个报警继电器接点输出；也可以通过 CAN、RS485、以太网口等输出报警数据至铁路信号集中监测系统或者地铁信号设备维修系统。

2. 室内报警主机电路

图 18-2 所示为 TDDS 型灯丝主机报警原理图(本图以报警装置用于地铁车站的配线电路为例)。来自室外信号机的报警信息分上行区和下行区两个通道引入主机。上行咽喉通道的一对电缆用 "SDS" "SDSH" 表示，下行咽喉通道的一对电缆用 "XDS" "XDSH" 表示。通常站内和区间合用一个报警继电器(上、下行各一个)。

TDDS-B 型灯丝报警装置可在区间和车站通用，用于铁路时，报警信息可以经 4 个通道引入主机，并分别以对应的 "上行区间" "下行区间" 和 "上行咽喉" "下行咽喉" 4 个通道分组，当然也可以将 "上行区间与上行咽喉" 及 "下行区间与下行咽喉" 合并为一个通道，具体要视信号机的数量或设备运行情况而定。

区间报警通道采用单独的一对 "DS" "DSH" 电缆时，在 DSH 线上接入区间方向继电器(QZJF)的前接点条件，目的是为了保证区间在反方向运行时信号机正常灭灯，不会报警(当然，如果没有设计反方向运行，可以不用接入这个条件)。

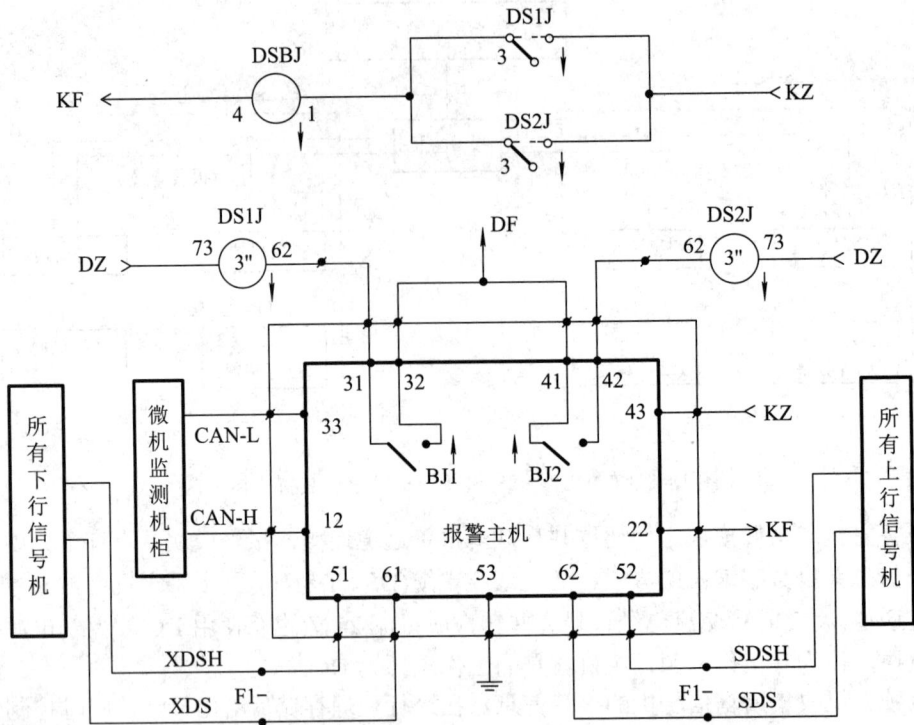

图 18-2　TDDS 型灯丝报警原理图

　　当有信号机发出灯丝报警,比如上行某信号机的某灯位出现报警时,报警主机于"62""52"端子从"SDS""SDSH"通道接收到报警模块发来的报警信息,报警主机的定位装置解读报警内容,然后存储并给出显示,同时使内部的 BJ2 报警继电器落下,使"41""42"连通。TDDS 型灯丝报警装置正常工作时 BJ1 和 BJ2(通道 1 和通道 2 报警继电器,分别对应两个通道所有的报警输出接点)为吸起状态,当报警或报警系统故障时落下,即系统具备"故障—安全"性。

　　BJ2 继电器落下后接通 DS2J 继电器励磁电路,使之缓时吸起,之后 DS2J 用第 3 组前接点接通 DSBJ(灯丝报警继电器)励磁电路,DSBJ 吸起。DSBJ 的吸起条件可提供给相关外置设备进行报警,或给其他系统提供报警信息。下行信号机报警时的电路工作过程类似。

3. 报警主机对外连接端子定义

　　报警主机采用 AX 型标准继电器插座安装,端子编号与继电器相同。图 18-3 为报警主机(TDDS-B-1 型)插座及各端子功能分配定义图。不同型号的报警主机,其端子的功能分配可能略有不同;不同时期的产品或同时期的产品在不同使用场合下,其工作电源可能也不一样(但差异不大且工作原理不变),一切以厂家给出的配线图或说明书为准。报警主机可以依照需要配置不同的接口板,当配置报警采样板时,其配线的端子可以依据不同的接口板进行更换。

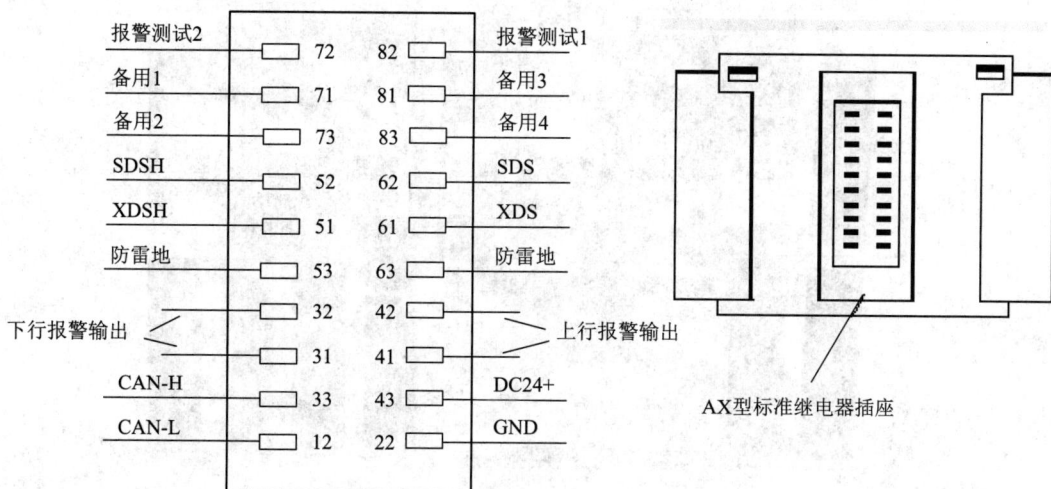

图 18-3　报警主机插座及各端子功能分配定义

二、报警主机设备及功能

1. 报警主机的安装

报警主机采用 AX 型标准继电器插座固定于室内继电器组合架上，占用三个继电器插座的空间。图 18-4 是其安装示意图。报警主机通过继电器插座端子与电源线及其他信号线采用直接焊接的方式连接。参与报警的相关继电器放在与之相邻的组合上。图 18-5 为报警主机及有关报警用继电器实物图。

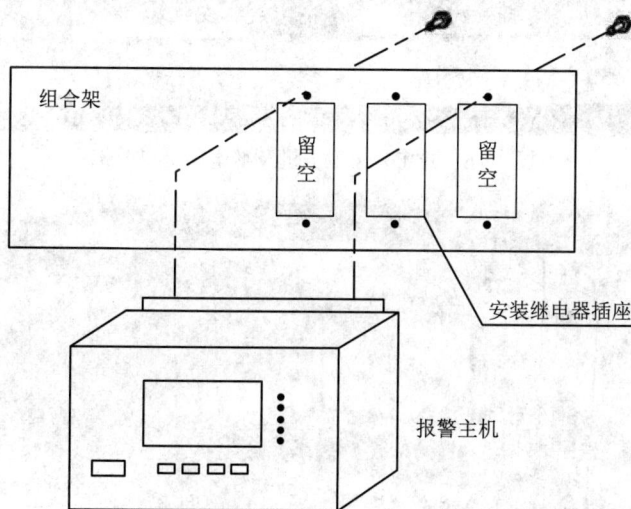

图 18-4　报警主机的安装示意

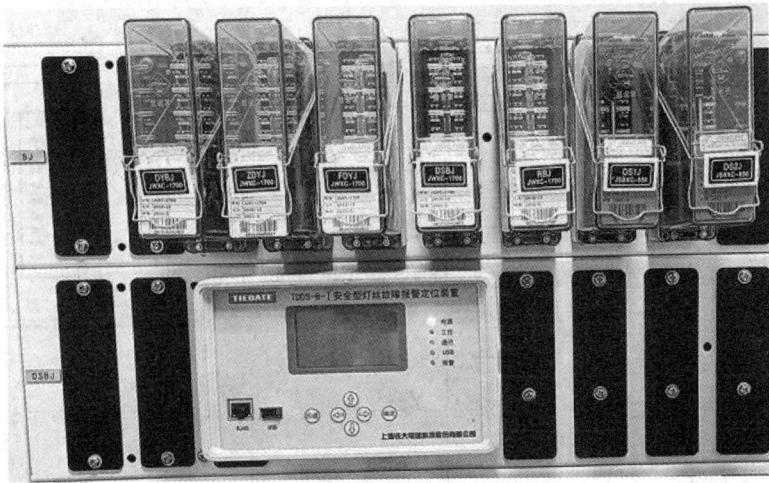

图 18-5　报警主机及有关报警用继电器

　　主机也可以采用支架式放置，可根据设备的复杂程度及附加设备情况决定。图 18-6 所示是 TDDS-B 型用于地铁并配置了继电器接口分机(作用类似于继电器接口板)的设备。图 18-7 是 TDDS-D 型用于铁路的报警主机实物图，它配置了接口板和继电器板。主机对外的接口有 CAN、RS485 及 RJ45 以太网接口，同时在前面板上提供了一个 USB 接口，方便用户通过 U 盘导入、导出系统内的信号机配置库和报警历史数据。

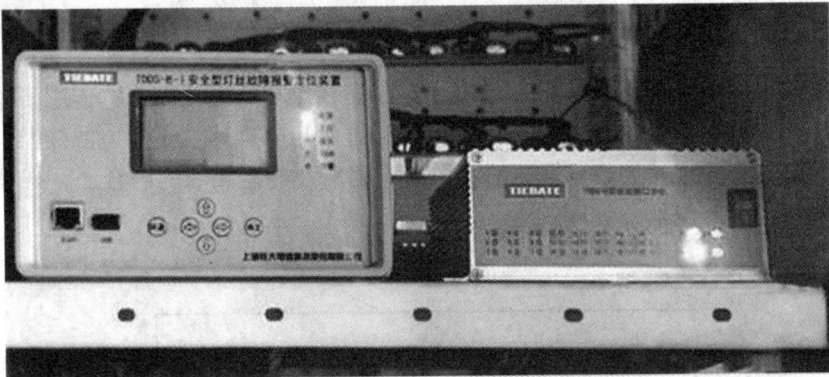

图 18-6　TDDS-B 型主机及继电器接口分机

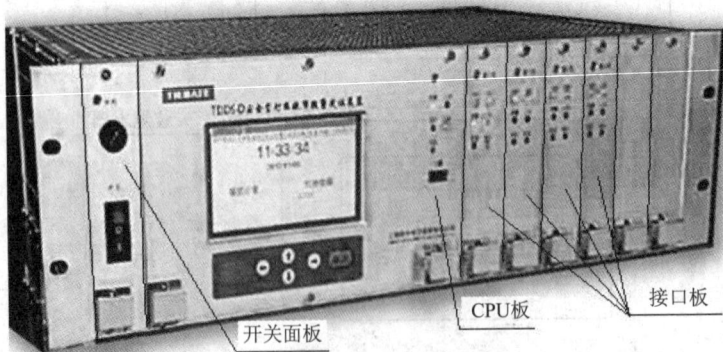

图 18-7　TDDS-D 型报警主机

2. 报警主机接口板的配置

报警主机可以依照需要配置不同的接口板或继电器接口分机。

1) 四通道的配置

图 18-7 所示是四通道(上、下行区间通道与上、下行咽喉通道)灯丝报警配置的主机。机笼中插入了 4 块报警采样接口板(对应 4 个通道),可以实现 4 个通道的灯丝故障报警。其相应的后面板接线端子如图 18-8 所示。

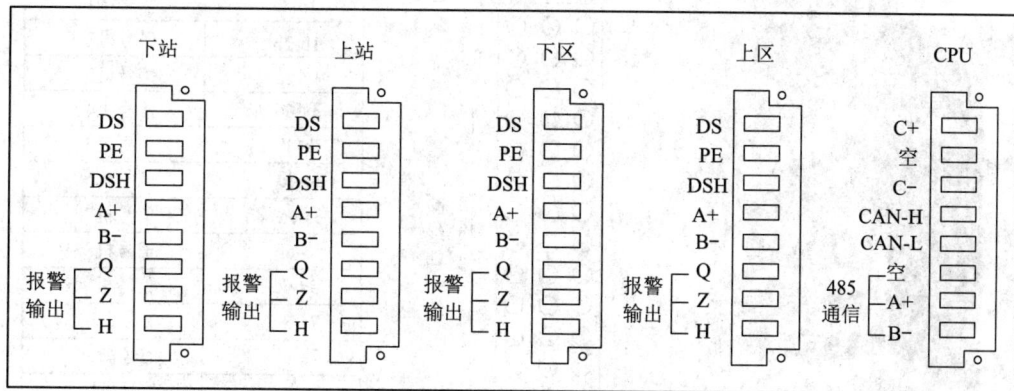

图 18-8 采集接口板后面板接口端子

其中 DS、DSH 与室外信号机箱盒内的报警模块相连接,用于向采集模块输出直流 36 V/24 V 工作电源;PE 端子为防雷地;Q、Z、H 为主机内部对应通道的告警继电器前、中、后接点,其作用是在本辖区内某个信号机发生断丝故障告警或其对应通道线路发生开路或短路故障时,使主机内部的报警继电器吸起,通过此接点条件输出报警信息,以提醒值班人员某区域内有信号机故障报警。

2) 两通道的配置

图 18-9 是两通道(上、下行咽喉区)灯丝报警配置的主机前面板示意图。机笼中插入了 2 块报警采样接口板(对应 2 个通道)和 2 块继电器接口板(对应两个咽喉的信号机)。继电器板的数量由信号机的数量决定。

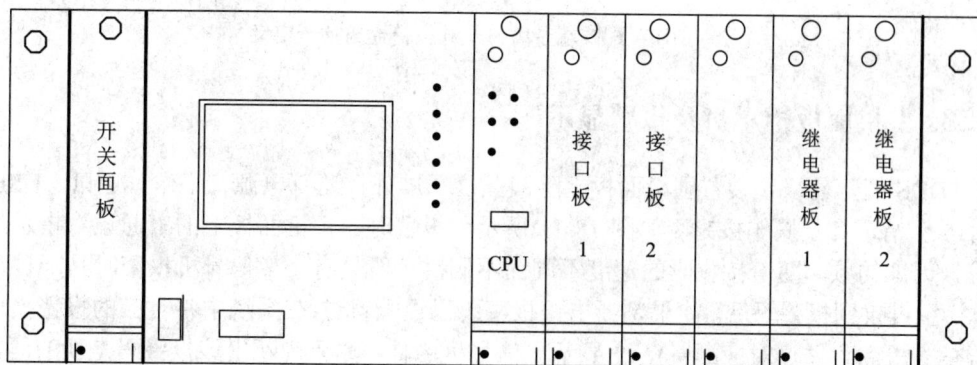

图 18-9 两通道灯丝报警配置前面板

　　继电器接口板的面板上有 24 个报警指示灯，继电器板 1 上的 24 个指示灯对应主机配置库内第 1～24 架信号机，继电器板 2 上的 24 个指示灯对应主机配置库内第 25～48 架信号机。当有信号机灯丝报警时，相对应的指示点亮(报警恢复则灭灯)，表明与其对应的继电器输出接点导通。其后面板配线端子编号及其报警输出端子定义如图 18-10 所示。

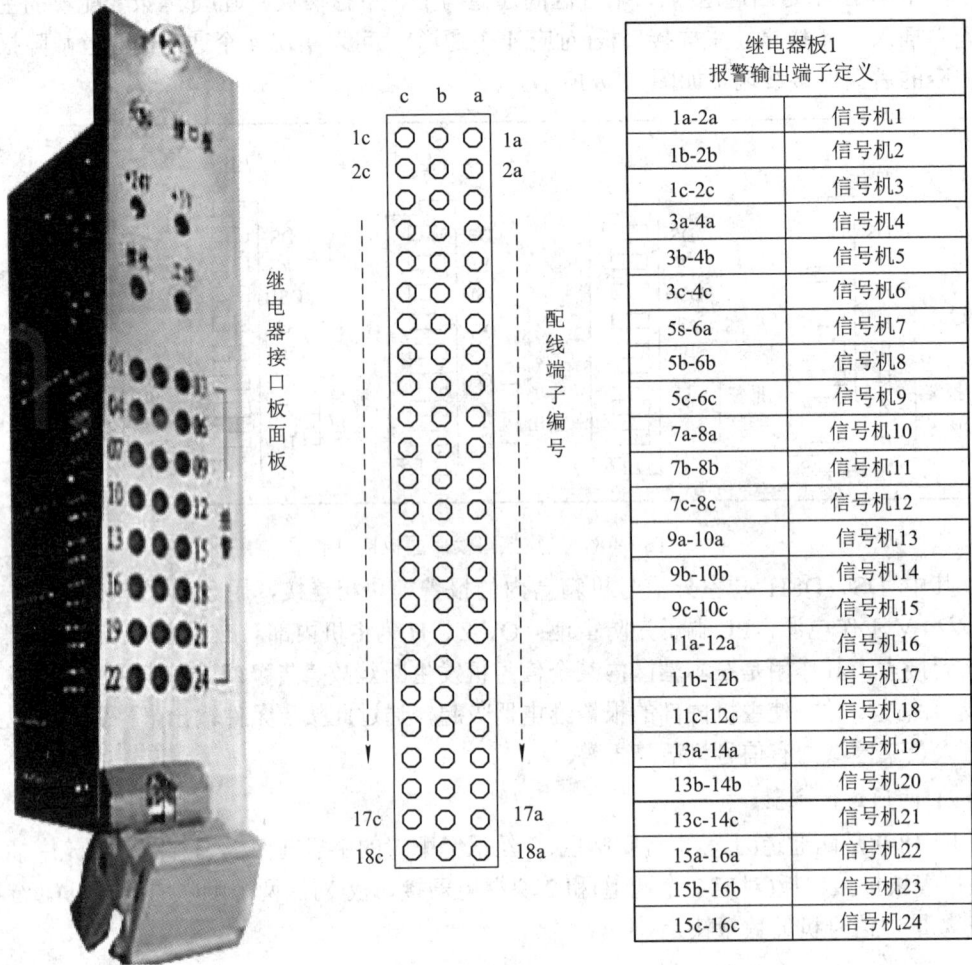

继电器板1 报警输出端子定义	
1a-2a	信号机1
1b-2b	信号机2
1c-2c	信号机3
3a-4a	信号机4
3b-4b	信号机5
3c-4c	信号机6
5s-6a	信号机7
5b-6b	信号机8
5c-6c	信号机9
7a-8a	信号机10
7b-8b	信号机11
7c-8c	信号机12
9a-10a	信号机13
9b-10b	信号机14
9c-10c	信号机15
11a-12a	信号机16
11b-12b	信号机17
11c-12c	信号机18
13a-14a	信号机19
13b-14b	信号机20
13c-14c	信号机21
15a-16a	信号机22
15b-16b	信号机23
15c-16c	信号机24

图 18-10　配线端子编号及其报警输出端子定义

3. 主机面板指示灯及报警显示

　　TDDS 型灯丝报警装置主机面板上除液晶显示屏外，还有电源、工作、通讯、USB 和报警 5 个指示灯及操作按钮，如图 18-11 所示。报警时，主机面板上的"通讯"指示灯会闪烁，闪烁的频率随着接收码的速度不同而不同，一般只有一架信号机报警时是一秒钟闪一次。主机收到报警码后，如果判断出该报警码已经配置过(在系统中将对应的报警模块编号与信号机名称做过对应配置)，会显示出信号机名称，如果判断出该报警码是新的码，则显示无名信号报警，同时，其面板上的"报警"灯会点亮。

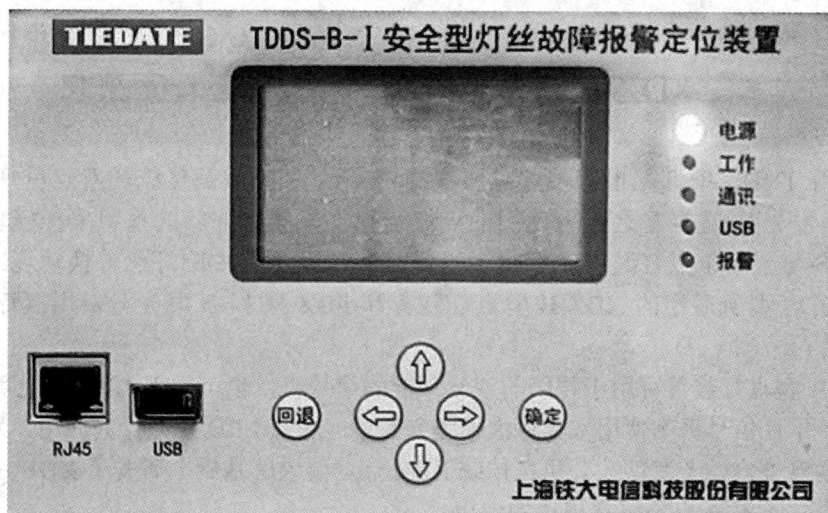

图 18-11　报警主机面板

　　如果报警主机配置了通道接口板，在收到报警信号时对应通道接口板面上的"接收""发送"指示灯会闪亮，延时几秒后在液晶屏的对应页面处会有红色字体显示故障信号机的名称及灯位(如图 18-12 所示)，同时接口板面板报警指示灯点亮。这时主机后面板上的报警(继电器)输出端子的 Z、H(中、后)接点导通，将此条件提供给其他告警设备电路，如使 DSBJ 吸起，则控制台上将给出灯丝报警信号。

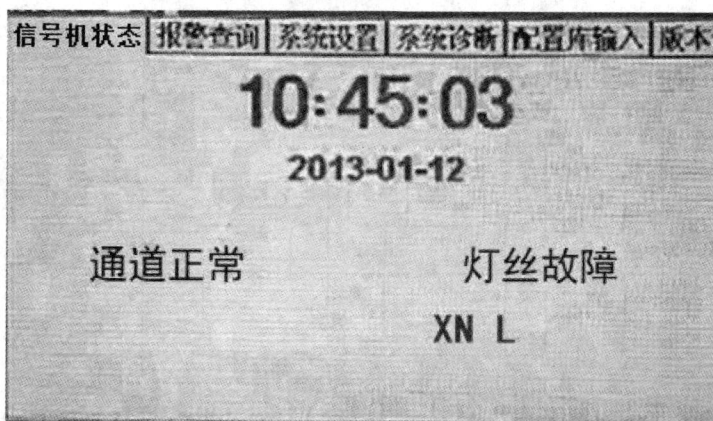

图 18-12　信号机报警页面

　　如果想查看本次报警记录，可在液晶屏上点击报警查询页面标签，进入报警查询页面。一条完整的报警记录包括序号、(信号机)名称、灯位、咽喉(通道)、故障发生的时间等。如果是未加入配置库中的信号机报警，主机将不做报警记录的存储，只在信号机状态页面显示其编号和灯位号。

　　当主机与室外报警模块相连接的通道电缆出现短路或开路故障时，主机将在信号机状态页面左侧显示故障通道和故障类型，同时主机也会存储本次报警记录。

　　可以通过主机面板上的 USB 接口，将全部报警历史记录导出到 U 盘上。

三、XDZ-B 型多功能点灯装置及工作原理

在使用 TDDS 型灯丝报警装置时要根据信号机的类型(是传统的双丝色灯信号机，还是 LED 发光盘)选择与之配套使用的点灯装置，配置相兼容的报警采样模块。TDDS 型灯丝报警装置用于点灯装置具有落下报警接点，且带有主副灯丝转换功能的信号机。这里以 TDDS 型所适用的 XDZ-B 型点灯装置和 FDZ 型 LED 发光盘专用点灯装置为例进行介绍。

XDZ-B 型点灯装置可用于传统的双丝灯泡的信号机，也可用于 LED 发光盘的信号机点灯电路。早期信号机都使用双丝灯泡作为光源，但随着 LED 发光盘的应用，为使 TDDS 报警装置实现兼容，上海铁大公司在传统 XDZ 点灯装置的基础上研发了 XDZ-B 型点灯装置，以配合 TDDS-B 报警采集模块的使用。

1. 点灯装置工作原理

1) 点灯装置原理图

图 18-13 所示为 XDZ-B 型多功能信号机点灯装置原理图。点灯装置主要由降压变压器、整流滤波电路(主、副电源各一)、DC-DC 电源变换电路及用于报警和主、副电源切换的电路构成。

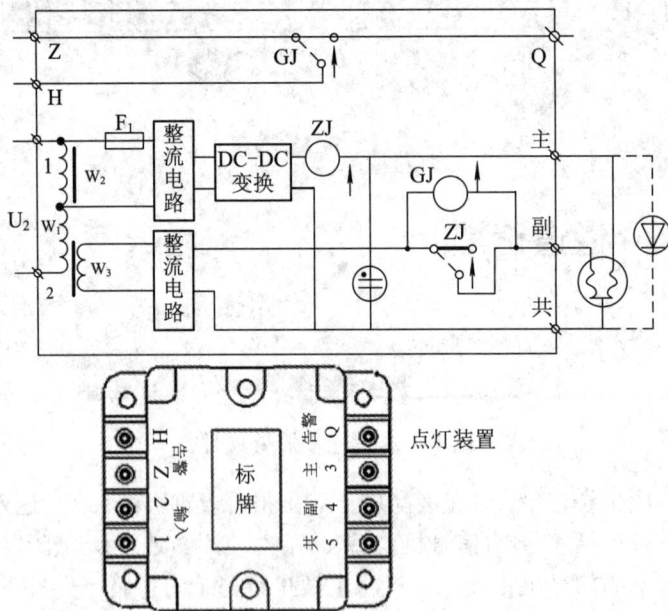

图 18-13　XDZ-B 型多功能信号机点灯装置原理图

2) 故障检测原理

在正常点灯的情况下，主灯丝点亮，故 ZJ 和 GJ 都正常吸起。ZJ 是线圈电阻很小的电

流型继电器，虽然与主灯丝电路串联但分压很少，所以主灯丝能正常点亮；而 GJ 为电压型继电器，线圈电阻大，虽然与副灯丝串联(并与 ZJ 后接点并联)，但因副灯丝中电流很小，所以不会点亮。

当主灯丝断丝不能点亮时，ZJ 断电转为落下，其后接点接通副灯丝电路使副灯丝点亮；又由于 ZJ 后接点接通，GJ 励磁线圈被短路而落下，使其后接点接通，这时可以通过"Z""H"接通条件取得断丝报警信息。同样，若主灯丝电源故障不能输出，也会使 GJ 落下。

由于本装置采用了后接点接通报警的形式，在点亮主灯丝时，如果副灯丝断丝或者副电源因故障无输出，则 GJ 会直接落下，同样也会给出报警条件。可见，无论是主灯丝、副灯丝，主电源、副电源，还是点灯装置本身出现故障时，都会造成 GJ 落下，因此，本点灯装置具有"故障—安全"特性。

GJ 落下后，其前接点断开，后接点接通，后接点接通后使报警采集模块的报警电路接通。GJ 的前接点断开时，采集模块可由此判断出故障的灯位，于是报警采集模块通过编码将故障信息经过通道发送给报警主机。报警采集模块的具体工作过程将在后面讲述。

3) 电路工作特点

XDZ-B 型多功能信号机点灯装置是一种基于反激励式工作原理的高频开关电源，该装置采用继电式灯丝断丝报警逻辑电路，可实现主、副灯丝切换和灯丝断丝报警。副灯丝点灯电路电源是线性稳压电源，电路简单，工作可靠；主灯丝点灯电路相对复杂，设有 DC-DC 电源变换电路，可把脉动直流变换成稳定的直流电源输出。两套电源优缺点互补，并可通过转换继电器切换。电源除供灯泡点亮或使 LED 灯盘发光外，也为点灯单元中的其他电路提供工作电源(新式点灯装置主电源电路采用反激式开关电源，工作更可靠安全)。

点灯装置除提供一组告警继电器(GJ)的落下接点条件供监测使用，还提供一组主副灯丝转换继电器(ZJ)的后接点，用于在主灯丝断丝或主电源故障时点亮副灯丝。

这里要清楚一点，XDZ-B 型点灯装置用于信号机灯丝报警时，只能监测断丝故障的报警，当它用于 LED 信号机时，只能提供灯盘灭灯或主电源故障的报警条件，因为它没有电流检测功能，无法检测 LED 光盘中发光灯珠的损坏情况。因此，在使用时必须选择与其配套的灯丝报警装置来使用。

2. 新型 XDZ 单元主、副灯丝点灯电源电路原理

旧式的 XDZ 点灯单元电路存在一些不足，比如灯泡刚点亮时，会产生较高的电涌电压，很容易诱发熔丝断丝故障。另外，在主灯灯丝点亮前，副灯丝会出现"闪亮"现象，这对副灯丝也是一种伤害，由此应对电路做出改进。

1) 副灯丝点灯电源电路

副灯丝点灯电源电路采用线性稳压，除使用了桥式整流外，还采用了大功率的三端稳压芯片 LM338。副电源电路原理图如图 18-14 所示。

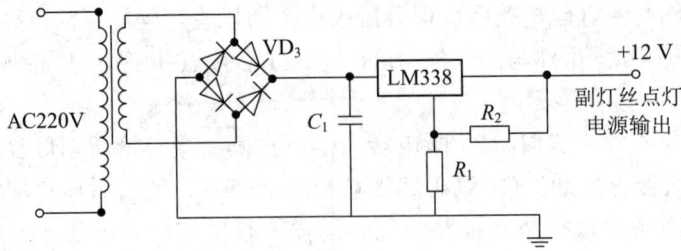

图 18-14　XDZ-B 型点灯装置副电源电路原理图

2) 主灯丝点灯电源电路

　　主灯丝电源电路采用反激式开关电源设计，内部集成 MOSFET 管和控制电路的 TOP224Y 开关电源芯片以及高频隔离变压器。芯片的精密反馈电路构成反激励变流器电路，使电源输出具备软启动功能，点灯时灯丝不会出现瞬间电涌的影响。高频变压器 TP 除起到能量转换和能量传递的作用外，在反激式电路中还起到储存能量的作用。主灯丝点灯电源电路原理图如图 18-15 所示。

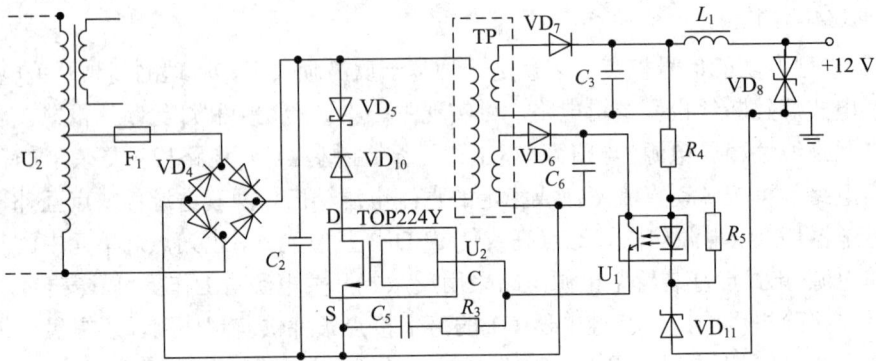

图 18-15　XDZ-B 型点灯装置主灯丝点灯电源电路原理图

　　反馈电路可以根据输出电压的大小，改变 TOP224Y 控制脚(C 脚)上的电流 I_C，实现芯片对输出电压的动态闭环控制。反馈电路采用 TL431 构成的误差比较器对点灯电压进行采样，并利用光耦芯片 PC817 对 I_C 进行线性控制。由于芯片输出电压与 PWM 占空比的增长呈反比关系(PWM(脉冲宽度调制)是一种模拟控制方式，根据相应载荷的变化来调制晶体管基极或 MOS 管栅极的偏置，实现晶体管或 MOS 管导通时间的改变，从而实现开关稳压电源输出的改变。占空比是指在一个脉冲循环内，通电时间相对于总时间所占的比例)，当输出电压较小时，I_C 相对较小，输出电压值增长速率相对较快，随着输出电压值和 I_C 的增大，PWM 占空比的增长速率逐渐趋于平缓，电压值的增长也趋于缓慢，直到达到灯泡额定工作电压。

四、FDZ 型点灯单元及工作原理

　　FDZ(普通发光盘点灯装置)和 FDZY(预告信号机专用发光盘点灯装置)是发光盘专用点灯装置，是为配合 PFL 型 LED 发光盘(输入 DC12V)而研发的新一代点灯装置，内含 DFL-1

型防雷模块。该装置采用点灯电源主、备式双路热备自动切换的冗余设计，主电源故障时自动切换到备用电源，并设有稳压电路以保证发光盘显示安全可靠。当发光盘内部 LED 发光灯珠损坏数量超过总数的 30%或主、备电源有一路发生故障时，均可产生告警条件，此时点灯装置会接通告警电路并给出报警信号。

1. LED 信号机报警特点

LED 信号机由于采用了发光二极管代替双灯丝灯泡，没有了所谓主、副灯丝之说，所以，当发光管损坏时并不存在所谓的灯丝转换。目前市场上也有采用主、备两组发光组的点灯方式的产品，可以实现类似双灯泡式的主、副切换功能，但应用不多。因此，为了使 LED 灯盘的光照强度达到技术要求，发光盘中发光管正常点亮的数量就必须满足一定的要求(保证 70%以上的发光管正常)，为此在点灯装置中必须增设其监测电路，以便发光管损坏达到一定程度时能及时报警。

发光管损坏程度的检测是通过监测点灯时的工作电流变化以及相关电压参数的改变得以实现的。当发现电流达不到其规定值(门限电流)或无电压时，报警装置给出报警，以及时提醒维修人员更换损坏设备。通常发光二极损坏数量达到 50%时需要切断灯头电源，以保证灯丝监督继电器(DJ)的可靠落下；同时，对 LED 发光盘也要设立门槛电压以防止虚电干扰。

LED 信号机不存在灯丝转换问题，但为了保证信号机的可靠性，点灯电源应采用双电源热备冗余设计，当一路电源故障时可以切换为另一路电源，从而保证对 LED 发光盘的持续供电。也就是说，用于 LED 信号机的点灯单元装置必须满足上述技术要求。

2. FDZ 点灯单元电路工作原理

1) 点灯装置电路构成

图 18-16 所示为 FDZ-B 型点灯装置电路原理框图。电路主要由防护电路、电源变换电路、LED 发光盘电流检测电路、电源检测电路、告警(告警调试)电路等几部分组成。

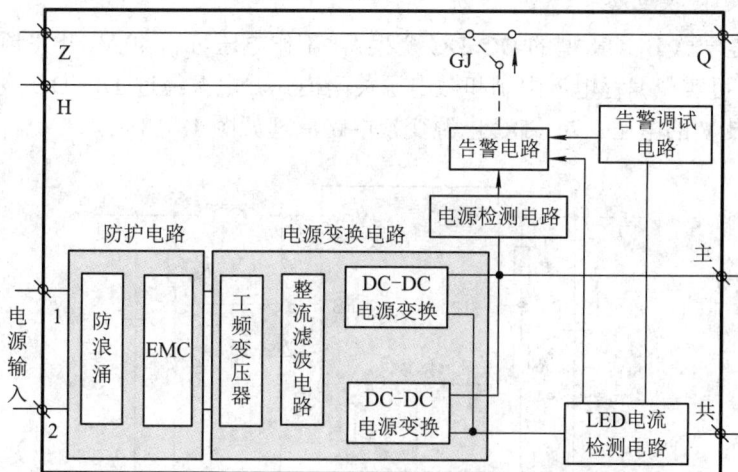

图 18-16　FDZ-B 型点灯装置电路原理框图

在上电的瞬间，电路中的电解电容、寄生电容迅速充电，工频变压器的磁芯严重饱和，会产生很大的浪涌电流,对设备中的元件造成损坏。电源变换电路前的防浪涌、EMC 电路,就是为消除浪涌电流和抑制电磁干扰而设计的。EMC(Electro Magnetic Compatibility,指系统在其电磁环境中符合要求运行,并不对其他设备产生无法忍受的电磁干扰的能力)电路可滤除线路中的共模和差模信号,并降低点灯单元对其他设备的电磁干扰;工频变压器和整流滤波电路可对输入的交流电降压并整流成脉动的直流;DC-DC 电源电路负责将脉动的直流电源变换成稳定的直流电源输出,并为 LED 灯盘单元中其他部分供电。

电源检测电路用于检测两路电源的工作状况,保证在某一路电源故障时,可通过告警电路输出告警信号;LED 电流检测电路利用电流的变化信息,检测 LED 发光管损坏的数量,当损坏超过 30%时,检测电路可通过告警电路发出告警;告警调试电路用来检查告警功能是否完好;告警电路用于控制告警继电器(GJ)的动作,以决定是否要发出告警信息。

2) 防护、EMC 及整流电路

该电路中并接了一个 PTC 热敏电阻,此电阻是具有正温度敏感性的半导体电阻,当超过一定的温度(居里温度)时,它的电阻值随着温度的升高呈阶跃性的增加(设计电路时也可串接 NTC 负热敏电阻)。电路上电时温度低,电阻小,流过的电流大,随着温度的升高,电阻变大(对电路影响很小),最后进入稳态。电路原理如图 18-17 所示。

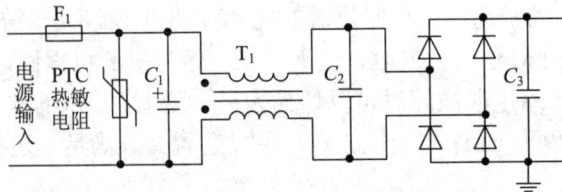

图 18-17　点灯单元防护及 EMC 电路原理图

差模滤波电容 C_1 与共模滤波电感 T_1 实现了 EMC 功能,C_1 滤除交流线路中的差模信号,T_1 滤除交流电路中的共模信号。过滤后的电流送入整流电路,将交流电源转变为脉动直流,再送入 DC-DC 变换电路。

3) DC-DC 变换电路

LT1076 是一款 BUCK 型的 DC-DC 变换器,工作电压可达 40 V,开关频率为 100 kHz,动态响应高,可实现编程电流限制和微电源关闭模式。电源经过 DC-DC 变换后可稳定输出 DC 12 V±1 V 的电压。DC-DC 电源变换电路原理如图 18-18 所示。

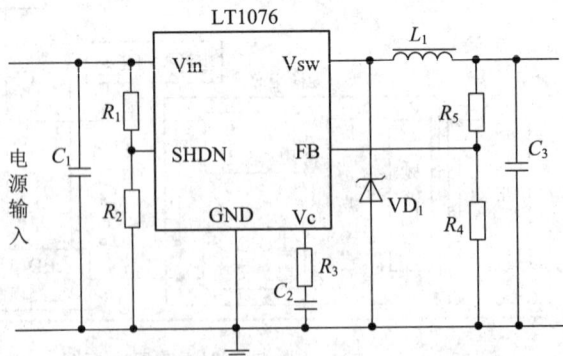

图 18-18　基于 LT1076 的 DC-DC 电源变换电路原理图

4) LED 发光盘电流检测电路

LED 发光盘检测电路通过对发光盘点灯时的总电流进行跟踪测量，来判断发光盘中发光管损坏数量是否达到临界状态。FDZ 点灯单元电路原理图如图 18-19 所示，其中电源检测电路由电流反馈电路、放大电路和比较电路组成。

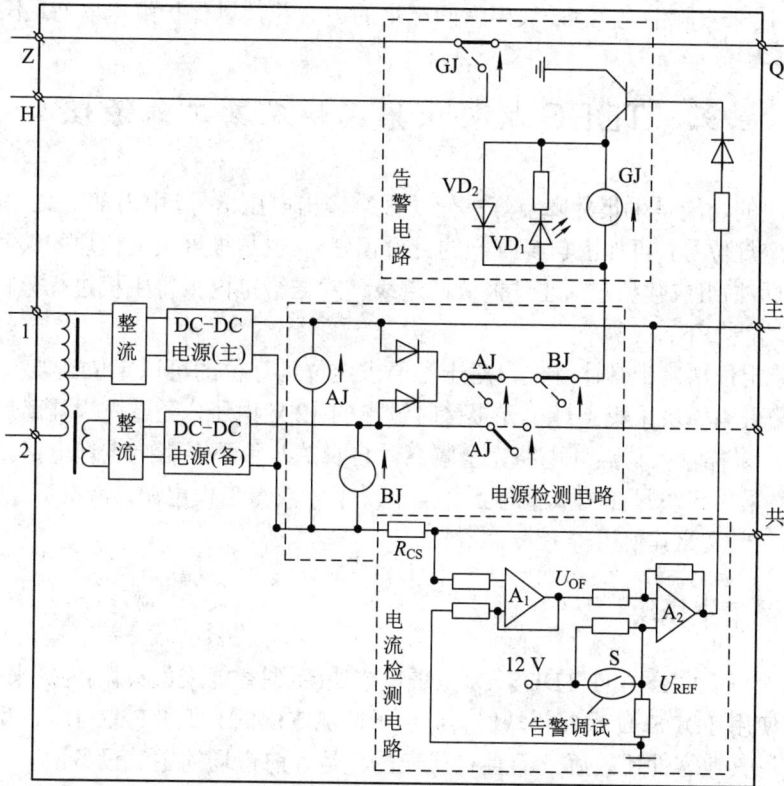

图 18-19　FDZ 点灯单元电路原理图

检流电阻 R_{CS} 串接在 LED 发光盘电路负端，发光盘总电流经过 R_{CS} 产生一个压降，由于该电流幅值较小，于是通过 A_1 放大器将信号放大。放大的信号通过比较电路(A_2)后与一固定电压进行比较(即图中 U_{OF} 与 U_{REF} 比较)，以判定总电流的变化是否下降了正常值的 30%以上。用比较电路的输出作为告警电路的控制条件，正常时输出高电平使告警继电器(GJ)吸起，当达到报警条件时比较电路输出低电平，GJ 落下，从而发出报警信号。

5) 电源检测电路

电源检测电路用来检测电源的状态，电路原理如图 18-19 所示。当主电源故障无输出时，AJ 落下，GJ 因缺少励磁电源而落下，从而发出报警信号；当备用电源故障无输出时，则 BJ 落下，也使 GJ 落下从而发出告警信号。可见，无论哪路电源故障都会发出告警信号。

点灯单元端子板面上有一个"告警调试"按钮，当按下此按钮后，比较电路的比较电压 U_{REF} 发生改变，以模拟 LED 发光盘的电流改变，使告警电路发出报警信号。如果按下此按钮后不发生告警，则表明告警电路出现故障。

6) 告警电路

告警电路如图 18-19 所示。告警有两个条件：一个是 LED 电流检测条件，另一个是电源检测条件。电源出现故障时，GJ 因无 KZ 电源而落下，其 Z-H(中-后接点)闭合，产生告警；当电流检测 LED 发光管损坏超过 30%时，电流检测电路输出低电平，致使三极管截止，切断 GJ 励磁电路使之落下，产生报警。

告警电路中的发光二极管 VD1 用来指示告警电路的状态，正常时点亮，报警时灭灯。二极管 VD2 用来去除继电器 GJ 失磁瞬间产生的电火花，以保护继电器 GJ 不被损害。

五、TDDS 报警采集模块及其工作原理

报警模块的功能是采集故障点灯单元的报警输出电压信号，由内部 CPU 根据其输入的端子序号确定灯位号，再加上自身唯一的身份识别号(也是报警采集模块的编号，编号在模块标签上有标注)组成数据包，通过报警通道线路发送给室内报警主机进行分析与处理。其主要特点与功能如下：

(1) 报警定位精确到具体灯位，对于不要求定位到灯位的可以定位到架；

(2) 报警采集模块采集点灯单元报警时输出的 12 V 电压，经过光耦隔离后送入模块内的电路处理，采样输入与点灯电路完全隔离，自身的故障不会影响点灯电路。

(3) 报警采集模块只在构成报警条件的情况下才获得工作电源，常态下处于关机状态，不消耗电能，也因此其使用寿命长。

1. 报警采集模块

本节以上海铁大公司的 TDDS-D 型采集模块(新型智能采集模块)为例来介绍。TDDS 报警装置在使用 TDDS-D 报警模块时，可用于监测 XDZ-B 型和 FDZ-B、D 型点灯装置的信号机，所以其兼容性比较好，而且有代表性，是目前市场的主流设备。

图 18-20 所示为报警采集模块实物及面板端子编号。

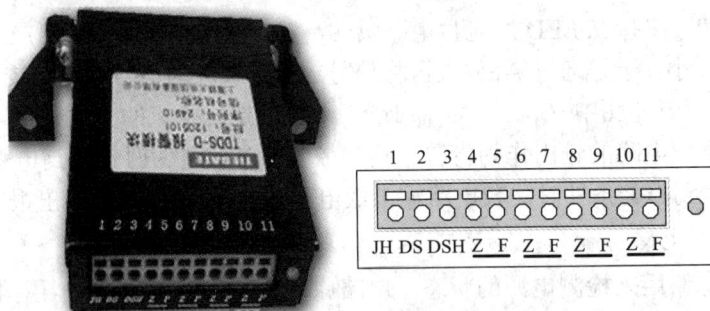

图 18-20　TDDS-B/D 报警采集模块实物及端子编号

报警模块有 11 个接线端子，其中 4-5、6-7、8-9 及 10-11 4 组对应 Z-F 端子，是对应 4 个灯位的电压采集输入端子。一个采集模块最多可采集 4 个灯位，如果是多于 4 灯位的信号，可增加一个采集模块，在报警主机信号机配置文件中作为两架信号机处理。1/JH 端子与点灯单元内告警继电器后接点(H 或 23)连接，2、3 端子分别为 DS、DSH 报警线(也是报警单元工作电源线)。

2. 采集模块工作原理

这里以具有四显示的信号机点灯电路的 TDDS-B/D 型报警采集模块为例介绍，其工作原理如图 18-21 所示。设信号机的 4 个灯光为 A、L、H、U(蓝、绿、红、黄)，且有同时点亮 L、U 双灯的显示信号。

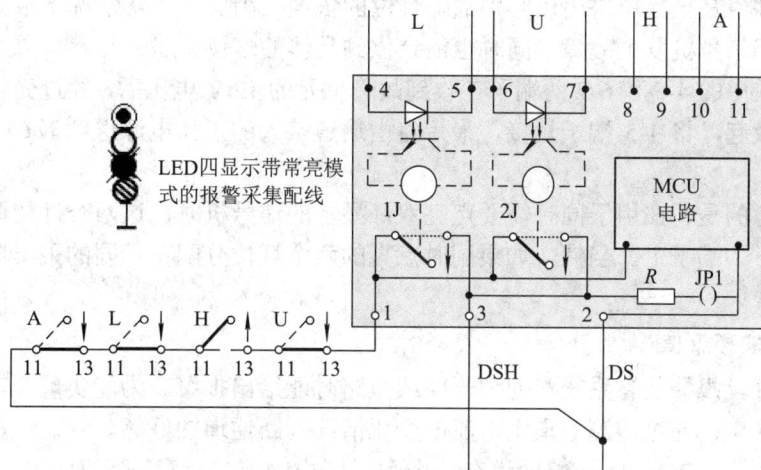

图 18-21　TDDS-B/D 报警模块工作原理

报警模块触发报警的前提是，其内部的 MCU(Micro Controller Unit，微控制单元，又称单片微型计算机)电路接收到(DS、DSH)送来的 24 V 工作电源，之后才开始对报警信息进行分析、处理。

1) 报警的触发条件或依据

报警采集模块得到工作电源有以下两条途径，或者说触发报警有以下两个条件：

(1) 主、副转换继电器后接点串联条件。

每架信号机中所有点灯单元的 11-13(中-后)(或 "Z-H"、"21-23"，不同的点灯装置标称可能不同；对 LED 信号机来说就是 GJ 的中后接点条件)端子全部串接起来，构成一个闭合环路触发报警条件。电路连接时将所有点灯单元(4 个灯位使用一个模块)的 11-13 端子全部串接起来，与模块的 2 端子和 1 端子构成一个闭合的环路。由于一架信号机在正常情况下总有一个灯位是点灯状态，其 11-13 接点断开，因此这个环路正常时处于开路状态。由于采集模块得不到工作电源，故其保持在停机状态。

TDDS-D 报警采集模块只在构成报警条件的情况下获得电源后才开始工作，常态下处于关机状态，无功耗。

如果点亮的灯位主灯丝断丝，使灯丝转换继电器落下，则 11-13 接点接通。对 LED 信号机来说，点灯单元中 LED 电流检测电路发出告警信号，点灯单元的告警继电器落下，使其 "Z-H" 接通，这时经过所有点灯单元后接点的通路导通，报警采集模块得到工作电源而触发告警。

需要注意的是，如果在某些情况下需要信号机全灭灯工作，比如在地铁中，列车控制运行在自动控制模式下，所有的信号机处于断电灭灯状态，那么点灯单元中灯丝转换继电器全部落下,这样就会接通报警条件,从而造成错误报警。这时可将采集模块中的"1(JH)"端子不做连接,即此通路不做配线,只使用第二条通路实现报警。

(2) 点灯单元给出的故障信号。

在发生点灯单元故障时,点灯装置内部切换到备用电源,同时向采集模块送出直流12 V 电压信号,采集模块通过 4-5、6-7、8-9 或 10-11 端子收到故障灯位接入的条件电源,同时,此条件也是采集模块用以判别故障灯位的依据。因此,正常情况下报警装置不光能定位到是哪架信号机发生故障,同时也能定位到具体的灯位。

采集模块中的 4-5 和 6-7 两端子在收到故障单元的 12 V 电压后,经过光耦采样使其内部的继电器吸起,将 1-3 端子短接,最后将由通道接入的工作电源送到 MCU 电路,启动报警工作。

需要注意的是,在用于同时需要点亮双灯显示的信号机时,这两个灯位要分别接到模块的 4-5 和 6-7 端子上。当然,如果同时点亮的两个灯位分配在不同的采集模块上,则可以不用考虑。

2) 通道报警原理

TDDS 灯丝报警装置系统在通道开路或短路时能给出报警。为能实现此功能,报警主机需向通道通电,通过监测通道上电流的变化情况判断通道的好坏。

图 18-22 为 TDDS-D 报警通道在一个咽喉区内的连接示意图。为了能在最大范围内检查报警通道的完好情况,该系统需在距离信号机械室最远端的报警采集模块单元内将JP1 封连,让 3-2 端子之间通过电阻 R 短接,使报警通道与报警电源构成封闭的回路,从而使报警电源在其回路中形成一定大小的电流,主机通过对电流的检测可判断报警通道是否完好。

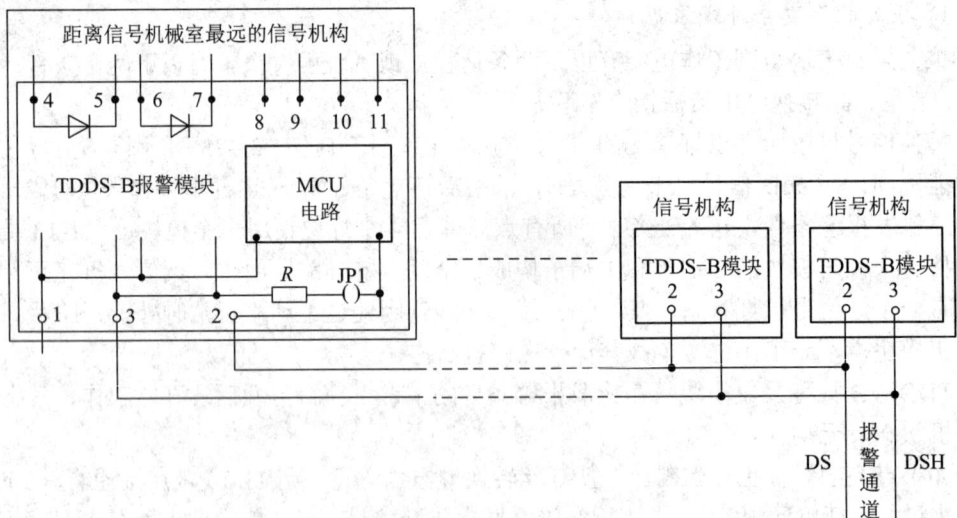

图 18-22　TDDS-D 报警通道在一个咽喉区内的连接示意图

TDDS-B/D 报警模块内的 3-2 端子间还串接了一个测试电阻 R,此电阻是为报警通道检测设置的。在 JP1 封连后使 R 串联接入通道中,如图 18-23 所示。施工时需要将最远信号机处的报警模块打开,将 JP1 用短路帽短接掉。

图 18-23　TDDS-B/D 报警模块内部的短接端子 JP1

需要注意的是，一组通道中只允许在一个采集模块单元内做这个短接，其他信号机内的采集模块单元不需要短接。否则，就等于将多个测试电阻并联，使通道的总电阻减小，这样主机便无法准确地通过电流的变化来检测通道的状态了。

因此在配置报警装置时，需要在主机系统的设置页面里将各通道的正常线路电流值设置在合适的上、下限范围内。若设置范围过大就无法实现通道短路的检测；若设置范围过小则容易出现通道短路的误报现象。设置前可以先进入系统诊断页面，查看当前非报警状态下的通道电流，以当前的电流值作为参考来设置(设置过程中可以先关掉线路电流报警功能)。出厂的通道电流设置下限是 0 mA，上限为 40 mA(最大只能为 40 mA)。

六、TDDS 信号机灯丝报警工作原理

下面以几个信号机灯丝报警的电路为例，介绍电路的配线方法及报警原理。

1. XDZ 点灯单元下的报警电路

图 18-24 所示为 TDDS 报警装置用于双丝灯泡调车信号机的电路配线。报警主机的信号机配置文件中灯位次序号为 A(H)—B。如果此信号机用于地铁，则在带灭灯模式下，所有 Z、H 接点的串联电路部分不配线。

这里虽然是以调车信号机的报警电路为例，但其他类信号机的报警电路配线与之思路相同。对于铁路上设有预告等其他形式的信号机时，其配线会有一些特殊考虑，这里就不再举例了，读者可对照施工图纸去理解。

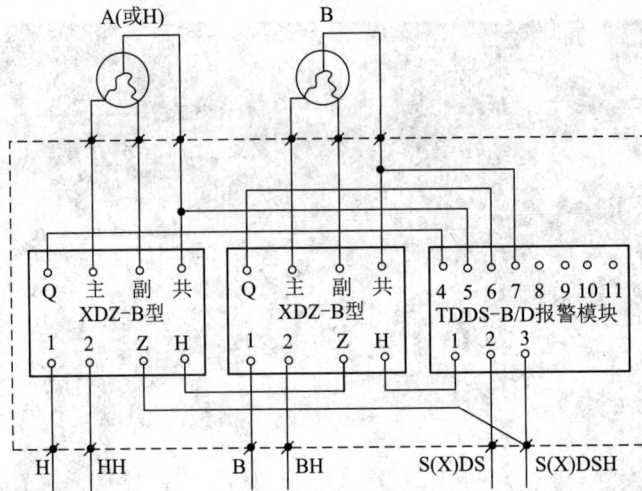

图 18-24　TDDS-B/D 调车信号机报警电路配线

2. FDZ 点灯单元下的报警电路

图 18-25 所示为 TDDS 报警装置用于 FDZ 点灯装置的四显示 LED 信号机(带容许蓝灯) 的电路配线，报警主机的信号机配置文件中灯位次序号为 L—U—H—A，并且有 LU 双显示信号。考虑到蓝灯是在点亮红灯的基础上才能点亮的，即它不能独立显示，因此在"中–后"(Z-H)条件的电路中，采用将它与红灯的 Z-H 条件并联的方式处理。

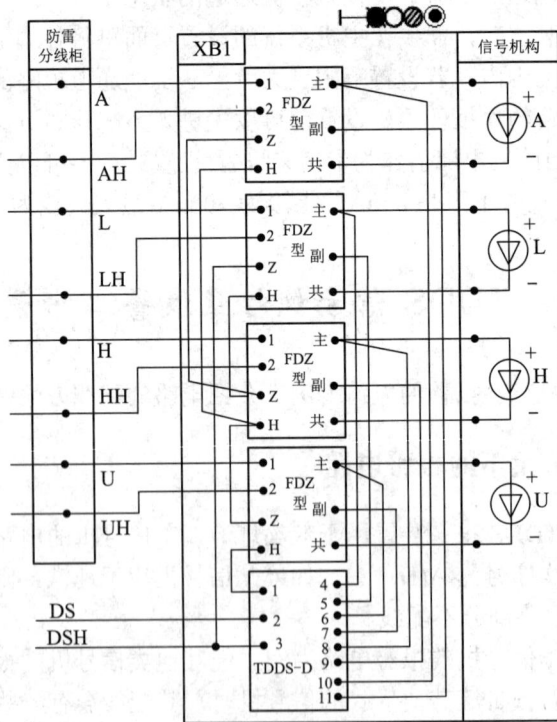

图 18-25　TDDS-D 四显示带常亮模式电路配线

3. FDZ-D 点灯单元下的报警电器

FDZ-D 型点灯单元与 TDDS-D 配合是专用于地铁灯丝报警的配置。图 18-26 所示为 FDZ-D 点灯单元和 TDDS-D 报警采集模块实物图及点灯单元面板端子编号示意图。TDDS-D 报警采集模块用固定支架安装在点灯单元的上方。

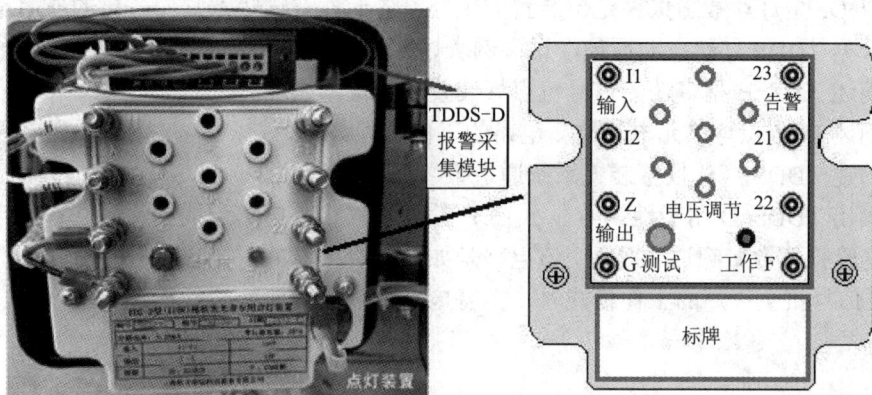

图 18-26　FDZ-D 点灯单元和 TDDS-D 报警采集模块实物图及点灯单元面板端子编号示意图

图 18-27 所示为 TDDS-D 用于三灯位 LED 信号机的电路配线，报警主机的信号机配置文件中灯位次序号为：U—L—H。

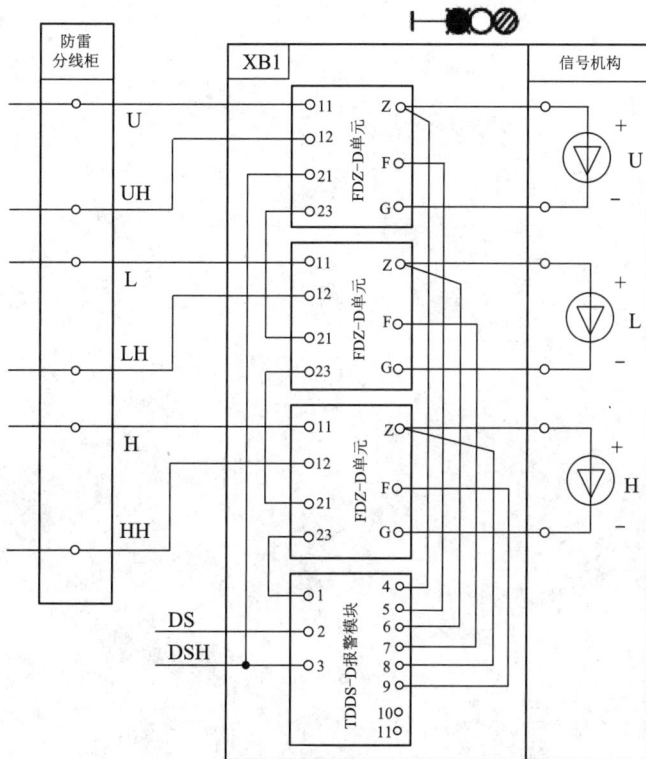

图 18-27　TDDS-D 用于三灯位 LED 信号机的电路配线

问 题 思 考

1. TDDS 型灯丝故障报警定位装置的主要特点有哪些?

2. TDDS 型灯丝故障报警定位装置的主要设备元件有哪些? 它们各自的作用是什么?

3. 依据 TDDS 灯丝报警原理, 试举例表述某灯丝断丝时的报警形成过程。

4. 简述 XDZ-B 型多功能信号机点灯装置故障检测原理。

5. 简述 FDZ 点灯单元电流检测电路的工作原理。

6. 简述 TDDS 灯丝报警装置系统通道报警原理。

7. 画出 TDDS-D 用于地铁四显示 LED 信号机的报警电路配线图, 并回答: 当某灯位 LED 发光管损坏数量超过 30%时, 该电路是如何开启报警的? 如果信号机在列车控制系统中有需要信号机全灭灯的工作模式时, 报警电路配线要如何处理?

第十九课 集中式 LED 信号机报警仪

前面介绍的 TDDS 信号机灯丝报警装置采用的是分散式工作模式，即它是将采集模块安装在各信号机处，且报警信息也是由各分散的报警采集模块形成并上传到报警主机的，主机只负责分类处理、上传与显示。分散式报警设备的主机与各报警采集单元之间需要通过电缆传送信息或提供电源，相对于集中式信号机报警系统造价高、设备分散，维护起来也不是很方便。

目前，针对地铁信号设备特点，比如几乎都是使用 LED 信号机，且信号机数量相对较少等，各厂家也相继推出了主要用于地铁的智能化集中式的信号机监测报警设备。本课将以两款"XH-BJDW-72"型和"HG-BJ-LED"型集中式 LED 信号机智能报警仪为例作介绍，并重点讲述它们的工作原理。

由于集中式信号机智能报警仪采用了集中式的报警方式，所有设备皆安装于站内机械室，无需分散式的室外电缆，因此可节省投资，且维护方便。

集中式信号机报警仪都是利用电流传感器采集信号机工作电流，再根据其变化来判断信号机工作的情况的，不需要被监测设备提供任何电路条件，做到了与点灯电路完全的隔离，故不会对原电路有任何的影响，符合"故障—安全"的技术要求。系统将采集的信号机点灯电流值与所设定的电流上、下门限值比对，当发现比较结果低于或者高于所设定的门限时，通过报警继电器给维护支持系统报警，门限值可以依据具体情况随时设定或修改。另一方面，报警系统通过增加对信号机点亮某一灯位的继电器条件进行采样，或以点亮灯位的电压检测为手段，以此为依据确定报警信号机的具体灯位，因此在给出报警信息时，可具体到信号机的灯位。更重要的是，报警仪可同时为多架信号机或多个信号灯位进行实时监测和报警。

集中式信号机报警仪采用全数字化工作方式，所有的功能和工作状态均可通过报警仪单元控制器进行设置和数字化显示，设置和显示的参数均有掉电记忆功能。产生的信息或数据可通过 RS485 串行通信接口或 CAN 总线方式进行网络查询或上传，直接为微机监测系统提供信号机的相关信息或报警信号。

一、XH-BJDW-72 型信号机报警仪

XH-BJDW-72 (GY.24)型信号机报警仪是为监测 XSLE 型 LED 信号机报警而开发的配

套产品。产品型号代表的意义为，XH：信号；BJDW：报警到灯位；72：最多可用于 72
架信号机的监测与报警。

1．报警仪的主要特点及设备构成

1）报警仪主机结构

图 19-1 是 XH-BJDW-72 报警仪和采集板实物图。报警仪由电源模块和多个采集板构
成(最多可安装 9 块采集板)。报警仪占用一个组合位置，直接安装在组合架上。

图 19-1　报警仪和采集板

电源模块将 AC220V 的交流电变换为采集板和电流互感器所需要的 DC12V 工作电源。
报警仪面板上除开关外，还有绿色的电源指示灯和电源保险。

每块采集板有 8 个通道，可对应采集 8 架信号机。每 3 个灯位计为一架信号机，如果
一架信号机超过 3 个灯位时，就以 2 架信号机对待，那么 1 台报警仪共能监测信号机的数
量为 9×8＝72 架。每块采集板都有自己的独立 MCU(微控制器单元，它是将微型计算机的
主要部分集成在一个芯片上的单芯片微型计算机)，用于完成对采集数据的处理与分析，因
此也被称为智能型采集板。另外，每块采集板具有各自唯一的 485 通信地址，当与上位机
通信时可用其标明自己身份的识别号。

当采集板的"监控"功能打开时，采集板具有测量和报警双重功能；当该功能关闭时，
采集板仅有测量功能，不能进行灯丝报警。

2) 采集面板指示灯及其意义

图 19-2 所示为报警仪面板示意图。

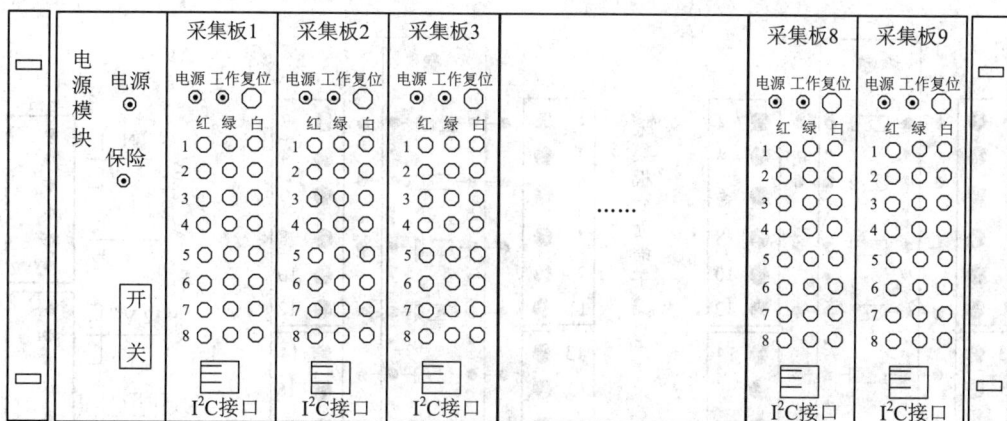

图 19-2 报警仪面板

采集板面板上有"工作"指示灯(正常工作时闪烁)、"电源"指示灯(常亮时表示整机工作电源正常)、"复位"按钮(当报警仪报警，LED 光盘修复后，需按下复位按钮才能使报警仪还原，否则报警仪将一直报警)。

面板上还有 24 个报警信息表示灯，每一排的 3 个表示灯分别对应一架信号机的 3 个灯位(右边灯位 1，中间灯位 2，左边灯位 3)，灯位报警时对应的指示灯会点亮。另外，面板上的 I^2C 接口可以连接手持机(或 PC 机)，以用来测试采集板每一路的工作电流，调整设定报警电流的上、下限值，设置或定义每路是否工作及每块采集板的地址等。

2. 电源和采集板端子编号

图 19-3 是报警仪所在组合的后面板配线图。图中最右侧为电源模块配线端子板，是 3 组 6 端子板共 18 个插接端子，由上向下顺序编为 1、2…18 号。图中左边为采集板配线端子(图中所框区域)，每块采集板分左右两列分布，图中所见的两列之间的电阻，是对应 8 路信号机点灯电流引入到电流互感器的隔离电阻。

图 19-3 报警仪所在组合后面板配线图

　　电源模块及采集板后面板端子定义如图 19-4 所示。电源模块从电源屏引入 AC220V 交流电，经变换供出各工作电源，包括采集用电源和通信电源。

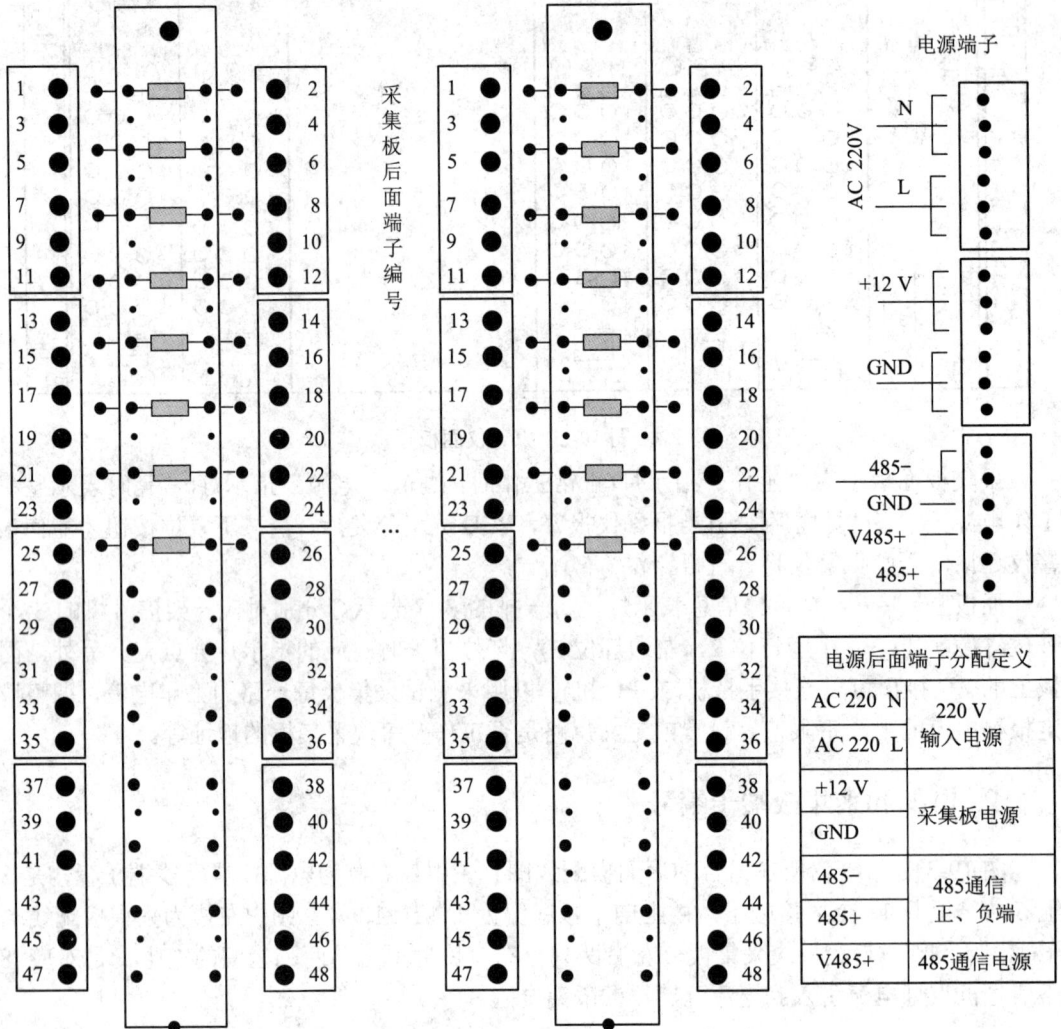

电源后面端子分配定义	
AC 220 N	220 V 输入电源
AC 220 L	
+12 V	采集板电源
GND	
485−	485通信 正、负端
485+	
V485+	485通信电源

图 19-4　报警仪电源及采集板接线端子分布图

　　采集板后面板端子共有 48 个接线端子，1～32 号用于与信号机的联络，每 4 个端子用于一架信号机，其中一对用于信号机电流引入、输出，另外两个分别用于信号机电压采集点输入；33～40 号为采集信号机条件电压的采集用 KF24V 电源供出端；41～46 号分别是采集板内 BJ(报警继电器)的两组接点条件输出端子。报警仪每块采集板可对外提供两组报警继电器接点状态条件，以作其他报警使用。

　　采集板接线端子使用分配如表 19-1 所示。

表 19-1 XH-BJDW-72 采集板各端子使用分配表

编号	分配	编号	分配
1	1 信号机电流输入	2	1 信号机电流输出
3	1 信号机电压采集点输入 2	4	1 信号机电压采集点输入 1
5	2 信号机电流输入	6	2 信号机电流输出
7	2 信号机电压采集点输入 2	8	2 信号机电压采集点输入 1
9	3 信号机电流输入	10	3 信号机电流输出
11	3 信号机电压采集点输入 2	12	3 信号机电压采集点输入 1
13	4 信号机电流输入	14	4 信号机电流输出
15	4 信号机电压采集点输入 2	16	4 信号机电压采集点输入 1
17	5 信号机电流输入	18	5 信号机电流输出
19	5 信号机电压采集点输入 2	20	5 信号机电压采集点输入 1
21	6 信号机电流输入	22	6 信号机电流输出
23	6 信号机电压采集点输入 2	24	6 信号机电压采集点输入 1
25	7 信号机电流输入	26	7 信号机电流输出
27	7 信号机电压采集点输入 2	28	7 信号机电压采集点输入 1
29	8 信号机电流输入	30	8 信号机电流输出
31	8 信号机电压采集点输入 2	32	8 信号机电压采集点输入 1
33	KF24V	34	KF24V
35	KF24V	36	KF24V
37	KF24V	38	KF24V
39	KF24V	40	KF24V
41	报警输出接点 BJ-13	42	报警输出接点 BJ-23
43	报警输出接点 BJ-12	44	报警输出接点 BJ-22
45	报警输出接点 BJ-11	46	报警输出接点 BJ-21
47	24 V+	48	24 V-

3. 报警仪的工作原理

此报警仪是在原来利用电流互感器监测点灯回路电流大小的基础上,同时增加对信号机点亮该灯位的条件进行采样,以实现对具体故障灯位的判断的。此报警仪信息采集原理电路如图 19-5 所示,图例为 3 灯位三显示 LED 信号机(同时只能点亮一个灯光)。

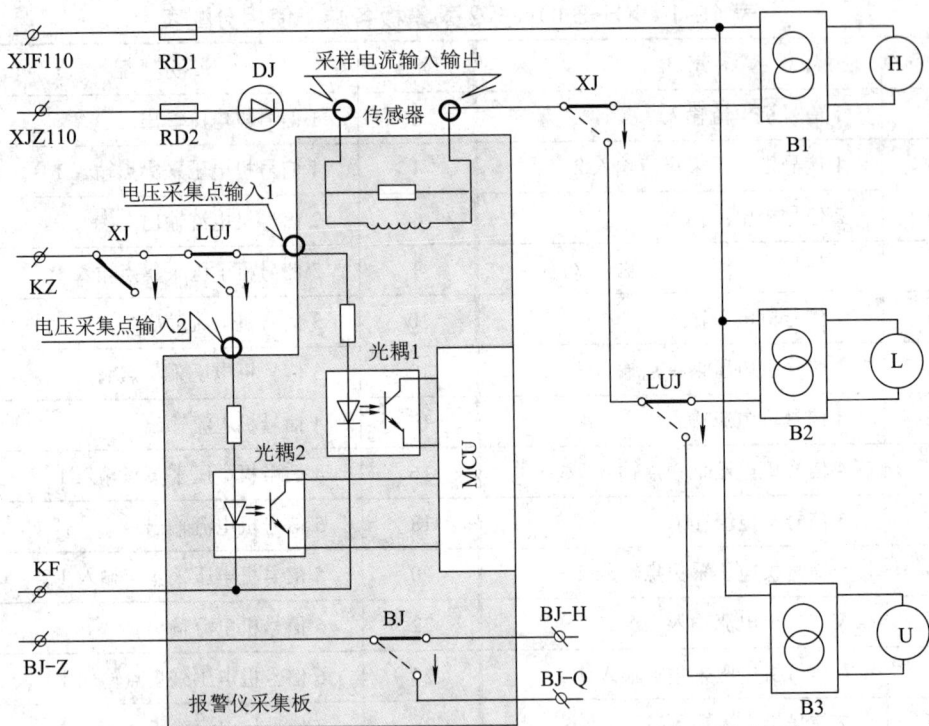

图 19-5　报警仪报警原理电路图

1) 电流报警及灯位报警原理

平时信号机在关闭状态下，XJ 和 LUJ 都落下，接通红灯点灯电路，信号机点亮红灯。

在点灯回路中的 DJ(灯丝继电器)后端，将点灯电流引入采集板的电流采样的输入端，由输出端接回点灯电路，采集板内部的电流互感器对点灯回路电流采样，交由 MCU 单片机运算测试，并与设定的门限电流进行比较，以判断点灯电路是否发生故障或出现发光二极管损坏。如果测得的电流值超越了所设定的上门限值或下门限值，MCU 发出告警编码信号，实现对红灯灯位的故障报警。

报警仪又是怎么判断出是红灯的故障呢？报警采集板在采集信息时不仅仅对回路电流采样，同时也对正在点亮的灯位进行判断。判断的方法实质上就是对灯光点亮的继电器状态条件进行监测，采集板有两路电压采集输入条件(图中的"电压采集点输入 1"和"电压采集点输入 2")。

比如，信号机点亮绿灯时，XJ 吸起，LUJ 落下，则对应"输入 2"的光耦 2 导通，向 MCU 发出高电平信息(同时，光耦 1 截止，向 MCU 发出高低电平信息)，这时，如果回路电流超标，采集板就能准确地报警出绿灯故障了。同样，点亮黄灯时，光耦 1 输出高电平而光耦 2 输出低电平，这时的灯丝报警就是黄灯故障，如果两光耦都输出低电平，则报警的灯位就是红灯。电路采用 KZ24 和 KF24 电源作为采集继电器状态采集电源，KF24 电源可以共用。

XH-BJDW-72 型信号机报警仪对灯位的采样判断是通过采集相关继电器接点条件实

现的，而有些类型的报警仪(如 HG-BJ-LED-56 型)则是采用检测点灯电压来判断所点亮的灯位信息的。

2) 电压采集线约定(报到灯位时用)

当一个灯丝继电器(DJ)控制 3 个信号灯位时，需要 3 根灯位信息采集线，分别为：电压采集点 1、电压采集点 2 和电压采集回线。采集电压回线约定如下：

信号灯 1(常态)	信号灯 2	信号灯 3
无电压采集点	电压采集点 1	电压采集点 2

当一个灯丝继电器(DJ)控制 2 个信号灯位时，需要 2 根灯位信息采集线，分别为：电压采集点 1 和电压采集回线。采集电压回线约定如下：

信号灯 1(常态)	信号灯 2
无电压采集点	电压采集点 1

信号机只有一个灯位时，则无需电压采集点条件。

3) 使用注意事项

报警仪将 3 个灯位视为一架信号机，如果是五显示进站信号机(有两个灯丝继电器)，就要按两架信号机处理，将"1 黄、绿和红"3 个灯作为一架信号机报警(对应面板指示灯一排上的 3 个灯)，"2 黄、白"灯作为另一架信号机报警(对应面板指示灯另一排上的 2 个灯)。

电流采集点以 DJ 的支路为电流采样，引入电流互感器，但在预告信号机或进路表示器电路中，尽管没有灯丝继电器，也需要引入一个互感器，并作为一架信号机来处理。

报警仪在故障报警时，对应的灯位报警指示灯会点亮，在故障排除后，需按压面板上的"复位"按钮以确认故障排除，如果不按压复位按钮，报警信号会保留。

为能可靠监测电流的变化，准确地给出灯丝报警，在安装调试 LED 信号机时，要根据信号机距离信号楼的远近不同，适当调整点灯变压器的输出电压，以保证每架信号机每个灯位的工作电流在一个标准的范围内(如 125～135 mA，不同类型的信号机要求也不尽相同)。

4. 报警仪应用举例

下面以地铁中 3 灯位四显示的正线出站信号机为例介绍灯丝报警监测电路。地铁正线出站信号机有"红"+"黄"的引导信号，即在点灯电路中有同时点亮红灯和黄灯的情况，所以电路中有两个 DJ 继电器(DJ 和 2DJ)，这样一架信号机就要按两架信号机来处理。在信号机点灯电路中报警仪接入的配线如图 19-6 所示。

在 DJ 支路上的信号采集有两路电压接入点，分别是"电压采集输入 1"经过 LXJ 的 21 至 22 接点、ZXJ 的 21 至 23 接点由该组合侧面 02-6 接入采集板(作为黄灯灯位的采样)；"电压采集输入 2"经过 LXJ 的 21 至 22 接点、ZXJ 的 21 至 22 接点由该组合侧面 02-7 接入采集板(作为绿灯灯位的采样)。如此就可以实现对"红灯""黄灯""绿灯"灯丝报警到灯位。

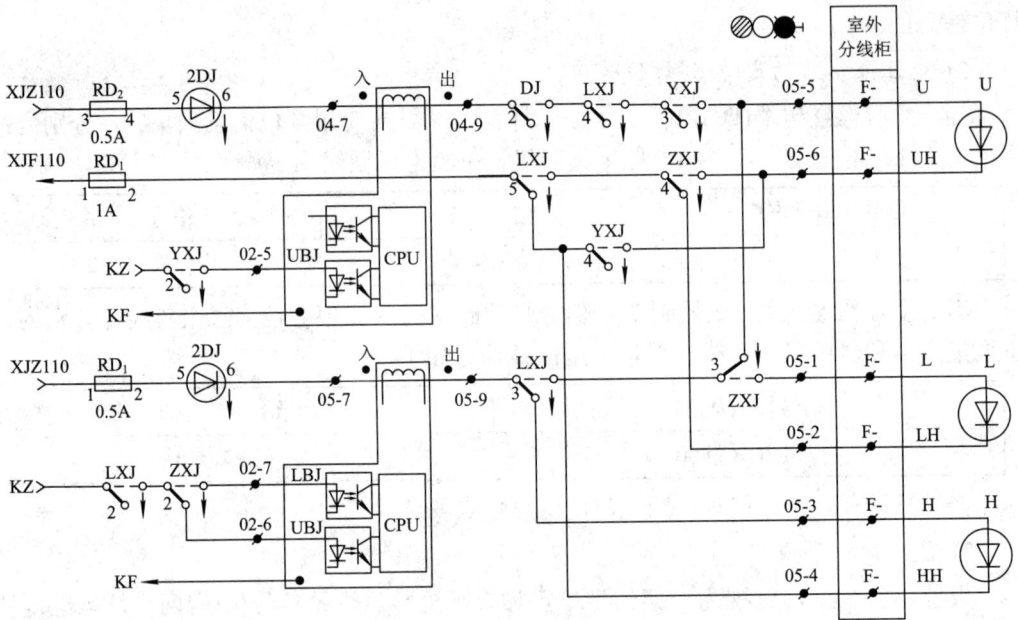

图 19-6　三灯位四显示信号机点灯电路报警仪接入配线图

在 2DJ 支路上的信号采集需要一路"电压接入点 1"经过 YXJ 的 21 至 22 接点接入采集板,只负责对开放引导信号时的点亮黄灯条件采集。

二、HG-BJ-LED-56 型报警仪

HG-BJ-LED-56 型报警仪同 XH-BJDW-72 型一样,也属于集中式智能信号机报警装置,而且它们的原理也相同,这里就不同点作简单介绍。

产品型号代表的意义为,HG:厂名;BJ:报警;LED:LED 报警仪;56:最大 56 位。此型信号机灯丝监测报警仪是为 XSZG/A 型 LED 信号机报警而开发的配套产品。当其配合使用的灯丝继电器型号为 H18 时(工作电流 100 mA),若使用距离小于 4 km,则将下限电流设置为实际工作电流减去 25 mA,上限电流为工作电流加 22 mA。设置时正常工作电流应调整到 140±3 mA,当测试的报警电流大于 100 mA 时,以保证 H18 灯丝继电器可靠吸起。此灯丝报警仪约定 LED 信号机发光管损坏数量达到总数的 25%时报警。

1. 报警仪设备配置

每套 HG-BJ-LED56 型信号机灯丝电流监测报警仪最多可安装 7 块采集板,每块采集板同 XH-BJDW72 一样可以采集 8 架信号机,若一架信号机以 3 个灯位计,则一台报警仪最多可监测 56 个灯位。图 19-7 为 HG-BJ-LED56 型信号机灯丝电流监测报警仪实物图。

图 19-7　HG-BJ-LED56 型信号机灯丝电流监测报警仪

此报警仪除采集板数量与 XH-BJDW 不同外，其功能包括采集板面板指示灯及后面板接线端子分配方法基本一样。报警仪总线后面板端子配线如图 19-8 所示，表 19-2 为其采集板各端子使用分配表(注意与 XH-BJDW 的不同之处)。

图 19-8　HG-BJ-LED56 报警仪总线后面板端子配线

表 19-2　HG-BJ-LED56 采集板各端子使用分配表

编号	分　配	编号	分　配
1	1 信号机电流输入	11	3 信号机电压采集点输入 1
2	1 信号机电流输出	12	3 信号机电压采集点输入 2
3	1 信号机电压采集点输入 1	13	4 信号机电流输入
4	1 信号机电压采集点输入 2	14	4 信号机电流输出
5	2 信号机电流输入	15	4 信号机电压采集点输入 1
6	2 信号机电流输出	16	4 信号机电压采集点输入 2
7	2 信号机电压采集点输入 1	17	5 信号机电流输入
8	2 信号机电压采集点输入 2	18	5 信号机电流输出
9	3 信号机电流输入	19	5 信号机电压采集点输入 1
10	3 信号机电流输出	20	5 信号机电压采集点输入 2

编号	分 配	编号	分 配
21	6 信号机电流输入	35	3 信号机电压回线(电压参考点)
22	6 信号机电流输出	36	4 信号机电压回线(电压参考点)
23	6 信号机电压采集点输入 1	37	5 信号机电压回线(电压参考点)
24	6 信号机电压采集点输入 2	38	6 信号机电压回线(电压参考点)
25	7 信号机电流输入	39	7 信号机电压回线(电压参考点)
26	7 信号机电流输出	40	8 信号机电压回线(电压参考点)
27	7 信号机电压采集点输入 1	41	报警输出接点 BJ-13
28	7 信号机电压采集点输入 2	42	报警输出接点 BJ-23
29	8 信号机电流输入	43	报警输出接点 BJ-12
30	8 信号机电流输出	44	报警输出接点 BJ-22
31	8 信号机电压采集点输入 1	45	报警输出接点 BJ-11
32	8 信号机电压采集点输入 2	46	报警输出接点 BJ-21
33	1 信号机电压回线(电压参考点)	47	RS485A
34	2 信号机电压回线(电压参考点)	48	RS485B

2. 报警原理及使用方法

图 19-9 所示为 HG-BJ-LED56 报警仪电路原理。

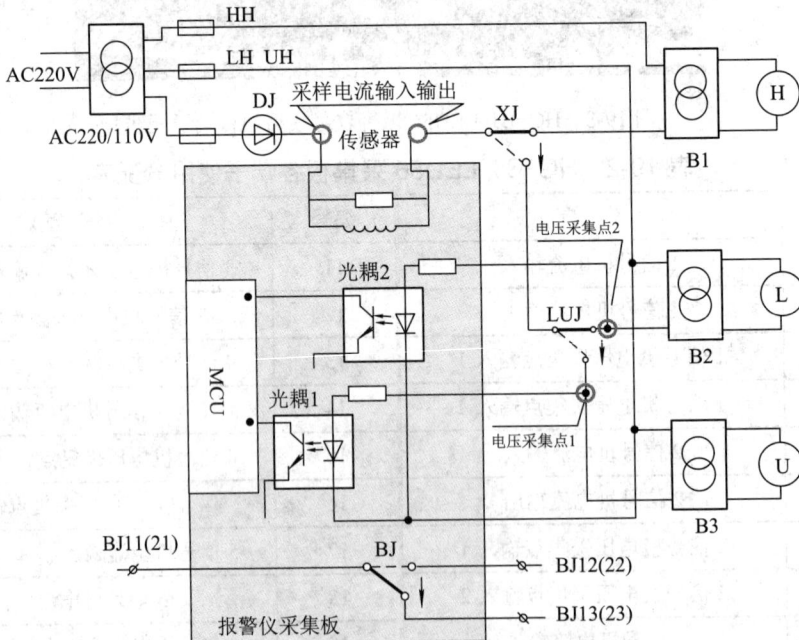

图 19-9 HG-BJ-LED56 报警仪电路原理

此报警仪与 XH-BJDW-72 工作原理基本相同，不同之处主要表现在对灯位信息的采样方法上，该报警仪是通过采集灯位有无电压的方法判断点亮灯位的，其优点是不需要利用额外的信号继电器接点，也没有了用于采集的 24 V 电源，采集回线与点灯回线共用。采集板内部用于灯位信息采样的光耦，直接与点灯电路控制线相连，并从中提取点灯电压信息。由于采集线与电路有直接连接，故在接入电压信号时需要通过高阻以实现隔离，对原电路几乎没有影响。

三、报警仪单元控制器(或 PC)的使用

1. XH-BJDW-72 配置的单元控制器

单元控制器主要由显示输出部分和键盘输入部分组成，其外形如图 19-10 所示。输入键盘各按钮的功能如表 19-3 所示。使用单元控制器时需要将手持机的水晶头插到采集面板的网线接口上，然后通过相关的操作键即可测试和设置该采集板 8 个通道中的任意一个通道的相关数据。

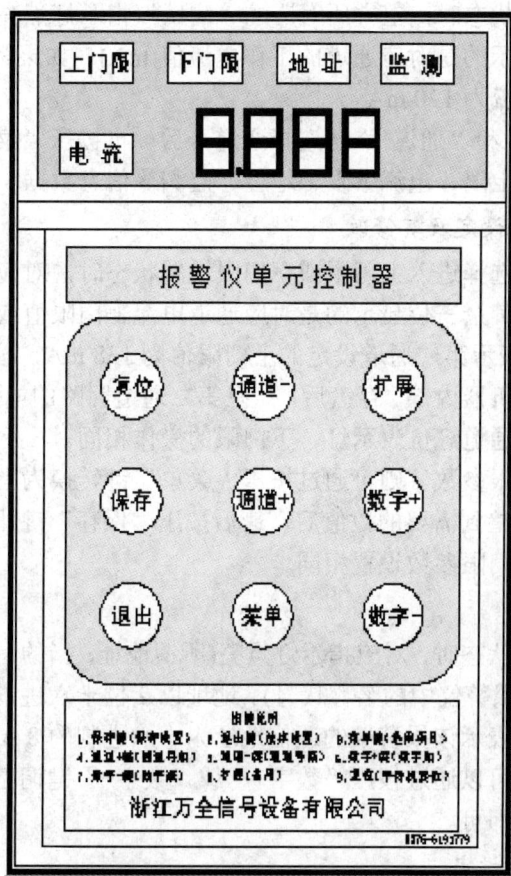

图 19-10　XH-BJDW-72 配置的单元控制器

表 19-3　XH-BJDW-72 配置的单元控制器功能键定义

键名	功　能
保存	将设置好的参数存入机器内部
退出	放弃设置的参数，返回电流测量状态
菜单	菜单栏转换键，按一下依次进入下一菜单
数字+	调整参数时每按一次加1，长按连续增加
数字-	调整参数时每按一次减1，长按连续递减
通道+	通道号选择时，每按一次加1，到8后归零
通道-	通道号选择时，每按一次减1，到0后跳8
复位	手持机复位
扩展	备用

2. 单元控制器的使用及相关操作

1) 工作电流及其他参数查询

机器进入电流测量状态时，上方所对应的"测试"指示灯点亮。数码管第一位显示的是通道号，其余三位显示的是对应通道的工作电流值(mA)。如果第一次显示"2.120"，则表示第二通道的工作电流为 120 mA。

通过按压"通道+"和"通道-"键选择通道号后，再按压"菜单"键就能依次查看该通道的工作电流、电流上限、电流下限、地址、监测等信息数据。

2) 上门限、下门限设定及其修改

在通过"菜单"键选择进入上门限或下门限设置状态时，对应的指示灯会点亮，数码管第一位显示通道号，其余三位显示的是对应通道电流上门限值或下门限值(mA)。比如，上门限显示"2.138"，表示第二通道设定的上门限值为 138 mA，按一下"保存"键，则可将对应的设定参数存入机器内部。存盘后，一旦第二通道回路的电流大于 138 mA，就会有报警输出，并点亮第二通道灯位表示灯。下门限的操作相同。

如果需要修改上门限参数，则可通过按压"菜单"键转换为上门限状态，再按压"数字+"和"数字-"键调整到需要的数值后，最后按压"保存"键即可。如果要放弃，直接按压"退出"即可。下门限参数设置相同。

3) 地址及其设定

机器进入地址设置状态时，对应指示灯点亮(所谓地址，指的是该报警板在通信时的地址码号，即该采集板在报警仪中的名称代号)。地址以 2 位十六进制形式的数字在数码管上显示，比如，显示 8 则表示该报警板的通信地址为十六进制的 8 A。

如果要修改地址，可以通过按压"数字+"或"数字-"键调整后两位数字，到需要的数值后按压"保存"键即可。

4) 监控与非监控的设定

机器进入监控设置状态时，有"ON"和"OFF"两种显示状态，可通过按压"数字+"

或"数字-"键选择。当选择"ON"时，则该采集板既有测量电流功能又有报警功能，即当点灯回路电流大于上门限或小于下门限时，有报警信号输出；当选择"OFF"时，则该采集板只有测量电流功能，无报警功能。

如果要关闭监控功能，通过"数字+"或"数字-"键选择"OFF"状态后，按压"保存"即可。

3. 上、下门限电流的设定方法

由于 LED 信号机半导体元器件的差异，一架信号机上的三种颜色灯位的工作电流会略有不同，应先在现场将之调整在正常的范围内。

例如，将红灯发光盘中的发光管断掉三个支路时(共 12 路)，点灯电流值为 120 mA，断掉四个支路时电流值为 110 mA；将黄灯发光盘中的发光管断掉三个支路时(共 12 路)，点灯电流值为 122 mA，断掉四个支路时电流值为 112 mA；将绿灯发光盘中的发光管断掉三个支路时(共 12 路)，点灯电流值为 119 mA，断掉四个支路时电流值为 111 mA。

那么在确定下门限时，取"红/黄/绿"灯的断掉四个支路时电流的最大值 112 mA 加 2 mA，即将下门限设为 114 mA，如此，就相当于发光管每损坏一路电流变化 10 mA。这样就可以分别实现该架信号机的三个灯位，当发光盘的发光管三个支路损坏时不报警，而当四个支路损坏时则报警。

下限值必须大于该点灯回路中灯丝继电器的工作值(H18 为 100 mA)，上限值一般取信号机的三个灯位正常工作电流平均值的 120%。

4. 现场调试方法及注意事项

现场调试步骤及注意事项如下：

(1) 明确报警仪采集板上测量的通道所对应的信号机；

(2) 根据测量的电流值来调节信号机的点灯变压器二次侧输出电压的大小；

(3) 将信号机的光源板断掉四个支路，记录其测量电流值，将下门限设为测量电流值 +2，存盘后(成功时，蜂鸣器会鸣叫)按"复位"按钮，观察是否报警(应报警)；

(4) 将信号机的光源板断三束，观察其测量电流值(应该大于下门限)，按复位按钮，观察是否报警(应不报警)；

(5) 查看该通道是否还有其他的灯位，如有，则先转换到其他的灯位，再重复步骤 (2)、(3)；

(6) 检查下门限的设置，如有多个灯位，则取下门限的最大值；

(7) 上门限值出厂默认统一为 150 mA。

5. HG-BJ-LED-56 单元控制 PC

HG-BJ-LED-56 单元控制 PC 的使用方法与 XH-BJDW-72 配置的单元控制器的使用方法完全相同，9 个功能键一样，只是面板按钮的布置位置及功能指示灯的显示方式略有不同，这里就不再赘述了。图 19-11 为 HG-BJ-LED-56 单元控制 PC 实物图。

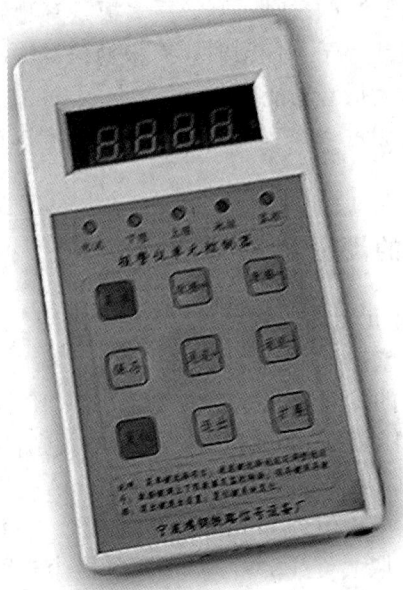

图 19-11　HG-BJ-LED-56 单元控制 PC

问 题 思 考

1. XH-BJDW-72 配置的单元控制器主要由哪些部分组成？

2. 简述 XH-BJDW-72 配置的单元控制器的报警原理。

3. HG-BJ-LED-56 与 XH-BJDW-72 单元控制 PC 型信号机报警仪在确定故障灯位时所采用的方法有什么不同？

4. 如何使用报警仪单元控制器进行上、下门限电流的设定？

第二十课　道岔表示电压监测

对道岔表示电压的监测实质是对道岔表示继电器线圈电压的实时测量，依据道岔表示电压的监测结果，在表示继电器不能励磁的情况下，可借助其分析道岔表示电路的故障性质、范围甚至是故障点，如室内断线、室外断线、室外混线、二极管短路、继电器断线、电容断线、电容短路、表示保险熔断等。

无论是直流道岔还是交流道岔，其表示电路的工作电源都是交流的，但由于室外表示二极管的存在，在分线盘上于对应的道岔控制线端子间所采集到的电压中有直流分量也有交流分量，也就是说，对道岔表示电压的监测是交、直流混合采集，即一对采集线上既含直流电压又含交流电压。因此，采集配线的正负极性很重要，若正负配线反了，程序上将不能显示出直流电压的数值。

目前现场使用的道岔分为直流道岔(使用 ZD6 转辙机)和三相交流道岔(主要使用的转辙机类型有 S700K、ZDJ9、ZYJ7 等)。由于三相交流道岔控制电路中的表示电路结构、原理都相同，故监测的位置及方法相同，也就是说对道岔表示电压的监测可分两种情况：直流道岔和交流道岔。也因此，用于表示电压采集的采集单元分为直流道岔采集单元和交流道岔采集单元两种。

一、技术要求及道岔表示电压采集机简介

1. 道岔表示电压采集的内容及技术要求

直流道岔，定位表示采集分线盘 X1(正)和 X3(负)；反位表示采集分线盘 X3(正)和 X2(负)。三相交流道岔，定位表示电压采集分线盘 X4(正)和 X2(负)；反位表示采集分线盘 X3(正)和 X5(负)。电压采集点都是于对应表示线的分线盘端子处引出的。

道岔表示电压的监测技术要求如下：

(1) 监测内容：道岔表示的交、直流电压；

(2) 监测点：分线盘处道岔表示线；

(3) 监测量程：DC 0~100 V，AC 0~200 V；

(4) 监测精度：±1%。采样速率：500 ms。

(5) 测量方式：站机周期巡测(周期≤2 s)；变化测。

2. 道岔表示电压采集机

早期信号微机监测对道岔表示电压的监测没有要求，直到 2006 版才开始提出。06 型道岔表示电压采集分机由电源、总线板和 8 块交直流互感器板组成，可以实现对 112 个道岔表示继电器的交直流电压的测试，每个交直流互感器板可以采集 14 个电压对象(7 个定位表示电压和 7 个反位表示电压)，即可实现对 7 组道岔的表示电压的监测。采集分机对采样到的信号首先进行低通滤波，滤除其中的交流成分，得到道岔表示电压的直流成分，然后进行高通滤波，滤除其中的直流成分，然后通过计算得到交流成分的有效值。对于 ZD6 系列道岔，每块采集板可以实现对 7 组道岔的监测，对于 S700K 系列道岔，每块采集板可以实现对 7 个电机的监测。

利用采集分机的监测设备，其构成及使用方法与前面介绍的轨道电路采集分机形式相似，工作原理大同小异，所以这里就不再作详细讲述，下面主要针对利用表示电压采集单元的手段实现监测时的设备结构及其电路连接等内容作出介绍。

二、电压采集单元及其组合

道岔表示电压采集单元同其他采集单元一样安装在采集组合柜内(直流道岔的放直流采集组合，交流道岔的放交流采集组合)，每一组合最多可安装 10 个。采集配线根据设计引至组合侧面对应端子位置，工作电源由供电组合层提供，每层组合供电线经过保险后给每个采集单元提供工作电源。每两层采集组合放置一对 RS485 串口线或 CAN 总线到接口通信分机。每个接口通信分机最多配置 8 个 RS485 口、8 个 CAN 口。

图 20-1 为道岔表示电压采集组合安装示意图，上部分为正面视图，下部分为背面视图。图 20-2 为道岔表示电压采集单元在组合上架的实物图。

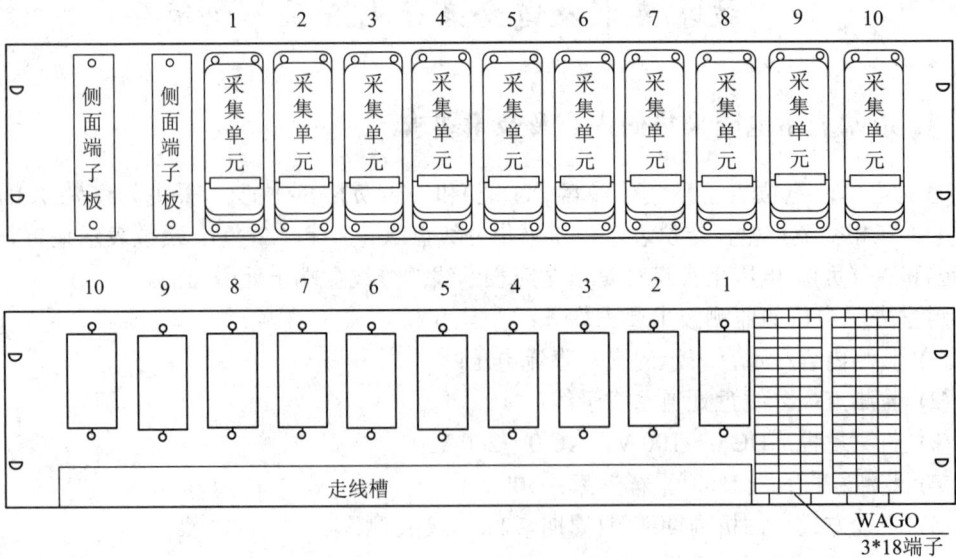

图 20-1　道岔表示电压采集组合安装示意图

图 20-2 道岔表示电压采集单元在组合架上的实物图

图 20-3 为 TC6VBⅢ型采集单元实物图，每个采集单元都有自己的采集处理器。2010版监测技术要求应用于道岔表示电压的采集单元，每台可集成 4 组(用于交流道岔)或 8 组(用于直流道岔)采集单元电路，对应可采集 4 路或 8 路表示电压(一组道岔有定、反位表示电压即占用 2 组)，即一个直流道岔采集单元可监测 4 组直流转辙机道岔，一个交流道岔采集单元可监测 2 组交流道岔。

对每台转辙机要采集 4 路电压数据：定位直流、定位交流；反位直流、反位交流。

图 20-3 TC6VBⅢ型(8 路)采集单元实物图

　　同轨道采集单元一样，道岔采集单元内部也有一组 8 位拨键，前 6 位用于设置 RS485 通信地址(设置方法参阅第十课)，第 7、8 两位拨键用于设定通信的波特率(分别对应 9600、19200 和 38400、57600)。需要注意的是，在同一通信通道内的地址不能重复，对每个采集单元地址的设置可按自左向右的顺序递增，当单个车站所使用的采集单元数量超过 63 时则需要增加串口通道。

　　指示灯 D7 为单片机 3.6 V 电源指示灯，传感器正常工作时点亮；指示灯 D8 为单片机运行指示灯，正常时每 1 s 左右闪烁一次；指示灯 D9 和 D10 分别为通信接收、发送指示灯，闪烁时表明 485 通信总线有信号传送。

　　采集单元的工作电压为 DC12V。

三、采集电路的连接

1. 道岔表示线与电压采集单元的引线方式

　　图 20-4 和图 20-5 分别为采集直流道岔(ZD6 型)和交流道岔的表示电压时，分线盘道岔表示线与电压采集单元的连接示意图。

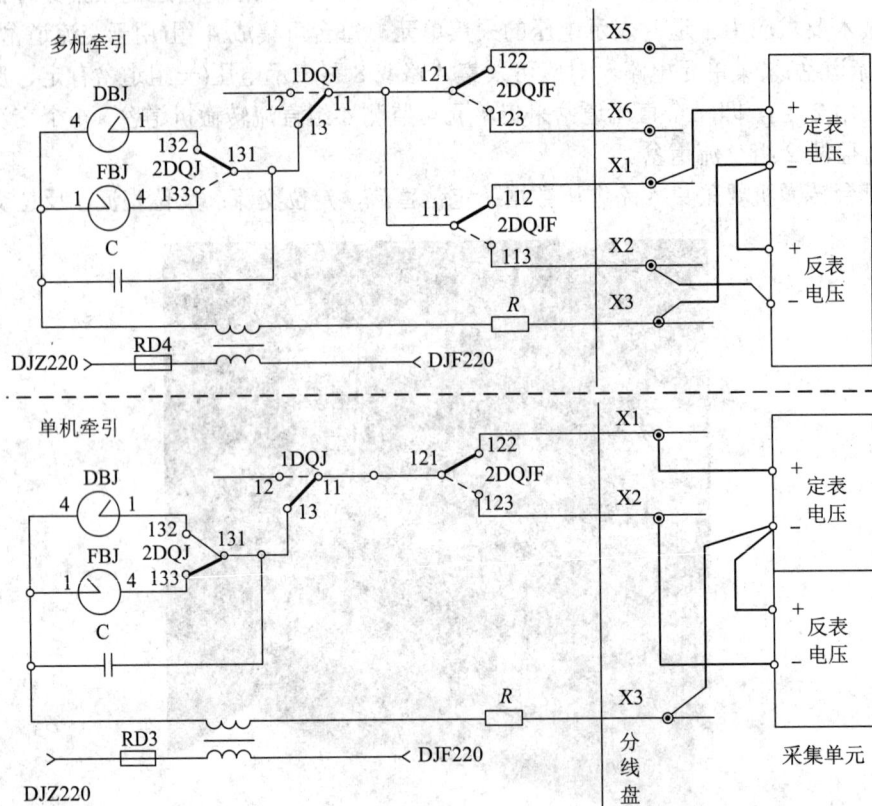

图 20-4　直流道岔(ZD6 型)表示电压采集连接示意图

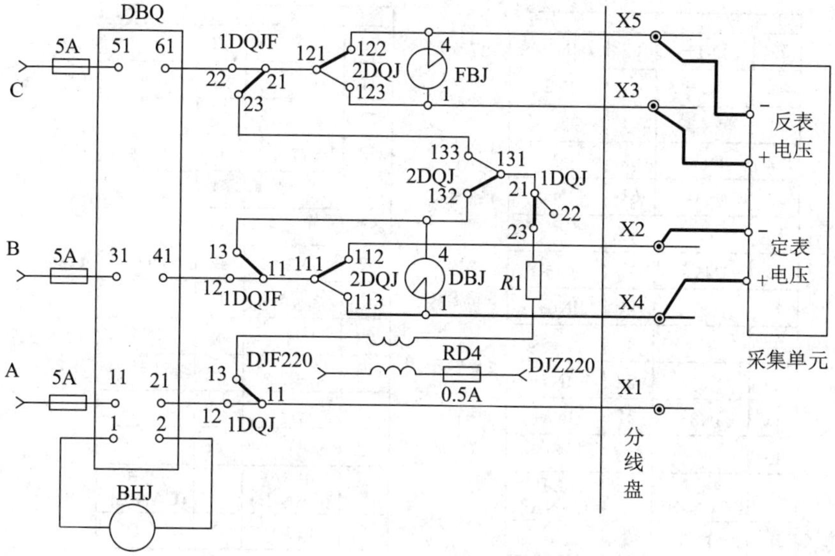

图 20-5　交流道岔表示电压采集连接示意图

2. 道岔表示电压采集单元端子定义

道岔电压采集单元端子分配方式有 8 路或 4 路两种(4 路的交流电压采集单元为新版技术要求所规定),尽管端子的使用有所不同,但工作原理相同。图 20-6 为旧版道岔表示电压采集单元端子分配定义图。图 20-7 为新版道岔表示电压采集单元端子分配定义图,图 20-8 是新型道岔表示电压智能采集单元实物图。

72	IN1+	82	IN1−	1 路电压输入
71	IN2+	81	IN2−	2 路电压输入
73	IN3+	83	IN3−	3 路电压输入
52	IN4+	62	IN4−	4 路电压输入
51	IN5+	61	IN5−	5 路电压输入
53	IN6+	63	IN6−	6 路电压输入
32	IN7+	42	IN7−	7 路电压输入
31	IN8+	41	IN8−	8 路电压输入
33		43		
12		22		
11		21		
13	485A	23	485B	
3	GND	4		
1	+12 V	2		

IN1~IN8: DC 0~100V　AC 0~200V
OUT: RS485
道岔表示电压采集单元

72	IN1+	82	IN1−	1 路电压输入
71	IN2+	81	IN2−	2 路电压输入
73		83		
52	IN3+	62	IN3−	3 路电压输入
51	IN4+	61	IN4−	4 路电压输入
53		63		
32	IN5+	42	IN5−	5 路电压输入
31	IN6+	41	IN6−	6 路电压输入
33		43		
12	IN7+	22	IN7−	7 路电压输入
11	IN8+	21	IN8−	8 路电压输入
13		23		
3	485A	4	485B	
1	+12 V	2	GND	

IN1~IN8: DC 0~100V　AC 0~200V
OUT: RS485
道岔表示电压采集单元

图 20-6　旧版道岔表示电压采集单元端子分配定义图

道岔（直流）表示电压采集单元

端子	信号	端子	信号	路数
72	IN1+	82	IN1-	1路输入
71	IN2-	81	IN2+	2路输入
73		83		3路输入
52	IN3+	62	IN3-	
51	IN4-	61	IN4+	4路输入
53		63		
32	IN5+	42	IN5-	5路输入
31	IN6-	41	IN6+	6路输入
33		43		
12	IN7+	22	IN7-	7路输入
11	IN8-	21	IN8+	8路输入
13		23		
3	485A (CAN-H)	4	485B (CAN-L)	
1	+12 V	2	GND	

IN1～IN8: DC 0～100 V
AC 0～200 V

道岔（交流）表示电压采集单元

端子	信号	端子	信号	路数
72		82		
71	IN1+	81	IN1-	1路输入
73		83		
52	IN2-	62	IN2+	2路输入
51		61		
53		63		
32	IN3+	42	IN3-	3路输入
31		41		
33	IN4-	43	IN4+	4路输入
12		22		
11		21		
13		23		
3	485A (CAN-H)	4	485B (CAN-L)	
1	+12 V	2	GND	

IN1～IN8: DC 0～100 V
AC 0～200 V

图 20-7　新版道岔表示电压采集单元端子分配定义图

图 20-8　新型道岔表示电压智能采集单元实物图

四、电压采集处理原理

监测的电压信息通过监测引线直接被送至道岔表示电压采集单元，采集单元工作原理及信息处理流程图如图 20-9 所示。道岔表示电压信号中既有直流分量也有交流分量，因此在信号处理时通常使用低漂移高精度的霍尔原理电压传感器模块。采集单元对接入的电压信号首先经过高阻模块衰耗，其次经过霍尔传感器进行电磁隔离转换，再经过运放电路进行低通滤波、调理，并由 ADC 完成模数转换，最后通过 CPU 对转换后的数据进行 DSP(数字信号处理技术)处理，分别计算出电压的直流分量和交流分量的有效值。经过处理后的数据可通过 CAN 总线上送至站机进行显示及存储。

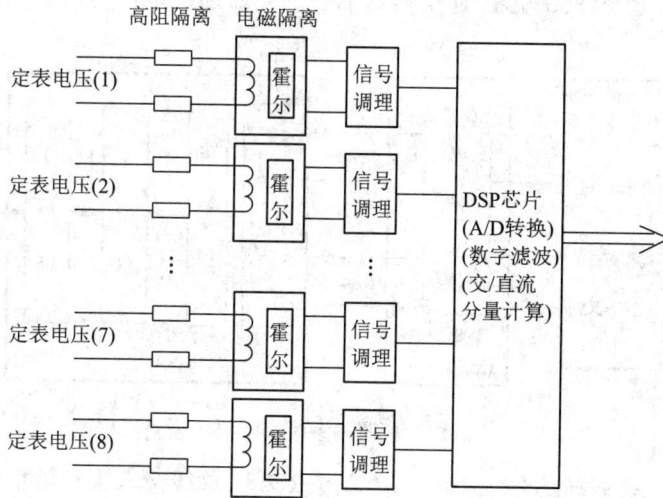

图 20-9 采集单元工作原理及信息处理流程框图

正常情况下，直流道岔在一个正确的位置时(定位或反位)，交流电压在 60～70 V 之间，直流电压比交流电压低约 10 V；交流道岔在一个正确的位置时(定位或反位)，交流电压在 60 V 左右，直流电压比交流电压低约 20 V 左右。表 20-1 为 ZD6 型道岔表示电路在各种情况下的电压值(仅供参考)。

表 20-1 ZD6 型道岔表示电路在各种情况下的电压值

故障情况	分 线 盘		线 圈	
	交流	直流	交流	直流
二极管短路	0.556 V	0 V	81.2 V	0 V
室外断线	119.8 V	−0.1 V	1.5 mV	0 V
室外混线	2.7 mV	0 V	81.1 V	0 V
室内断线	1.44 V	−245 mV	1.45 mV	0 V
继电器断线	118 V	−146 V	262 mV	0 V
电容断线	25.5 V	−10.7 V	106.3 V	−0.23 V
电容短路	65 V	−52 V	2.2 mV	1.82 mV
正常	73 V	−65.2 V	39 V	36.4 V

五、处理信息流程方式

主流的信号微机监测系统有辉煌微机监测系统和卡斯柯监测维护系统，它们对道岔表示电压的采集都是使用的电压采集单元(采集组合)。辉煌系统将采集单元采集的数据通过RS485接入监测机柜(MSS3机柜)通信接口端子，之后通过串口转换送入站机，如图20-10所示。

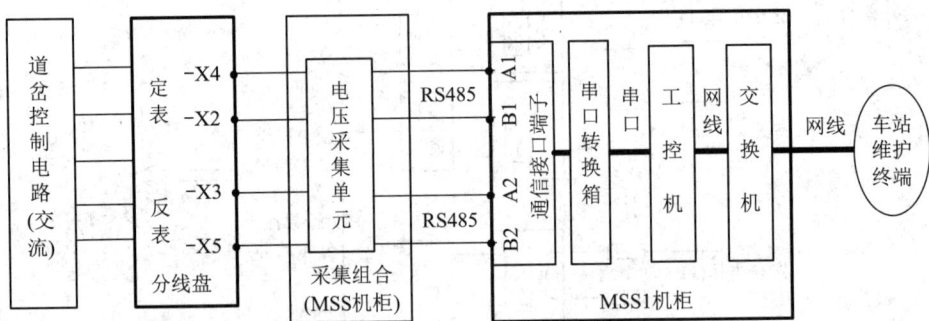

图 20-10　辉煌微机监测系统表示电压采集流程图

卡斯柯监测维护系统的采集单元组合通过 RS485 总线接入采集机柜的通信分机，由通信分机编码传送给站机系统，如图 20-11 所示。组合内采集单元的 3、4 端子(485A、485B)环连，接入侧面端子板的 12-6、7 和 12-8、9 端子，后引出到机柜的通信接口分机，每个采集单元的编号对应唯一的 485 地址号，编号规则为从 1～20 顺序编号。

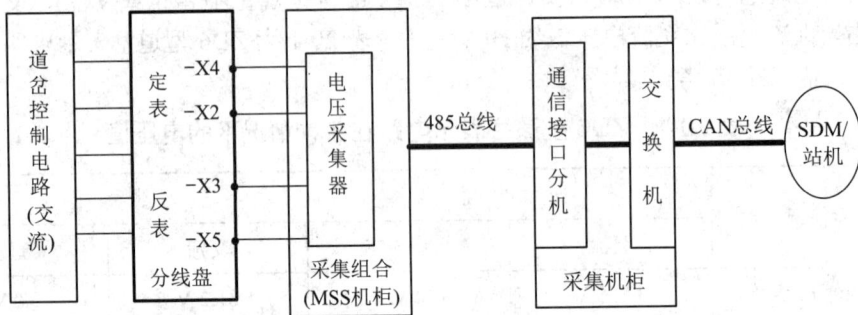

图 20-11　卡斯柯微机监测表示电压采集流程框图

每个道岔表示电压采集组合层最多可放置 9 块采集单元，如果超过 9 个，则要相应增加层，将每两层(最多 18 个采集单元)的 485 通信线环连，输出一根通信线接通信分机的一个端口。

图 20-12 为采集机柜中的网络型接口通信分机实物图，通信接口分机是其 MSS 车站采集设备的核心，拥有可处理大量数据及极高反应速度的特性，系统所采集的绝大部分模拟量数据都是通过它收集并编码转发给 MSS 站机的。卡斯柯网络型接口通信分机拥有 8 个 485 通信接口(不同型号接口类型数量也会不同)，可实时地接收各采集单元传输来的数据信息。

图 20-12 采集机柜中的网络型接口通信分机实物图

问 题 思 考

1. 道岔表示电压采集的内容及技术要求有哪些？
2. 如何通过采集单元内部的拨码器设置 RS485 地址？
3. 对于交流道岔，在采集表示电压时，采集线从哪里引入？
4. 试简述电压采集和数据处理原理。

第二十一课　道岔及转辙机监测

道岔作为现场信号设备的重要组成部分，其重要性不言而喻，其能否安全运行直接影响到运输的安全和效益。加强对道岔动作电流曲线的分析与判断可有效防止故障发生，保证信号设备安全，提高运输效率。因此，对道岔的实时监测是监测系统的重要项目之一。

经历多年来的应用和发展，信号微机监测的技术手段不断发展与更新，目前的监测设备多种多样，因此，本课除了重点介绍新技术下的监测原理之外，对旧设备的工作原理也作了简单介绍，力争为参与不同设备维护的信号人员提供更多的帮助。

一、道岔监测内容及技术要求

为适应电务系统对信号设备维护的更高要求，充分发挥监测系统在铁路信号设备维护工作方面的指导作用，加强监测系统数据分析，实现故障预警和故障诊断，推动监测系统向综合化、智能化、信息化方向发展，铁道部于 2010 年 9 月发布《铁路信号集中监测系统技术条件》。2011 年 6 月底，在全面梳理铁路信号微机监测产品采样原理的基础上，为提高铁路信号集中监测系统的安全性和可靠性，规范铁路信号集中监测系统的设计、制造、施工和验收工作，铁道部运输局颁布了《铁路信号集中监测系统安全要求》，文件对包括道岔在内的各监测对象都提出了新的技术要求。现在实施的《信号微机监测系统技术条件》是 2020 年 9 月发布的。

1. 普通道岔(直流)监测的技术要求

新的技术对直流道岔监测的具体要求如下：

(1) 监测内容：道岔转换过程中转辙机动作电流(故障电流)、动作时间、转换方向。具体对象有 1DQJ、DBJ、FBJ 状态，道岔转换过程中的电机电流(给出电流曲线图)。

(2) 监测点：单动道岔动作电流在分线盘动作回线 X4；双动道岔动作电流在启动电路始端处。

(3) 监测量程：动作电流 0~10 A(单机)；动作时间 0~40 s(单机)。

(4) 测量精度：电流±3%；时间≤0.1 s；采样速率：40 ms。

(5) 测试方式：依据 1DQJ 吸起条件进行连续测试。

2. 提速道岔(交流)监测的技术要求

新的技术对交流道岔(S700K、ZDJ9 等交流转辙机道岔)监测的具体要求如下：

(1) 监测内容：转换过程中转辙机动作功率、动作电流(故障电流)、动作时间、转换方向。具体对象有 1DQJ、DBJ、FBJ 状态，道岔转换过程中三相交流电机的三个相电流(在一个电流曲线图上显示)，三相电的相电压及电机的有功功率(只给出功率曲线图)。

(2) 监测点：电压采样在断相保护器输入端，电流采样在断相保护器输出端。

(3) 监测量程：电流 0～10 A(单机)；动作时间 0～40 s(单机)；功率 0～5 kW(单机)。

(4) 测量精度：电流±2%；功率±2%；时间≤0.1 s；采样速率：40 ms。

(5) 测量方式：依据 1DQJ 吸起条件进行连续测试。

监测系统平时会对道岔的 1DQJ 状态进行定期扫描，一旦发现 1DQJ 吸起，便开启对道岔参数的连续测试。

二、道岔监测对象及监测思路

1. 道岔动作时间(1DQJ 状态)的监测

无论是普通的直流道岔，还是三相交流电的提速道岔，依据其控制电路可知，在整个道岔转换的过程中，1DQJ 的吸起，表明道岔开始转换，等到其还原落下后，证明道岔已经转换完毕。可见，从 1DQJ 的吸起到其还原落下的时间，就等于道岔转换的时间。

正是因为如此，在微机监测系统中，为了能绘制出道岔转换时的电机电流曲线图(道岔不转换时无需监测其电流)，其横坐标的时间轴长度就是由 1DQJ 的吸起时间决定的。道岔采集机是通过采集 1DQJ 的状态从吸起到落下的改变，来记录道岔转换的起止时间的。

由于 1DQJ 没有空接点，因此只能利用接点状态的开关量采集器采集半组空接点。其采集原理可参考开关量采集技术部分的内容。

2. 道岔位置的监测

道岔位置是否正确对行车的安全会造成重要影响，所以无论是联锁系统自身还是监测系统，都会对道岔的位置进行随时监测。

在道岔监测时的动作电流曲线中，要区分出道岔的动作方向(定位转反位还是反位转定位)，因此道岔监测系统必须要对道岔位置进行实时监测。由道岔控制电路中的表示电路的构成分析可知，通常意义下对两个表示继电器(DBJ、FBJ)的状态同时进行监测，是可以判断出道岔的位置状况的，示例如下：

"DBJ↑+FBJ↓"→道岔在定位；

"DBJ↓+FBJ↑"→道岔在反位；

"DBJ↓+FBJ↓"→道岔四开(或称挤岔)。

但是，在实际监测时我们必须考虑这样一种情况，比如，即便 DBJ 吸起、FBJ 落下(两者同时满足)，又如何能保证现在的道岔一定是在定位，而不是在反位呢？而作为监测系统，其监测的结果必须保证绝对正确。为此，监测系统在对道岔位置监测时，又增加了对 2DQJ 状态的监视，因为 2DQJ 的状态是与道岔位置相对应的(吸起对应道岔的定位，落下对应道岔的反位)。如果在监测表示继电器状态的同时，再加上道岔实际位置信息，就能准确判定道岔的位置状况是定位、反位还是挤岔。

信号微机监测在对道岔的监测过程中，通过采集 1DQJ 的吸起状态来判断道岔转换是否开始，采集 2DQJ 的状态变化来判断道岔转换的意图，检查 DBJ 和 FBJ 的状态来判断道岔是否完成正常转换。

3. 电机电流和功率的监测

在道岔转换过程中对转辙机电流进行采样时，通过电流的变化情况便能很好地分析出道岔工作过程是否正常。同样，若转换道岔时出现故障，就会从电流曲线上表现出来，包括电路和机械方面的故障情况。所以，对道岔而言，其监测的核心对象就是转辙机的动作电流。

1) 直流转辙机的电流监测

直流电动转辙机的电机为串激电机，其特点是电流越大，转矩越大，转速变慢；反之，电流越小，转矩就小，而转速加快。在一定范围内，直流电动转辙机具有电机的转速与转矩可随负荷的大小自动进行调整的"软特性"。直流转辙机的实时功率计算公式为

$$P = UI$$

其中，U 为定值，显然功率的大小与 I 的实时变化成正比，可见在道岔转换过程中，电流的变化能如实地反映功率的变化，功率的大小又与其输出的牵引力的大小正相关。

也就是说，我们可以通过观察直流电机电流的变化，分析其负荷的变化情况。若电流升高，则表明负载增加，即其付出的牵引力变大；如果电流值超过正常值，则说明道岔转换过程中阻力增加或转换受阻。这也是对直流道岔只监测其电机电流，而不监测电机牵引力或功率的原因。

2) 交流转辙机电流及功率的监测

对于交流转辙机，除监测其三个相电流外，还要对电机的有功功率进行测试。对于三相交流电机，仅从单相电流的变化中是无法直观地反映其与牵引力或负载大小的关系的，所以在 2006 型监测系统中增加了对提速道岔转辙机有功功率的监测项目。如此，可借助交流转辙机的功率曲线准确判断转辙机工作时的机械特性，比如功率曲线升高，表明负载加重，即电机牵引力变大，一旦发现超负荷运转，就可断定道岔转换中存在机械性障碍或电机故障等异常情况。

交流转辙机有功功率 $P_{总}$ 的计算公式为

$$P_{总} = P_U + P_V + P_W$$

即总功率为三个相线功率之和。

每相线的功率 $P_i = UI\cos\phi$ (U、I 为相电压和相电流，ϕ 为 U、I 之间的相位差)。

如果三相负载对称，则

$$P_{总} = 3UI\cos\phi$$

上式表明，对三相异步电机而言，只有在电路对称的情况下，总功率才与单相线功率

成正比，又由于相电压不变，所以，三相异步电机只有在三相负载完全对称的前提下，其总功率的变化才与其中的相电流变化正相关。也就是说，在不正常的情况下，某一相的电流变化曲线是不能代表功率的变化曲线的。因此，在新规中要求对交流转辙机增加有功功率的监测项目。

4. SJ 第 8 组接点封连报警监测

进路建立后，道岔是否确实被锁闭，是一个有关行车安全的重大问题，所以必须确保进路中的道岔在进路没有解锁之前不能再动作。

6502 继电器联锁系统在建立进路后，为锁闭进路即确保道岔不能转换，在道岔控制电路中使用 SJ 第 8 组前接点条件去切断 1DQJ 的 3-4 线圈电路，使 1DQJ 不能吸起。但在某些特殊情况下，比如人为违章使用封线，或因混电等，使 SJ82 接点与 1DQJ 线圈 3 之间存在 KZ 电源时，该道岔实际上并未被锁闭，如不及时发现就会危及行车安全。为了避免上述情况的发生，微机监测系统对道岔控制电路中的 SJ 第 8 组接点状况也进行了动态监测，以确认道岔处在绝对的锁闭状态。

在计算机联锁系统中，道岔 1DQJ 的励磁电路已不再使用 SJ 的接点条件(事实上已经取消了 SJ)，它是通过 SFJ(锁闭防护继电器)或 YSJ(预先锁闭继电器)的后接点确保道岔锁闭的。SFJ 平时落下(切断 1DQJ 的 3-4 线圈电路)，只有当需要转换道岔时才吸起，并同时驱动操纵继电器也吸起，道岔才能转换，且在驱动操纵继电器之前联锁系统已做过严格的联锁条件检查，此外，在转换道岔时它们的吸起时间有限。

因此，对 SJ 第 8 组接点的监测，仅仅是针对 6502 继电器联锁设备而言的。图 21-1 所示为 6502 继电器联锁和计算机联锁中的道岔控制电路连接示意图。

具体的监测方法与手段可参考前面关于开关量的采集技术部分，这里不再重复讲述。

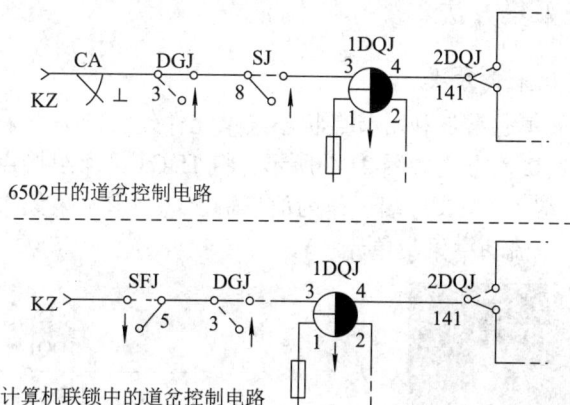

6502中的道岔控制电路

计算机联锁中的道岔控制电路

图 21-1　6502 继电器与计算机联锁中的道岔控制电路连接示意图(局部)

5. 监测系统对道岔的监测过程

无论是利用采集分机还是利用道岔采集继电器，对道岔进行监测时，其采集或处理的信息是多方面的，其综合处理、调度都由 CPU 控制实现。监测系统对道岔的监测过程及控制方式，可归纳为以下几方面：

(1) 平时以小于一个周期的时间(通常不小于 250 ms)对道岔开关量(1DQJ、2DQJ、DBJ 和 FBJ)不断地扫描,以监测其状态的改变。

(2) 当监测到某个 1DQJ 的状态由落下转为吸起时,开启对应的计时器计时,开始 A/D 转换,并以不大于采样周期(通常为 40 ms)的间隔通过控制模拟量输入板上的多路开关,对该道岔动作电流进行集中采样。

(3) 当 1DQJ 转为落下时,计时器得到道岔的转换时间,同时判断其时间是否大于该道岔的转换时间。若其时间小于道岔的正常转换时间,表明道岔没有转换完成或转换到底,于是给出报警;若计时时间远大于道岔完成转换的时间(如 20 s),亦即 1DQJ 不能及时还原落下,或者接通道岔表示时间超时,说明转辙机故障或道岔挤岔,也给出报警。在确认道岔正常转换到位后,停止 A/D 采样转换。

(4) 通过三种数据判断道岔位置的室内状态与室外状态是否一致:用 2DQJ 状态反映室内操作道岔的意图(即道岔应该转向的位置);用 1DQJ 接点的吸起与落下表明道岔实际转换过程;用 BJ(DBJ 或 FBJ)继电器吸起或落下证实道岔转换后的位置。如果意图与实际转换不符,即刻给出报警并记录。

注:当发生道岔位置的室内状态与室外状态不一致的情况时,只有在排列进路时才能发现并可给出报警,而在单独操纵道岔时只做记录,不报警。但如果是因 X1、X2 电缆线错接或二极管接反造成的室内表示与实际位置不符,则系统软件无法判断,也不能报警。

上文所述的监测过程,也适用于对交流道岔的监测。

三、1DQJ/2DQJ/BJ 状态监测手段

1. 1DQJ 状态采集方法

1) 利用半空接点的采集方法

对 1DQJ 状态的采集通常是利用节点状态采集元件作为开关量采集器,在其第 4 组半空后接点上取样,采集接入方式如图 21-2 所示。将 1DQJ 第 4 组接点 41 和 43 使用两根线接到采集器的 4、5 号端子上,3 号端子作为信息输出端与道岔采集机的开入板或采集单元继电器(交流道岔为"电流功率采集单元")。

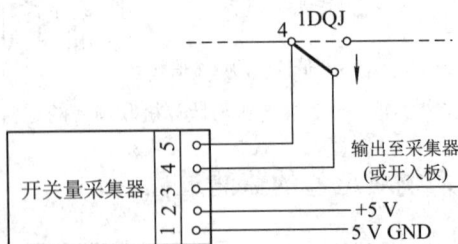

图 21-2　1DQJ 状态采集接入方式

开关量采集器的 4、5 号端子内部是通过线圈连通的，当接入采集对象后与 1DQJ 的 41 和 43 接点形成一个闭合回路，1DQJ 的吸起和落下对应了回路的接通和断开，反映到 3 端子上就体现在有无信息的输出。平时 1DQJ 落下，4、5 连通，3 端子为高电位(+5 V)，当 1DQJ 吸起后，3 端子变为低电位(0 V)，采集器的 1、2 端子为工作电源输入端，3 端子为采集输出端，接至采集板(或采集单元)。图 21-3 所示为两种 24 V 接点状态采样模块实物及采样点接入示意图。

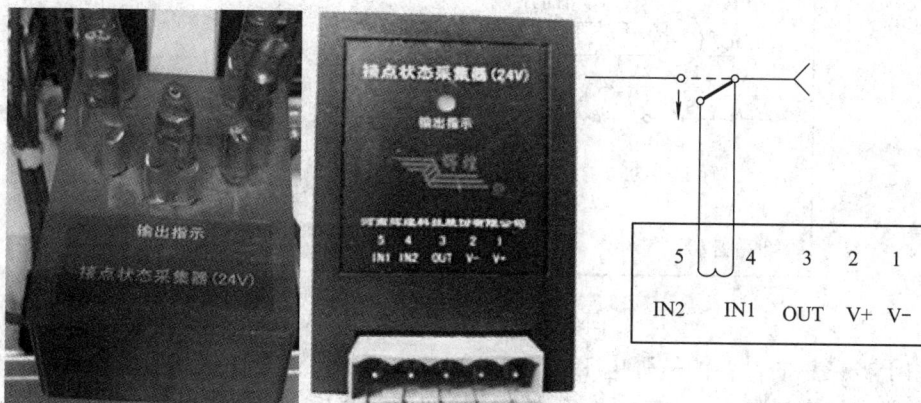

图 21-3　两种 24 V 接点状态采集模块实物及采样点接入示意图

开关量采集器是有源的，其工作电源根据所使用的道岔电流及功率采集机的类型而定，选用时要注意与采集板或采集单元配套使用。

2) 利用光电模块的采集方法

在旧版的信号微机监测中，对 1DQJ 的状态监测多采用光电式开关检测器，其电路原理如图 21-4 所示。光电模块在输入侧(IN)内部接光耦的发光管端，当 1DQJ 处于落下状态后接点接通时，KZ、KF 接通使光电管打开，于是在输出侧(OUT)将 24 V+ 电源送入采集分机中，否则，1DQJ 吸起后，采集分机将不能收到电压信息。由此监测机便根据能否收到电压信号就可判定 1DQJ 的状态了。

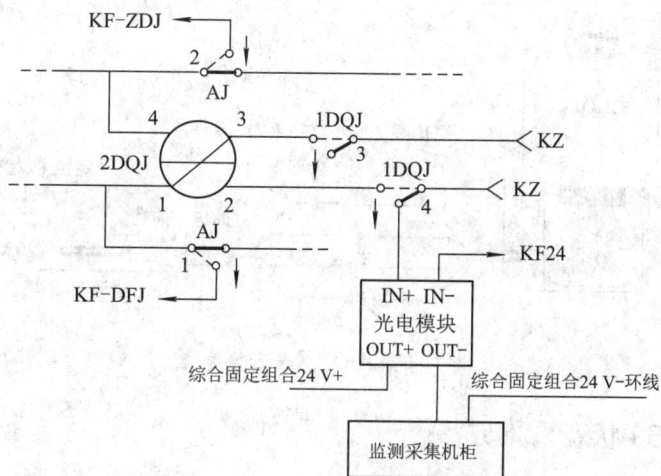

图 21-4　24 V 光电式开关检测器电路原理图

3) 利用开关量输入板的采集方法

在 6502 继电器联锁监测中，对开关量或继电器状态的监测多采用了道岔采集分机中的开关量输入板，其电路接入方法如图 21-5 所示。

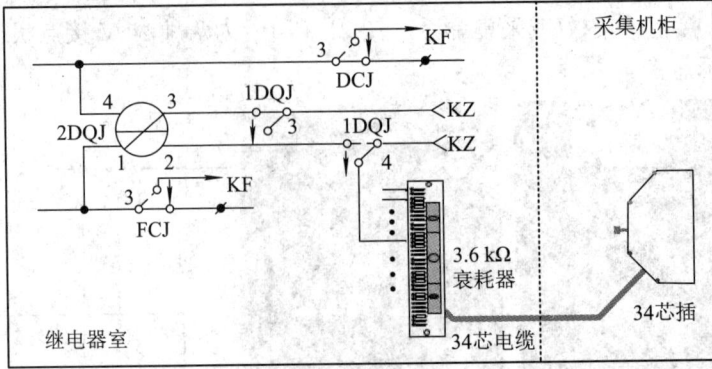

图 21-5　开关量输入接线方式

由于被采集的设备侧是强电(KZ24V)，按技术要求，信息在接入监测设备之前必须使用衰耗器进行衰耗隔离。衰耗器板集成在一块印刷线路板上，每块板有 32 路输入输出，每路串入一个 3.6 kΩ 的电阻，输入端采用万可端子(不需要焊线)，输出端采用 32 芯的插座，配线用 34 芯电缆。

2. 2DQJ 状态采集方法

在道岔控制电路中，由于 2DQJ 的接点数量有限(4 组加强接点)，无多余的空接点，不能利用开关量状态监测器采集，于是，监测系统采用了机械加电子的手段来解决这个问题。在 2DQJ 外罩上套一个光电探头传感器，"光电探头"由监测系统提供电源，通过光电感应的方式探测继电器衔铁的位置情况，从而间接地得出继电器的状态，如图 21-6 所示。具体的监测原理，可以参考前面基础知识的讲解部分。

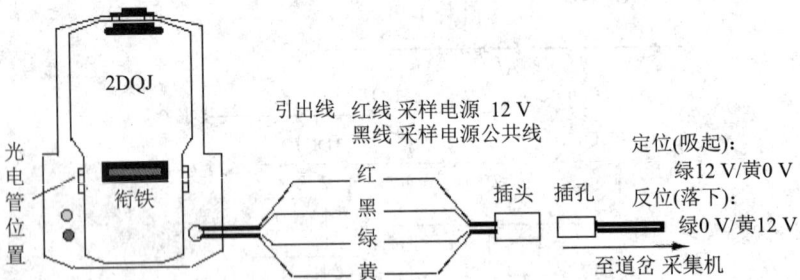

图 21-6　2DQJ 状态采集原理

3. DBJ/FBJ 状态采集方法

对继电器状态的监测，是选择 BJ(表示继电器：DBJ/FBJ)的一组空闲接点通过判断它的通或断的手段实现的。道岔 BJ 状态采集原理如图 21-7 所示，其采集电源为 24 V(后期的计算联锁中，通常使用直流 12 V 的采集电源)。

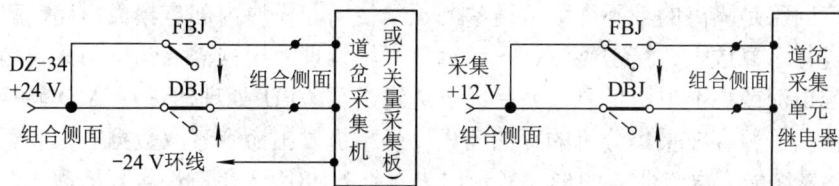

图 21-7　道岔表示继电器采集原理

新标准下多采用智能转辙机采集板完成采集，其采集板集成道岔电流、1DQJ 状态、定/反表示继电器状态采集，以及数据处理 A/D 转换和编码传送等功能于一体。现在很多厂家都使用智能综合道岔采集单元(继电器)代智能替采集板(交流道岔使用智能综合交流道岔采集单元)，此时的采集电源为 12 V，因此在故障处理时要注意区分采集电源的类型。

早期的 6502 继电器联锁设备进行微机监测时是通过采集控制台道岔定位和反位表示灯点亮条件来监视道岔位置的，其监测原理如图 21-8 所示。由于是在表示灯电路中采集，且采集的信息为开关量，所以按技术要求，必须进行衰耗隔离(衰耗电阻集成在采集板上)。

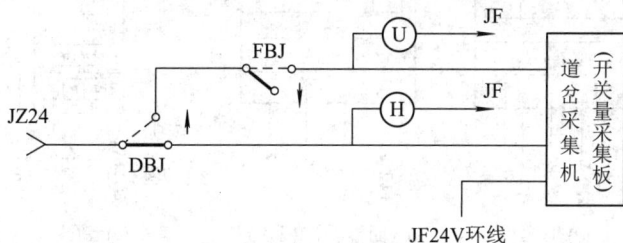

图 21-8　通过表示灯条件采集道岔位置原理图

在计算机信号联锁系统下，信号微机监测系统在对道岔的电流或功率的采集过程中，不再对 2DQJ 的状态单独采集，因为联锁系统会对道岔位置严格监视。不过，尽管联锁系统所传送的开关量信息中也包含道岔定、反位的状态数据，但是为了能够准确及时地表达道岔设备的实时信息，为控制台提供可靠的道岔位置表示信息以及道岔转换信息等，用于微机联锁的车站监测系统，仍然保留了对道岔表示继电器状态的采集。

四、直流转辙机电流采集

对电机电流的监测通常采用"电流采集模块+采集分机"的模式，采集分机可以是放在采集机柜上的板卡式组匣，也可以是集中放置在组合中的继电器形式的智能采集单元(器)，后者是新技术规范下的常用形式。

1. 电流采集模块的使用

对直流道岔的电流采集使用的是直流电流采集模块，该采集模块采用的设备为开口式穿心传感器,该传感器是根据线性双补偿霍尔原理制成的,响应快、耐冲击。由于传感器利用的是电磁感应原理,与被测试对象在电路上不存在物理上的连接,因此采样电路与道岔动作电流回路是隔离的,不会影响道岔的正常使用。模块内部有集成电路,可对采集的电流信息进行运算放大、精密整流、再运算放大等调理,根据需要输出与采样信号大小成比例的标准电流或标准电压信息,最后经过选通送至 CPU 处理器进行 A/D 转换,转换后得到的数字信号暂存在采集分机的存储器里,当站机发出命令索取数据时,将暂存的电流信息上传,最终能以电流曲线的形式显示出来。图 21-9 所示是三种实际监测中常见的直流电流传感器采集模块实物及其接线端子的示意图。

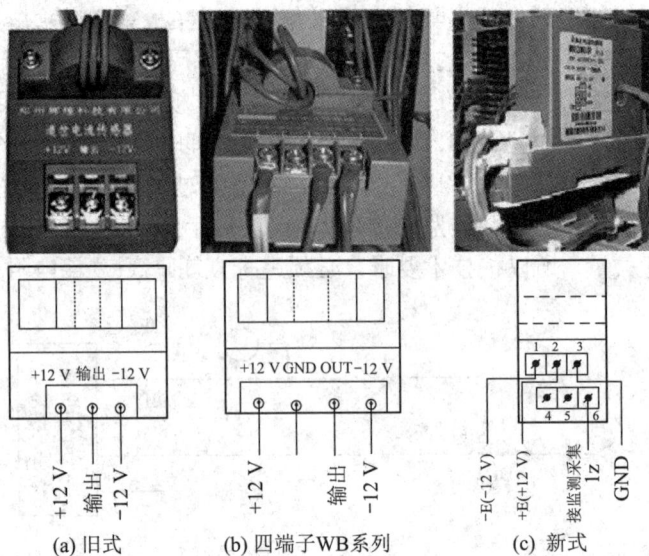

图 21-9 几种直流电流传感器采集模块实物及其接线端子示意图

图 21-9(a)是旧式的电流传感器采集模块,只有三个接线端子(没有 GND 接地端子),0～20 mA 电流源通过取样电阻输出 0～5 V 直流标准电压送给采集机的采集板。可采集的输入电流为 0～30 A。

图 21-9(b)是四端子 WB 系列的穿心感应式传感器电流采集模块 I223K_1.0 型(有 GND 端子),内部以 0～100 mA 电流源通过取样电阻输出 0～5 V 标准电压信号,也可以直接是 0～100 mA 线性电流输出,输出信息类型由其 GND 端子是否接线而定。当 GND 端子悬空不接线时,模块输出电流信息,否则输出电压信息。所以,使用时 GND 端子是否需要接线,要看其上层采集机(器)的需要而定。可采集的输入电流也为 0～30 A。

图 21-9(c)是新式的 WB 系列交直流电流传感器采集模块 WBI024S97_1.0 型,它有 7 个接线端子,输出 0～20 mA 的电流信号(不同型号传感器输出、输入量程也不同),可采集的输入电流为 0～10 A。

道岔电流传感器模块都是有源的,即需要工作电源,最常用的是 ±12 V,其工作电源由道岔采集层供给。不同的采集模块其量程(即允许测试的电流范围)可能不同(产品的标牌上有标注),所以在被测电缆穿心时,穿几圈由其量程决定。比如,量程为 0～30 A 的,可穿 3 圈(孔内 3 股);量程为 0～10 A 的,可穿 1 圈(直接穿过),因为直流道岔转辙机的最大峰值电流小于 10 A。

同 2000 型监测方案相比，在 TJWX-2006 型之后的监测方案中，电流采集传感器模块实现了采集与调理功能的融合。

2. 直流电流传感器板的使用

直流电流传感器板通常在 TJWX-2000 型中使用，它由三个道岔电流传感器焊在同一块印刷线路板上制成，并装上底座，大小和继电器底座一致，主要是为了便于集中安装，一般要求装在分线盘上。

每块板有 7 个接线端子，按顺序从左到右分别为：+12 V、+12 V、1#传感器输出、2#传感器输出、3#传感器输出、−12 V、−12 V。两个电源+12 V、−12 V 端子在各传感器板之间环连，构成闭合双环供电模式，提高了供电的可靠性。图 21-10 为电流传感器板结构示意图。

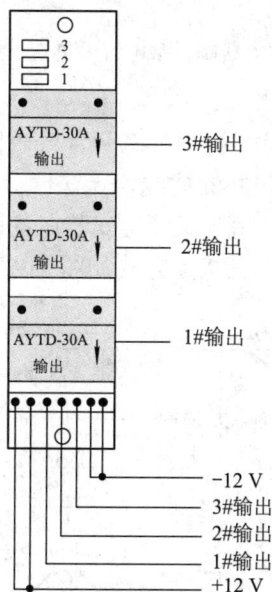

图 21-10　电流传感器板结构示意图

3. 电流采集模块的接入方式

由 ZD6 道岔控制电路可知，采集其工作电流时，可以通过在 DZ220 端通过采集 1DQJ1、2 线圈的电流来实现，当然也可以在动作回线的 DF220 端采集 X4 上的电流。模块具体的位置以现场的实际情况而定。虽然没有安装的标准，但在新的技术规定下一般遵守以下安装方式。

1) 4 线制道岔的接入方式

对于 4 线制道岔，通常将采集模块集中式地安装在分线盘处，在 X4 线上采集电流。直流电流传感器的设计量程为 30 A，而实际道岔电流不超过 10 A，因此电流穿心线可绕 3

匝，即孔内 3 根线，如图 21-11 所示。需要注意的是，直流电机的回路穿心时是有方向的，电流反向流过穿心孔时，传感器输出为负，经滤波电路后输出为零，具体的穿心方向见传感器上的标识。

集中安装时可将原来独立的 3 个传感器集成在一个采集模块板上的直流电流传感器板中。注意穿线时要与输出端子一一对应。

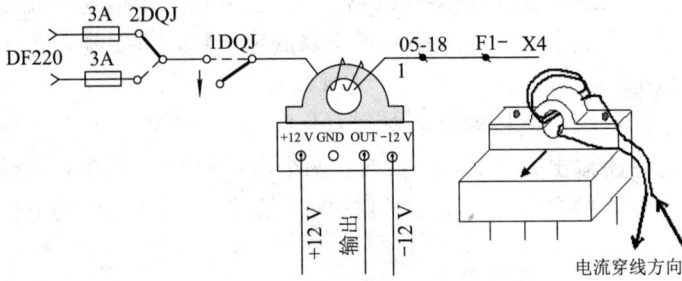

图 21-11　4 线制道岔电流采集模块接入方式

2) 6 线制道岔的接入方式

6 线制直流道岔由于是双机牵引的，室外有两台转辙机，如果只在 X4 回线上采集电流，则获得的电流曲线是两台转辙机合并的曲线，无法区分单个转辙机的好坏。因此只能在 DZ220 的电源端设两个采集模块，用支架固定安装在各道岔组合的背面，分别采集 1DQJ 至 2DQJF 间引往室外道岔的去线，其接入方式如图 21-12 所示。

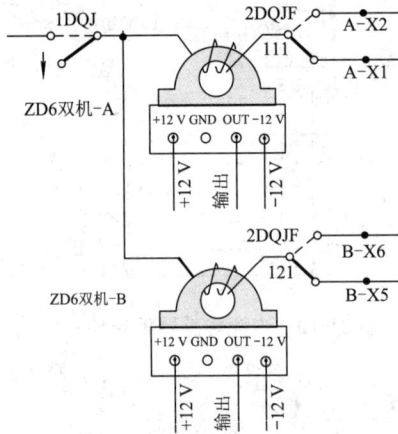

图 21-12　6 线制直流道岔电流采集模块接入方式

五、三相交流转辙机电流/功率采集

交流道岔除可采集转辙机工作电流外，在新的技术规定中，还要求增加对转辙机有功功率的监测。另外，由于信号微机监测使用比较早，而提速道岔是在我国高速铁路的发展之下才得以普遍应用的，用于高速线路的都是重轨，相应地对转换道岔的转辙机之牵引力要求更大，所以，才有了大功率的三相交流转辙机道岔，也因此，信号微机监测系统对提速道岔的监测手段及其设备也在不断更新与完善之中。

1. 早期交流道岔电流采集模块

早期对交流电动转辙机的监测，只监测其动作电流，即三相工作电流。对三相交流电动转辙机功率监测的技术要求，是铁道部于 2006 年提出的，所以早期的三相道岔电流采样模块只有单一的电流采集功能。图 21-13 是三相道岔电流采集模块实物及其端子分配图。

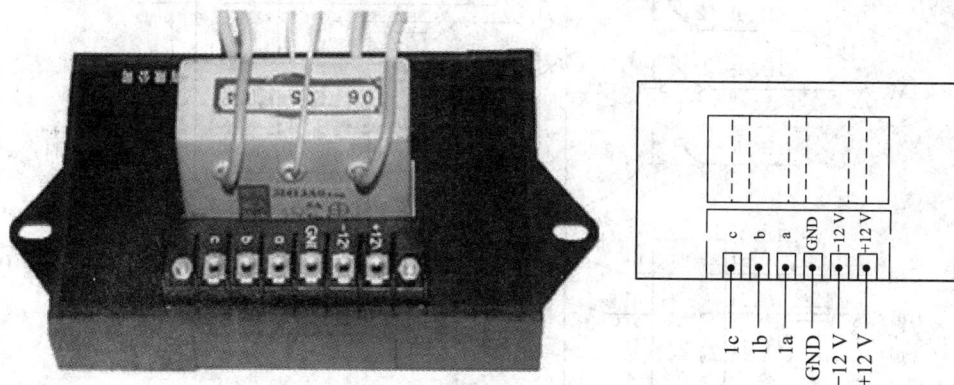

图 21-13　三相道岔电流采集模块实物及其端子分配图

三相交流采样模块采用的也是霍尔传感器，三相电流分别穿过三个孔，穿心无方向。在传感器副边，每相电流都经过放大、整流、再放大，转换成 A、B、C 三路 0~5 V 标准直流电压信号，送到道岔采集分机模拟量输入板进行采样。该模块就近安装在道岔所在组合的后面，选取 A、B、C 三相动作线进行采样。电流传感器采集模块都为有源模块，使用大功率 12 V 直流电源，可直接从监测机柜大功率 12 V 电源端子上接出来。

采用这种监测模式时，采集机柜内必须安装提速道岔采集分机，由采集分机的"开入板"负责采集 1DQJ 及 DBJ、FBJ 的状态信息(如果是继电器联锁车站还包括对 2DQJ 状态、SJ 第 8 组接点状态的信息采集)；"模入板"负责采集处理三相电流的信息。"开入板"和"模入板"采集的信息都通过母板总线送入 CPU 板进行 A/D 采样转换，暂存，待需要时通过 CAN 总线上传给站机。

2. 带一组开关量的电流采集模块

在监测设备的应用过程中，曾出现过带有一组开关量监测功能的电流采集模块，这种电流采集模块在对电流采集的同时也对 1DQJ 的状态进行采样，当道岔转换时能及时启动监测系统对道岔电流的监测，能避免分开采集时因时差关系造成监测数据的误差。图 21-14 所示为带一组开关量监测功能的电流采集模块的原理及配线图。

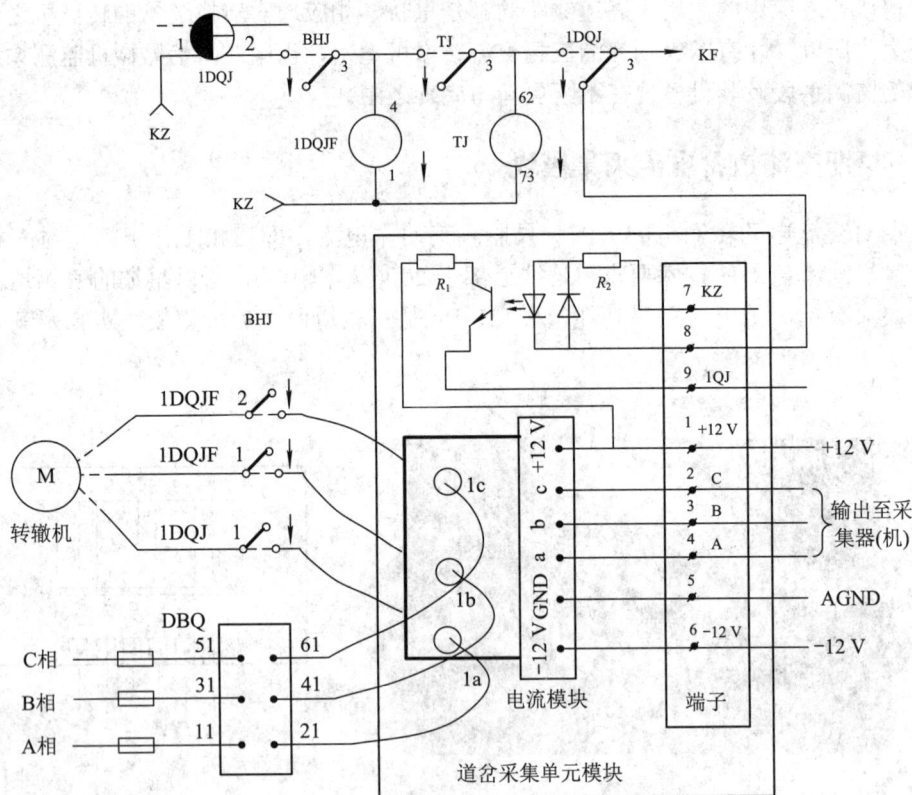

图 21-14　带一组开关量监测功能的电流采集模块的原理及配线图

　　选择带一组开关量监测功能的电流采集模块时，也需要由提速道岔采集分机配合，只是在采集分机上省去了对 1DQJ 状态的采集。另外，对 2DQJ 和 BJ 继电器状态信息的采集，如果是信号监测系统与行车调度监督系统合为综合监测系统的情况，可直接从车调度监督系统中收集，若不能从调度监督系统中获取，就要在采集分机上增加开关量输入采集板，对它们的状态进行单独采集。

3. 集电流/功率一体的采集模块

　　目前使用最多的交流道岔采集器模块是集电流/功率采集于一体的单元设备。图 21-15 为 06 型(WB9060)电流/功率传感器采集模块实物及引线图，它是铁路信号微机监测专用的三相交流转辙机电流/功率传感器。

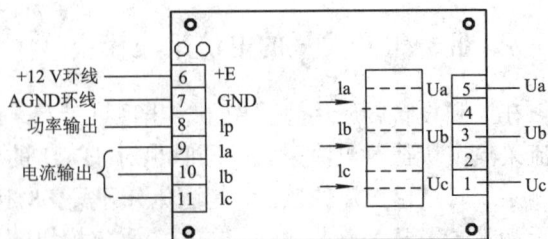

图 21-15　三相交流转辙机电流/功率传感器采集模块实物及引线图

该模块有两类信号输入，一类是三相电流，另一类是三相电源电压，可输出三个相电流和有功功率信息。采集模块的内部集成电路，通过采集到的相电流和三相电压值，计算出功率值，之后将电流值和功率值转换成与其大小对应的 4～20 mA 电流信号，输出给交流道岔采集板，经采集板 150 Ω 的取样电阻采样转化成 0～3 V 的电压信号，再经选通送至 CPU 进行 A/D 转换。转换后的数据(即功率电流曲线数据)暂存在存储器里，当采集完成一条完整的曲线后(以 1DQJ 的动作时间为准，单条曲线最长可采集 40 s)，送往站机显示。

图 21-16 所示是交流道岔电流/功率采样模块的电路接入方式，启动电路的三相供电线分别从模块的三个孔中穿过，三相电源从 DBQ(断相保护器)的输入侧接入(2010 版道岔采样模块的电压采样，要求在断相保护器输入侧接入，电流采样在断相保护器输出侧接入)。

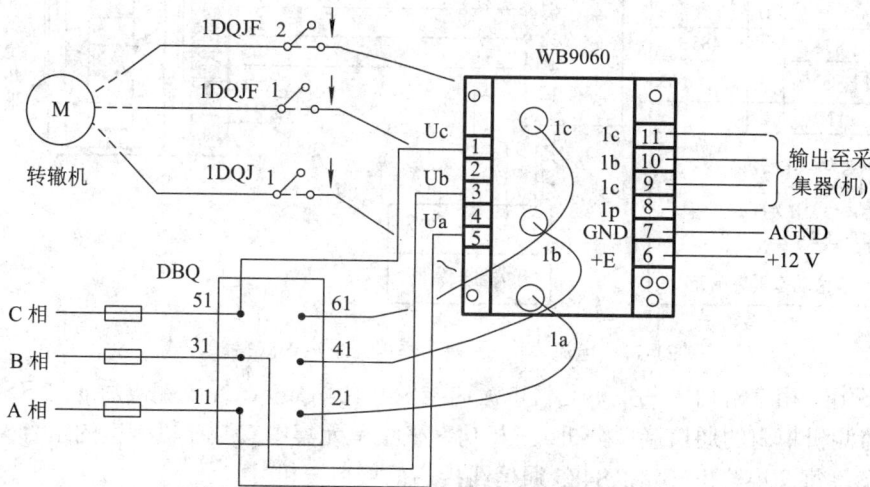

图 21-16　交流道岔电流/功率采样接入方式

这种情况下也需要设采集机，通常配置的是智能交流道岔采集板，一块板可以同时完成开关量(1DQJ 及 DBJ、FBJ)数据的采集及电流数据和功率(由电流/功率采集模块送来电流信号)数据的收集，并对数据进行处理、暂存，最后由采集板的或通信接口板的 CAN 总线上传给站机。

4. 电流模块 + 智能功率单元采集模式

电流模块+智能功率单元采集模式是由卡斯柯公司推出的。三相电流采集模块仍然只是完成电流采样，并将采集的电流数据转换成交流电压信号，输出至功率采集单元。"三相道岔功率采集单元"负责收集数据，并完成电流、功率计算及数据编码和上传，即它有自己的数据处理器，同时能具备采集 1DQJ 的状态的功能。功率采集单元封装成继电器形式，可集中放在交流道岔功率采集组合里。

另外，为能准确计算功率，功率采集单元需要零线电压和中心电流数值作参考线。零线电压由电源屏中的提速道岔电源屏单元提供(中心零线电源配置到监测采集组合)，中心电流由电流传感器模块提供。电流传感器模块是根据采样三相线中的电流相量计算得到的，并不是采样获得的。所以，在引线时，电流的相序要与三相电源的相序对应，否则可能造成结果错误。其设备的连接如图 21-17 所示。

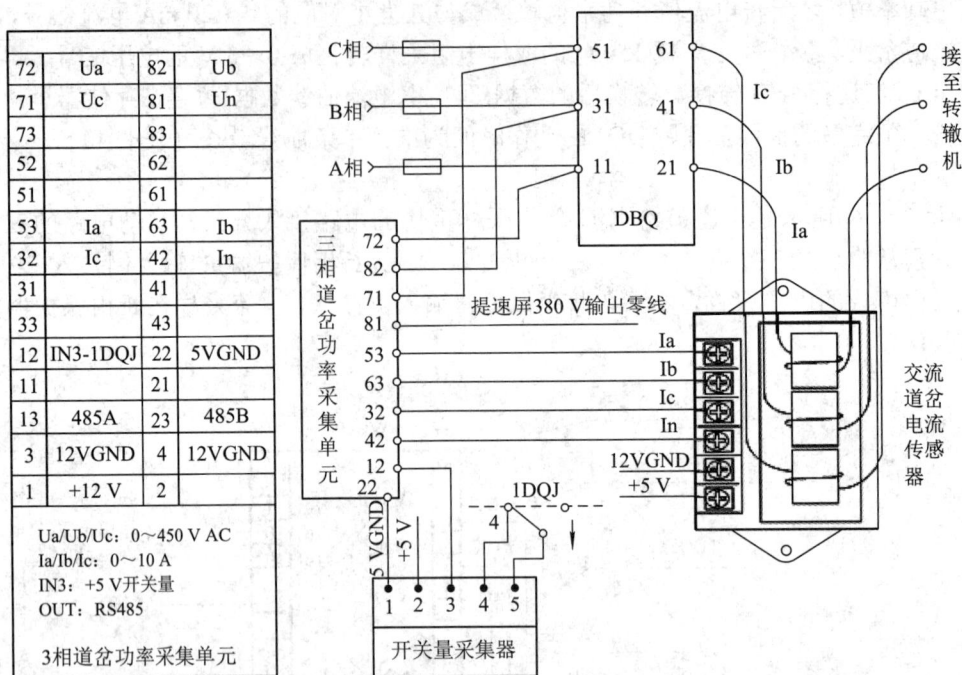

72	Ua	82	Ub
71	Uc	81	Un
73		83	
52		62	
51		61	
53	Ia	63	Ib
32	Ic	42	In
31		41	
33		43	
12	IN3-1DQJ	22	5VGND
11		21	
13	485A	23	485B
3	12VGND	4	12VGND
1	+12 V	2	

Ua/Ub/Uc: 0~450 V AC
Ia/Ib/Ic: 0~10 A
IN3: +5 V开关量
OUT: RS485

3相道岔功率采集单元

图 21-17　电流模块+智能功率单元采集模式接线方式

最终由三相道岔功率采集单元将电流曲线及其功率数据，经过编码后通过 RS485 总线上传给监测机柜内的通信接口分机。三相功率采集单元集中安装在机械室的组合架上(每层 9 个单元)，每两层输出一路 RS485 通信线接通信接口分机。

这种结构模式与行车调度监督系统构成二合一系统(或三合一系统)，信号监测系统本身不采集 2DQJ 及 DBJ 和 FBJ 的状态信息，而是直接从调度监督系统中收集信息。不过这种结构模式下的信号监测并不能完全独立存在，有一定的缺陷，所以后来进行了改进。

5. 带表示开关量的智能功率单元形式

为应对 10 型微机监测的新需求，卡斯柯公司又推出了增加 BJ 继电器采集功能的功率采集单元 TC6AP-J，它在原有 1DQJ 状态采集功能的基础上，又增加了对道岔表示继电器状态的采集单元电路，即可采集道岔 DBJ 和 FBJ 的空节点。如此，功率采集单元集道岔动作时间(1DQJ 状态)采集、道岔位置(DBJ、FBJ 的状态)监督和三相电流以及有功功率计算于一体，几乎具备了道岔采集分机的所有功能，不再只能作为采集分机的下位机。也因此，这种模式下的机柜已不再设专门的交流道岔采集分机，信息可从采集组合侧面经 RS485 总线直接上传至通信接口分机。

图 21-18 是此设备的原理接线图。DBJ 和 FBJ 的 41 接点通过组合侧面端子环连，接入开关量+12 V 电源(或综合+12 V)，此电源通常配至道岔组合侧面的 03-8 接点(当此接点为空时)上。DBJ 和 FBJ 的 42 接点输出配线可经过组合侧面转接，也可不走侧面转接直接配

至采集组合。如果 DBJ 和 FBJ 没有空接点,则可用开关量采集器模块采集一组低压半空接点,模块就近安装在对应 BJ 所在组合的背面,其 5 V 电源同 1DQJ 开关采集模块一样从组合侧面转接,其采集的输出直接送到采集组合,不经过侧面端子。

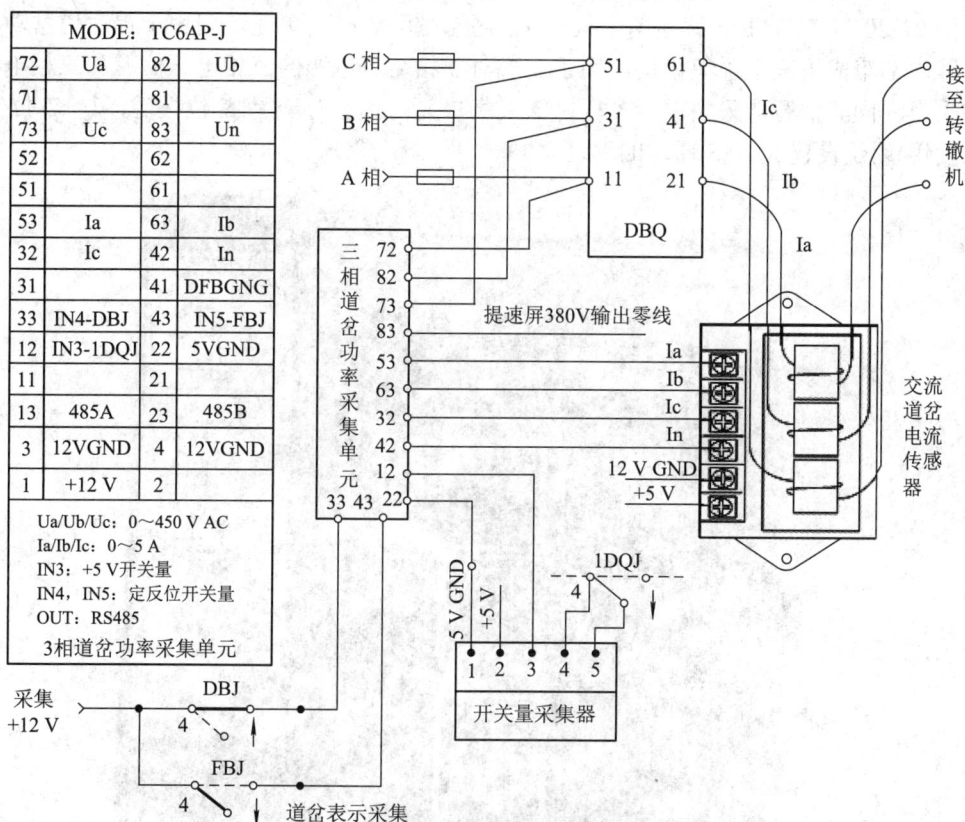

图 21-18 新一代电流/功率智能模式接线图

图 21-19 为三相电流传感器和开关量采集模块实物图。电流传感器的穿孔匝数为孔内2 芯线,所采集的电流信号转换成交流电压信号输出。电流传感器的好坏可以通过测量传感器输出点和 12VGND 之间的直流电压判定,工作正常时,Ia、Ib、Ic 各输出端点和 12VGND端子点之间能测量到 1.2 V 的直流电压,如果测量不到这个电压,说明电流传感器已损坏。

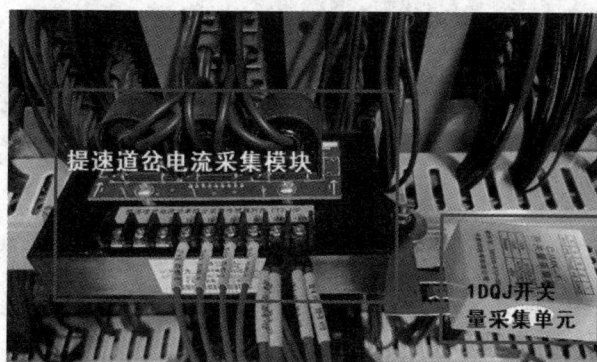

图 21-19 三相电流传感器和开关量采集模块实物图

　　电流采集模块和开关采集单元通常就近安装在道岔所在组合的后面，它们的工作电源的接入方式同前述。不过按照新规要求，电流采集模块大功率 12 V 电源使用 1.0 mm^2(32/0.2)塑胶低烟无卤阻燃软线，颜色为一红一蓝(红+12 V，蓝 12VGND)。

　　图 21-20 是 TC6AP-J 智能功率采集单元实物图，该采集单元专门用于提速道岔功率采集，其内部集成了三个采集模块，用于完成对三相交流电源的三相电压信息和三相电流信息的采集。同其他智能采集单元一样，该采集单元内部也有一组 8 位拨键，1～7 位(第 8 位未使用)用于设置 RS485 通信的地址。

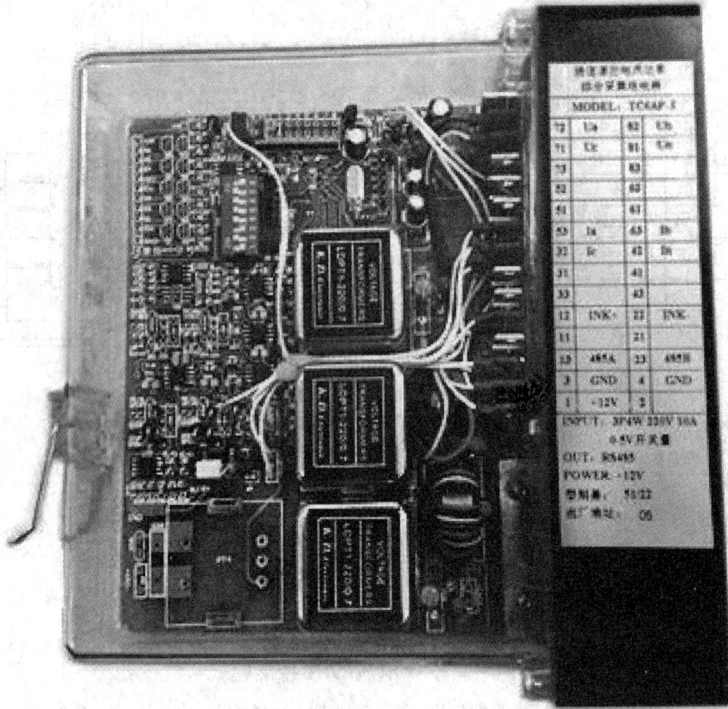

图 21-20　TC6AP-J 智能功率采集单元实物图

　　功率采集单元可放置在采集专用的监测组合架上，多个单元可集中安装，每层组合最多可放置 9 个采集单元，经统一的组合内部配线，向各单元提供工作用 12 V 直流电源。采集单元将采集到的道岔电压、电流信息直接转换成数字信息并计算功率数值，使用 RS485 接口输出。同一层组合的各采集单元可设置不同的 RS485 地址，其输出经内部配线环接在一起，经组合侧面端子接外配线。通常每两层组合的 RS485 输出线环在一起，与接通信接口分机的一个串口通信。

　　这种模块的信号监测系统目前在地铁线路上使用比较普遍。

问 题 思 考

　　1. 信号微机监测对道岔的监测对象或内容有哪些？

　　2. 信号监测系统为什么对直流道岔不监测电机的输出功率，而对交流转辙机却需要监测？

3. 对 1DQJ 状态进行监测的意义是什么？采集其状态信息的手段有哪些？

4. 简述对 2DQJ 状态进行监测的原理。

5. 电流互感器在实际选用或使用时需要注意哪些问题？

6. 交流道岔采集的智能功率单元有哪几种类型？并简述其各自的特点。

第二十二课　普通道岔采集分机系统设计

　　前面我们分析了普通道岔(直流道岔)的监测对象及各采集传感器模块的类型、原理等，接下来讲述监测机柜内道岔采集设备及监测设备的连接。

　　由于监测技术的发展，采集分机的设备及功能分配也随着智能化的应用或采集传感器模块的改进不断改变，下面就目前使用率比较高或有代表性的监测系统，从宏观的结构及电路连接上详细介绍。

　　需要说明的是，每种版本下监测系统的结构、设计，只是铁道部对信号微机监测系统提出的一个技术标准，实际使用中的设备由于存在过渡问题，即无法一步更新到位，就是说不可能做到所有硬件或技术都是统一的模式，具体的架构模式要视厂家提供的施工图而定。

一、用于继电器联锁的采集分机系统设计

　　传统的信号微机监测系统是以"采集模块(或传感器)+采集分机"的模式搭建的。采集传感器或采集模块等主要负责对信号设备的数据采集和预处理，如外电网监测模块、轨道相角采集传感器、道岔表示电压采集传感器、外电网监测模块、转辙机电流/功率采集模块、开关量采集器、信号机点灯电流采集模块等，它们与采集分机配合完成对车站信号设备状态和信息的采集任务。

　　采集分机整体为单片机形式(电源+CPU板+采集板)，其作用、功能主要是采集或收集各种信号设备的模拟量、质量数据和开关量状态数据，并对采集的数据进行预处理和暂存储，再传送给站机；接收并执行站机命令；与站机校核时钟。另外，采集分机具有自检功能，出现板级故障时可通过指示灯做出提示。

　　随着技术发展，早期版本的监测设备及继电器联锁已基本退出车站信号的应用舞台，相应的监测设备也渐渐被淘汰，但考虑到已有设备还在使用的情况，故这里选择用于6502继电器联锁下的TJWX2000信号微机监测系统设计作讲解。

1. 采集分机系统设计

　　每种采集分机均由1块电源板、1块总线板、1块CPU板和最多8块接口板组成。接口板上有传感器和控制电路，可完成对各种信号设备模拟量和开关量的数据采集，并传送给CPU板。接口板按照实现的功能不同，可分为"模入板(MRB)"(主要用于采集电压、

电流)、"开入板"(开关量输入板 KRB)、"开出板"(开关量输出板)(用于输出驱动命令使相关继电器吸起(如控制绝缘测试组合中的继电器动作))。CPU 板上有 CPU 处理器、程序存储器、数据存储器和通信 CAN 卡,用于完成采集数据的预处理、暂存储和上传。

用于 6502 继电器联锁下的 TJWX2000 微机监测系统,其中的直流道岔采集分机由总线板、CPU 板、电流板和若干开入板(最多 8 块)构成,如图 22-1 所示,采集分机的容量是 32 位,即一组道岔采集分机可完成对 32 个普通组道岔的监测。

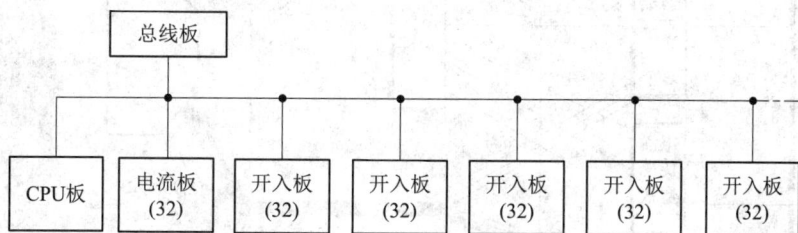

图 22-1　采集分机设备组成框图

各板卡的主要作用或功能表述如下:

(1) 总线板:该采集机的母板,其他各板均插在总线板上进行通信。

(2) 电流板(模入板):负责采集道岔的启动电流,每块板容量为 32 路,即可接入 32 个转辙机的电流采集模块的输入信息(老版的采集机板多为 48 位)。

(3) 开入板:负责 1DQJ、2DQJ、DBJ、FBJ、SJ 开关量的采集,每块板容量为 32 路,板的数量根据站场而定。开入板 1 负责采集各道岔的 1DQJ;开入板 2、3 负责采集各道岔的 2DQJ;开入板 4、5 负责采集各道岔的 DBJ/FBJ;开入板 6 负责采集各道岔的 SJ。

(4) CPU 板:该采集机的核心,主要负责道岔电流模拟量、1DQJ、2DQJ、DBJ、FBJ、SJ 第 8 组接点等开关量的数据采集、处理分析,同时负责和站机通信。

(5) 采集电源:为各采集板及电流采集模块、开关量采集器提供工作电源和采集电源(新版本下,各模块的工作电源由电源层提供,本采集电源主要为各采集板提供工作电源)。

图 22-2 为早期的采集分机结构示意图,主要由 DY 电源板、MRB 模拟量采集板、KRB 开关量采集板等构成。

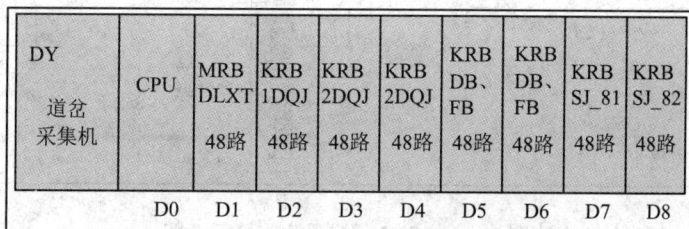

DY 道岔 采集机	CPU	MRB DLXT 48路	KRB 1DQJ 48路	KRB 2DQJ 48路	KRB 2DQJ 48路	KRB DB、 FB 48路	KRB DB、 FB 48路	KRB SJ_81 48路	KRB SJ_82 48路
	D0	D1	D2	D3	D4	D5	D6	D7	D8

图 22-2　早期继电器联锁下的道岔采集分机结构示意图

2. 采集系统设备连接

1) 道岔电流采集

对道岔电流的采集通常是在电流回线上,经过电流传感器模块进行采集,再经过 34

芯电缆(32 个数据采集线，2 根接模块工作电源)配线到采集机柜的插座，如图 22-3 所示。
这里的电流传感器模块采用电流传感器板(3 个采集模块整合在一个电路板上)集中安装在
分线盘上。

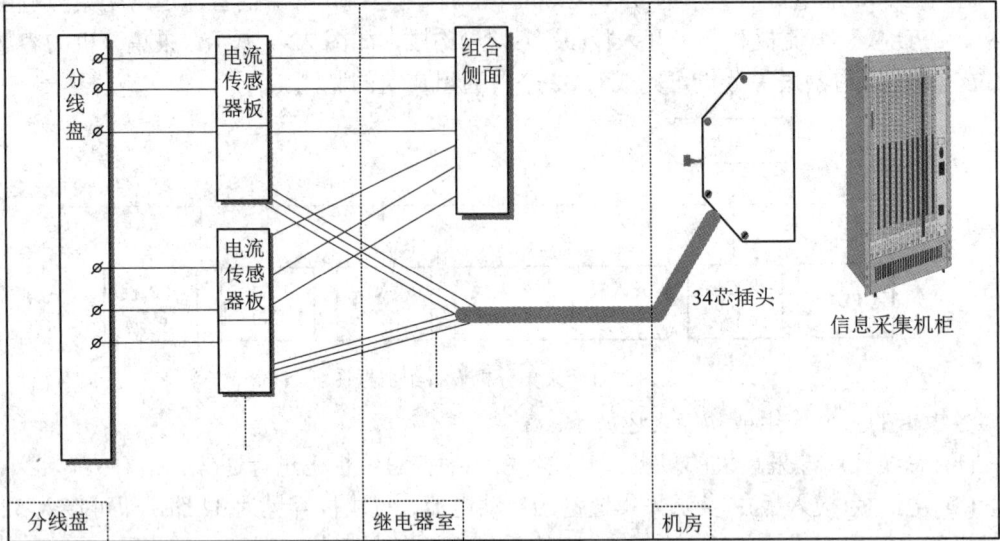

图 22-3　道岔电流传感器与采集分机连接示意图

2) 1DQJ 的采集

对 1DQJ 的采集通常是采集 1DQJ 继电器的第 4 组半空的后接点(即 43)，32 路引线为
一组经过衰耗器后通过 34 芯电缆引入采集分机的开入板，如图 22-4 所示。

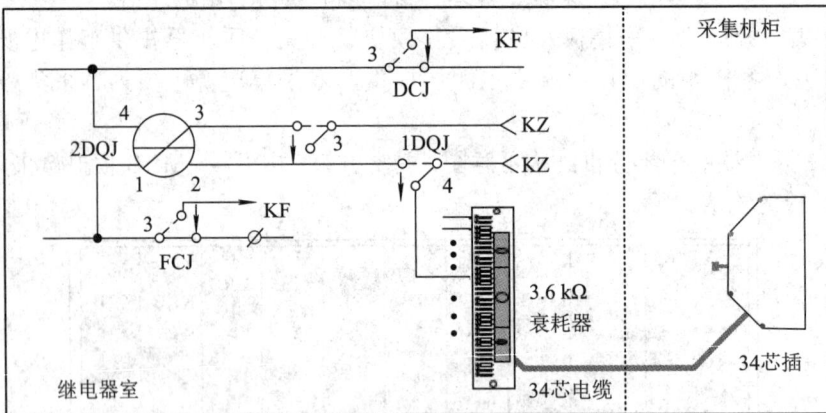

图 22-4　1DQJ 状态采集连接示意图

3) 2DQJ 的采集

对 2DQJ 的采集通常是采用 2DQJ 采集仪，并将其固定在 2DQJ 上，每个 2DQJ 采集仪
使用双线输出两路信号，表示 2DQJ 的两个状态，只有输出 10 和 01 信号时才认为是有效
信号，发生故障时输出 00 或 11，以示区别，所以该仪器是"故障—安全"器件。图 22-5
为其信息采集接入采集分机的示意图。

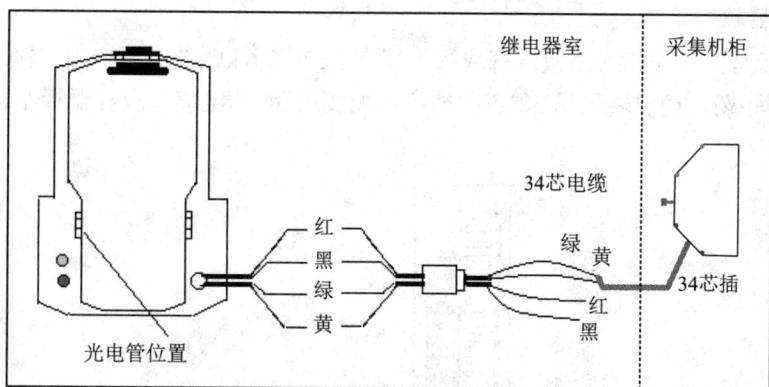

图 22-5　2DQJ 信息采集接入采集分机示意图

4) DBJ 和 FBJ 的采集

对 DBJ 和 FBJ 的采集通常是分别采集 DBJ 和 FBJ 的第 8 组前接点，与采集机的连接如图 22-6 所示。

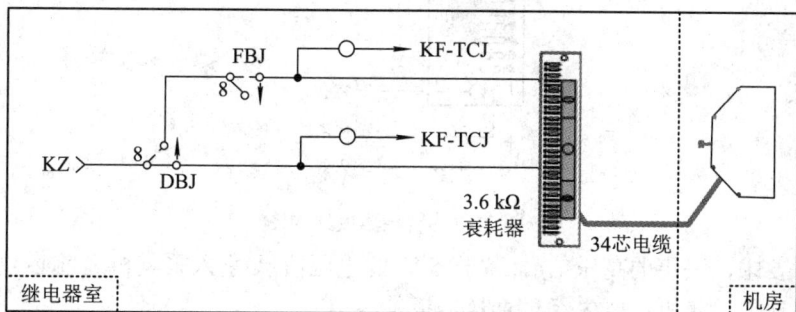

图 22-6　道岔 DBJ、FBJ 采集框图

5) SJ 第 8 组接点封连报警采集

对 SJ 第 8 组接点封连报警的采集通常是采用双模块光电开关量监测模块采集 SJ 第 8 组前后接点，光电模块 2 的输出经过衰耗器后通过电缆接入采集分机的开入板，连接示意图如图 22-7 所示。

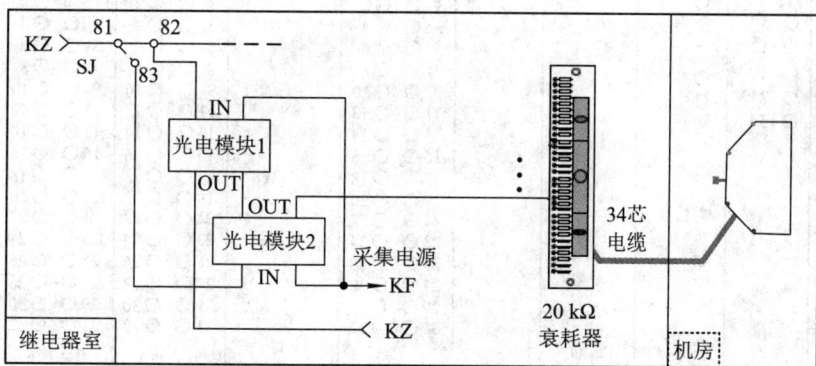

图 22-7　SJ 接点封连报警采集连接示意图

6) 衰耗器板

衰耗器板是一块印刷线路板，每块板上焊有 32 个 3.6 kΩ 的衰耗电阻，输入端采用万可端子(不需要焊线)，输出端采用 32 芯的插座，配线用 34 芯电缆，衰耗器板结构图如图 22-8 所示。

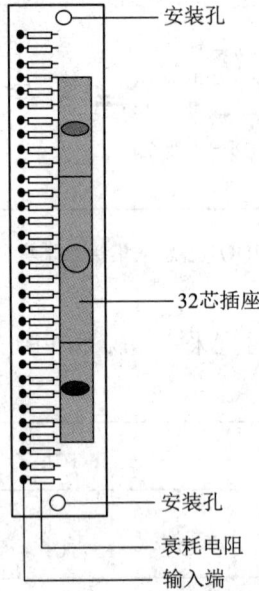

图 22-8　衰耗器板结构图

按技术要求，采集的高压信号(高于 5 V 的电压信息)引入采集机之前必须进行衰耗隔离，所以在送入采集机前要先经过衰耗器板。

3. 采集机面板及指示灯意义

道岔采集分机各采集板的面板及其指示灯示意图如图 22-9 所示。

图 22-9　道岔采集分机各采集板的面板及其指示灯

1) CPU 板

(1) "工作"灯用于指示 CPU 板的工作情况。正常时，工作灯均匀闪烁；故障时，工作灯点亮稳定灯光、不均匀地闪烁或灭灯。如工作灯不闪而本层其他板子工作灯正常闪动，说明 CPU 板工作灯损坏。

(2) "发送"灯用于指示下位机(采集机)和上位机(站机)的通信情况。频繁闪光时表示和上位机通信正常，向上位机发送数据或响应上位机的呼叫。稳定或不频闪时，表示和上位机通信不正常。

(3) "接收"灯用于指示下位机(采集机)和上位机(站机)通信情况。频繁闪光时表示和上位机通信正常，接到上位机的命令或上位机的呼叫。稳定或不频闪时，表示和上位机通信不正常。

(4) "故障"灯用于指示 CPU 芯片、EPROM 芯片和程序正常工作与否。正常时，故障灯是灭灯状态；故障时，故障灯是亮灯状态。

(5) "电源"灯用于指示 CPU 板上是否有工作电源。亮灯时，表示 CPU 板有工作电源；灭灯时，表示 CPU 板没有工作电源。灭灯时如果工作灯还正常闪烁说明工作灯损坏。

(6) "复位"按钮用于复位采集机程序。按压复位按钮条件如下：

当工作灯不闪烁或故障灯亮灯时需要按压此按钮，若按压后工作灯均匀闪烁，接收、发送灯有规律地闪烁，说明该采集机工作正常；若按了复位按钮后，工作灯仍然不闪烁，则需要再按压一次，若仍然不闪烁，说明该采集机可能有问题。

另外，给信息采集机上电时，一般情况下，采集机会自动复位，工作灯正常闪烁，若发现该采集机工作灯不闪烁，则需要给该采集机复位。

2) 电流选通板(电流采集板)

电流选通板负责各道岔启动电流的采集，每块板采集 32 路。

(1) "工作"灯用于指示电流选通板的工作情况。正常时，工作灯均匀地闪烁；故障时，工作灯点亮稳定灯光、不均匀地闪烁或灭灯。

(2) "电源"灯用于指示电流选通板的供电情况。灯亮时，电流选通板有电，灯灭时，电流选通板没电。

3) 开入板

(1) "工作"灯用于指示开入板的工作情况。正常时，工作灯均匀地闪烁；故障时，工作灯点亮稳定灯光、不均匀地闪烁或灭灯。

(2) "电源"灯用于指示开入板的供电情况。灯亮时，开入板有电；灯灭时，开入板没电。

二、二合一模式下采集分机系统设计

TJWX-2006 信号微机监测系统可以说是 2000 型与 2010 型之间的过渡型产品，该系统根据车站信号设备类型及其他监测系统的应用情况，做了一些结合设计的改进，目前在很多地方仍在使用。

二合一模式是指信号微机监测与行车调度监督合二为一的 DMCS 系统,该系统对道岔位置的监测,开始只是通过控制台定、反位表示灯采样,且没有对 2DQJ 的状态监测。如果只监测 DBJ、FBJ 的话是不能完全或可靠证明道岔室内室外状态的一致性的,因此存在较大缺陷。后来做了改进,特别是在计算机联锁系统下,对道岔位置的采样改成了对 BJ 的接点状态的监测,同时增加了对 2DQJ 的状态监测,克服了原版本中的不足。

在这二合一的系统下,信号微机监测系统只负责电机动作电流和 1DQJ 的状态信息采集,对 1DQJ 接点状态监测,是为了能在 1DQJ 吸起时可及时启动对电机电流的监测。

TJWX-2006 信号微机监测系统的主机从道岔采集分机得到道岔转换时间信息(由 1DQJ 的状态信息的改变获得)及电机电流数据,从二合一机柜(行车调度监督)获取道岔位置信息(DBJ 和 FBJ 状态)最后形成道岔电流曲线数据。图 22-10 为监测主机与采集机柜、二合一机柜(或 SDM)的连接示意图。

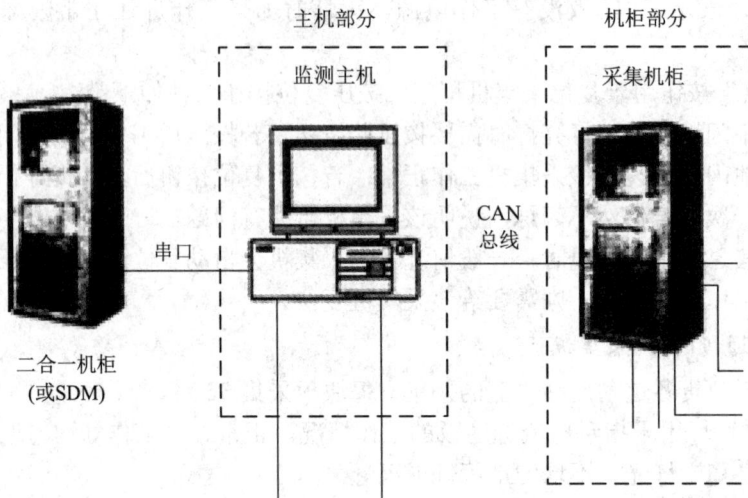

图 22-10　监测主机与采集机柜、二合一机柜(或 SDM)的连接示意图

TJWX-2006 型信号微机监测系统也是以"采集模块(或传感器)+采集分机"的模式搭建的。这种设计分机保留了 CPU 板,但增加了数据存储的空间,优化了软件,对采集板的功能进行了完善与加强,衰耗隔离整合到了采集板中(高阻加光电隔离,外部取消了衰耗器板),采集分机设计模式为"电源+CPU 板+采集板(模入板和开入板)",模入板与开入板在采集分机组匣里间隔安装,开入板只采集 1DQJ 的状态信息,DBJ 和 FBJ 的状态信息从调度监督或 SDM 中获取。

1. 采集机柜设备及 C0 层简介

采集机柜及道岔采集分机结构如图 22-11 所示。采集机柜总高 45U,从上至下分别放置 C0 组合、综合采集机、道岔采集机、通信接口分机、路由器和协议转换器、UPS、12 V 大功率电源,背面下方安置电源端子板(图中只给出了机柜的上半部分)。

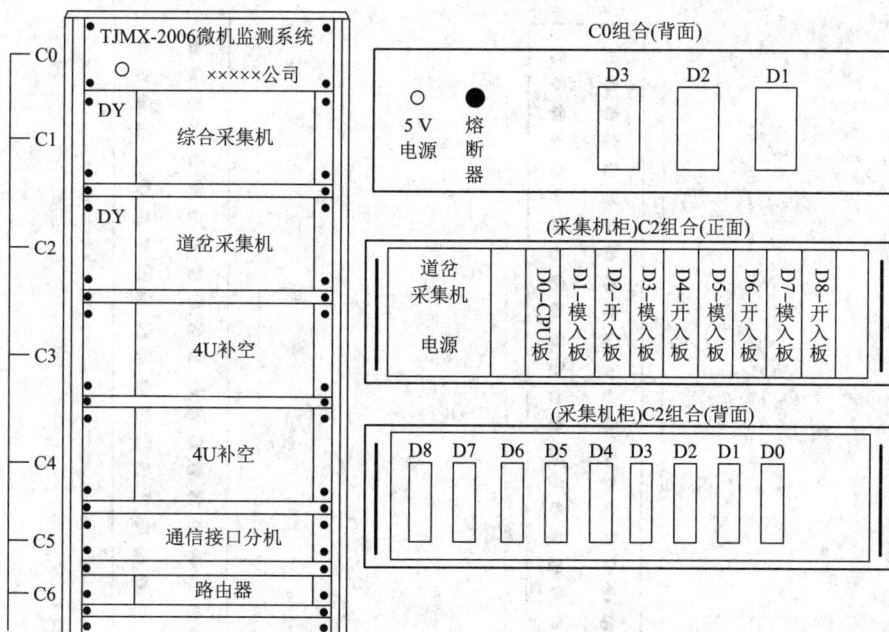

图 22-11 采集机柜及道岔采集分机结构示意图

C0 层配置如图 21-12 所示，前面板为系统名称和生产厂家铭牌，内部安装一个 5 V 开关电源，主要提供采集道岔 1DQJ 状态的开关量采集模块工作用电。后面板上安装 1 A 的熔断器，用于接内部 5 V 开关电源的输出。

C0 层背面有 3 块 3×18 柱端子板，端子结构与编号方式同组合的侧面端子板，用于采集设备的供电分配设备，所分配的电源有：

(1) 综合 24 V 电源为综合采集层输出的直流 24 V 电源，用于驱动绝缘测试继电器和环境监测报警；

(2) 综合 12 V 电源为综合采集层输出的直流 12 V 电源，用于漏流测试；

(3) 道岔电源(+12 V、−12 V)为道岔采集层输出的直流 12 V 电源，用于直流道岔电流采集传感器；

(4) 5 V 开关电源输出的 +5 V 电源分配在 D2-01 的 1～5 端子上，5VGND 在 D2-03 的 1～5 端子上，外接道岔 1DQJ 采集的开关量模块。

2. 道岔采集分机设备功能简介

道岔采集分机组匣内除道岔采集分机电源板及总线母板外，还有 CPU 板、模入板和开入板。采集板(模入板和开入板)都是非智能板，板上只有采集电路，用于完成各种不同的采集功能，所以采集分机以 CPU 板为控制和处理中心，通过总线板上的数据总线对采集板进行控制，并对采集板采集的信息进行处理、上传。每个采集分机包括 1 个采集机电源、8 块采集板。采集板对应的机柜后面有 52 个接线端子(端子板为 3×18 柱端子板，类似侧面端子，列号用 a、b、c 标称)，用于连接外部引线，其接线端子的定义如图 22-12 所示。

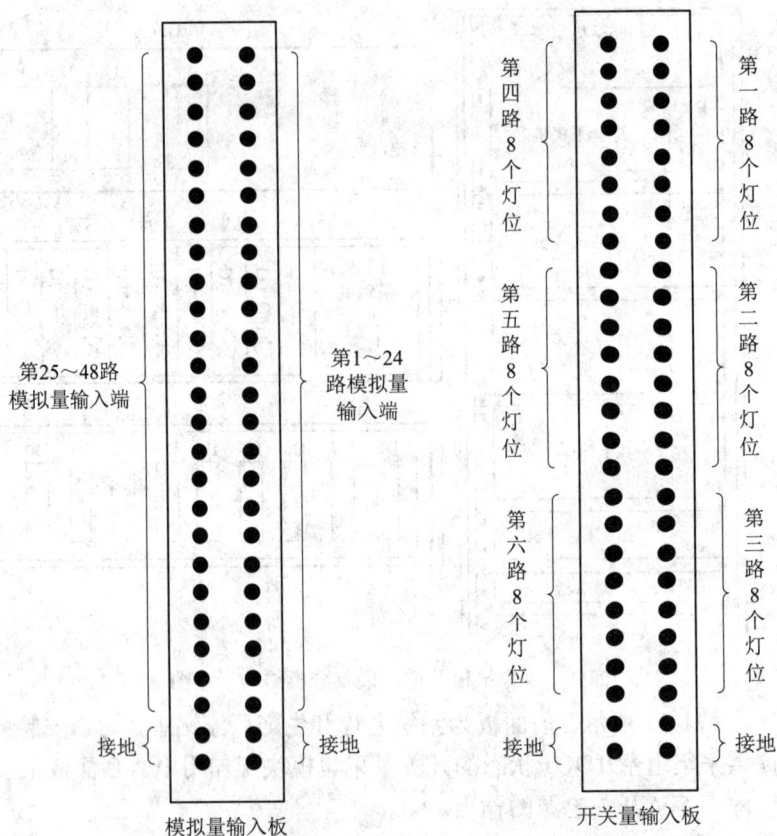

图 22-12　采集板接线端子定义

CPU 板、模入板和 5 V 开入板的功能如下：

CPU 板(D0)：收集道岔信息通过 CAN 总线上传给监测机。

模入板(D1，D3，D5)：接收道岔电流传感器送出的 0～5 V 直流电压信息。

5 V 开入板(D2，D4，D6)：接收开关量采集器送来的道岔 1DQJ 状态信息。

模入板与 5 V 开入板在组匣内间隔安装，每两个一组，每组开入板端子和模入板端子的序号对应，两者协同完成对 48 组道岔的监测(监测内容是每组道岔的 1DQJ 状态和道岔动作电流)。

3. 开入板结构及面板指示灯显示

1) 开入板结构

图 22-13 为开入板(5 V/24 V)实物图。开入板右边有两组跳线，用于将开入板的 a17、b17、c17 三个采集环线端子连在一起，开入板的 48 路开关量输入对应端子位置为 a1～a16、b1～b16 及 c1～c16。当采集对象只有一类电源时，可只在 a17 上环接"采集负电"环线，用跳线将其他两个端子环在一起；当采集对象有二类电源时，则只能将 16 个端子作为一组分开使用，每组对应 17 端子上的一个采集环线端子，其中 a17 对应第 1 至第 16 路，b17 对应第 33 至第 48 路，c17 对应第 17 至第 32 路。

图 22-13　开入板(5 V/24 V)实物图

2) 面板指示灯显示

开入板面板指示灯如图 22-14 所示。最上方并排的两个灯为"电源"灯和"工作"灯，正常情况下电源灯常亮，工作灯闪烁。下面为两组指示灯，上方的 6 个为"数据组"灯，下方的 8 个为"数据位"灯，它们相互组合总共可指示开入板采集输入的 48 个开关量状态。上面 6 个灯中的每个灯对应 1 组 8 个位，如当上面第一个灯亮时，下面的 8 个灯的状态表示开入板的第 1 至第 8 个采集的输入状态；当上面第 2 个灯亮时，下面 8 个灯表示第 9 至 16 个采集的输入状态，依此类推。当开入板正常工作，上面的 6 个灯依次循环检测，同时下一组的 8 个灯对应分别显示各组采集状态。

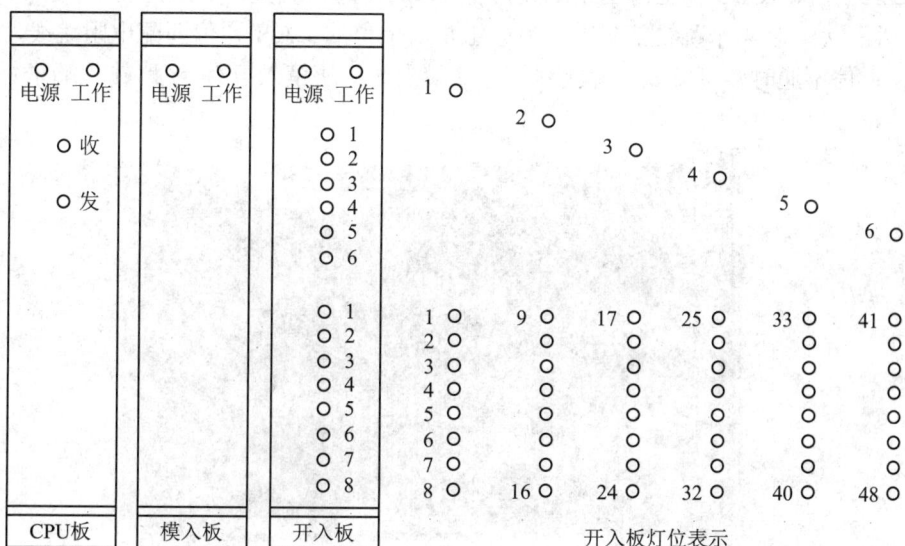

图 22-14　采集机面板指示灯示意图

4. 模入板及面板指示灯显示

模入板的输入有电流型和电压型两种形式，其每路输入端都由一个跳线来控制，当跳线跳上时，与下方输入电阻连通，输入为电流型。图 22-15 为模入板实物图。

图 22-15　模入板实物图

模入板前面板(见图 22-14)上有"电源"灯与"工作"灯，正常情况下电源灯常亮，工作灯闪烁。模入板使用本道岔采集层的 12 V 直流电源，其端子输入量程为 0～5 V，其负端固定连接本采集的 12VGND。

5. CPU 板及 CAN 通信板卡

1) CPU 板

CPU 板收集各集采集板数据并处理、转换，后通过 CAN 总线传给监测主机，其实物如图 22-16 所示。CPU 板上有两组跳线，都与 CAN 通信有关，一组是左下角的 4 个地址跳线，通常默认为 4 个跳线都跳上；另一组是右上角的 CAN 通信匹配电阻跳线，在采集层 CAN 通信不通时，可尝试将此跳线跳空或跳上。每块模入板有 48 路输入端子。

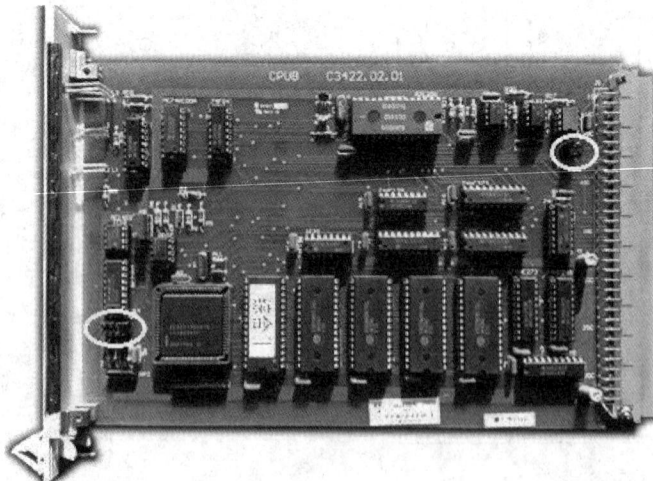

图 22-16　CPU 板实物图

CPU 板前面板(见图 22-14)有两组指示灯,正常情况下,上方"电源"灯常亮,"工作"灯闪烁;下方为两个 CAN 通信的"收""发"灯,当监测程序正常运行时,收灯、发灯闪烁。

采集分机与电流传感器采集模块、采集 1DQJ 状态的开关量采集模块的连接形式与上节中所描述的采集分机类似,只是不用接衰耗板,各采集信号引入线是否从组合侧面端子转接要视情况而定,具体的走线以施工配线图为准。

2) CAN 通信板卡

CAN 通信板卡是安装在监测主机上的 CAN 总线通信设备,其实物图如图 22-17 所示。需要注意的是 CAN 通信板卡左下角的中断号设置跳线的使用,目前微机监测中的 CAN 通信板卡的中断号通常设置为 11,对应的跳线应跳在 IRQ11 上。CAN 通信板卡中间的地址拨键和通信匹配跳线一般保持默认状态。

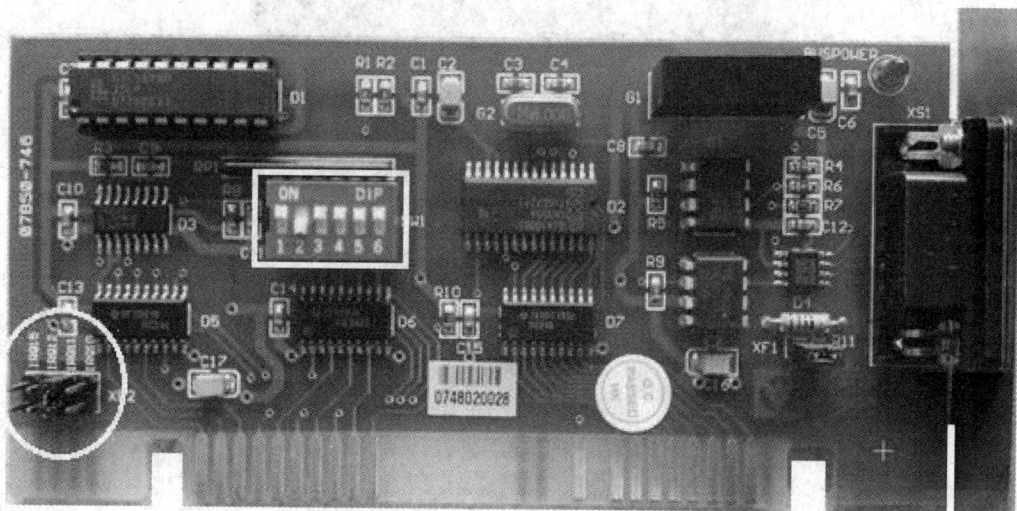

图 22-17　CAN 通信板卡实物图

三、升级型采集分机系统设计

升级后的 TJWX-2006 信号微机监测系统取消了 CPU 板和开入板。对采集板应用数字信号处理技术(Digital Signal Processing,DSP)后使之成为了智能采集板,改变了 TJWX-2000 型微机监测采集分机中板卡功能独立的结构形式,使每块板既是 CPU 板也是采集板。同时采集板在功能上也进行了整合,将完成某一种或几种功能的采集电路整合到一块采集板上,同时实现模拟量和开关量的采集功能,即每块采集板都可以独立完成原来模入板、开入板和 CPU 板的全部功能,且拥有自己的 CAN 通信接口,作为 CAN 网络的一个网络节点,站机只是从中收集数据。

在 06 版监测协议中,上、下位各机的通信以自主帧为主,采集机会对采集到的数据定时或在数据变化时自主上报。新协议支持更多的上位机对下位机的管理命令,便于上位机对下位机的维护，同时新协议完全兼容 TJWX-2000 型监测系统 CAN 通信协议。另外，新协议还支持 RS232、RS422、RS485 等常用串行总线，便于与其他智能监测设备的通信，也可以采用下位机进行协议转换，将各种接口类型转换为 CAN 通信帧来实现通信。

　　电流传感器采集模块和开关量状态采集板等所采集的信息送入采集分机的方式与升级之前基本相同，不过在新的技术要求下，有的公司的微机监测系统采用了采集单元模块输入到采集分机的方式，增设了接口隔离组合柜，放置了插接电缆接口，如图 22-18 所示，这样在排查故障时可以很方便地在接口架上断开被监测设备和监测设备之间的物理连接，从而使两侧可互不干扰地排查故障。具体的配线方式要以设备施工图纸为准，这里就不具体讲述了。

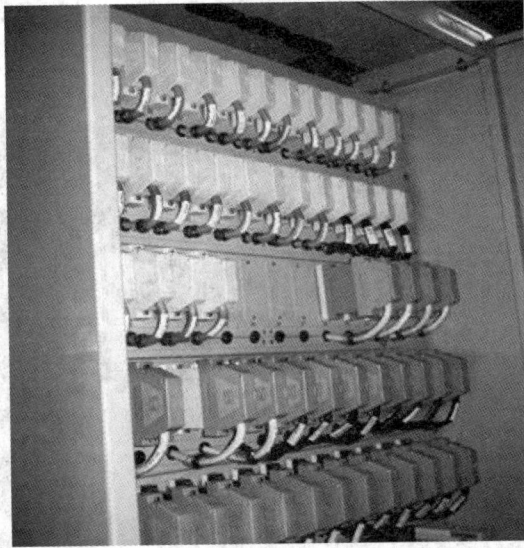

图 22-18　微机监测接口隔离组合柜

1. 采集分机的配置

　　为适应现场的需要，机柜采用两种标准，一种是铁标机柜(如图 22-19 所示)，另一种是欧标机柜(如图 22-20 所示)。铁标机柜中一个组匣内放置两个采集分机单元，每个采集分机单元包括 1 个采集电源、8 块直流道岔采集板及 1 块总线母板；欧标机框中一个组匣内放置一个采集分机，除电源、总线母板外，可放置 10 块直流道岔采集板。

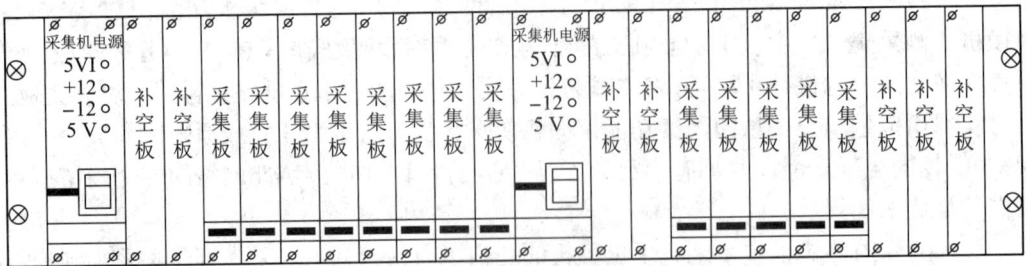

图 22-19　铁标组匣的采集机示意图

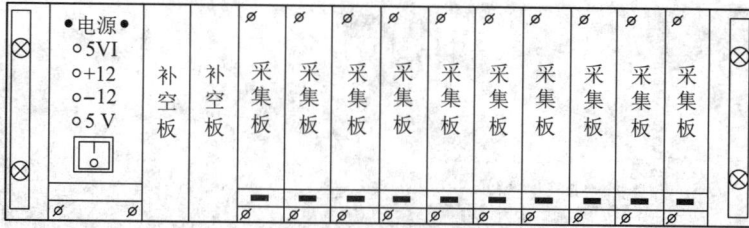

图 22-20　欧标组匣的采集机示意图

采集分机电源和采集板通过端子与组匣背面的总线板相连，采集板之间只有电源线和 CAN 总线的连接。根据采集项目及采集数量的不同，每个采集分机单元(铁标机柜)所需要的采集板不一定是 8 块，在硬件配置中并不是每一个采集分机单元都需要配置电源和总线板，几个容量较小的采集分机单元可以共用电源和总线板。

图 22-21 为铁标机柜道岔采集分机的结构样式图。

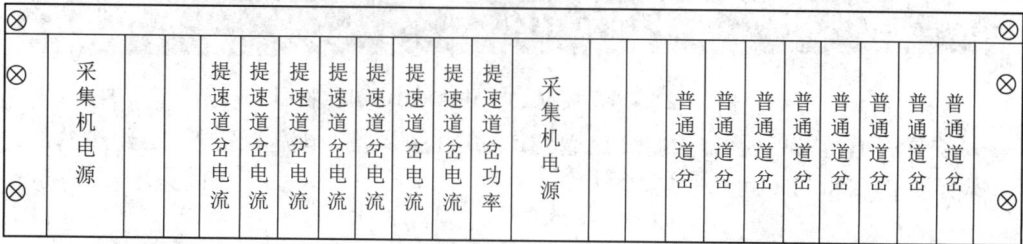

图 22-21　铁标机柜道岔采集分机(智能板)的结构样式图

目前应用的道岔采集板类型也各不相同，有普通道岔(直流转辙机道岔)和提速道岔(三相交流转辙机道岔)的专用采集板，也有交直流道岔共用的采集板，有可用于 12 组直流道岔的，也有可用于 6 组直流道岔的，它们在配线端子的类型方式上也有所差别。但不管是什么类型，其工作原理或功能都一样。这里以 06 型普通道岔板 V2.0 /06PTDCBV2.0 为例，图 22-22 为其采集板实物图。

图 22-22　道岔板 V2.0 /06PTDCBV2.0 实物图

　　每块直流道岔采集板可监测 12 组普通道岔电机的电流(电流曲线)及 12 组道岔的定、反位表示灯信息和 1DQJ 状态信息。

2. 采集板接线端子及其定义

　　对于 06 型普通道岔板 V2.0/06PTDCBV2.0,其配线从背面连接,采用压接端子。图 22-23 所示是其接线端子的形式和面板指示灯示意图,共 52 个接线端子,分 A、B 两列,每列 26 个,其中 25、26 为采集电源环线端子,其余皆为采集信息输入端。

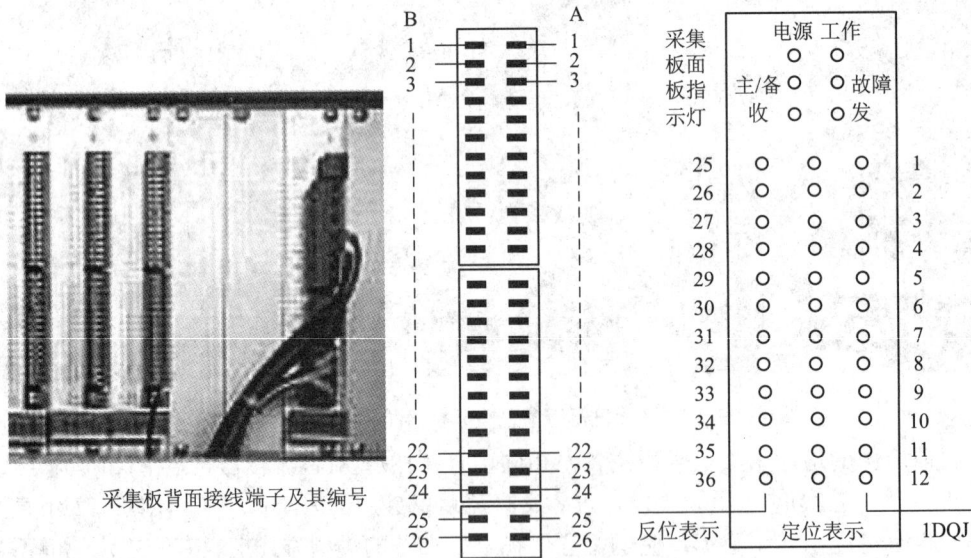

采集板背面接线端子及其编号

图 22-23　采集板接线端子形式及面板指示灯示意图

　　采集板端子的 Al～A12 为道岔电流模入(即直流道岔电流采集模块的输出), A13～A24

为所配道岔电流相对应的 1DQJ 的开关量输入，A25 为本采集机的 1DQJ 公共开入地线。

B1~B24 为 Al~A12 道岔电流端子对应的 DBJ 和 FBJ 的接入，奇数号端子配 DBJ，偶数端子配 FBJ，DBJ 和紧挨着的 FBJ 应属于同一组道岔，B25 为本采集机的定位和反位表示的公共开入地线。

其对应关系为：第一个道岔电流曲线 Al，对应第一个道岔的 1DQJ 开入 A13，A2 对应 A14…A12 对应 A24；同时，第一个道岔的 A1 对应第一个道岔定位表示 B1 和反位表示 B2，A2 对对应 B3、B4…A12 对应 B23、B24，依次类推。上述关系必须一一对应，不能打乱。

假设此采集板在采集机柜的 C2 层 D3 位，则需要采集的道岔有：双动道岔 1/3、5/7、9/11(各两台 AB 机)，双机牵引单动道岔 17、31(各两台转辙机)和单动道岔单机牵引 37、39，共 12 个转辙机。采集板配线图如图 22-24 所示。

	道岔表示名称	表示继电器采集端子		道岔名称	组合位置	电流模块端子号		
	B			A				
1	1/3-A	21-10	DBJ-82	1/3-A	21-10	OUT	1	
2			FBJ-82	1/3-B	21-10	OUT	2	
3	1/3-B	21-10		5/7-A	21-9	OUT	3	
4				5/7-B	21-9	OUT	4	
5	5/7-A	21-9	DBJ-82	9/11-A	22-9	OUT	5	
6			FBJ-82	9/11-B	22-9	OUT	6	
7	5/7-B	21-9		17-A	21-6	OUT	7	
8				17-B	21-6	OUT	8	
9	9/11-A	22-9	DBJ-82	31-A	22-8	OUT	9	
10			FBJ-82	31-B	22-8	OUT	10	
11	9/11-B	22-9		37	22-10	OUT	11	
12				39	23-10	OUT	12	
				道岔名称	组合位置	模块端子号		
13	17-A	21-6	DBJ-82	1/3-A	1DQJ 21-10	OUT-3	13	
14			FBJ-82	1/3-B	1DQJ 21-10	OUT-3	14	
15	17-B	21-6		5/7-A	1DQJ 21-9	OUT-3	15	
16				5/7-B	1DQJ 21-9	OUT-3	16	
17	31-A	22-8	DBJ-82	9/11-A	1DQJ 22-9	OUT-3	17	
18			FBJ-82	9/11-B	1DQJ 22-9	OUT-3	18	
19	31-B	22-8		17-A	1DQJ 21-6	OUT-3	19	
20				17-B	1DQJ 21-6	OUT-3	20	
21	37	22-10	DBJ-82	31-A	1DQJ 22-8	OUT-3	21	
22			FBJ-82	31-B	1DQJ 22-8	OUT-3	22	
23	39	22-10	DBJ-82	37	1DQJ 22-10	OUT-3	23	
24			FBJ-82	39	1DQJ 23-10	OUT-3	24	
25	24 V-环线	C2-D2-B25	C2-D4-B25	24 V-环线	C2-D2-A25	C2-D4-A25	25	
26							26	

图 22-24 采集板配线图

3. 采集板面板指示灯显示意义

采集板面板指示灯示意图如图 22-23 所示。面板上"电源"灯常亮,"工作"灯闪亮,"主/备"灯和"故障"灯灭灯,"收""发"灯闪亮,面板下方为开关量指示灯,其含义如下:

最右侧一列 1~12 位表示灯依次分别对应配线图上 A13~A24 位置的 1DQJ 开入状态,点亮时代表相应 1DQJ 状态采集正常(搬动道岔时灭灯);中间一列 13~24 位表示灯,依次分别对应 B1~B24 端子上的定位状态,点亮时代表相应 DBJ 状态采集正常;最左侧一列 25~36 位表示灯,依次分别对应 B1~B24 端子上的反位状态,点亮时代表相应 FBJ 状态采集正常。

4. 采集电路连接

图 22-25 为普通道岔监测电路连接示意图。一块采集板可以实现对 12 组 ZD6 转辙机道岔的监测,除监测电机电流和 1DQJ 的状态外,也对每组道岔的 DBJ 和 FBJ 的状态进行监测,但没有对 2DQJ 的状态进行监测,这是此监测系统的不足之处。

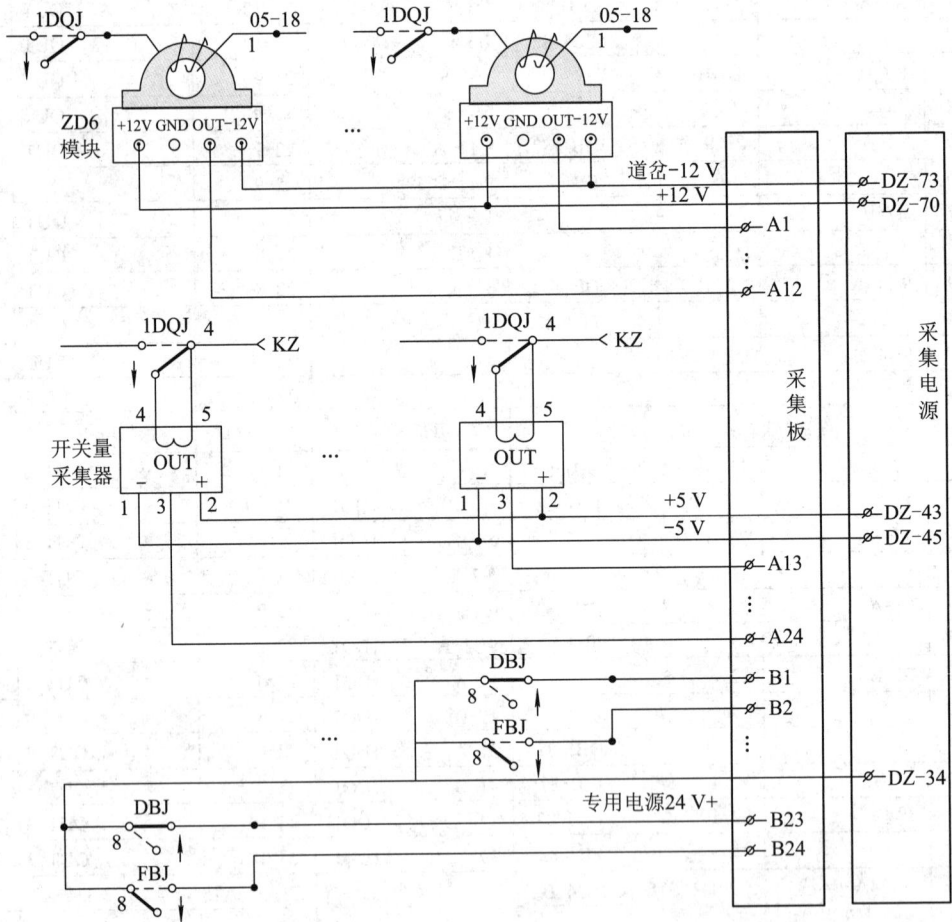

图 22-25　普通道岔监测电路连接示意图

配线时应注意采集板端子的分配要与设备一一对应，不能接错，否则会造成监测结果混乱。例如，A1 接入的是 3#道岔电流，那么 A13 就要接入 3#道岔的 1DQJ 的状态信息，B1、B2 必须分别接入 3#道岔的 DBJ 和 FBJ 的前接点，即 A1～A12、A13～A24 和 B1/B2～B23/B24 三组端子一一对应为同一组道岔的电机电流信息输入、1DQJ 状态信息输入和 DBJ/FBJ 前接点的接入。

对于各采集模块或 BJ 采集电源的接入位置，不同的设计可能有所不同，但不影响读者对电路原理的认知。

问 题 思 考

1. 用于6502继电器联锁下的TJWX-2000微机监测系统中的直流道岔采集分机由哪些元器件构成？画出其设备结构示意图。

2. 智能采集板与非智能采集板有哪些区别？其面板指示灯有什么不同？

3. 在二合一监测系统模式下，道岔采集分机只采集哪些信息？哪些信息可从列车监控系统中获取？

4. 06 型普通道岔板(V2.0/06PTDCBV2.0)可采集哪些信息？各端子的功能分配如何？试举例并画出采集板配线图。

第二十三课　提速道岔采集分机/单元系统设计

　　前面我们分析了普通道岔(直流道岔)监测分机系统在各种情况下的系统设计,接下来介绍提速道岔(三相交流转辙机道岔)采集分机及采集单元继电器采集方式下的系统设计情况。

　　提速道岔监测系统相对普通道岔应用得比较晚,因为早期车站信号设备中的道岔多为直流转辙机型道岔,只是随着我国高速铁路的发展,提速道岔的监测才得到应用和发展,并且对其监测的要求也越来越高,除了要监测工作电流,还要监测功率,同时对道岔缺口的视频监测也在不断加强。

　　提速道岔监测系统设备的设计主要经历了三个阶段。

一、用于电气集中车站的采集分机设计

　　早期对提速道岔只是以监测转辙机三相电流为主要目的,同时采集 1DQJ 状态信息作为道岔动作的时间信息,采集 DBJ 和 FBJ 状态信息用于道岔位置的判别,采集 2DQJ 的状态信息以证明道岔的实际位置与表示状态是否一致,及在转换道岔时确定道岔转换的目标。另外,对 SJ 第 8 级接点状态信息的采集,以确定道岔是否真正处于锁闭状态。

　　在道岔组合处采用三芯闭环电流传感器采集模块采集电机电流数据,其输出连接到道岔采集分机的模拟量输入板。1DQJ 的状态通过就近的光电隔离模块连接到道岔采集分机的开关量输入板。开关量输入板和模拟量输入板都通过背部总线与 CPU 板连接。

1. 道岔采集分机板卡布置

　　鉴于我国铁路大提速的情况,目前道岔采集分机组匣都是按照提速道岔模式设计的,适宜三相提速道岔的信息采集,其分机设备如图 23-1 所示,图中显示的是 24 路电流模入板和 24 V 开入板。早期的提速道岔采集板或开入板多为 48 路。

图 23-1　三相提速道岔的信息采集分机实物图

48 路输入的电流模入板和开入板的组织形式相同，只是接入的输入对象数量不同。每个采集板(模入板、开入板)容量为 48 路，三相交流道岔一台转辙机有 3 路输入，即一块电流模入板可完成 16 台三相交流转辙机电流的采集。一组采集分机安装 3 块电流模入板和 5 块开入板，5 块开入板其中的一块用于 1DQJ 状态采集，2 块用于 2DQJ(2DQJ 有两路采集输入，分别为吸起位和落下位)状态采集，另两块分别用于 DBJ 和 FBJ 状态采集。这样一组采集分机可以完成对 48 组交流道岔的监测，对每组道岔可采集 3 个相电流模拟量，及 1DQJ、DBJ、FBJ 各 1 个状态量和 2 个 2DQJ 的开关量。

此外，对道岔 SJ 的第 8 组接点的监测由综合采集分机中的开入板完成，开入板通常插在综合采集分机组匣中的第 7、8 位，最多可监测 96(一块板为 48 路，二块就是 96 路)个 SJ 的状态。

D0 位为 CPU 板，D1～D3 位为电流模入板，D4～D8 位为开关量开入板。位置分配如图 23-2 所示。

DY道岔采集机	D0CPU	D1MR	D2MR	D3MR	D4KR1DQJ	D5KR2DQJ	D6KR2DQJ	D7KRDFFB	D8KRDFFB

图 23-2　提速道岔采集分机板卡分布结构

2. 采集信息接入方式

按监测系统中的数据库管理格式要求，每组道岔的各项数据输入位置是有对应关系的，这就要求采集分机中各路信息的输入必须按照设备对应关系接入。比如，D1 的 1、2、3 端子(对应 a、b、c 三相电流输入)，分别对应 D4 的 1 端子(即为同一个道岔的)，D5 的 1、2 端子，D7 的 1、2 端子；D1 的 4、5、6 端子，分别对应 D4 的 2 端子(即为同一个道岔的)，D5 的 3、4 端子，D7 的 3、4 端子……依此类推。

二、智能采集板下的采集分机设计

所谓智能采集板，是指内部集成了 CPU 处理器的采集板，它可以独立地完成信息采集、数据处理及信息编码等工作。使用智能采集板的采集分机，除电源外不再设 CPU 板。由于车站的设备不同，对开关量采样所使用的器件类型或采集方式的不同，使用的智能采集板的类型也有所不同。

1. 道岔采集分机板卡布置

采集分机由"采集机电源(总线板)+6 块提速道岔电流采集板+2 块提速道岔功率采集

板",外加 48 个转辙机电流/功率传感器模块组成(早期的采集模块两者是分立的,即一组道岔各需要一个 3X 电流采集模块和一个功率传感器模块)。一个分机组匣共 8 块采集板,分别是 6 块电流采集板和 2 块提速道岔功率采集板,每 3 块提速道岔电流采集板配 1 块提速道岔功率采集板。一组分机共可完成对 48 台道岔转辙机的信息采集,其结构如图 23-3 所示。

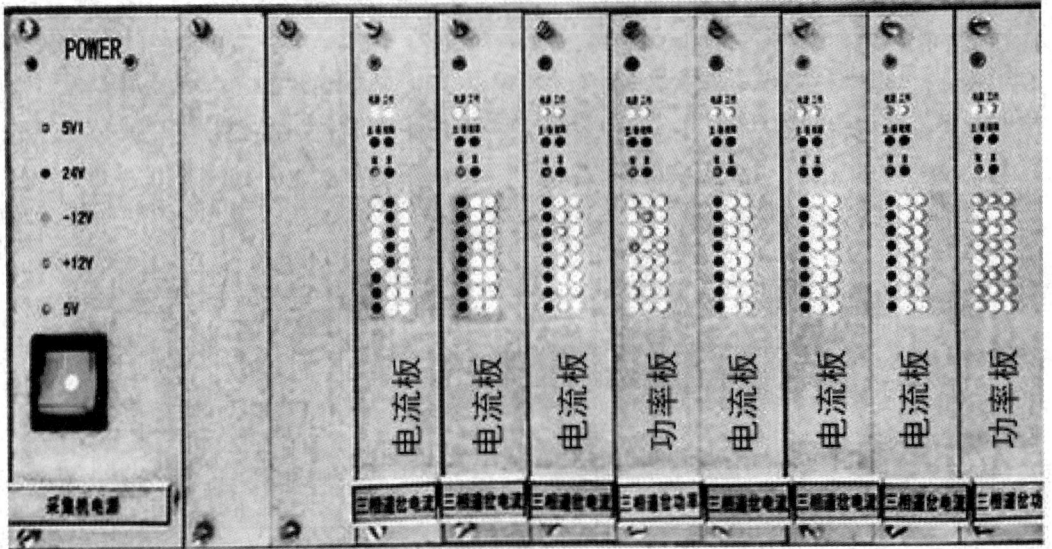

图 23-3　交流道岔智能采集板分机结构

2. 道岔采集板卡的配置

每块提速道岔电流采集板有 48 路输入,可以完成对 24 个开关量、24 路模拟量的采集。24 路模拟量分别对应 8 台提速道岔转辙机 a、b、c 三相电流输入;24 个开关量分别对应接入本采集板 8 组道岔的 1DQJ、DBJ 和 FBJ 的开关量输入信息。每 3 块电流采集板可采集 24 组道岔。在配线时道岔要与 1DQJ、DBJ 及 FBJ 端子对应。

每块提速道岔功率采集板也有 48 路输入,可以完成对 24 个开关量和 24 路模拟量的采集。24 路模拟量分别对应一组道岔的有功功率信息输入;24 个开关量分别对应一组道岔的 1DQJ 开关量信息输入。

3. 道岔采集板的选配

本系统下的提速道岔电流采集板和功率采集板有电流型和电压型两种,选用时可依据电流传感器采集模块和接点状态采集器或开关量采集电路所输出信息的性质决定。另外,采集板也有 V1 和 V2 两个版本,可以根据车站信号联锁系统的情况来选择。表 23-1 所示为 V1、V2 两个版本的电流采集板和功率采集板的功能及主要参数。

表 23-1 V1、V2 两个版本的电流采集板和功率采集板的功能及主要参数

类型	型号	功 能	主要参数	备 注
电流采集板 V1	电流型	采集提速道岔转辙机电流，要求采集模块输出 4~20 mA 电流信号	模拟量输入 24 路，允许输入信号：电流 4~20 mA。开关量输入 24 路：有效输入信号 DC>14 V，AC>12 V	适用于 1DQJ 开关量采样器输出为 24 V 的车站，比如 6502 联锁车站
	电压型	采集提速道岔转辙机电流，要求采集模块输出 0~3.3 V 电压信号	模拟量输入 24 路，允许输入信号：电压 0~3.3 V。开关量输入 24 路：有效输入信号 DC>14 V，AC>12 V	
电流采集板 V2	电流型	采集提速道岔转辙机电流，要求采集模块输出 4~20 mA 电流信号	模拟量输入 24 路，允许输入信号：电流 4~20 mA。开关量输入 24 路：前 8 路，有效输入信号 DC>3 V；后 12 路有效输入信号 DC>14 V，AC>12 V	适用于 1DQJ 开关量采样器输出为 5 V 的车站，比如微机联锁车站
	电压型	采集提速道岔转辙机电流，要求采集模块输出 0~3.3 V 电压信号	模拟量输入 24 路，允许输入信号：电压 0~3.3 V。开关量输入 24 路：前 8 路，有效输入信号 DC>3 V；后 12 路有效输入信号 DC>14 V，AC>12 V	
功率采集板 V1	电流型	采集提速道岔转辙机功率，要求采集模块输出 4~20 mA 电流信号	模拟量输入 24 路，允许输入信号：电流 4~20 mA。开关量输入 24 路：有效输入信号 DC>14 V，AC>12 V	适用于 1DQJ 开关量采样器输出为 24 V 的车站，比如 6502 联锁车站
	电压型	采集提速道岔转辙机功率，要求采集模块输出 0~3.3 V 电压信号	模拟量输入 24 路，允许输入信号：电压 0~3.3 V。开关量输入 24 路：有效输入信号 DC>14 V，AC>12 V	
功率采集板 V2	电流型	采集提速道岔转辙机功率，要求采集模块输出 4~20 mA 电流信号	模拟量输入 24 路，允许输入信号：电流 4~20 mA。开关量输入 24 路：有效输入信号 DC>3 V	适用于 1DQJ 开关量采样器输出为 5 V 的车站，比如微机联锁车站
	电压型	采集提速道岔转辙机功率，要求采集模块输出 0~3.3 V 电压信号	模拟量输入 24 路，允许输入信号：电压 0~3.3 V。开关量输入 24 路：有效输入信号 DC>3 V	

三、新式采集板型采集分机设计

由于采用"智能电流采集板+功率采集板"的架构模式存在一些不足或不合理之处，比如因为电流采集板与功率采集板是分开使用的，且各自都需要引入 1DQJ 的状态信息，同一个信息在同一分机内被两处使用，这在逻辑上也不合常理，这会给施工带来不便。因此，厂家在此基础上将采集板功能进行了整合，开发了其升级版，将电流采集板和功率采集板的功能合为一体，并将之命名为"转辙机采集板"。

1. 道岔采集分机板卡布置

图 23-4 为使用电流/功率合一采集板的采集分机结构示意图，采集分机中增加了一块通信接口板。每个分机组匣最多可放置 8 块转辙机采集板，具体数量根据监测对象的多少而定。

每块采集板可以处理 6 组提速道岔的三相电流信息、功率信息和 1DQJ、定/反位表示继电器状态信息。图 23-5 为电流/功率合一道岔采集板实物图。

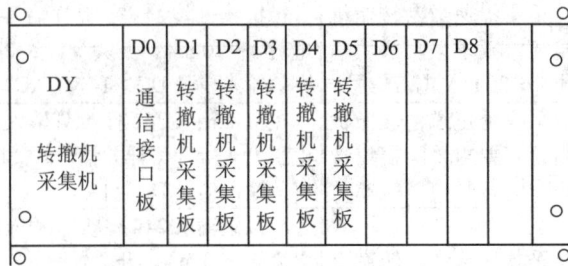

| DY

转辙机
采集机 | D0

通信接口板 | D1

转辙机采集板 | D2

转辙机采集板 | D3

转辙机采集板 | D4

转辙机采集板 | D5

转辙机采集板 | D6 | D7 | D8 | |

图 23-4　使用电流/功率合一采集板的采集分机结构示意图

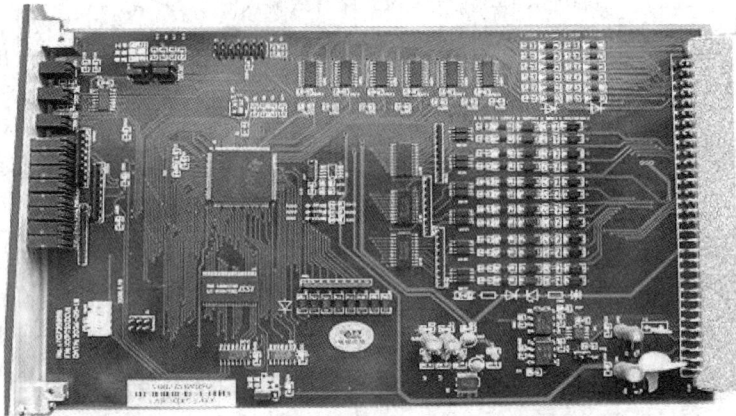

图 23-5　电流/功率合一道岔采集板

2. 电源及采集信息接入方式

D0 位的通信接口板主要完成数据通信任务，通过 D0 端子板为各采集传感器模块转接工作电源(电源来自本组匣的电源板)。此外，各分机的电源线和通信线也是在 D0 端子板上实现环连的(此类环线出厂前已装配完成)。D1～D8 端子板对应完成各转辙机采集板信息的接入，信息分别来自电流/功率采集模块、1DQJ 开关量采集模块及 DBJ 和 FBJ 采集电路，其中电流/功率采集模块可输出转辙机的 A、B、C 三相采样电流及其功率曲线数据信息。

1) 采集模块的使用

电流/功率采集模块的工作电源(+12 V、−12 V、AGND)采用多个模块并联双环线供电模式(环连对象最多不能超过 6 个模块)，环接后的电源连线通过采集分机 D0 端子板与电源板端子 DZ-61-62、ZD-64-65、ZD-67-68 相接。

用于 1DQJ 开关量采集的采集器模块，在计算机联锁中通常使用+5 V 的电感式开关量采集器(开关量采集器也有 12 V 电源的)，采集器工作电源(+5 V、−5 V)也是多模块环连，环接后的电源连线通过 D0 端子板分别与电源板端子的 DZ-42-43、ZD-44-45 相接。6502 电气集中车站，开关量采集器模块通常选用工作电源为直流 24 V 的光电模块采集器，其配线方式与 5 V 的采集器相同。

对 DBJ 和 FBJ 状态信息的采集方法是，选取它的一组空接点(通常是前接点)构成闭环电路(称为采集电路)，通过采集板判断电路的通断情况获取其状态信息。在采集电路中将定、反位表示继电器的中接点环连，环连后接至电源端子 DZ-36(KZ24V)，采集电路的 KF24V 电源由 DZ-96 或 DZ-97 端子引出至采集板，并在采集板的电源侧环线连接。计算机联锁车站采集电源使用综合固定组合的 KF24V，6502 电气集车站使用的是 JF24V，尽管各类监测系统使用的设备可能有所差别，但监测思路是一样的。

采集模块的采样方式或采集原理可参考前面直流道岔监测的部分。

2) 采集分机的配线

采集分机背面均配置了可拔插的配线端子板，采集分机配线端子板(从分机背面看)自右向左依次编号为"D0、D1、D2、D3、D4、D5、D6、D7、D8"(参考图 23-4)，其中 D0 端子板作为电源和 CAN 通信板的配线端子板，其他均为工程采样端子。每块端子板对应一块采集板，外部配线通过机柜内部转接引至采集板卡。

图 23-6 所示为转辙机采集板配线，表示的是道岔采集分机在 C2 组合(D2 为配线板)的采集配线，其所分配的监测对象分别是 1、3、5 号道岔的 J1、J2、J3(牵引岔尖的转辙机)和 X1、X2、X3(牵引岔心的转辙机)共 6 台转辙机。

	C2组合——D2						
	B			A			
	道岔1启动名称	组合位置	开关量采集器端子号	道岔名称	组合位置	功率模块端子号	
1	3-J1 1DQJF		OUT-3	A 相电流		Ia	1
2	3-J2 1DQJF		OUT-3	B 相电流		Ib	2
3	3-J3 1DQJF		OUT-3	C 相电流		Ic	3
4	3-X1 1DQJF		OUT-3	功率		Ip	4
5	3-X2 1DQJF		OUT-3	A 相电流		Ia	5
6	5-J1 1DQJF		OUT-3	B 相电流		Ib	6
7				C 相电流		Ic	7
8				功率		Ip	8
	道岔表示名称	道岔表示继电器采集端子					
9	3-J1	DBJ-12		A 相电流		Ia	9
10		FBJ-12		B 相电流		Ib	10
11	3-J2	DBJ-12		C 相电流		Ic	11
12		FBJ-12		功率		Ip	12
13	3-J3	DBJ-12		A 相电流		Ia	13
14		FBJ-12		B 相电流		Ib	14
15	3-X1	DBJ-12		C 相电流		Ic	15
16		FBJ-12		功率		Ip	16
17	3-X2	DBJ-12		A 相电流		Ia	17
18		FBJ-12		B 相电流		Ib	18
19	5-J1	DBJ-12		C 相电流		Ic	19
20		FBJ-12		功率		Ip	20
21				A 相电流		Ia	21
22				B 相电流		Ib	22
23				C 相电流		Ic	23
24				功率		Ip	24
25	24 V-环线	C2-D3-B25	C2-D0-B12	5 V-环线	C2-D3-A25	DZ-45	25
26							26

图 23-6　转辙机采集板配线

配线端子 A1～A24 为转辙机电流和功率曲线输入；B1～B6 为对应的 1DQJ 开关量输入(实际采样的是 1DQJF)；B9～B20 为对应的定、反位表示开关量输入(公共端子为

B25:24V−)，其中单号为定位表示输入，双号为反位表示输入。

3) 采集板面板指示灯

提速道岔采集板面板指示灯及其定义如图 23-7 所示。

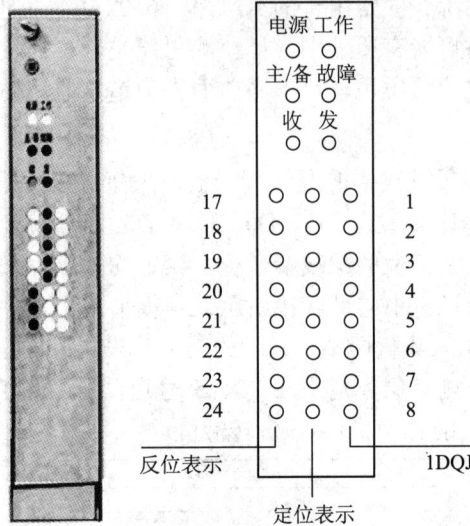

图 23-7　提速道岔采集板面板示意图

面板下面的 24 个绿色指示灯皆为开关量指示灯。右边一列 1～6 位指示灯依次分别对应配线图上 B1～B6 端子上的 1DQJ 开入状态，中间一列 9～14 位指示灯依次分别对应配线图上 B9～B19(6 个奇数号)端子上的对应 DBJ 定位状态，左边一列 17～22 位指示灯依次分别对应配线图上 B10～B20(6 个偶数号)端子上的对应 FBJ 反位状态。

3. 4 路智能提速道岔采集板

在 2010 版的信号微机监测系统中，有的厂家使用 4 路智能提速道岔采集板代替了 6 路采集板，其采集分机的安装方式与 6 路的提速道岔采集板一样，不同之处在于每块采集板可监测 4 组交流转辙机的道岔。

4 路智能提速道岔采集板实物及面板指示灯示意图如图 23-8 所示。

图 23-8　4 路智能提速道岔采集板及面板指示灯示意图

正常情况下，面板上的"电源"灯常亮，"工作"灯秒闪，"主/备"灯和"故障"灯灭灯，"收"灯、"发"灯闪烁。"1、4、7、10"灯亮代表相应道岔 1DQJ 状态采集正常(扳动道岔时灭灯)，"2、5、8、11" 灯亮代表相应道岔定位表示灯采集正常，"3、6、9、12"灯亮代表相应道岔反位表示采集正常。每块三相道岔板可监测 4 组提速道岔电机及 4 组道岔的定、反位表示灯信息。

四、采用电流/功率综合采集单元的监测

2010 版监测系统对交流道岔的监测使用了电流/功率综合采集单元继电器(简称综合采集单元)，代替了原来模式下的采集分机，所有综合采集单元可直接通过 RS485 总线将道岔电流曲线数据、功率曲线数据及 1DQJ、DBJ、FBJ 的状态信息上传到监测站机。在二合一或三合一的综合监测系统下，有些厂家的采集单元不采集 DBJ 和 FBJ 的状态信息，其状态信息可从行车综合监督系统中获取。

具体的设备及电路连接，前面已有介绍，这里就不重复了。

问 题 思 考

1. 电气集中车站对道岔的监测包含哪些对象或内容？其提速道岔采集分机由哪些部分组成？

2. 每块提速道岔"电流采集板"有几路输入？分别可以完成哪些量的采集？

3. 集"采集板+功率采集板"于一体的"转辙机采集板"构成的采集分机最多能监测多少组交流道岔？画出其面板上的指示灯示意图，并说明其显示意义。

第二十四课　直流道岔工作电流曲线图

对道岔转辙机电流的监测最终是用曲线图表达出来的。系统通过采集 1DQJ 的吸起时间，确定出曲线图的横坐标参数；通过电流互感器(霍尔传感器)采集模块采集出各时段下的电机电流值，最终以连续的曲线图形式给出(维护人员可随时从系统中调阅)。

可以设想一下，当道岔在转换的过程中受阻或电路部分接触不良时，就必然在曲线上有所反映，因为受阻会使电机转速下降，电流曲线就会上升，电路部分接触不良时，必然也会影响电流的变化，从而在曲线上就会表现出来。总之，我们通过曲线图可以分析出道岔的转换状态是否良好，以对道岔的电气特性、机械特性和时间特性做出判断，从中发现存在的问题，采取措施，从而实现早期预防、消除隐患，这也是监测的目的与意义所在。

一、单动道岔转辙机动作电流标准曲线图分析

转辙机在牵引道岔转换的过程可以分为三步：解锁、转换及锁闭。如果从 1DQJ 动作时间来划分可分为 5 个阶段：1DQJ 及 2DQJ 转极、解锁、转换、锁闭、1DQJ 释放。不同的阶段在电流曲线上就有不同的表现。

1. 动作电流标准曲线

假设某道岔转辙机及其轨道设备安装正确，且所有的技术参数都符合标准，那么，这个道岔动作时所得到的电流曲线就会是一个标准的曲线。这个标准的曲线如图 24-1 所示。

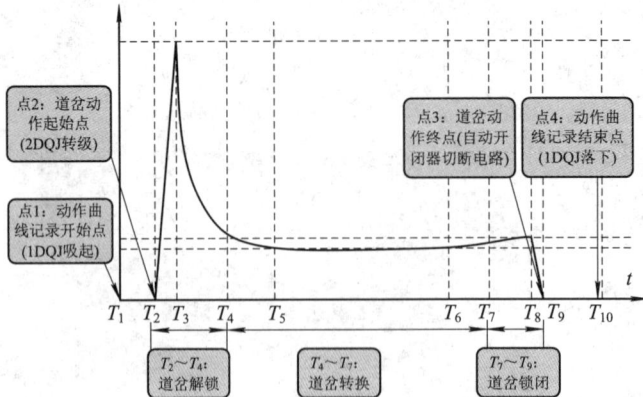

点2：道岔动作起始点(2DQJ转级)

点3：道岔动作终点(自动开闭器切断电路)　点4：动作曲线记录结束点(1DQJ落下)

点1：动作曲线记录开始点(1DQJ吸起)

$T_2 \sim T_4$：道岔解锁　　$T_4 \sim T_7$：道岔转换　　$T_7 \sim T_9$：道岔锁闭

图 24-1　ZD6 道岔转换时的电流曲线图

我们依据图形变化的特点，结合道岔转换过程中控制电路相关继电器的状态变化，及尖轨移动过程中的不同位置等情况，将电流曲线细分为 9 个时段，时段的划分情况见图中的"$T_1 \sim T_{10}$"。

2. 各时段与曲线图的对应关系分析

下面我们用这个标准的电流曲线图(图 24-1)，来分析曲线与道岔转换的各个阶段的关系。

(1) "$T_1 \sim T_2$"时段。

此时段为 1DQJ 后接点离开至 2DQJ 转极刚完成的时段($\leqslant 0.3$ s)。所以表现在曲线上开始有一个很短的电流为 0 的线段，因为此时电机电路并没有接通。

(2) "$T_2 \sim T_3$"时段。

此时段为电机线圈激磁时间，也称电机上电时间($\leqslant 0.05$ s)。曲线上出现一个电流突然增大的尖峰，这是电机刚接通的瞬间，因电机中的转子还没有转动，其中无感生电流，电路中的电阻主要是线圈的电阻，故电流很大。峰顶值通常为 6~10 A，若峰值过高，表明通路中电阻变小，说明电机线圈可能有匝间短路的情况。

(3) "$T_3 \sim T_4$"时段。

此时段为道岔解锁，尖轨释放密贴力，同时也使自动开闭器打开(两组速动接点分别接通 1、4 排静接点)的时段。此时电机已经启动完成，转速已升高，所以电流平顺下落。这个过程动作齿轮锁闭圆弧在动作齿条削尖齿内滑动(动作齿轮转过 32.9°)。若在这个过程中曲线有台阶或鼓包，则是因为道岔密贴调整过紧造成解脱困难造成的。

(4) "$T_4 \sim T_5$"时段。

此时段为道岔解锁到动作杆开始移动前的过渡时段。在动作齿轮带动齿条块动作时，与动作齿条相连的动作杆在杆件内有 5 mm 以上的空动距离，这时电机的负载很小，故电流继续回落，曲线继续过渡，直到道岔开始动作为止。

(5) "$T_5 \sim T_6$"时段。

此时段是转辙机拖动尖轨移动的过程。在这段时间里电机动作电流相对比较平稳。标准之下其谷底值与"$T_4 \sim T_5$"或"$T_6 \sim T_7$"段的平均值之差，不应大于 0.4 A(图中两条横虚线之间的值)，其下的平均电流值一般在 0.75 A 左右。电流的大小反映了转换阻力的大小。如果动作电流过大，表明转换阻力大，说明工务尖轨有转换障碍(如根部阻力大、滑床板缺油、尖轨吊板等)。如果动作曲线波动大，则表明道岔在电气或机械方面存在问题。

(6) "$T_6 \sim T_7$"时段。

此时段正是尖轨爬轨时段。因其阻力略有增大，故曲线略有上扬。如果上升值变高，说明尖轨有落轨等情况，造成了阻力的增加。

(7) "$T_7 \sim T_8$"时段。

此时段是尖轨密贴至道岔锁闭的时间($\leqslant 0.25$ s)，是尖轨与基本轨增加密贴力的时段，即道岔锁闭时段。这时由于尖轨的阻力增加，使得电机的转速略有下降，所以发生曲线尾部略有上翘的现象，但电流的大小不应高于"$T_6 \sim T_7$"时段平均值的 0.25 A 以上，若大于此值表明道岔密贴调整过紧。

在道岔进行四毫米试验时，于 T_8 后会出现一串逐渐下滑的波动段，波峰与波谷间的电流之差不应大于 0.35 A，若大于此值则表示摩擦带不良。

(8) "$T_8 \sim T_9$" 时段。

此时段为电机断电后释放磁能的时间(≤ 0.05 s)。在道岔转换到位后，要切断电机电路并完成锁闭，于是自动开闭器速动接点开始离开静接点，到完全断开，中间有一个过程时间。

(9) "$T_9 \sim T_{10}$" 时段。

当自动开闭器速动接点完全离开静接点后，道岔启动电路被完全切断，1DQJ 自闭电路也就完全切断了，电机电流变为 0。但因为 1DQJ 是缓放的，只有等到其后接点接通，监测系统才会停止计时，所以，表现在电流曲线上就有一段电流为 0 的时长，此时段应 ≥ 0.4 s(技术规定 1DQJ 的缓放时间不小于 0.4 s)。因此，通过计算此归 0 的时段长度，可以观察 1DQJ 缓放时间是否符合技术要求。

"ZD6" 一个单动道岔的转换时间大约在 3 s 左右。从大方面看，曲线主要可看作三个过程(与道岔的转换的三个过程对应)：

(1) 解锁阶段——"$T_1 \sim T_4$"，正常时间小于 0.6 s；

(2) 转换阶段——"$T_4 \sim T_7$"，其时间的长短视转换阻力而变，一般取此时段内电流的平均值作为道岔的动作电流；

(3) 锁闭阶段——"$T_7 \sim T_9$"，正常时间不大于 0.3 s。

二、多机多动道岔正常电流曲线图

1. 单机牵引双动道岔电流曲线

单机牵引双动道岔指有两个道岔，每个道岔由单个 ZD6 转辙机实现牵引的情况。我们知道双动道岔的转换时序是"一动"道岔先转换，完毕后接通"二动"道岔转换电路，待都转换到位后，切断启动电路接通表示电路。由于双动道岔的启动电路与单动道岔一样，此时 1DQJ 的吸起时间要等到两个道岔全部转换到位时才能还原落下，所以道岔的转换时间由 1DQJ 后接点断开到后接点的闭合时间确定。电流曲线图如图 24-2 所示，其曲线为一动、二动电流曲线的拼接，单个曲线样式与单动道岔相似。

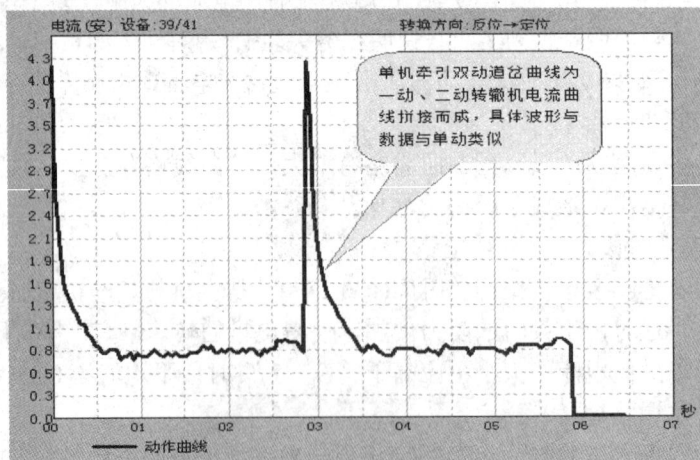

图 24-2　单机牵引双动道岔电流曲线图

2. 单机牵引多动道岔电流曲线

三动及四动道岔，其动作过程是串连的，当第一动转换完毕后，其自动开闭器接点自动切断其动作电流，同时接通第二动道岔的动作形成其电流曲线……依此类推，因此其动作电流曲线也是单动的组合。图 24-3 所示是某四动道岔的正常电流曲线图(左边为反位到定位转换时的曲线，右边为定位到反位转换时的曲线)。

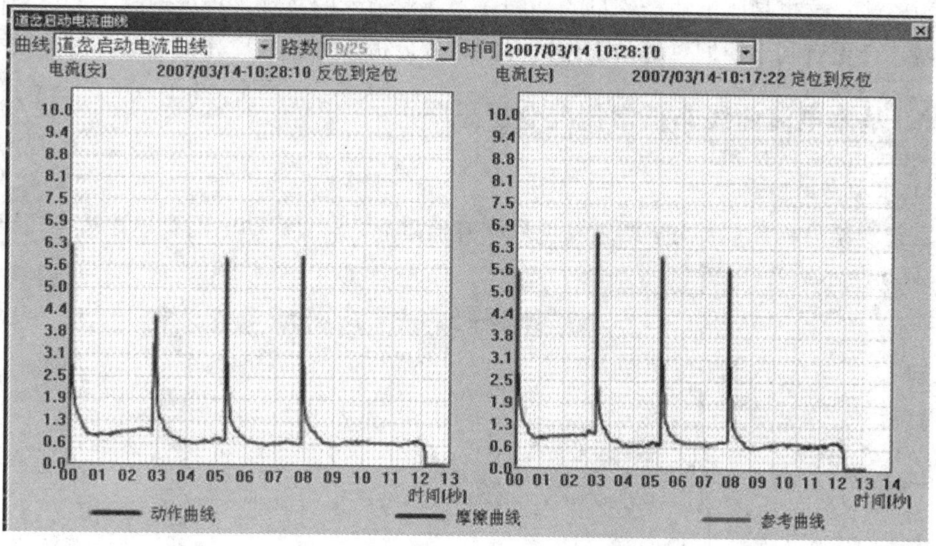

图 24-3　四动道岔动作电机电流曲线图

3. 多机牵引双动道岔电流曲线

图 24-4 是一动单机，二动为双机牵引下的道岔动作电流曲线图。图中可见单机的电流曲线要比双机的小。双机下的电流曲线在尾部有"下台阶"波形，这表明两台转辙机中有一台先切断了启动电路。

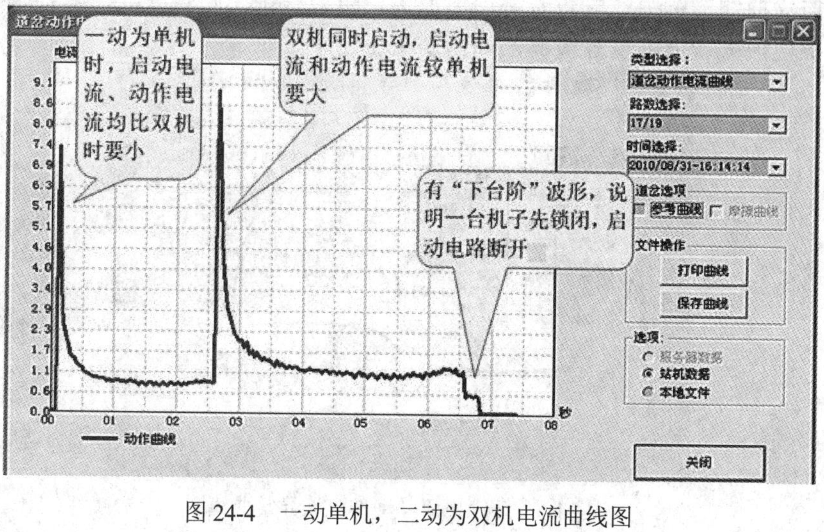

图 24-4　一动单机，二动为双机电流曲线图

三、利用曲线图分析道岔故障思路

对道岔工作情况通过电流曲线进行分析时，可将其与正常情况下的曲线图进行对比，对非正常时的道岔电流曲线，依据造成非正常变化的因素分析造成异常的原因，从而有针对性地整治，这也是监测的最终目的。同样，在对道岔的故障进行处理时，如果能借助电流曲线，会更有利于我们对道岔工作情况的有效分析，可大大提高处理故障时的效率。

1. 基本电流曲线非正常情况分析思路

1) 启动电流

首先观察启动曲线部分，如果发现启动峰值过高，说明启动电路有短路或半短路情况，如图 24-5 所示。

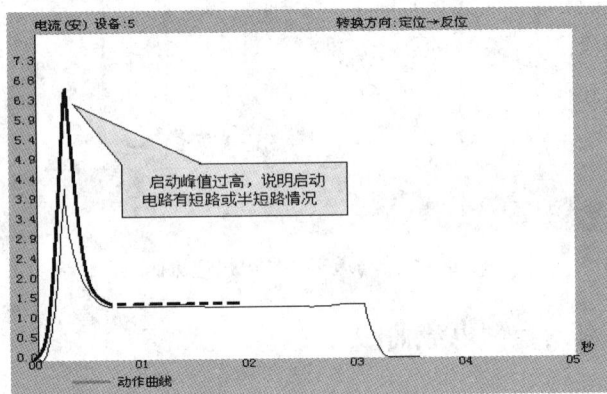

图 24-5　启动曲线异常情况

2) 解锁电流

观察电流曲线的解锁区段，若解锁电流大，可能是锁闭圆弧缺油、解锁时有卡阻、压力大、摩擦电流大或道岔重等情况，如图 24-6 所示。

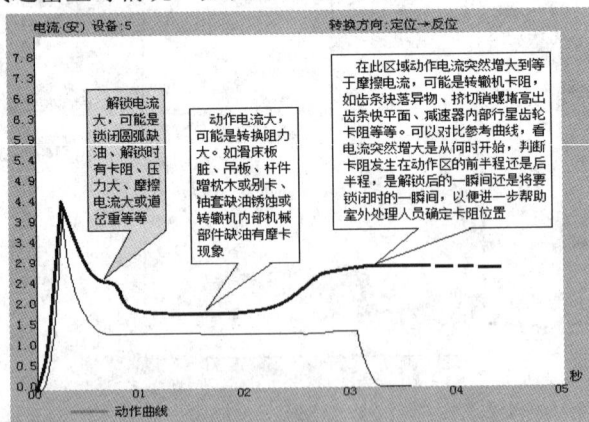

图 24-6　解锁电流、动作电流异常曲线图

3) 动作电流

(1) 观察电流曲线的动作区段，如果动作电流变大，那么可能是道岔转换过程阻力大，比如滑床板脏、吊板、杆件蹭枕木，或别卡、袖套缺油锈蚀等原因，或转辙机内部机械部件缺油有摩卡现象等。

(2) 在此区域中若动作电流突然增大到等于摩擦电流时，可能是转辙机箱外或箱内卡阻。比如齿条块落异物、挤切销螺堵高出齿条快平面、减速器内部行星齿轮卡阻等。同时，可以对比参考曲线，看电流突然增大是从何时开始的，判断卡阻发生在动作区的前半程还是后半程，是解锁后的一瞬间还是将要锁闭时的一瞬间，以便进一步帮助室外处理人员确定卡阻位置，如图24-6所示。

(3) 若动作电流小或不稳定，可能是摩擦带松、沾油、或固定不良等，也可能是启动电路中各接点有接触不良情况，比如炭刷、继电器接点、开闭器接点、定子、转子等接触不好。由于电流采样间隔为40 ms，所以对于转子线圈断1～2匝的情况，电流曲线反映不出来，但对于连续几匝断线的情况，在动作电流曲线中可见突然向下的小尖波。同理，如果连续几匝短路，就会出现突然向上的小尖波，这种情况下道岔转动时就有可能烧启动保险，如图24-7所示。

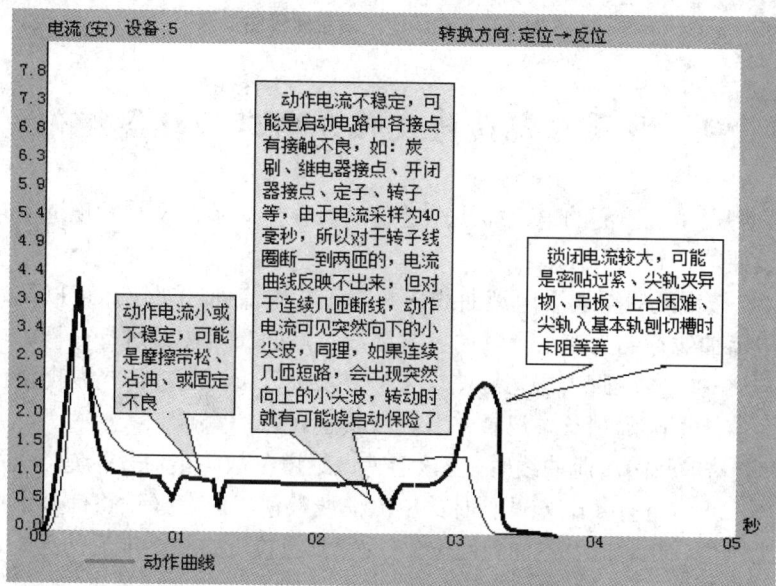

图24-7　动作、解锁异常电流曲线图

4) 锁闭电流

若在道岔锁闭区段的电流曲线中发现锁闭电流较大，可能是道岔密贴过紧、尖轨夹异物，或吊板、上台困难、尖轨入基本轨刨切槽时卡阻等，如图24-7所示。

2. 真实的问题曲线样例

图24-8是某双动道岔在由反位转向定位时的实际电流曲线图，可见其第一动道岔的电机动作电流有不稳定的波动，且开闭器的动接点打入静接点的时间偏长。第二动转辙机在锁闭时段电流曲线上升过高，表示锁闭时阻力过大。

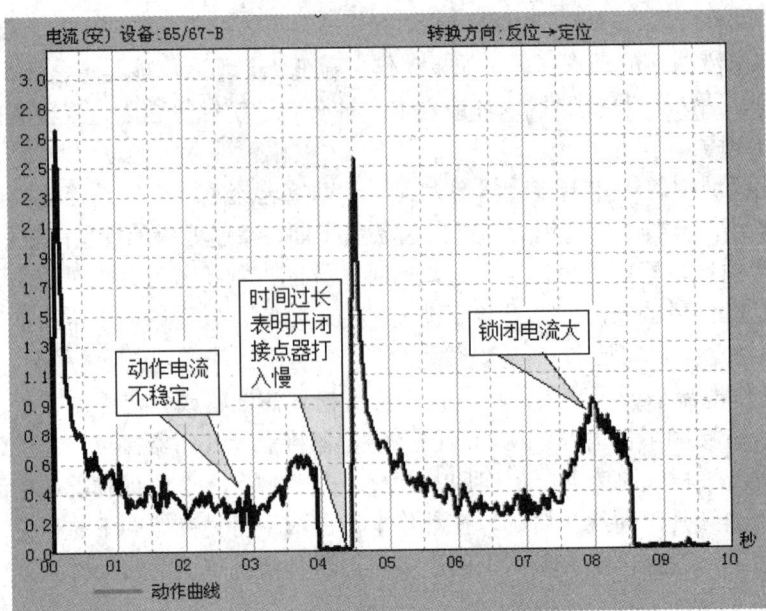

图 24-8　某双动道岔电流曲线图样例

四、利用电流曲线变化分析道岔故障举例

为了提高利用微机监测的电流曲线对道岔故障分析效率，及时发现道岔存在的隐患，信号维护人员要能做到以下几点：

(1) 平时要按规定周期调看电流曲线，并与正常电流曲线对比，可以及时地将道岔性能最好时的电流曲线存储为该组道岔的参考曲线，后面在对曲线进行分析时，可将此作为标准曲线参与比对，发现曲线与之偏差较大时，及时分析、处理；当发现道岔电流曲线记录不良或电流监测不准确时及时记录并上报试验室。

(2) 调看道岔的故障电流曲线时，应该清楚该组道岔故障电流显示是否与室外进行的 4 毫米试验有关。正常进行 4 毫米试验时的电流曲线数值，应在《铁路信号维护规则》规定的摩擦电流范围内，并对比"定位到反位""反位到定位"的摩擦电流的大小，以判定摩擦电流是否平衡和稳定。

(3) 当道岔发生故障后，及时将故障曲线存储，便于今后调看和分析，以不断地提高自己的分析能力。

下面，我们通过举例，讲解如何通过分析道岔故障时的电流曲线，判断故障原因。

1. 因摩擦连接器故障造成的电流曲线变化

图 24-9 为某双机牵引道岔的第一动道岔电机电流曲线图。从图中可以看出道岔并未转换到位，且一直处在空转状态。再看摩擦电流约 1.4 A，与正常值相比过小(正常情况下不小于 2.7 A)，由此可分析得出"摩擦连接器过松"的结论。造成过松的原因，可能是摩擦带进油、弹簧力量不合标准、摩擦带弹簧杆折断等，具体可到现场检查。

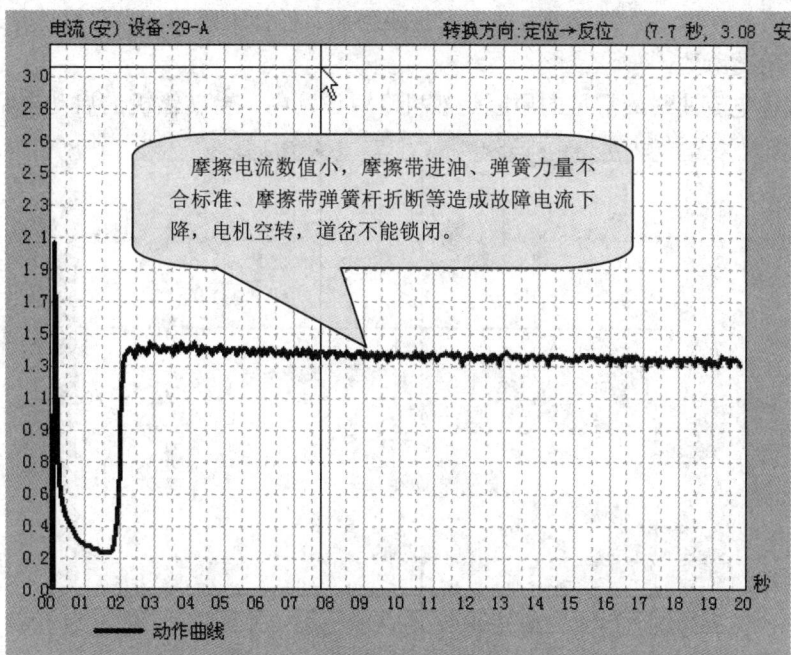

图 24-9　因摩擦连接器故障造成的电流曲线

2. 因 X1 与 X2 短路故障造成的电流曲线变化

图 24-10 为某双机牵引道岔在由定位向反位转换时的第一动道岔电机电流曲线图。从图中可以看出道岔刚启动后，电流就突然断电归零了。结合观察熔断情况，发现反位 DF220 的熔断器 RD2 烧断。依据此现象，可初步断定其故障原因为 X1 与 X2 短路。

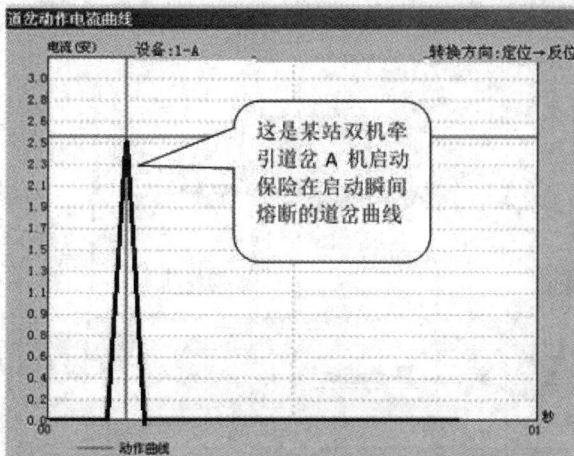

图 24-10　因 X1 与 X2 短路故障造成的电流曲线

3. 双机牵引时一台电路未构通的曲线

图 24-11 为双机牵引道岔的其中一台电机的启动电路未构通情况下所形成的电流曲线。动作电流只有 0.1 A，道岔解锁 0.5 s 后即出现了卡阻。造成故障的原因可能为齿条块

上卡阻,如落入异物、挤切销螺堵高出齿条块平面、杆件卡阻等,也有可能是道岔压力大、解锁困难等情况所致。

产生这种电流曲线最常见的原因是双机牵引道岔中一台转辙机的启动电路不能构通。

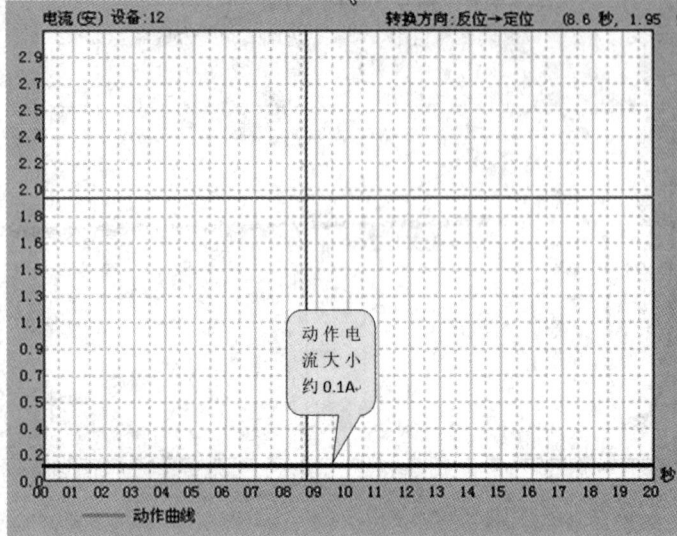

图 24-11　双机牵引一台电路未构通的曲线

4. ZD6 电动转辙机锁闭时空转故障

图 24-12 所示为 7 号道岔在由定位往反位转换时的电流曲线图(深色线部分为正常情况下的参考曲线)。

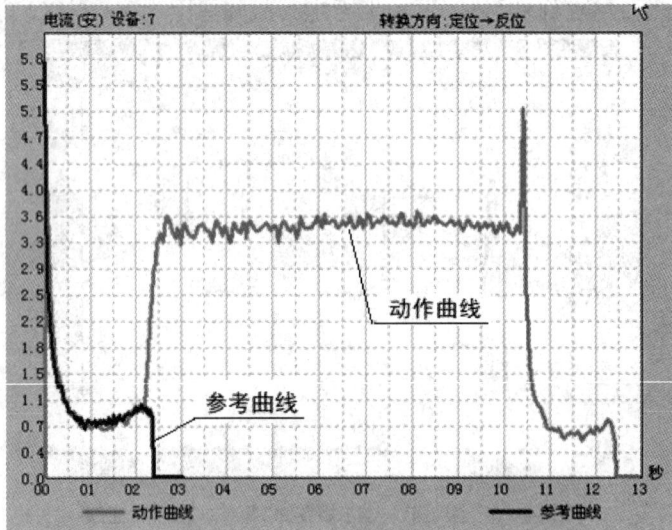

图 24-12　道岔将要转换到位时受阻的电流曲线

从曲线图上可以看出,其道岔在快要锁闭时,电流突然升高为摩擦电流,道岔空转。此情况很有可能存在尖轨夹异物的问题(后经现场检查,证明确实是尖轨夹石头,造成道岔不锁闭)。

5. ZD6 转辙机空转故障

图 24-13 为某号道岔在转换时的电流曲线图(虚线部分为正常下的参考曲线)。

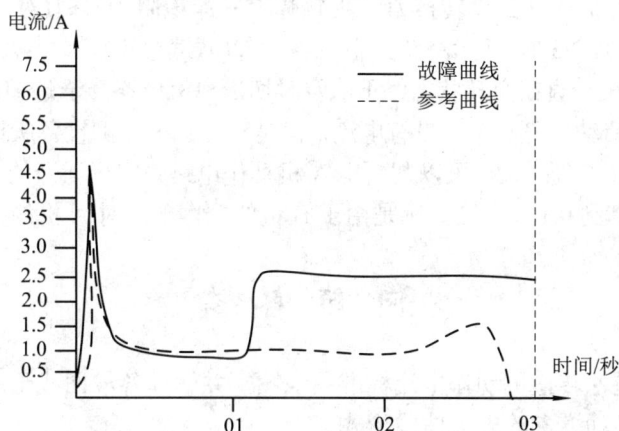

图 24-13　道岔转换中间受阻的电流曲线

从曲线上可看出，当转动到整个行程的约 1/3 处时，突然升高为摩擦电流。此时可首先判断为室外道岔中途受阻。根据其位置情况，可排除杆件受阻等因素，很有可能是机内卡阻。后经现场处理人员查看，确认原因为：检修人员作业完毕，将螺丝刀落入转辙机内，卡住齿条块而导致道岔空转。

6. 双机牵引道岔其中一台转辙机不能启动的故障

图 24-14 为某站 29＃双机牵引道岔某日发生转不到底的故障时的电流曲线，图(a)为其 A 机曲线，图(b)为其 B 机的曲线。

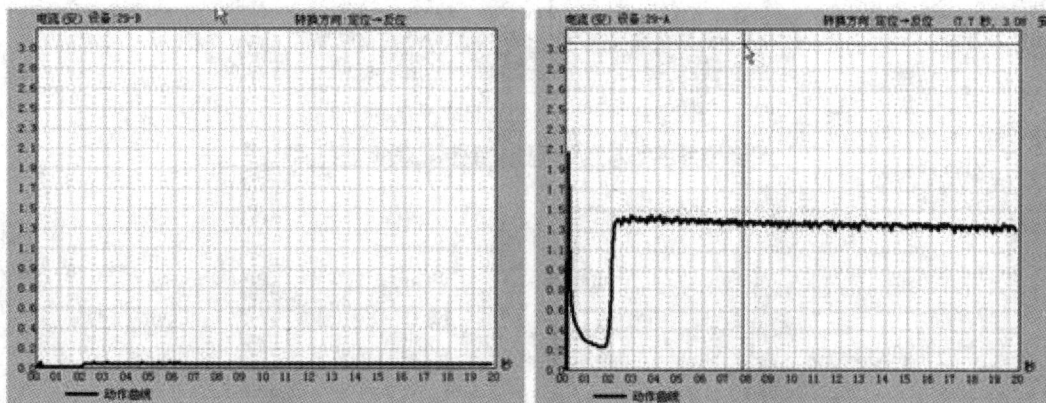

(a) A 机曲线　　　　　　　　　　　　(b) B 机曲线

图 24-14　双牵道岔转换故障的电流曲线

从图(a)曲线上看：A 机电流值开始为 0.1 A，然后变为零，2 s 后又变成 0.1 A。图(b)显示的 B 机曲线，初始时启动电流为 2.1 A，然后为动作电流，在 2 s 时突然升高，表现为"摩擦电流"的值。由此可以判断出，B 机是能正常启动的，而 A 机启动电路未构通。详细分析如下：

(1) 对于 A、B 两台转辙机而言，其室内控制电路共用一个 1DQJ，而采集电流的采集点是分别在各自的动作电路中的。

(2) 当 A 机启动电路不能构通时，其电流为零，而 B 机却可以正常启动并转动了，但因为 A 机未动，B 机转动到"转换力＝尖轨弹力＋摩擦阻力"时(对于此类型的道岔，大概在完成整个动程的 2/3 时)开始空转，电流被拉起(摩擦电流)。

(3) 又因为 B 机一直在空转状态，不能及时切断电机电路，于是 1DQJ 一直保持在吸起状态，因此，A 机启动电路中虽然没有电流，但是它一直被监测设备所记录，故(a)图中显示的为一条直线。由其电流的大小可以判断出 A 机动作电路是完全断开的，因为其电流值为 0。在 2 s 以后电流升高到 0.1 A 左右，则是由于 B 机的摩擦电流对 A 机的干扰所造成的。

问 题 思 考

1. 画出单动道岔转辙机动作电流标准曲线图，并解释各段曲线形成的时机与原因。
2. 画图说明多动道岔的电流曲线形式。
3. 依据图 24-15 和图 24-16 两组电流曲线图，分别分析造成曲线异常的原因。

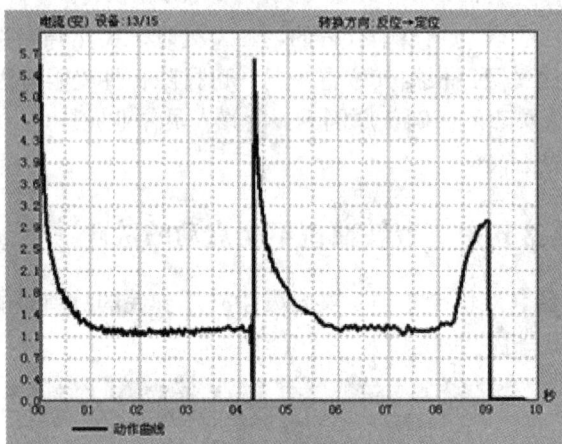

图 24-15　某双动道岔的故障电流曲线

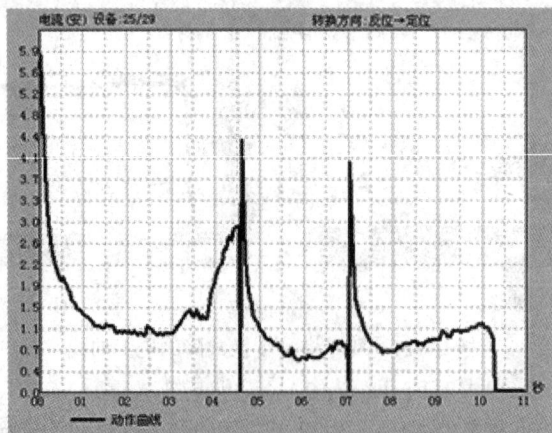

图 24-16　某双动道岔(一动单机，二动双机)的故障电流曲线

第二十五课　提速道岔电流/功率曲线图

　　信号监测系统除了对道岔位置的监测外，主要对道岔转换时电机电流的大小进行跟踪监测，以分析道岔的工作情况。对提速道岔(交流道岔)除监测转辙机的电流外，还监测其有功功率，以便借此更直观地分析道岔可能存在的机械故障。同样，当道岔动作电路和表示电路(室外部分)发生故障时，必然会造成道岔动作时电机电流和功率的改变，由此可帮助信号维护人员准确、快速地分析并处理道岔控制电路故障。

一、交流道岔转辙机电流标准曲线

　　与直流道岔转换时一样，交流道岔转换轨在移动过程中处于不同地点时，因阻力的不同，同样会在电流曲线和功率曲线上表现出来。正常情况下由于变化细微，这里就不细究了，下面从曲线变化明显的四个时段分析造成曲线变化的原因。

　　图25-1是三相交流电机道岔正常动作(由定位转向反位)时的标准电流曲线。为表达方便，A相电流用粗实线、B相电流用细实线、C相电流用虚线表示(重叠部分用粗实线)。

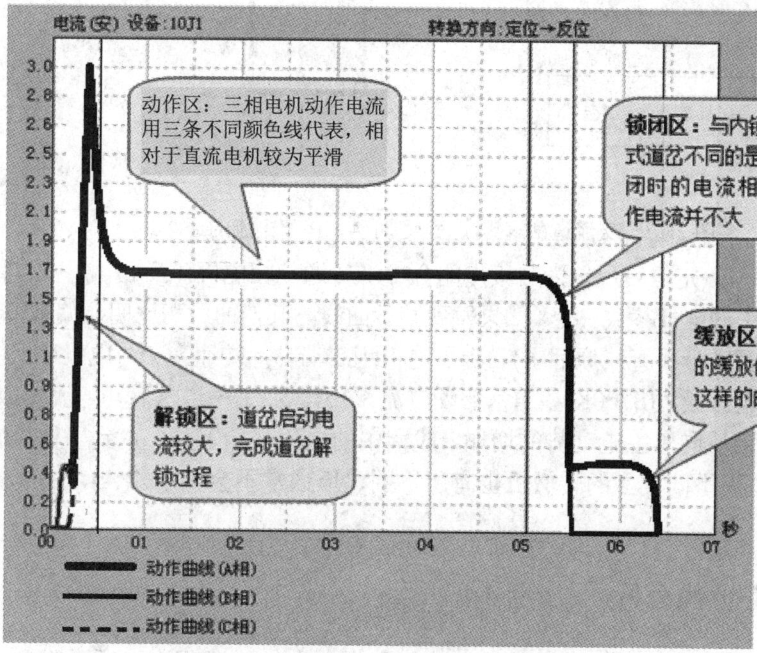

图25-1　交流道岔标准电流曲线

1．"解锁区"曲线分析

刚开始启动道岔时(这里以道岔由定位转向反位为例表述)，于 1DQJ 后接点断开至 2DQJ 转极完成期间，原位置下表示电路的室外部分是接通的(自动开闭器还处在原位)，在 1DQJ 与 1DQJF 先后吸起后，其前接点就将动作电源接入了表示电路中，通过整流支路使得 A、B 相串联起来，所以在电流曲线上表现为两者有相同的提前电流值，如图 25-1 中开始的两个重叠线所示。

交流道岔解锁(定—反)时 A、B 相电流的通路如图 25-2 中的粗线所示。同理，道岔原来在反位向定位转换时，会出现 A、C 相电流曲线重叠的现象。

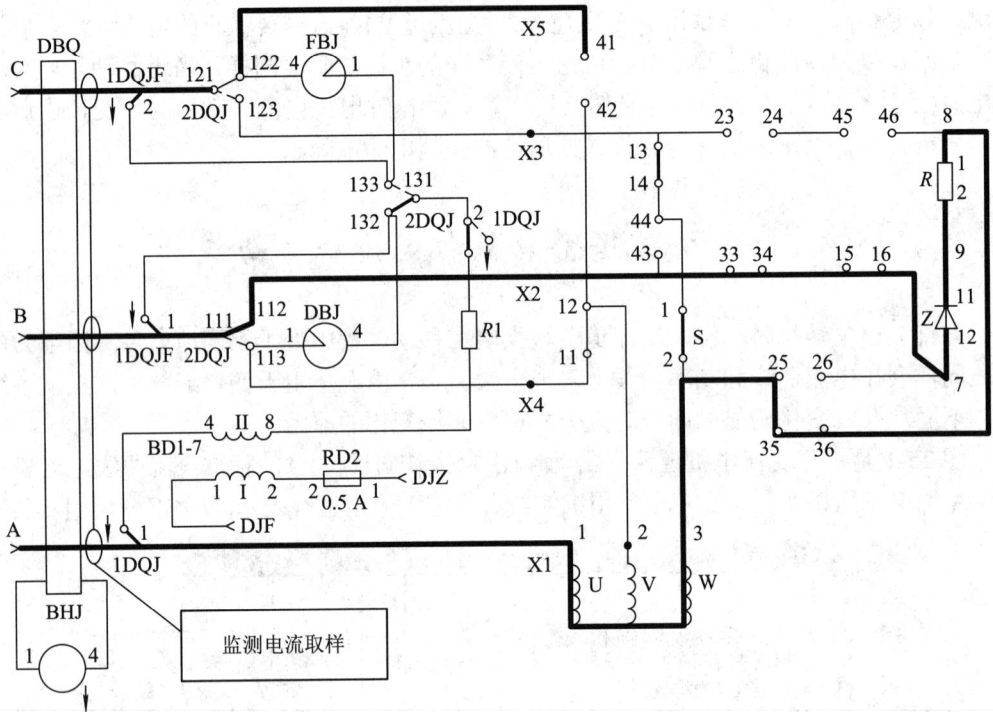

图 25-2　交流道岔解锁(定—反)时 A、B 相电流的通路

在 2DQJ 转极完成(定位转反位为后接点闭合)后，接通三相电机，三相电流基本重叠(重叠程度要视各相支路中的电气参数决定，如果发现某条曲线与其他曲线相比明显偏离，说明这相回路有问题，就要及时分析查找原因了)。由于电机刚启动时，转速为 0，电机绕组中无反向感生电动势，所以电流最大(S700K 型道岔启动电流≤3 A，ZYJ 型道岔启动电流≤1.8 A)，随着电机转速升高，因反向感生电动势的增加，线圈中的电流开始下降，直到平稳时的动作电流(动作电流的大小因不同类型的转辙机也有所不同，但通常不会大于 2 A)，曲线进入"动作区"。

2．"动作区"曲线分析

动作区即转辙机带动移动轨转换的过程，如果道岔在转换过程中，所受阻力不变，则动作区曲线表现平滑，否则就会出现毛尖现象。若阻力增大到不能使移动轨移动的程度，则会出现"挤岔"，电机空转，电流上升，此时所呈现出的电流值称为"挤岔电流"。信号维护人员通过此段曲线的变化情况，可分析出道岔在转换过程中是否正常，或设备是否完好等，以便能及时发现道岔存在的问题，达到实现状态修的目的。

3．"锁闭区"曲线分析

锁闭区是指移动轨已转换到位，自动开闭器(或速动开关组)切断启动电路为止的这一时间段的电流曲线。从图25-1中可看到，A、B、C相的三条曲线基本吻合，只有B相电流是直接回零的，而A、C相却没有直接回零，而是延时了一段时间，于是形成了一个台阶曲线，进入到"缓放区"。

4．"缓放区"曲线图

所谓"缓放区"，就是道岔转换到位后由自动开闭器断开电机电路，到1DQJ前接点断开为止(电路复原)的时间段，即1DQJ的缓放期间。

道岔锁闭阶段完成后，自动开闭器切断电机电路的同时，控制电路的室外部分通过自动开闭器的接点已经接通了目标位置的表示电路。在BHJ用后接点切断1DQJ自闭电路到其缓放后用第一组前接点断开1线的期间内，A、B相通过反位表示电路(道岔由反位向定位转换时A、C相通过定位表示电路)相串接(接通电路如图25-3所示)，从而形成"台阶"曲线。台阶曲线的时间长度主要决定于1DQJ的缓放时间，因此从这个长度也可以看出1DQJ的缓放时间是否符合要求。

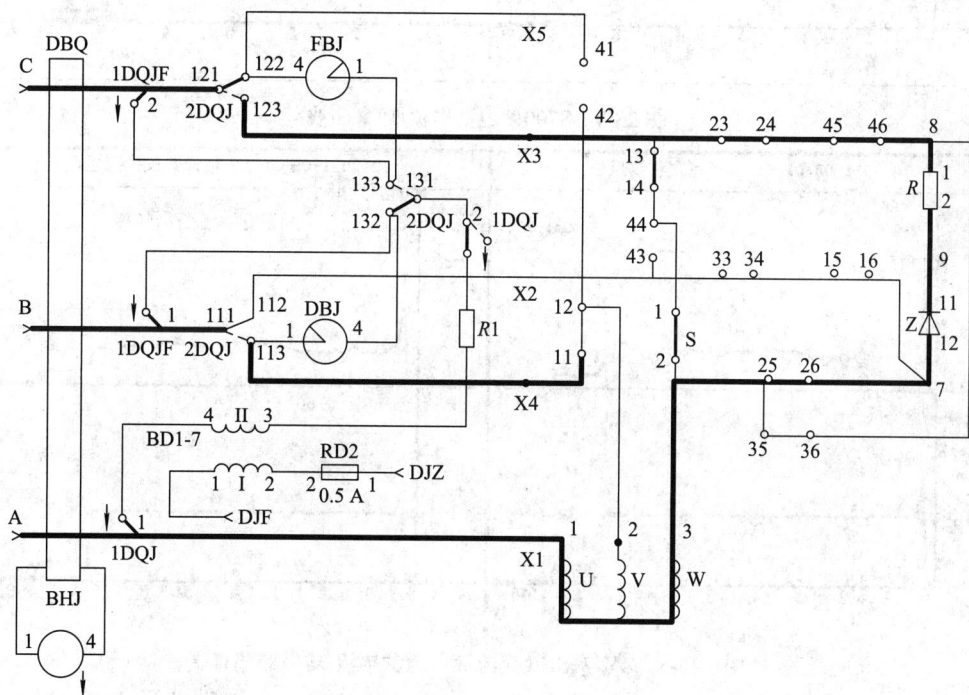

图25-3　交流道岔缓放时(定—反)A、C相电流通路原理图

二、交流道岔转辙机有功功率曲线

早期的微机监测系统只对交流转辙机的动作电流进行了监测，但是仅监测动作电流并不能完全反映转辙机的工作状态，故新技术规定下要求对交流转辙机动作增加有功功率的监测。交流转辙机动作时的有功功率的变化是转辙机实际推拉力大小的真实反映，所以通过功率曲线可以判断道岔转换过程中阻力的变化情况。

图 25-4 为 S700K 道岔由程序调出的某道岔在转换时的电流和功率曲线图。图 25-5 为 ZYJ7+SH6 交流液压道岔由程序调出的某道岔在转换时的电流和功率曲线图。

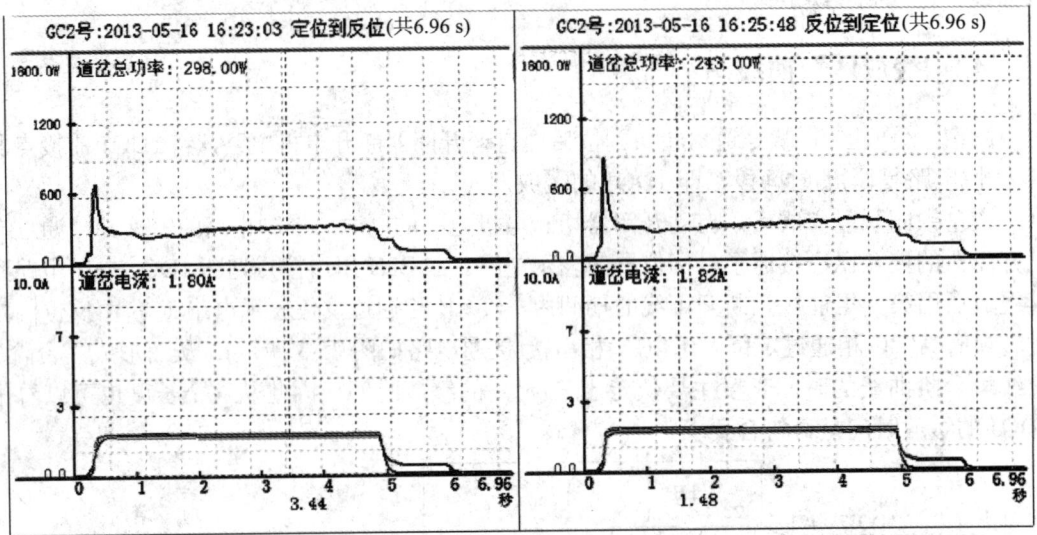

图 25-4　S700K 道岔电流/功率曲线

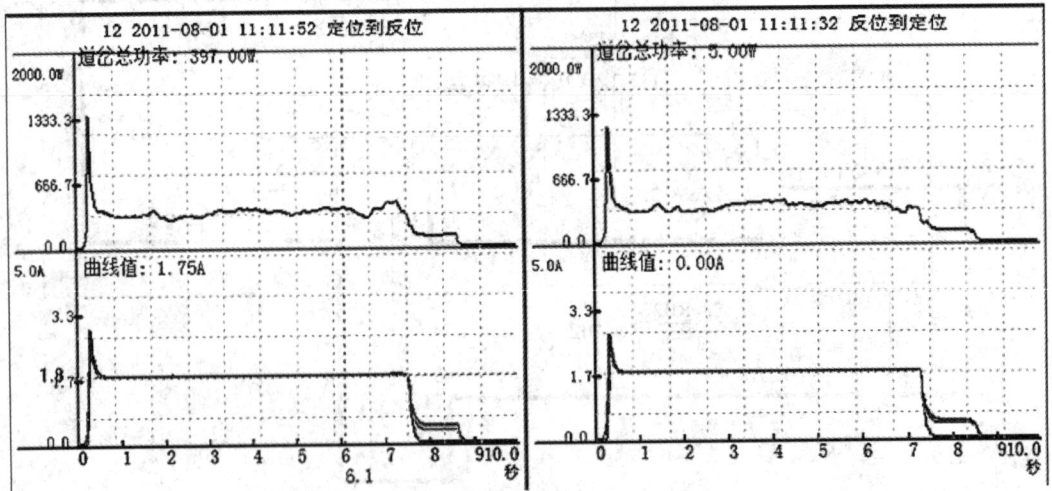

图 25-5　ZYJ7+SH6 交流液压道岔电流/功率曲线

从图中可以看到，道岔总功率曲线大体与电流曲线相近，与直流道岔转辙机的电流曲线相似。因为总功率等于各相功率之和，而各相功率的大小与电流成正比，所以在电流对称的情况下，总功率也与电流呈一定的正相关性。从图中还可以看到，电流曲线跟随道岔移动时的阻力变化表现出较强的惰性，相反功率曲线却比较敏感。

1. 标准功率曲线分析

对交流道岔功率曲线的分析思路与直流道岔的电流曲线的分析思路相似。结合提速道岔的结构特点，和道岔转换的三个过程，将正常动作下的功率曲线划分为 5 个阶段(以带外锁闭装置的道岔为例)分析：① 启动；② 解锁(内锁解锁、外锁解锁)；③ 转换；④ 锁闭；⑤ 接通表示(电路复原)。下面以 S700K 型转辙机道岔为例，对各阶段曲线形成原因作简述。

图 25-6 所示为道岔正常动作的功率曲线，对于不同类型的转辙机道岔，其电流值或功率值及道岔转换时间有所差别，但它们功率曲线的样式基本相同。S700K 型转辙机道岔动作一次大致需要 6.6 s，若系统采样以间隔 40 ms 计，那么在道岔转换过程中，系统可以采集大约 165 个数据点。

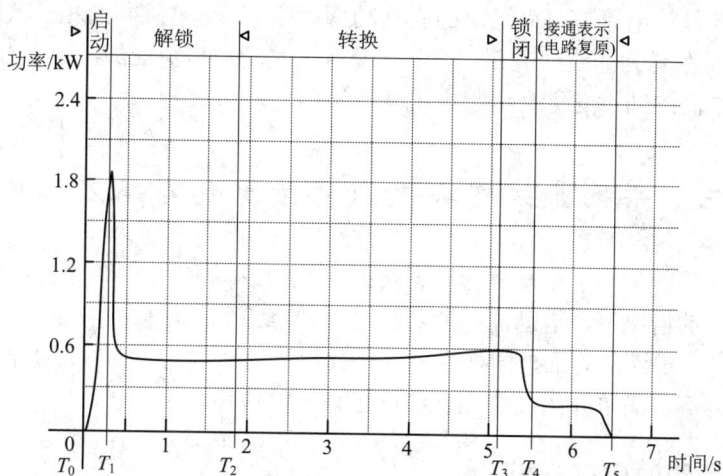

图 25-6　S700K 道岔有功功率标准曲线

1) 启动时

道岔启动时 1DQJ 励磁吸起，2DQJ 转极，1DQJF 励磁，接通电机。开始时转子速度为 0，定子线电流最大，又因交流电机启动力矩小，输出功率也小(故功率曲线从 0 开始上升)，随着转子转速上升，电流下降但功率升高，同时道岔进入解锁阶段，电机输出的力开始增大，于是在大电流及输出力增加期间，功率曲线表现为一个尖峰，如图中 T_0 至 T_1 所示。

由于启动、解锁时间间隔比较短(不到 2 s)，在实际利用功率曲线作道岔工作特性分析时，通常将两者合并看待，统称为"启动解锁"过程。

2) 内、外锁解锁时

随着转子转动带动动作杆移动，道岔解锁。首先内锁闭装置解锁，接着动作杆带动锁闭杆移动，外锁闭装置解锁。此时电机转速也很快趋向稳定，电机输出力矩最大，故功率减小。因其时间间隔很短，故功率曲线呈现快速下降，如图中 T_1 至 T_2 所示。

3) 转换时

道岔内解锁后接着移动轨被带动，道岔开始转换。如果移动轨在移动过程中所受的阻力恒定，那么电机的牵引力基本恒定，故功率曲线平稳，持续时间大约在 5s 左右，如图中 T_2 至 T_3 所示。

4）锁闭时

道岔转换到位，道岔进入锁闭阶段，转换力增加使尖轨密贴基本轨，功率曲线有些许上升。锁闭后电机的正常电路被速动开关组切断(室外电路接通表示电路)，接通表示电路。电机只是惯性转动，输出功率很快下降，如图中 T_3 至 T_4 所示。

5）接通表示(电路复原)时

道岔转换到位后，电机电路被切断，因 1DQJ 的缓放，加之此时表示电路的室外部分将三相电源中的其中两相串接，即两相中有电流流过(只是电流很小，与电流曲线中的"小台阶"对应)。由于两相中有电流存在，故体现在功率曲线上形成如图中 T_4 至 T_5 间的曲线。这个时间也是启动电路复原时间，它是在 BHJ 落下后切断 1DQJ 自闭电路，在 1DQJ、1DQJF 先后落下，启动电路复原，室内接通表示电路的时段。

三相交流电机的电流与电机输出的有功功率，因电流与电压间的相位改变(即交流电的功率因素)，使得两者为非线性关系，因此在分析道岔动作电流曲线时，要参照功率曲线对比观察，往往电流的细小变化会引起电机功率输出的较大改变。

三、借助曲线图分析道岔故障的思路及举例

信号监测的目的是为了预知信号设备可能出现的故障，达到状态修的目的，当然在设备已经出现故障的情况下，借助监测的数据分析故障原因，尽快修复故障，也是信号监测的一个重要功能。对道岔的维护同样也需要借助电流曲线或功率曲线。下面仍以 S700K 型转辙机的曲线为例，简单介绍曲线图在实际工作中的应用。

1. 电流曲线的应用分析

1）因室外断线道岔不能启动故障

图 25-7 为某站 10 号道岔尖 1 点转辙机(定—反)电流曲线图。

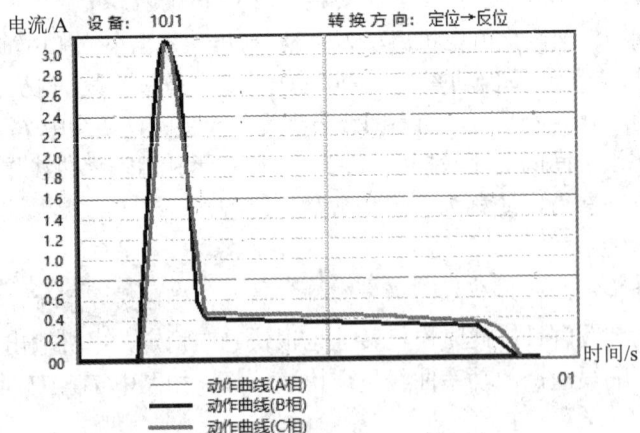

图 25-7　B 相开路时的电流曲线

从图中可以看到，道岔刚启动就断电了(整个过程不到 1 s)，且可看到 B 相电流为 0，即知故障为 B 相断电。由于三相电机绕组是以 Y 型连接的，当一相断线后另两相中的相电流就等于线电流(电流增大 $\sqrt{3}$ 倍)，所以图中曲线会升高。

2) 因室外电阻短路造成电流曲线异常

图 25-8 为某站 14 号道岔尖 2 点的转辙机由定位转向反位时，由于室外表示电阻短路而形成的电流曲线图。短路的原因也可能是自动开闭器接点不良，具体情况需要到现场查看。

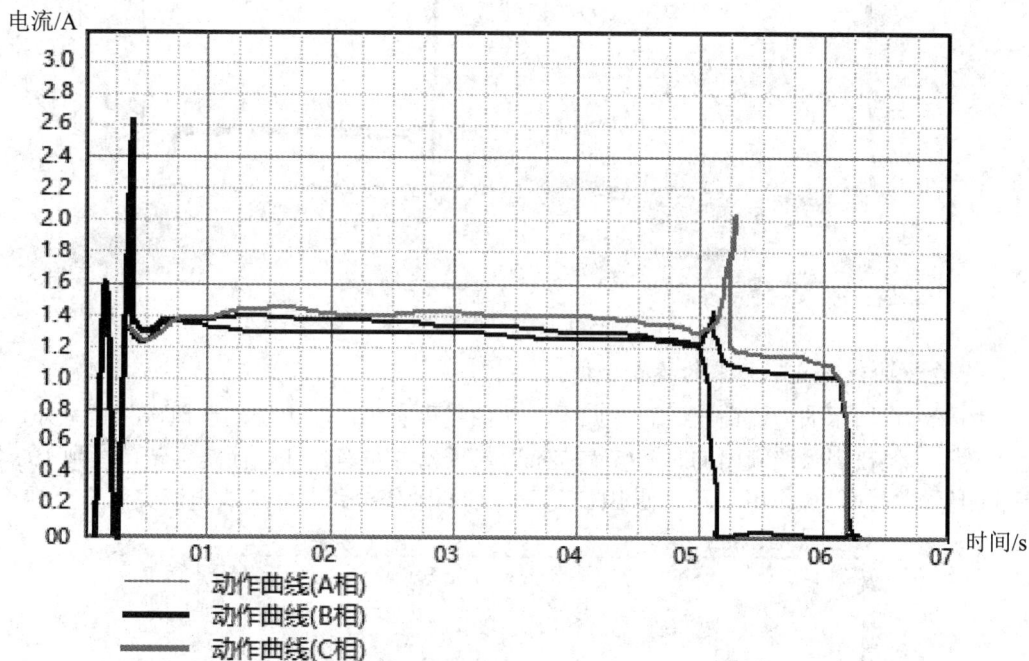

图 25-8 室外表示电阻短路时的电流曲线

我们知道，三相交流道岔在道岔转换到位后，在 1DQJ 缓放期间内，电流曲线会形成小台阶，这是因为自动开闭器刚切断电机电路时，会瞬间通过整流支路接通 A、B 相(定到反)或 A、C 相(反到定)，从而形成"台阶"曲线(参看前面的内容)。通常小台阶的电流很小(约 0.4 A 左右，因室外电阻的限流)，而从此曲线图中可以明显地看到其电流的大小比正常时明显增大(已达到 2.2 A)。

如果电流曲线在道岔转换到位后，没有出现"小台阶"电流，即曲线直接回零了，则表明电路开路。

3) 电流曲线缓放区过长的故障分析

图 25-9 所示的电流曲线表现为缓放区过长(超过了 2 s)。造成这种现象的故障原因，可能为室内部分混电，导致断相保护器的持续输出，而致使 DBJ 继电器不能在道岔转换到位时立刻复原；也可能是 1DQJ 的缓放时间过长造成的。

如果曲线一直不归零，那么断相保护器损坏的可能性很大，或断相保护继电器第三组后接点不能断开 1DQJ 的自闭电路。

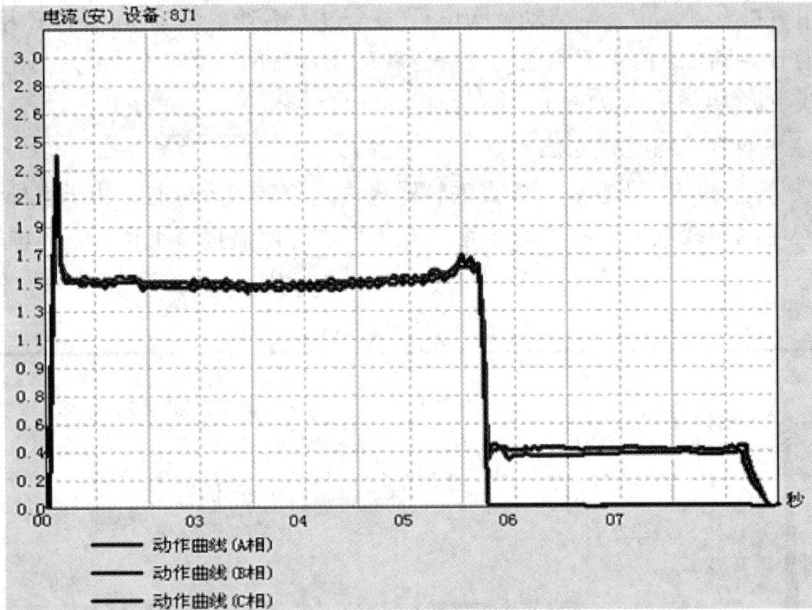

图 25-9   缓放区过长曲线

4) 电流曲线一直不归零的故障分析

图 25-10 所示的电流曲线一直不归零,从曲线可看出三项电源均衡地送到了室外,转辙机转动,但在到了该锁闭的时间(5 s 左右)时,道岔并没有锁闭,而是空转,直到 13 s 后因断相保护器的保护作用,及时使 BHJ 落下,切断动作电路,才造成电流突然降至零点。

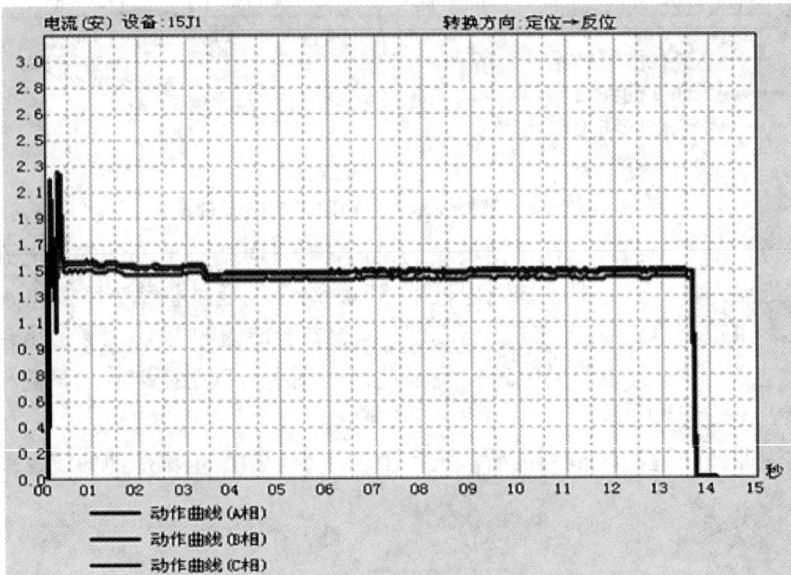

图 25-10   电机空转曲线

这是比较典型的尖轨夹异物,即道岔发生挤岔时的电流曲线。但由于交流电机的特性,此种曲线无法反映出道岔转动到哪一个位置因受阻而空转的,所以不排除杆件卡阻、外部卡阻或机内卡阻等因素,需要到现场观察才能确认原因。

2. 功率曲线的应用分析

1) 因机械原因造成道岔解锁不良曲线

对 S700K 道岔来说，其启动解锁电流在 3～4 A 之间，折算成功率值为 1～1.5 kW 左右，从这个功率值的大小情况可判断道岔的密贴程度，当道岔解锁不良时功率曲线会出现偏高现象。图 25-11 是某道岔转换时的功率曲线，图中所示的解锁功率值已达到 4 kW，说明此时道岔尖轨与基本轨密贴过紧从而造成解锁困难。这种解锁不良现象在电流曲线中表现并不明显，往往容易被忽略。

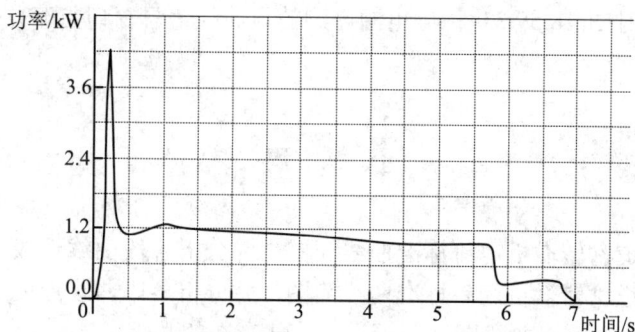

图 25-11 因机械原因造成道岔解锁不良曲线

同样，如果道岔密贴力不足，使峰值变小或看不出峰值。当然，这里要再确认，没有看到明显峰值的原因有可能是在数据采集过程中，正好因为避开了峰值采集点。

其他情况造成曲线不正常的机械问题有可能是道岔活动部分缺油或变形，造成道岔转换阻力增大，功率曲线表现增大或转换时间延时等，都可以从功率曲线上看出，而在电流曲线上，对转换阻力的变化表现并不明显。

还有一些故障情况，如锁闭过程中出现转辙机内缺口卡阻导致锁闭困难，或无法正常构通表示电路，以及表示二极击穿短路或室外表示电路开路等，在电流曲线上也可以得到反应。

2) 借助功率曲线故障分析举例

某日车间监测分析员发现某站 10 号道岔(ZYJ7+SH6 交流液压道岔)动作功率曲线异常，图 25-12 是其道岔的功率曲线。18 时 59 分 30 秒，道岔定位操反位在动作 1.8 s 后又出现启动尖峰，但未出现无表示情况。

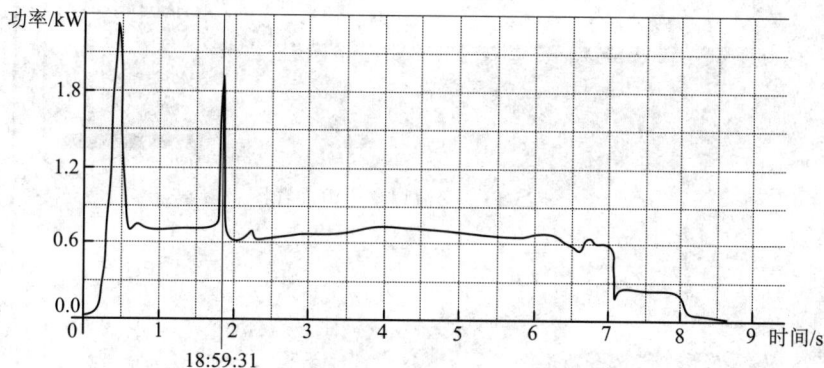

图 25-12 出现两次启动峰值的道岔功率曲线

观察该曲线，道岔启动 0.5 s 后出现了启动峰值，之后又在 1.8 s(时间是 18:59:31)时再次出现启动峰值，之后监测曲线还算正常，道岔于 8 s 左右锁闭。接着查看该道岔前期动作曲线，道岔动作电流为 1.95 A，道岔锁闭时间为 7.910 s，查看该道岔后期动作曲线，道岔动作电流为 1.77 A，道岔锁闭时间为 7.894 s，且前后功率曲线属正常。

通过初步分析可基本确定，该道岔在转换时突遇电源转换，使动作电源瞬间中断而造成道岔二次启动，因电源转换前后电压不一致，才导致道岔动作电流不一致。于是调当日电源屏交流转辙机电源电压的监测日曲线数据，发现在 18:59:31 秒，转辙机电源电压由 411.8 V 下降到 388.1 V，并有电源转换报警信息。对照该道岔异常曲线二次启动(再次出现启动电流峰值)的时间(18:59:31 秒，电源监测的日曲线信息窗口省略)，从而证实预先的分析正确。

问 题 思 考

1. 画出交流道岔转辙机电流标准曲线简图，并分析各段曲线形成的原因。
2. 画出交流道岔转辙机功率标准曲线简图，并分析各段曲线形成的原因。
3. 依据图 25-13 电流曲线图，分析道岔可能存在的故障。

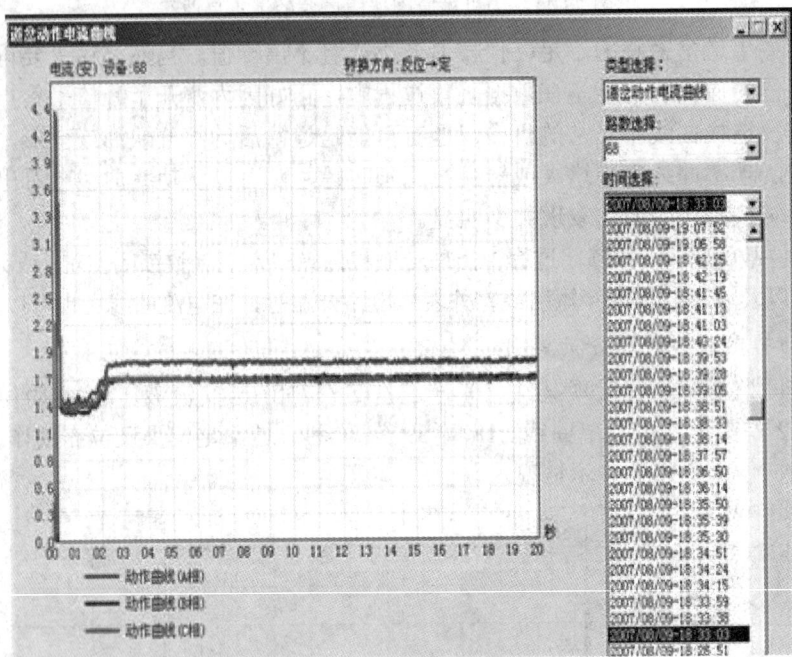

图 25-13　交流道岔电流曲线图

第二十六课　道岔缺口视频监测系统

道岔缺口的大小是反映道岔密贴程度的一项重要指标，缺口是否超限将直接影响列车的行车安全。道岔缺口监测系统可以对道岔缺口位置状况进行有效监测，并可及时、准确地预告警，将故障消灭在发生之前。以前国内大部分转辙机缺口的监测设备均为机械触点式或光电探测式，但由于现场环境复杂，常出现误报情况，因此影响了设备的正常使用。

道岔缺口视频监测系统采用高像素数字摄像头采集缺口位置图像，即直接拍摄转辙机表示杆缺口，通过图像识别来监测道岔表示缺口变化情况，从而实现对表示杆缺口偏移量或缺口大小的精确监测。系统可同时对转辙机内部的工作环境如温度、湿度等数据，以及道岔扳动过程视频、过车时缺口变化状态视频、转辙机的振动加速度等进行现场实时采集，做到多项参数全过程动态实时监测，全面地掌控道岔实际运行状态，提前预警参数变化趋势，及时发现异常情况。

系统还可以把当前缺口位置图片，缺口位置信息，转辙机内的温度、湿度等数据，通过通信线缆传送到机械室或信号工区值班室内的终端上。通过直播命令，在值班室内就能非常直观地看到转辙机缺口的实时工作状态。

目前道岔缺口视频监测系统有多个厂家多种型号的产品，虽然设备名称、元件的外形、安装方式不完全相同，但它们的工作原理基本相同。这里以宁波思高信通科技有限公司的ZXV-H型和济南铁路天龙高新技术开发有限公司的ZQJ-05型道岔缺口监测系统为例进行介绍。

一、ZXV-H型道岔缺口监测系统

ZXV-H型转辙机是用于缺口视频监测及油压油位监测的系统，主要由室外的多个ZXV-H型图像采集器、ZXV-BH通信转换器，室内的监测软件(需要在工控机上运行)、ADSL接入设备或路由器接入设备、电源箱、机柜、防雷模块等设备共同组成。另外根据系统的需要，还可配置电液型转辙机内的2路电机启动电流(定、反位各1路)传感器及2路或4路油压、1路油位传感器。

监测系统设备各部件与转辙机都为非接触式接入，与主系统之间基于通用的TCP/IP协议，通过RJ45接口接入，主系统最终通过RJ45纳入信号监测。

系统传输可分光缆与普通电缆两种方式，根据现场实际情况及使用市场需求的不同进行选择。两种传输方式下的系统结构如图26-1所示。图26-1(a)为采用普通电缆4线制(2线AC220电源+2线ADSL)实施监测的方式。

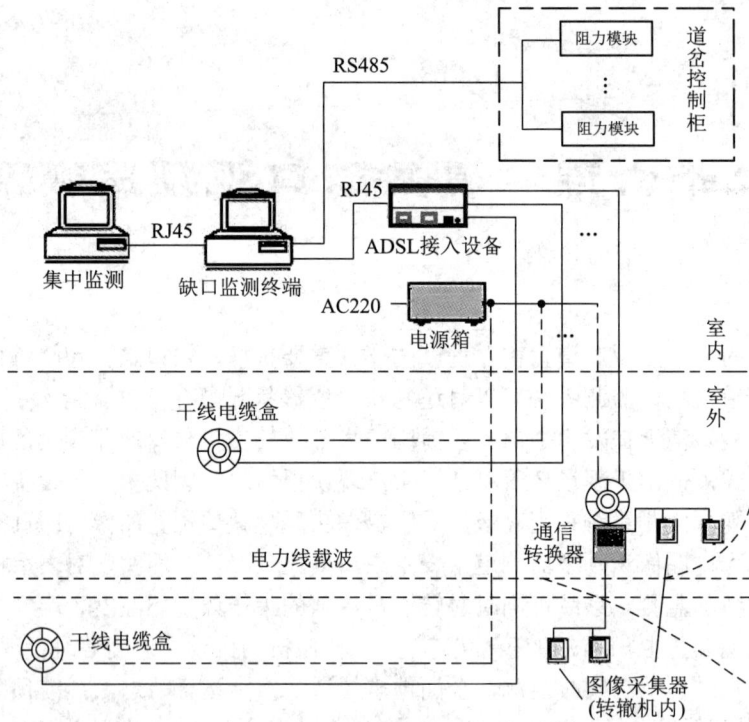

(a) 缺口监测系统结构框图(普通电缆传输)

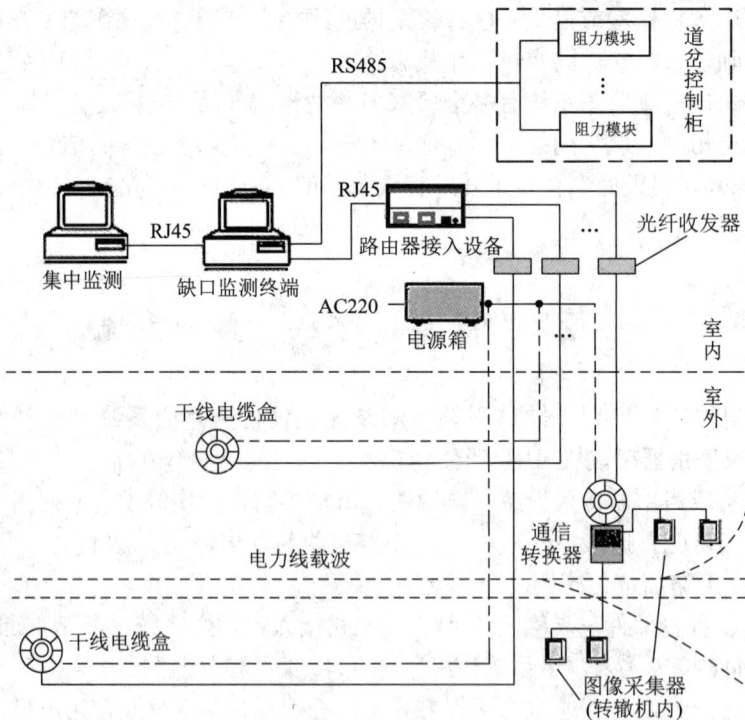

(b) 缺口监测系统结构框图(光纤传输)

图 26-1　两种传输方式下的系统结构

1. 系统设备组成及功能

1) 室内设备

每套缺口监测系统的室内设备主要包括：

(1) 监测终端(含工控机 1 台，显示器 1 个)。监测终端用于完成对采集数据的处理、报警、存储、显示，其相应的监测终端软件主要用于完成对采集数据的保存、识别、分析并记录每个表示缺口的间隙值，一旦发现间隙值大于预设值，便自动给出告警信息。

(2) 通信接收终端(或称接入器设备)。通信接收终端用于数据传输，即完成与"监测终端"(或称缺口主机)的通信，接收室外"通信转换器"转发过来的由"图像采集器"收集的数据信息。

(3) 电源隔离供电装置(或称电源箱)。电源隔离供电装置负责向室外设备，如图像采集器、通信转换器统一供电，采用隔离供电方式，且自带空气开关以及保险和防雷等装置。

(4) 综合防雷单元。综合防雷单元包括通信防雷单元(SSLP-75VB)和电源综合防雷单元(SSLP-385VB)。通信防雷单元实现对通信监测线路的抗雷电防护；电源综合防雷单元负责对室外供电线路的抗雷电防护。

(5) 标准机柜。标准机柜用于集中安装、固定室内各设备，其数量可根据需要及设备情况确定。

图 26-2 为机柜设备在机柜内的安装位置示意图。

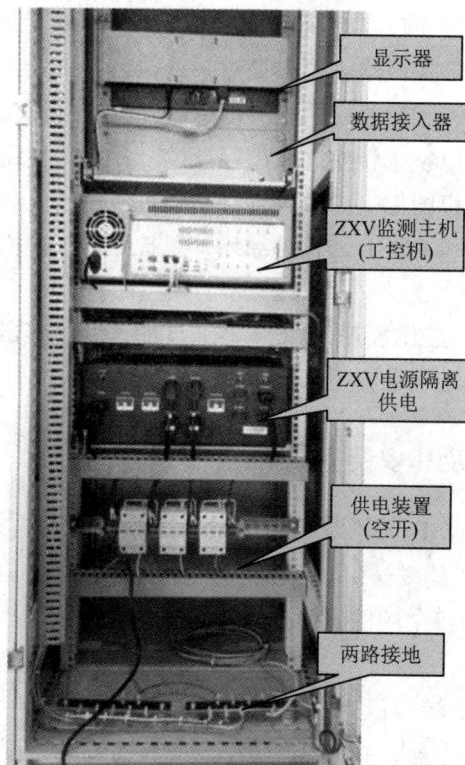

图 26-2　机柜设备在机柜内的安装位置示意图

2) 室外设备

监测系统的室外设备主要包括:

(1) ZXV-H 型图像采集装置(又称缺口报警分机)。ZXV-H 型图像采集装置包含安装在转辙机内部的摄像组件传感器(俗称摄像头)和图像采集分机,它们共同完成相关数据、图像的信息采集。

(2) ZXV-ZH 通信转换器(又称缺口中继)。每条主干线配置 1 套 ZXV-ZH 通信转换器,安装在干线电缆盒附近,负责通信方式转换,确保采集器(报警分机)的数据能被室内报警主机接收。

(3) 阻力监测模块(选配)。

(4) 油压油位传感器(选配)。

2. 系统原理总述

图像采集器在监测软件控制下,采集并压缩各个表示缺口的实时图像、动态视频、过车视频和油压油位数据,经过通信转换器转换成 ADSL 信号后,再通过干线信号电缆传输到机械室内的 ADSL 接入设备,然后通过以太网与工控机进行数据交换。

工控机上的监测软件可自动接收、保存通信转换器上传的图像数据,识别、分析并记录每个转辙机表示缺口间隙值。当间隙值大于预设间隙值时,自动给出报警信息。监测软件还可以对每台转辙机表示缺口各时间段的间隙值进行列表、统计、分析,形成缺口间隙变化曲线图及图片资料等,提供给维护人员随时查询。

当转辙机开始转换时,触发相应的电流传感器,图像采集器自动记录左右油缸的转换油压曲线,同时对道岔缺口整个转换过程进行录像,并在转换完成后拍照,记录下道岔转换后的第一张未受力的缺口图像。图像采集器完成对转换油压曲线、扳动视频和转换后图片的采集之后,通过载波和 ADSL 通信总线通知工控机,工控机及时获取油压曲线、扳动视频和扳动图片等数据。

当火车接近道岔所在位置时,图像采集器通过加速度传感器触发视频录像,把火车经过道岔时的整个缺口变化过程录制下来。

3. 室外设备结构及其安装方式

1) 图像传感器及 ZXV-H 图像采集器

(1) 用于 ZYJ7 转辙机的安装。

图 26-3 为 ZYJ7 转辙机中的图像传感器及采集分机的安装位置示意图,图 26-4 所示是其安装实物图。

(2) 用于 S700K/ZDJ9 转辙机的安装。

图 26-5 为在 S700K 转辙机中的图像传感器安装实物图。图 26-6 为在 ZDJ9 转辙机中的图像传感器及采集分机安装实物图。

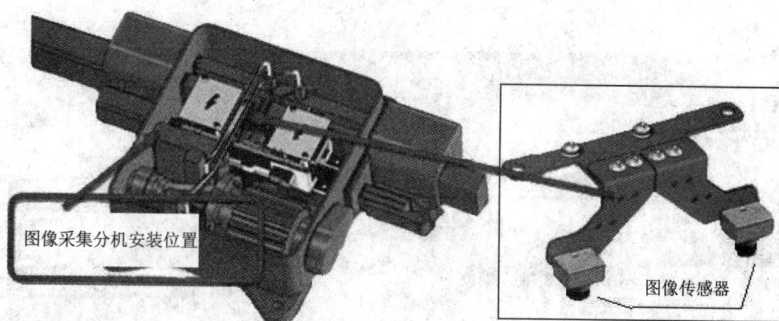

图 26-3　在 ZYJ7 转辙机中的图像传感器及采集分机安装示意图

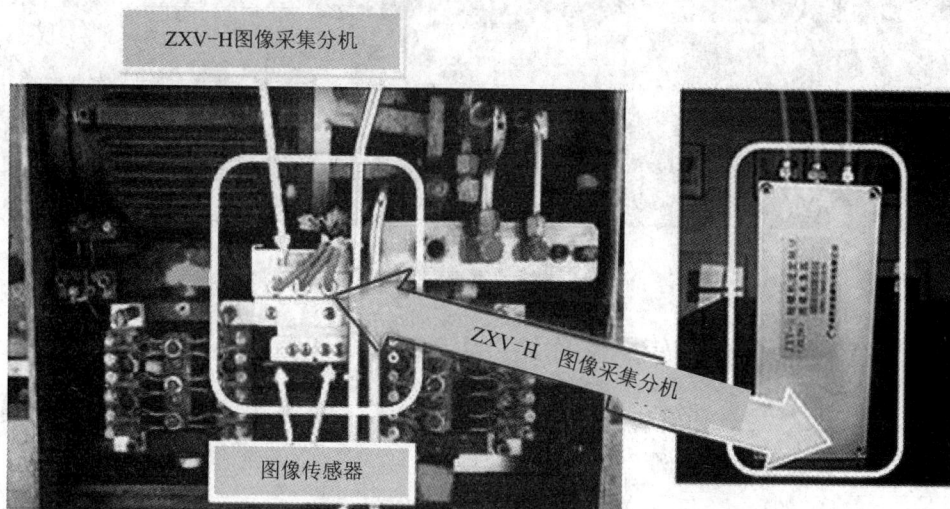

图 26-4　在 ZYJ7 转辙机中的图像传感器及采集分机安装实物图

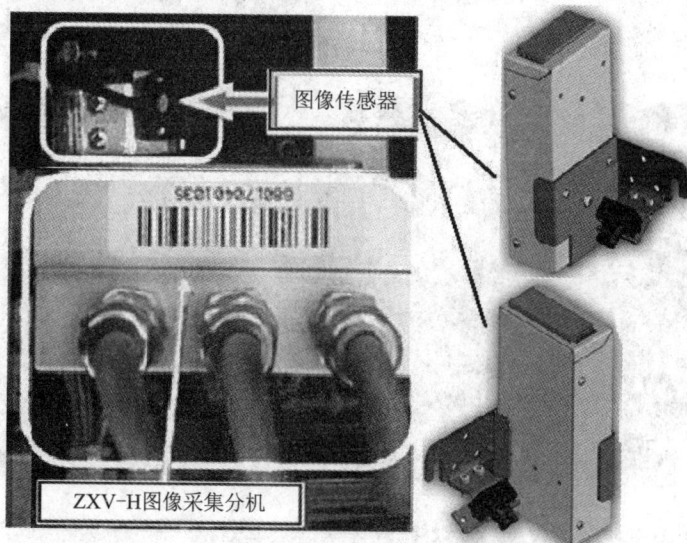

图 26-5　在 S700K 转辙机中图像传感器安装示意图

图 26-6　在 ZDJ9 转辙机中图像传感器及采集分机安装实物图

4. ZXV-ZH 通信转换器(又称缺口中继)

图 26-7 为 ZXV-ZH 通信转换器及其不同的安装方式示意图,图 26-8 是 ZXV-ZH 通信转换器在现场安装样式的举例。

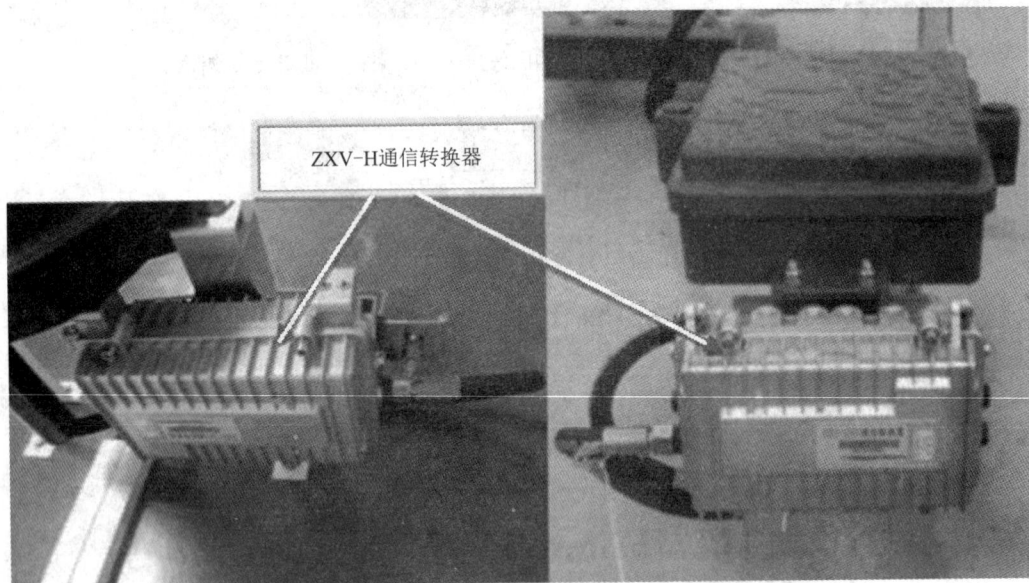

图 26-7　ZXV-ZH 通信转换器及其安装方式示意图

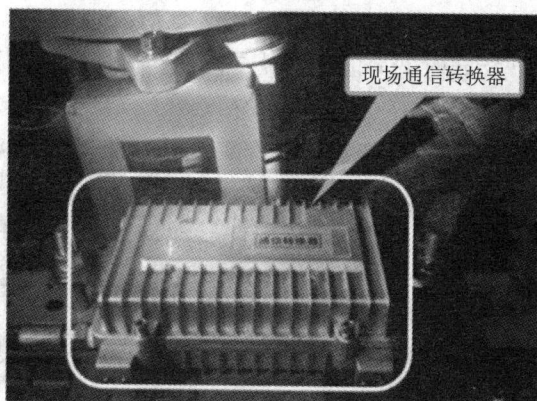

图 26-8　ZXV-ZH 通信转换器在现场安装样式的举例

5. ZXV-H 缺口视频监测系统的使用

1) 显示站场图及道岔缺口状态

道岔缺口主程序运行后，其主界面用于显示车站站场图信息。主界面包括标题栏、工具栏和信息栏等，下面分别简要介绍。

标题栏：显示当前道岔缺口程序名。

工具栏：包括站场图、实时图像、历史图像、缺口视频、图像和视频、实时数据、曲线、报表统计、报警、系统状态、日志记录和设置等。

信息栏：提示用户报警数量和未查看报告数量。

2) 采集并显示转辙机道岔缺口实时图像

显示道岔缺口最新的缺口图像、道岔缺口值、温湿度信息等的界面如图 26-9 所示。

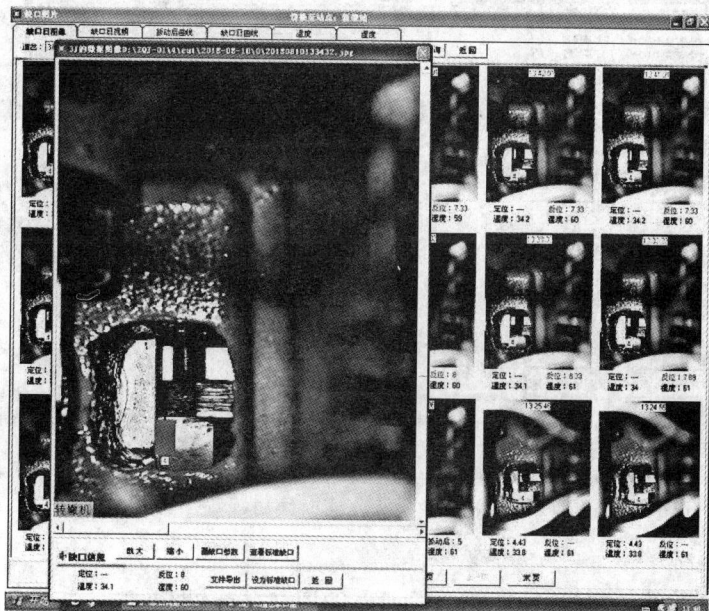

图 26-9　道岔缺口状态

3) 存储并显示转辙机道岔缺口历史图像

显示指定道岔缺口、指定时间段的道岔缺口图像，包括时间、缺口值和温湿度信息等的界面如图 26-10 所示。

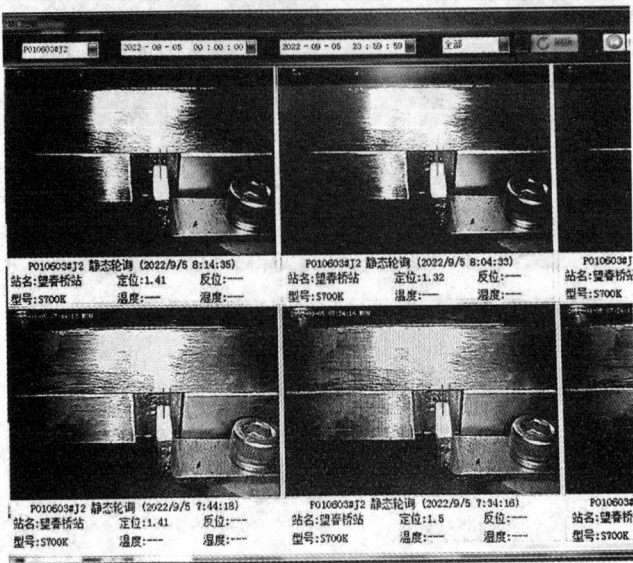

图 26-10　道岔缺口历史图像

4) 采集并显示实时缺口视频

采集并显示指定道岔缺口、指定时间段的道岔缺口视频，并可以播放或直播的界面如图 26-11 所示。

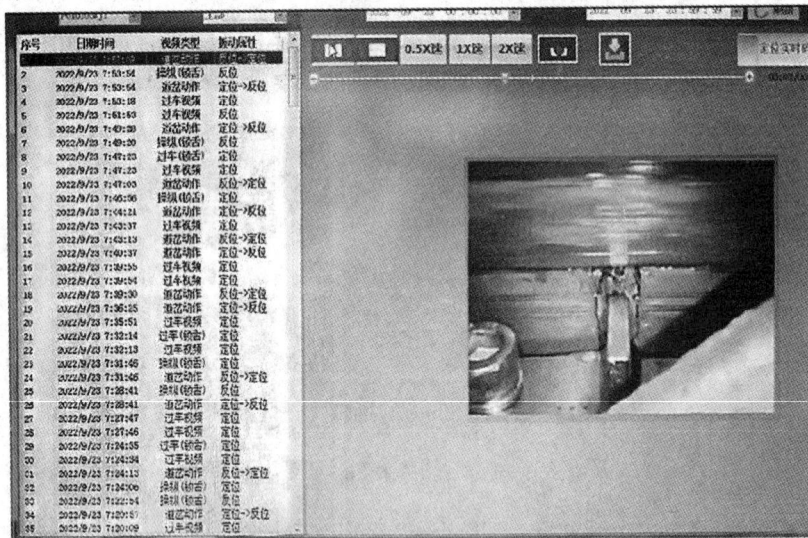

图 26-11　显示实时缺口视频

5) 缺口统计曲线

进入道岔缺口统计曲线窗口，选择想查看的道岔设备和时间后，系统会显示出所选时间(某日)内缺口在各时间下的数值，并以曲线的形式呈现出来。图 26-12 为某道岔缺口的"偏移量曲线"图，当选择线上的某一点时，可显示出缺口偏移量数据，在此点双击时还可显示数据点相对应的图片。

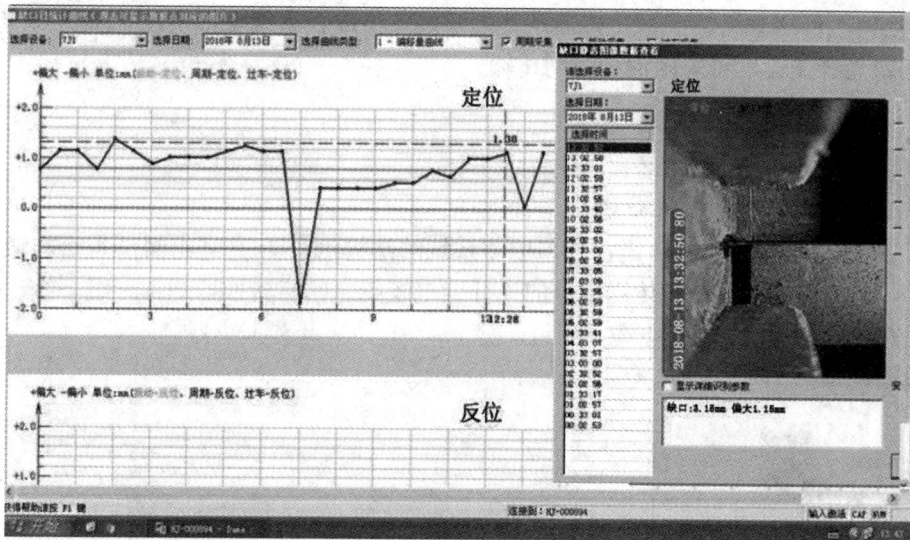

图 26-12　缺口统计曲线（偏移量曲线）

6) 其他信息显示功能

ZXV 缺口监测系统除具有上面的功能外，还可以监测并显示道岔缺口实时值；显示道岔缺口日曲线和道岔扳动曲线，用于查看当日道岔缺口的变化趋势。可选择查看扳动后曲线(定位)、扳动后曲线(反位)、周期采集曲线(定位)、周期采集曲线(反位)、过车曲线(定位)、过车曲线(反位)、油压 1#曲线、油压 2#曲线、油位曲线、温度曲线、湿度曲线中的一条或多条。除此之外该系统还有报表统计功能和报警功能。

(1) 报表统计功能。

① 缺口日报表：显示道岔定位缺口，反位缺口，油位和油压的最大值、最小值、差值和平均值等；

② 缺口月趋势：显示道岔缺口的月趋势曲线，包括定位缺口，反位缺口，油位和油压的最大值、最小值和平均值；

③ 缺口分析报告：显示每天的道岔缺口分析报告，包括道岔缺口名称、报警统计和分析报告。

(2) 报警功能。

① 实时报警：显示实时报警，包括报警类型、设备名称、报警描述、报警开始时间、报警结束时间等信息；

② 历史报警：查询显示历史报警，包括报警类型、道岔缺口名称、报警内容、开始时间、恢复时间、处理时间、处理人、报警原因等信息。

二、ZQJ-05 道岔缺口监测系统

ZQJ-05 道岔缺口监测系统能够对 S700K、ZD6、ZDJ9、ZY7、ZY4 和 ZY6 系列转辙

机缺口进行视频监测，系统安装不需要对转辙机进行任何改造。

　　ZQJ-05 道岔缺口监测系统主要由缺口视频监测站机(工控机+系统软件)、缺口主机、网络转换器、网络分机、图像传感器及其电源设备组成。系统支持电缆(包括 1 对电缆、2 对电缆)或光纤传输，可采用混合组网传输。

1. 系统结构

1) 采用光纤组网的系统结构

　　图 26-13 所示为 ZQJ-05 道岔缺口监测系统的结构示意图(光纤组网)。每个转辙机有一对 220 V 电源引入线和一对传送信号的光纤或电缆线。网络转换器通常一组干线一个，安装在七方向分线盒或 HZ24 电缆盒附近。

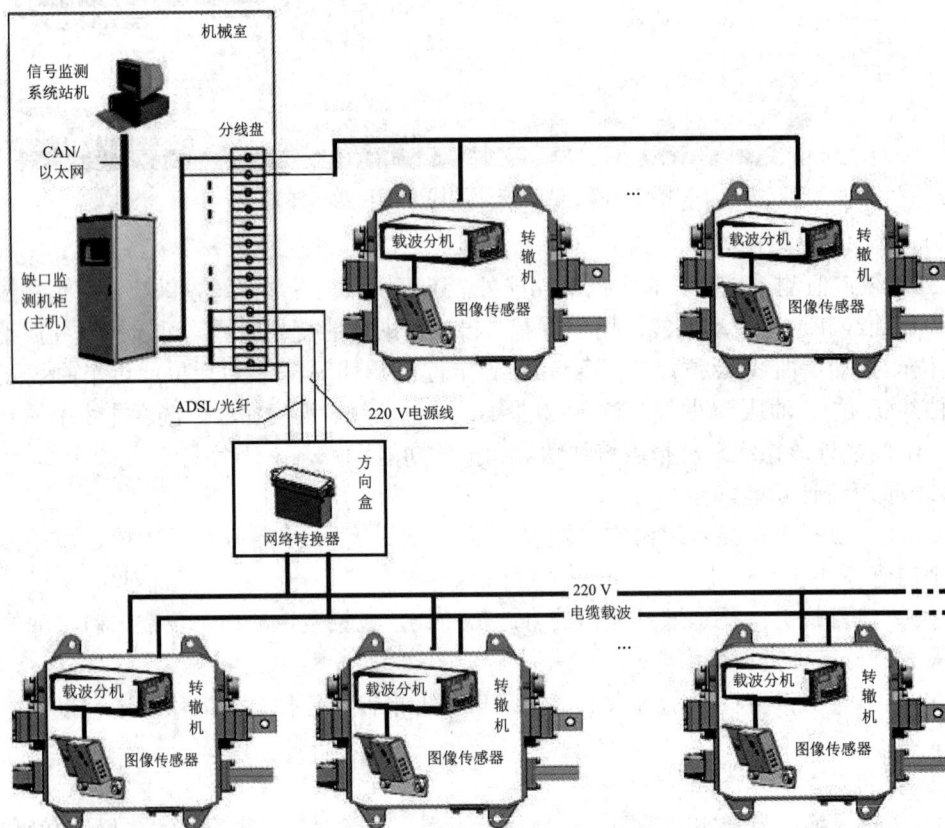

图 26-13　采用光纤组网时缺口监测系统结构示意图

2) 采用普通电缆组网的系统结构

　　图 26-14 为采用普通电缆组网式时的 ZQJ-05 道岔缺口监测系统的结构示意图。这种组网形式与光纤组网形式基本相同，只是分机使用的是网络分机，不再是载波分机，而且采用四芯(两对)信号电缆芯线组网传输，一对供电，一对传数据(要求对绞)。

　　如果转辙机距内主机小于 500 m，则室外可不设置网络转换器设备，四线(1、2、5、6)直接贯通即可。

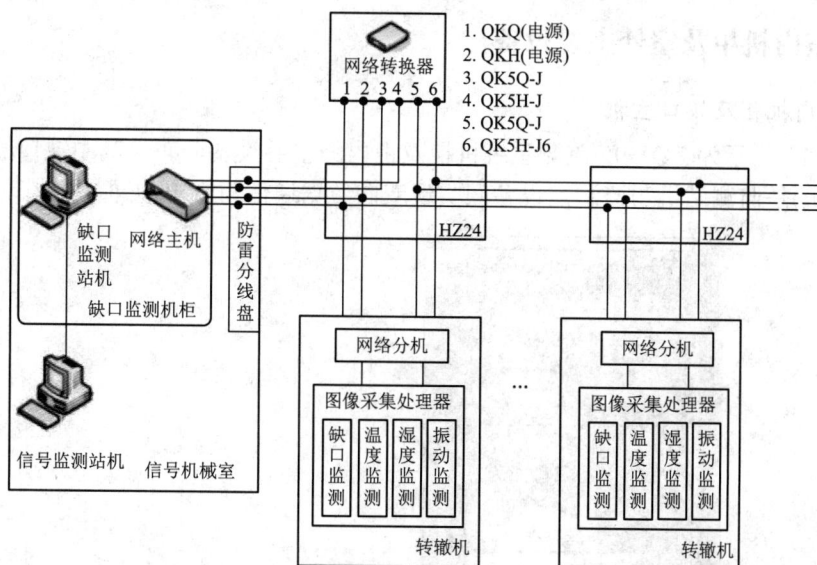

图 26-14　电缆组网时缺口监测系统结构示意图

3) 与信号集中监测系统接口及技术要求

ZQJ-05 道岔缺口监测系统与信号集中监测系统之间采用 RJ45 接口，并安装基本的防病毒软件。缺口监测系统接收信号集中监测系统的实时查看命令，并及时上传数据。缺口监测系统以信号集中监测系统为母钟，具有自动校时功能，校时采用 NTP 协议，并与信号集中监测系统同步升级和同步安装软件。

在信号监测系统软件界面中，可实现各种相关数据、曲线、图像、视频信息的链接功能。

4) 系统主要技术指标

(1) 缺口间隙精度、范围及相关指标如下：

间隙——精度+0.1 mm；范围 0 mm～10 mm。

缺口图像——格式为 JPG；数字图像每英寸像素(PPI)沿表示杆方向不小于 254；每幅图像大小不能超过 60 KB。

视频——格式为 H.264。

信息传输距离——不小于 3000 m(信号电缆双绞芯线)。

(2) 油压、油位监测指标如下：

油压——量程：0～20 MPa；误差不大于 1%F.S.；采样信号频率不小于 30 次/s。

油位——量程不小于转辙机油标检测范围(0～50 mm)；误差±5 ms。

(3) 温、湿度监测指标如下：

温度监测范围—— −50℃～+95℃。

温度最大误差——±2℃(-40℃～+70C)。

湿度监测范围——0～99%RH。

5) 缺口主机挂载能力

单一通道设备可挂载 63 个监测点；单一缺口主机可挂载 24 个通道。

2. 室内机柜及室外主要设备

1) 室内机柜及缺口主机

图 26-15 所示为 ZQJ-05 监测系统机柜及柜内的主要设备分布。其中缺口监测主机(简称缺口主机)是监测站机与监测点设备间实现双向数据通信与供电的通信控制设备。

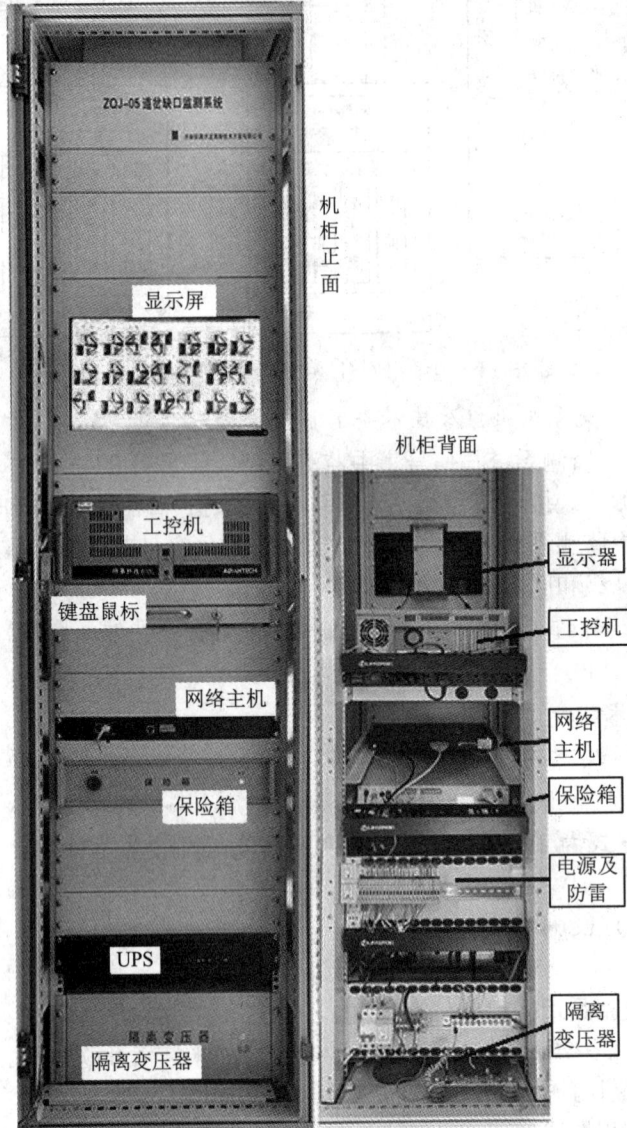

图 26-15　机柜及内部设备分布示意图

2) 室外主要设备

(1) 网络转换器。

网络转换器主要完成网络主机与网络分机之间的通信协议转换。图 26-16 是网络转换器及其现场外挂式安装示意图。

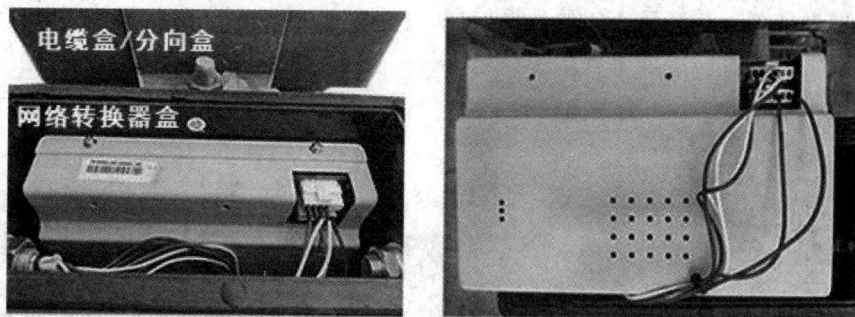

图 26-16　网络转换器及其现场外挂式安装示意图

　　网络转换器安装于缺口主机与网络分机之间，安装方式有内置式和外挂式，通常固定在七方向盒的固定桩上，位置处于室内的缺口主机与转辙机内的网络分机之间，靠近信号楼的第一个道岔处，其中最远一台监测分机至网络转换器的距离不应超过 500 m。网络转换器距室内主机不应超过 3000 m。图 26-17 所示为其两种安装方式示意图。

图 26-17　网络转换器的两种安装方式示意图

　　图 26-18 是网络转换器原理框图及配线方式示意图。网络转换器主要由 3 个模块电路构成。

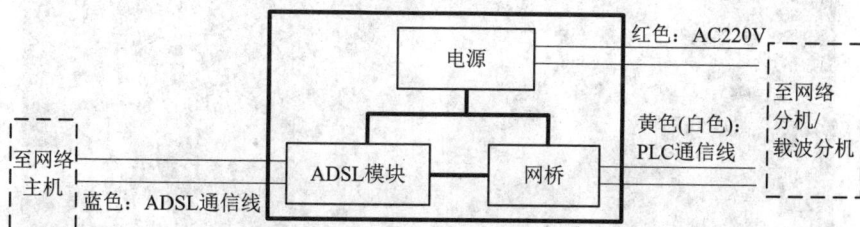

图 26-18　网络转换器原理框图及配线方式

　　除电源模块外，主机由网桥及 ADSL 通信模块组成。对外共 6 根引线，其中一对红色电源线将室内供出的 AC 220 V 电源与网络分机/载波分机相连；两根黄色线(或白色线)为连接分机的 PLC 通信线；一对蓝色线是 ADSL 通信线，用于与室内机柜的网络主机连接。
　　(2) 网络分机/载波分机。
　　网络分机实物如图 26-19 所示。网络分机负责处理和缓存由转辙机内部安装的摄像头、温湿度传感器和振动传感器采集的数据信息，并将数据传给网络转换器，同时也为缺口图像传感器、油压油位传感器等提供工作电源。

图 26-19　网络分机实物图

　　网络分机装于辙机内缺口监测点处(根据现场要求，也可以安装在 XB 箱内)，它通过网络将数据传至缺口主机；载波分机通过载波将数据传至缺口主机，载波分机安装在转辙机内。

　　结合现场的实际条件，工程上可以采用载波传输方案，也可以采用网络通信方案。采用载波传输方案，即从转辙机到机械室只用 1 对线缆，可以将若干对干线电缆在室内分线盘并联后接到载波主机外线接口端，但分机总数不可以超过 30 台，一般以 13 台左右为宜。载波主机一般有 2～4 路外线接口，可以根据现场情况，分别连接若干组干线电缆。干线电缆同时传输 AC 220 V 电源和数据，数据传输距离大于 3000 m。

　　图 26-20 是网络分机在 ZDJ9 中的安装位置示意图。

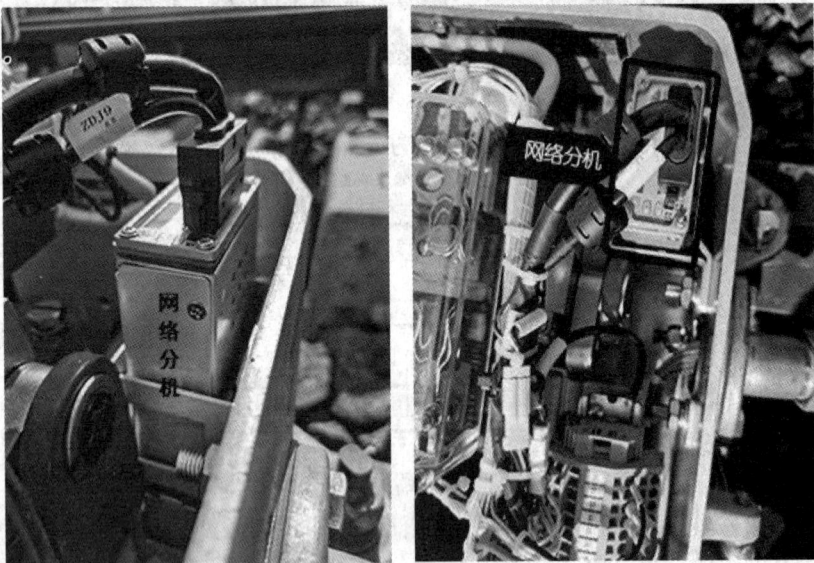

图 26-20　网络分机在 ZDJ9 中的安装位置示意图

　　(3) 缺口图像传感器。

　　ZDJ9 转辙机所用的缺口图像传感器如图 26-21 所示，它包含对道岔缺口的图像、视频以及转辙机的温度、湿度、振动加速度的采集功能。

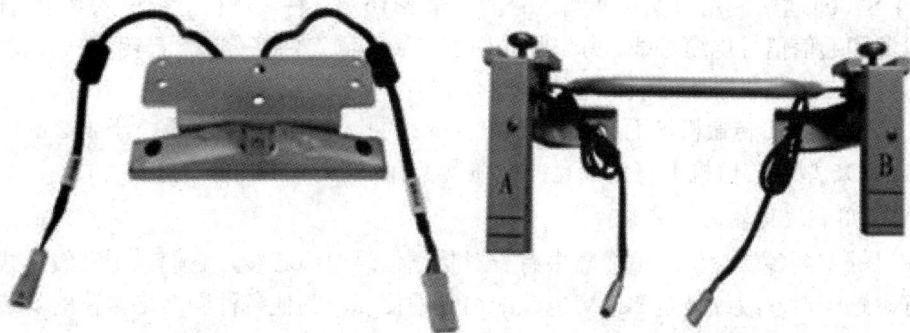

图 26-21　缺口图像传感器

　　缺口图像传感器安装在转辙机内，对准道岔缺口。因转辙机的类型不同，若安装在同一个位置，不能同时观察到正副缺口时，要用两个传感器分左右安装。图 26-22 是缺口图像传感器在 ZDJ9 中的安装位置示意图。

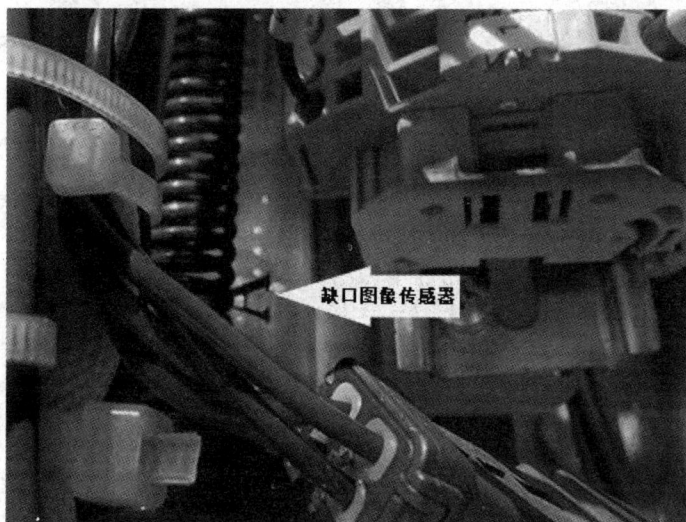

图 26-22　缺口图像传感器在 ZDJ9 中的安装位置示意图

　　图像传感器负责采集转辙机定、反位缺口位置图像、视频信息，并将所有数据传至网络分机或载波分机。缺口图像传感器轮流采集转辙机缺口位置图像，在转辙机扳动结束后，采集一幅图片作为扳动后的缺口图像，并送至室内缺口主机作为报警的依据。分机通过判断，在转辙机电机的动作电流或振动加速度数据超过限值，以及接收到室内的直播命令时，均会启动摄像头采集并记录转辙机缺口的视频信息。

3. 系统安装要求

1) 采用网络传输的安装条件

　　从机械室到各转辙机的电缆盒中有两对贯通信号电缆芯线，它们采用双绞形式且绝缘良好，一对用作 AC 220 V 电源线，一对用作通信线。

不同类型转辙机所需具备的条件也不同，具体如下：

(1) S700K 型：利用转辙机两侧既有的 2 个 M16 孔，将转辙机电缆引入其中一侧的孔，用作电源和通信信号电缆进线，另一侧孔用于安装和固定网络分机。若转辙机安装有地线，则应尽可能在电缆引入侧安装；电缆盒上有不小于 $\phi12\,mm$ 的孔。

(2) ZYJ7 型：转辙机侧面有不小于 $\phi14\,mm$ 的孔；电缆盒上有不小于 $\phi12\,mm$ 的孔。

(3) ZD6 型：转辙机上有进线孔；电缆盒上有不小于 $\phi12\,mm$ 的孔。

2) 采用载波传输的安装条件

从机械室到各转辙机的电缆盒中有一对贯通信号电缆芯线，它们采用双绞形式并且绝缘良好。这一对双绞线既是 220 V 电源线也是通信线。其他条件同网络传输的安装条件。

3) 系统的安装

系统的安装分为缺口主机、网络转换器、分机(网络分机或载波分机)和缺口图像传感器的安装。

根据功能的不同，主机分为网络、载波、光通信三种类型，其外形尺寸基本相同，只是外线接口不同。网络转换器材质为 SMC，根据使用线路(高铁或普速)的不同，使用不同的金属固定架。分机外形(固定分机的固定板)根据转辙机结构的不同，分为 S700K、ZYJ7、ZD6、ZDJ9 等几种类型。

(1) 缺口监测主机安装技术说明。

在信号机械室内，把 ZQJ-05 道岔缺口监测系统的主机置于配套的机柜内，与保险箱配套使用，机柜内安放隔离变压器、UPS 等配套设备。主机的接地端子必须可靠接地，接地线线径不得低于 $1.5\,mm^2$。

从保险箱到机械室分线盘的线路需单独布线。用于网络分机的布线有两类：

第一类是接网络转换器的信号电缆，采用 16 芯双绞屏蔽电缆线，每台主机可接 8～24 路。每 8 路的线序分别定义为：① 白、蓝；② 白、橙；③ 白、绿；④ 白、棕；⑤ 白、灰；⑥ 红、蓝；⑦ 红、橙；⑧ 红、绿。屏蔽层在主机一端接地，另一端悬空。

第二类为 220 V 电源线。使用专用配置的电源线时，电源线的规格根据具体情况确定，应确保电源线的截面积满足现场供电使用要求。为了使每路网络转换器能独立工作，要求每路外线使用一对电源线，自保险箱引出至分线盘(特殊情况下，电源线也可几路外线共用)。网络主机与工控机的通信使用 IP 协议，通过 RJ45 端口用网线连接(同一机柜内多台网络主机工作时，需使用交换机)。

用于载波分机的线路布线只有一类，该类布线既是通信线又是 220 V 电源线，因此需要使用专用配置的 2 芯双绞屏蔽电源线。每路外线必须单独布线，220 V 电源线无线序要求。屏蔽层在载波主机一端接地，另一端悬空。由于型号不同，室内载波主机后面板有不同数量的外线端口。使用时根据使用的分机所在线路的不同，接入不同的外线端口。载波主机与工控机的通信使用 IP 协议，通过 RJ45 端口用网线连接(同一机柜内有多台载波主机工作时，则需使用交换机)。

同一机柜内多台主机工作时，需使用交换机连接，通过 RJ45 端口用网线连接工控机，所有进入主机的外线应在分线盘处先进入防雷单元，以防雷击。

缺口监测主机硬件及线路安装完成后，如需和信号微机监测系统通信，可使用网络或

CAN 总线。信号微机监测系统需要配置文件(由于信号微机监测系统有多个生产厂家,每个生产厂家的配置方法不尽相同,因此应由专业人员完成)。重新启动信号微机监测系统主机后,通过信号微机显示屏上的通信窗口即可检查缺口监测主机是否与微机监测系统联网成功(网络或 CAN 总线是否正常)。

(2) 系统联调与故障排除。

设备安装完毕并设置完成之后,通电进行系统联调,验证所有分机和缺口图像传感器的各种功能,查看所有转辙机的缺口图像、视频。根据图片情况设置相关缺口计算参数,使通过每一个图片都能计算出缺口的大小,并保证定、反位判断正确。

系统联调完成后,在开始运行的一段时间内,很可能会出现部分的缺口报警或者通信故障。出现故障后,只要仔细查找原因,是较容易发现并解决的,也有一部分故障是现场客观条件引发的,如渣石松软等情况,造成缺口变化较大,此类报警只有处理完故障以后才会排除。

问 题 思 考

1. 试简述道岔缺口视频监测的目的及意义。
2. 通常道岔缺口视频监测系统的设备主要有哪些?请画出系统的结构框图。
3. ZXV-H 型道岔缺口监测系统室外有哪些设备?简述各设备的主要功能。
4. 简述 ZQJ-05 道岔缺口监测系统网络转换器的工作原理。

参 考 文 献

[1] 莫建国，付又新，张树臣. 信号微机监测系统实用问答[M]. 北京：中国铁道出版社，2012.

[2] 武汉铁路局电务处. 信号微机监测信息分析指南[M]. 北京：中国铁道出版社，2012.

[3] 赵相荣. TJWX-2000 型信号微机监测系统[M]. 北京：中国铁道出版社，2001.

[4] 中国铁路总公司. 普速铁路信号维护规则技术标准[M]. 北京：中国铁道出版社，2015.

[5] 中国铁路总公司. 高速铁路信号维护规则技术标准部分[M]. 北京：中国铁道出版社，2016.

[6] 中华人民共和国铁道部. 信号微机监测系统技术条件：TB/T 2496—2000[S]. 北京：中国铁道出版社，2001.

[7] 刘晓娟，张雁鹏，汤自安. 城市轨道交通智能控制系统 [M]. 北京：中国铁道出版社，2008.

[8] 刘化君. 计算机网络原理与技术[M]. 北京：电子工业出版社，2017.

[9] 胡广书. 数字信号处理理论、算法与实现[M]. 3 版. 北京：清华大学出版社，2012.

[10] 冯玉珉. 通信系统原理[M]. 北京：清华大学出版社，2011.